SV

JORGE SEMPRUN
WAS FÜR EIN SCHÖNER SONNTAG!

AUS DEM FRANZÖSISCHEN
VON JOHANNES PIRON

SUHRKAMP VERLAG

Titel der Originalausgabe: Quel beau dimanche!

Zweite Auflage 1983

Druck: Thiele & Schwarz
Printed in Germany

Für Thomas
damit er sich – später, danach – an diese Erinnerung erinnern kann.

... der Kampf des Menschen gegen die Macht ist der Kampf der Erinnerung gegen das Vergessen.

Milan Kundera

In den russischen Lagern wie in den deutschen waren es die Russen, die das härteste Schicksal hatten. Dieser Krieg hat uns gezeigt, daß, wenn man alles genau abwägt, Russe sein das Schlimmste auf Erden ist.

Alexander Solschenizyn

Nur solche Namen fordere ich, solche Bücher suche ich, die man wie zuschlagende Türen verläßt und deren Schlüssel man nicht suchen muß. Zum Glück sind die Tage der psychologischen Literatur mit romanhafter Fabel gezählt.

André Breton

NULL

Er hatte das Gefühl, eine vage Bewegung wahrgenommen zu haben. Irgendein Knirschen, aufgewirbelten Schnee. Dort drüben, vielleicht unter den Rädern eines Lastwagens an der Weggabelung zu den Kasernen. Ein zwischen den Bäumen in der Sonne glitzernder Schneewirbel, vielleicht unter den Rädern irgendeines Militärfahrzeugs. Räder, die wohl auf dem weichen Neuschnee ins Rutschen gekommen waren.

Ein kurzes Knirschen, dann nichts mehr. Die Landschaft kehrte zu ihrem stillen Glanz der Unbeweglichkeit zurück.

Er machte noch ein paar träge Schritte auf seinem Weg. Ein paar Schritte, weitausgreifend, eine unfreiwillige, jedenfalls unbewußte Bewegung. Dann blieb er mitten auf der Allee stehen. Ohne Grund, schien es. Aus der träumerischen Routine dieses Gehens erwacht.

Die Stille konnte ewig dauern, das war nicht undenkbar.

Die Landschaft würde nach jenem letzten Geräusch menschlichen Lebens, der vagen Aktivität von soeben, greifbar und verlassen daliegen.

Er sah den Dampf, der sich vor seinem Mund bildete. Er bewegte seine klammen Zehen in den unwirtlichen Lederstiefeln. Er steckte seine geballten Fäuste in die Taschen seines blauen Kapuzenmantels.

Es konnte sein, daß nichts, daß niemand eintraf. Die Straße würde nirgendwo hinführen. Der Winter würde seine eisige und klare Einsamkeit entfalten. Später, in einer ungewissen, aber voraussehbaren Zukunft, würde der Schnee zu schmelzen beginnen. Überall im Wald plätschernde Bäche. Das Holz würde arbeiten, auch die Erde, die Säfte, die Keime. Eines Tages würde alles grün sein. Sogar strahlendgrün und üppig. Es gibt für all das ein Wort: Frühling.

Da erblickte er zu seiner Linken, in dieser verschneiten Ewigkeit, den Baum.

Jenseits der Böschung, der Reihe hoher Laternenpfähle, der Staffelung steifer Telegraphenmasten gab es einen Baum. Sicherlich eine Buche. Das nahm er zumindest an. Es sah ganz danach aus. Abseits von der zusammengewürfelten Buchengruppe in der

Mitte einer Lichtung, großartig allein. Wer weiß, vielleicht der Baum, dessentwegen man den Wald nicht sieht? Eine herrliche Buche. Er machte drei Schritte zur Seite und fand sich sehr komisch. Er nahm jedoch an, daß es nicht von ihm stammte, daß er es nicht erfunden hatte. Zweifellos nein: eine literarische Reminiszenz. Er lächelte, während er noch einige Schritte zur Seite machte.

Es sah wirklich so aus, als ob er ohne nachzudenken die Straße schräg überqueren würde.

Er erinnerte sich an keinen anderen Baum. Es gab keinerlei Nostalgie in seiner Neugier. Einmal keine Erinnerung aus der Kindheit, die in einer Blutwallung aufsteigt. Es versuchte nicht, etwas Unerreichbares, einen Eindruck von früher wiederzufinden. Kein einstiges Glück, das dieses hier nährte. Einfach die Schönheit eines Baumes, dessen vermuteter, wahrscheinlicher Name überhaupt nichts besagte. Sicherlich eine Buche. Könnte genauso gut eine Eiche, eine Sykomore, eine Trauerweide, eine Birke, eine Esche, eine Zitterpappel, eine Zeder, eine Tamariske sein.

Schnee und Tamariske ergaben freilich keinen Sinn. Er sagte irgend etwas. Einfach hingerissen von seiner Fröhlichkeit. Ein Baum, das ist alles, in seiner unmittelbaren Pracht, in der durchsichtigen Unbeweglichkeit der Gegenwart.

Er hatte die Böschung überschritten und stapfte durch den weichen jungfräulichen Schnee.

Da stand der Baum, in Reichweite. Der Baum war wirklich, man konnte ihn anfassen.

Er streckte die Hand aus, berührte die Rinde und kratzte den vereisten Schnee ab, den der Wind an den Stamm der Buche gedrückt hatte. Er trat sogleich auf das Feld zurück, um einen besseren Blick zu haben. Auf das ganze winzige Stück Landschaft vor seinen Augen. Er wärmte seine Finger mit seinem Atem und steckte die Hände in die Taschen seines blauen Kapuzenmantels. Er stellte sich breitbeinig hin und schaute. Der Dezemberhimmel war blaß, eine kaum getönte Scheibe.

In der Sonne konnte man träumen.

Die Zeit würde vergehen. Die Buche ihren Schneemantel ablegen. Mit dumpfem Schütteln würden ihre Äste poröse Brocken auf der Erde aufklatschen lassen. Die Zeit würde das ihre tun, auch die Sonne. Sie leisteten es schon. Die Zeit drang in den Winter, in

seine glitzernde Pracht ein. Aber im Eisherzen der gefühllosen Jahreszeit nährte sich schon eine grüne künftige Knospe von den emporquellenden Säften.
Er dachte, ohne sich zu rühren, während sein ganzes Leben prüfender Blick geworden war, daß die Knospe den Winter verneinte, und die Blüte die Knospe, und die Frucht die Blüte. Er lachte betört, fast selig bei der Heraufbeschwörung dieser elementaren Dialektik, denn diese zarte, noch nicht ertastbare Knospe, diese grüne pflanzliche Feuchte im verschneiten Schoß der Zeit, würde nicht nur die Verneinung, sondern auch die Erfüllung des Winters sein. Der alte Hegel hatte recht. Der leuchtende Schnee würde sich im leuchtenden Grün erfüllen.
Er betrachtete die schneebedeckte Buche. Er kannte bereits ihre strahlend grüne Wahrheit. Dezember, noch wie viele Monate des Wartens? Er selbst würde vielleicht schon tot sein. Die Knospe würde hervorbrechen und die tiefe Wahrheit des Winters vollenden. Und er würde tot sein. Nein, nicht einmal tot: verflüchtigt. Er würde verschwunden, in Rauch aufgegangen sein, und die Knospe würde hervorbrechen, eine Kugel prall von Saft. Diese Vorstellung war faszinierend. Er lachte über die Sonne, den Baum, die Landschaft, über die Idee seines eigenen wahrscheinlichen und lächerlichen Verschwindens. Die Dinge würden sich jedenfalls erfüllen. Der Winter würde sich in Üppigkeit erfüllen.
Er bewegte die großen Zehen in seinen Stiefeln, deren Leder durch den Frost scharfkantig geworden war. Er bewegte seine klammen Finger in den Taschen des Kapuzenmantels.
Kurzum, er hatte den Talmud nicht gelesen. »Wenn du einen schönen Baum siehst, so bleib nicht stehen, sondern setz deinen Weg fort.« Er war stehengeblieben, er war bis zu dem schönen Baum gegangen. Er hatte niemals das Bedürfnis verspürt, seine eigene Existenz zu bestätigen, indem er die vergänglichen Schönheiten der Welt verneinte.
Er hatte den Talmud nicht gelesen, es war eine herrliche Buche, die ihm glücklich zu sein schien.
Da lenkte klirrendes Metall seine Aufmerksamkeit auf sich.
Er drehte den Kopf. Er erblickte einen Unteroffizier, den er nicht hatte kommen hören. Der Unteroffizier hatte seinen Revolver aus dem falbledernen Halfter gezogen. Er hatte eine Kugel in den Lauf klicken lassen. Im nachhinein wurde das Metallgeräusch verständlich.

Er betrachtete den auf ihn gerichteten Revolver. Der Unteroffizier hatte einen verblüfften, ja beunruhigten Blick. Seine Stimme drückte Wut und Empörung aus.
»Was machst du hier«, fragte er.
Seine Stimme zitterte vor Entrüstung oder Überraschung. Man konnte ihn verstehen. Vor einem Baum zu stehen, ganz betört, selig und verzückt zu lachen, abseits der ausgetretenen Wege, war einfach unerträglich. Er dachte einen Moment nach. Er durfte nicht einfach darauflosreden.
»Der Baum«, sagte er schließlich, »ein wunderschöner Baum!«
Und das war wirklich die einzige Erklärung. Er war zufrieden, die wahren Beweggründe seiner Anwesenheit an diesem unerwarteten Ort kurz und bündig auf Deutsch ausgedrückt zu haben. Der Baum war wirklich etwas Wunderschönes. Auf französisch hätte die Erklärung ein wenig hochtrabend und gekünstelt geklungen.
Der Unteroffizier wandte den Kopf dem Baum zu und betrachtete ihn auch, zum erstenmal. Er hatte die Buche noch nicht bemerkt, dieser Soldat. Hätte er ihn übrigens gesehen, so hätte er seinen Weg fortgesetzt. Dennoch war es unwahrscheinlich, daß er den Talmud gelesen hatte.
Der Lauf des Revolvers senkte sich zum Schneeboden.
Eine Sekunde lang überraschte ihn die Vorstellung, daß der Unteroffizier womöglich die gleichen Augen für den Baum hatte wie er selbst. Der Blick des Unteroffiziers milderte sich, vielleicht von soviel Schönheit durchdrungen. Dieses ganze in seiner Dichte bläuliche Weiß mit seinen gezackten Konturen hatte die Schwärze seines Blicks aufgelöst. Er hielt den Revolver am Ende seines schlenkernden Arms, er betrachtete den Baum intensiv. Eine verwirrende, vielleicht sogar beunruhigende Möglichkeit schien aufzutauchen.
Da standen sie nebeneinander, sie hätten gemeinsam über diese schneeige Schönheit sprechen können.
Er sah die silbergestickten stilisierten Blitze des Doppel-S auf den schwarzen Rauten, die die zwei Kragenspitzen des Unteroffiziers schmückten, und das war kein Hindernis, so schien es seltsamerweise. Der SS-Unteroffizier trat ein paar Schritte zurück, wie er zuvor. Der Unteroffizier betrachtete die Buche, die Landschaft mit blau gewordenem Blick. Alles wirkte unschuldig, es war zumindest eine vage Möglichkeit.

Der Unteroffizier konnte kopfschüttelnd zu ihm zurückkommen. »Tatsächlich ja, Mensch, ein wunderschöner Baum«, würde er sagen. Sie würden beide mit dem Kopf nicken, während sie den Baum betrachteten. Er hätte die Gelegenheit nutzen können, um dem SS-Unteroffizier behutsam die ganze Komplexität der frappierenden Formulierungen eines Philosophen seines Landes zu erklären.
Sie standen reglos vor dem Baum. Die Sonne schien, der Himmel war fahl, der Schnee dämpfte die Geräusche, drüben stieg Rauch auf. Es war zehn Uhr morgens, an einem Dezembersonntag. Das konnte sicherlich noch lange dauern.
Bald war es zu Ende.
Der SS-Unteroffizier machte drei Schritte auf ihn zu. Der Revolver war wieder auf seine Brust gerichtet. Röte stieg in das Gesicht des Unteroffiziers, aus Wut oder Haß. Er würde gleich losbrüllen.
Aber er stand stramm und schlug die Hacken seiner Stiefel zusammen. Das war wegen des weichen Schnees nicht leicht. Doch es gelang ihm trotzdem. Es knallte tadellos. Er riß die Mütze herunter. Ganz stramm, den Kopf geradeaus, die Augen ins blinde Nichts des fahlen Himmels gerichtet, schrie er. Er kam dem Gebrüll des SS-Unteroffiziers zuvor, dem es die Sprache verschlug. Er meldete sich in der starren Form der Vorschriften, die um so strenger waren, als sie nicht schriftlich niedergelegt waren, und schrie seine Häftlingsnummer heraus, seine Arbeitszuweisung und die Gründe für seine Anwesenheit außerhalb der Lagerumzäunung.
»Häftling Vier-und-vierzig-tausend-neun-hundert-vier!« schrie er. »Von der Arbeitsstatistik! Zur *Mibau* abkommandiert!«
Der stille Rauch da unten stammte von dem Krematorium.

Der SS-Unteroffizier heißt Kurt Kraus. Sonst läßt sich nichts über ihn sagen.
Die Nummer 44904, die abseits der Hauptallee, die von Hitleradlern gekrönten Säulen gesäumt wird, bei der seligen Betrachtung einer alleinstehenden Buche von Kurt Kraus ertappt worden ist, hat gerade verkündet, wer er ist: die Nummer 44904. Die Zahl ist schwarz auf ein weißes Stoffviereck gedruckt worden, das auf der linken Seite des blauen Kapuzenmantels, über dem Herzen,

angenäht worden ist. Ebenfalls gedruckt auf ein zweites, auf der rechten Seite des rechten Hosenbeins angenähtes Rechteck am Oberschenkel. Über jedem dieser Rechtecke ein gleichschenkliges Dreieck aus rotem Stoff. Mit Waschtinte auf diese Dreiecke gedruckt: der Buchstabe S.

Ein ahnungsloser Mensch könnte sich täuschen, könnte glauben, es sei kein reiner Zufall. Als ob das silberne und stilisierte Doppel-S: Doppelblitz, Doppeleinschlag – auf der schwarzen Raute am Kragen des Unteroffiziers und das einfache schwarze S auf rotem Grund an der Kleidung der Nummer 44904 irgendeinen Rangunterschied verrieten. Zwischen dem einfachen und dem doppelten S. Aber keineswegs. Rangunterschiede gibt es zweifellos. Zwischen dem SS-Unteroffizier Kurt Kraus und der Nummer 44904 gibt es den ganzen Abstand des Rechts über Leben und Tod. Abstand und Rangunterschied freilich, die nicht von diesem Übergang vom einfachen zum doppelten, vom S zum SS versinnbildlicht werden. Anstelle des einfachen S hätte tatsächlich ein ganz anderer Buchstabe stehen können. Ein F, ein R, ein T: Franzose, Russe, Tscheche zum Beispiel, der auf das gleichschenklige Dreieck gedruckte Buchstabe bezeichnet nur die Nationalität des Nummernträgers. Im vorliegenden Fall steht das S für Spanier. Also wird der Rangunterschied zwischen jedem Nummernträger und dem SS-Unteroffizier Kurt Kraus nicht durch die nationale Herkunft des ersteren bestimmt. Das Recht über Leben und Tod kann, unabhängig von seiner Nationalität, auf jeden Nummernträger angewandt werden. Es betrifft die Existenz besagten Trägers selbst, was immer der Identifizierungsbuchstabe sein mag, den er bequemlichkeitshalber für die Verwaltung angenäht herumträgt.

Es ist zehn Uhr morgens. Es ist Sonntag. Es ist Ende Dezember. Die Landschaft ist schneebedeckt.

Der Buchenwald auf dem Hügel von Ettersberg, der diesem Ort seinen Namen Buchenwald gibt, liegt einige Kilometer von Weimar entfernt.

Die Stadt Weimar hatte jedoch bis zu jenen letzten Jahren keinen schlechten Ruf gehabt. Im 9. Jahrhundert gegründet, wenn man den meist zuverlässigen geschichtlichen Quellen glaubt, gehörte sie bis 1140 den Grafen von Orlamünde. 1345 wird die Stadt

Lehen der Landgrafen von Thüringen und ein Jahrhundert später, um genau zu sein 1485, fiel sie dem ältesten Zweig des sächsischen Hauses Wettin zu. Nach 1572 wurde Weimar zur ständigen Residenz dieses Fürstengeschlechts. Unter Karl August und seinen Nachfolgern wurde die Stadt ein liberaler Mittelpunkt der Künste und der Literatur.

Dieser letzte Aspekt im Leben der Stadt wird, nicht ohne eine gewisse nebulöse Geschwollenheit, in einer Dokumentensammlung über das Konzentrationslager am Ettersberg stark hervorgehoben.

»Weimar«, kann man darin lesen, »war bis dahin weltbekannt als Stadt, in der Lukas Cranach der Ältere, Johann Sebastian Bach, Christoph Martin Wieland, Gottfried Herder, Friedrich von Schiller, Johann Wolfgang von Goethe und Franz Liszt gelebt und unsterbliche Werke geschaffen hatten . . . Goethe ging auf diesem Hügel zwischen diesen Buchen spazieren. Dort entstand *Wanderers Nachtlied.* Mit Goethe traf sich die ganze intellektuelle Elite von Weimar gern auf dem Ettersberg, um die Ruhe und die frische Luft zu genießen.«

Diese bukolische Sicht des Lebens in Weimar wird von Goethe selbst bestätigt. In Eckermanns *Gesprächen mit Goethe* kann man einen vom 26. September 1827 datierten hübschen Bericht über einen Ausflug zum Ettersberg lesen.

Hören wir uns Eckermann, den getreuen, aber glanzlosen Chronisten, an:

»Goethe hatte mich auf diesen Morgen zu einer Spazierfahrt nach der Hottelstedter Ecke, der westlichen Höhe des Etterberges, und von da nach dem Jagdschloß Ettersburg einladen lassen. Der Tag war überaus schön, und wir fuhren zeitig zum Jakobstore hinaus . . . Wir waren jetzt oben auf der Höhe und fuhren rasch weiter. Rechts zu unserer Seite hatten wir Eichen und Buchen und anderes Laubholz. Weimar war rückwärts nicht mehr zu sehen . . .

›Hier ist gut sein!‹ sagte Goethe, und ließ halten. ›Ich dächte, wir versuchten, wie in dieser guten Luft uns etwa ein kleines Frühstück behagen möchte.‹

Wir stiegen aus und gingen auf trockenem Boden am Fuße halbwüchsiger, von vielen Stürmen verkrüppelter Eichen einige Minuten auf und ab, während Friedrich das mitgenommene Frühstück auspackte und auf einer Rasenerhöhung ausbreitete.

Die Aussicht von dieser Stelle in der klaren Morgenbeleuchtung der reinsten Herbstsonne war in der Tat herrlich ...
Wir setzten uns mit dem Rücken nach den Eichen zu, so daß wir während dem Frühstück die weite Aussicht über das halbe Thüringen immer vor uns hatten. Wir verzehrten indes ein paar gebratene Rebhühner mit frischem Weißbrot und tranken dazu eine Flasche sehr guten Wein, und zwar aus einer biegsamen feinen goldenen Schale, die Goethe in einem gelben Lederfutteral bei solchen Ausflügen gewöhnlich bei sich führt ...«
Trotz der Raffinesse dieser patrizischen Erinnerungen ist Weimar, als Goethe dort ankommt, nur ein Marktflecken mit fünf- bis sechstausend Seelen. Das Vieh trottet durch die schmutzigen Straßen. Keine Landstraßen, nur schlechte Wege, auf denen man Gefahr lief, sich die Knochen zu brechen, wenn man den bestinformierten Autoren Glauben schenkt.
Fünf Jahre später, nämlich 1779, bemüht sich Goethe, von Herzog Karl August zum Geheimen Rat, Kriegskommissär und Direktor des Wegebaus ernannt, die Zustände zu bessern. Aber es scheint, daß man dabei nicht besonders schnell vorankommt. Jedenfalls beklagt sich Stendhal, der diese Gegend durchquert, um sich in Rußland seinem Kaiser anzuschließen, noch in einem Brief vom 27. Juli 1812 an seine Schwester Pauline über die »deutsche Langsamkeit«, die seinen Ritt über die Straßen von Thüringen verzögere. Die Landschaft hat Stendhal übrigens nicht so beeindruckt, wie sie Goethe und Eckermann entzücken sollte. »Man spürt in Weimar«, schreibt er an Pauline, »die Gegenwart eines fürstlichen Freundes der Künste, aber ich habe mit Bedauern gesehen, daß die Natur, wie in Gotha, nichts getan hat; sie ist flach wie in Paris.«
Wie dem auch sei und trotz der Uneinigkeit so erlauchter Geister, zumindest hinsichtlich der landschaftlichen Schönheiten hatte die Stadt Weimar keinen schlechten Ruf. 1919, nach dem Sturz der Hohenzollern, trat sogar in dieser Stadt die Nationalversammlung zusammen, die eben diese Weimarer Republik gründete.

Es ist oft schwierig, manchmal sogar unmöglich, den tatsächlichen Beginn einer Geschichte, einer Serie oder Folge von Ereignissen genau zu datieren, deren Beziehungen zueinander,

deren gegenseitige Einflüsse, deren dunkle Zusammenhänge sich, wenn sie auf den ersten Blick auch zufällig wirken, dann als stark strukturiert erweisen, um schließlich einen solchen Grad an bestimmter Kohärenz zu erreichen, daß sie dadurch den Nimbus der Evidenz erwerben – wie illusorisch er auch sein mag.
Dennoch scheint, im vorliegenden Fall, das Datum des 3. Juni 1936 entscheidend zu sein.
An diesem Tag unterzeichnete der Generalinspekteur der Konzentrationslager und Führer der SS-Totenkopfverbände Theodor Eicke in seinem Berliner Büro in der Wilhelmstraße eine amtliche Mitteilung, die den Stempel GEHEIM trug und deren Konsequenzen für diese Geschichte bestimmend sein sollte, nur mit dem Anfangsbuchstaben seines Namens: *E.*
Wir wollen es selbst beurteilen.
Der SS-Reichsführer Himmler, schreibt Theodor Eicke, hat seine Einwilligung zur Verlegung des Konzentrationslagers von Lichtenburg (Preußen) nach Thüringen gegeben. Es gilt also, in letzterem Freistaat ein geeignetes Gelände zur Errichtung eines für dreitausend Häftlinge vorgesehenen Lagers zu finden, um das herum die Kasernen der Zweiten SS-Totenkopf-Division erbaut werden sollen. Die Kosten der Operation werden auf eine Million zweihunderttausend Reichsmark geschätzt.
Diese vertrauliche Mitteilung vom 3. Juni 1936 ist an Fritz Sauckel adressiert, der, wie man sich erinnert, lange Gauleiter von Thüringen war und 1942 Leiter des Arbeitsdienstes für das Reich und sämtliche besetzten Gebiete wurde, eine Funktion, die ihn dazu veranlaßte, unter verschiedenen Vorwänden den Abtransport mehrerer Millionen Arbeiter nach Deutschland zu organisieren, eine Verantwortlichkeit, für die er 1946 vom Internationalen Militärgerichtshof in Nürnberg zum Tode verurteilt und gehenkt wurde.
Theodor Eicke, der Unterzeichner des Schreibens, war seinerseits zwei Jahre zuvor nur Brigadeführer. Er war es, der in die Zelle 474 des Stadelheimer Gefängnisses eindrang, in dem Ernst Röhm, der Chef der SA, inhaftiert war. Es war heiß, Röhms Oberkörper war nackt, sagen die glaubwürdigen Berichte. Ernst Röhm, der Anführer der plebejischen Nazis, wurde auf persönlichen Befehl Hitlers, der damit endgültig die Gunst jener Herren der Hochfinanz und des Generalstabs gewinnen wollte, von Theodor Eicke erschossen. 1943 fiel Eicke an der Ostfront.

Aber alle diese Toten dürfen unsere Erzählung nicht unterbrechen.
Nichts verbietet uns, uns die Berliner Feuchte an jenem Junitag 1936 vorzustellen. Theodor Eicke sitzt in seinem Büro in der Wilhelmstraße und hat gerade den Brief nochmals durchgelesen, den er an Fritz Sauckel richtet und den eine Sekretärin ihm auf den Schreibtisch gelegt hat. Rechts oben auf der ersten Seite, unter dem Datum und den üblichen Angaben: *Berlin* SW 68, den *3. Juni 1936, Wilhelmstr. 98/IV,* steht wie gesagt zwischen Klammern die Aufschrift GEHEIM.
Theodor Eicke nimmt seinen Füller und setzt am Ende des Briefes unter den gebräuchlichen Gruß *Heil Hitler!* und die Aufzählung seiner Titel *Der Inspekteur der Konz.-Lager u. Führer der SS-Totenkopfverbände, SS-Gruppenführer,* den Anfangsbuchstaben seines Namens: *E.* Dann nimmt die Sekretärin die getippten Seiten wieder an sich und steckt sie in die Briefmappe aus rotem Saffianleder für verwaltungstechnische Sonderpost zurück. Sie verläßt das Büro, nachdem sie noch einige Worte mit dem Gruppenführer gewechselt hat, ein paar Sätze, bei denen es um das Wetter, die Gesundheit des einen oder des anderen, die Ferienpläne an den Ostseestränden gegangen sein mag.
Man kann es sich vorstellen.
Wie dem auch sei, an dem Tag, an dem dieser Brief geschrieben und abgesandt wurde, hatte Léon Blum keinerlei Möglichkeit, etwas von dessen Existenz zu wissen und noch weniger, den Einfluß zu ahnen, den er auf sein eigenes Schicksal haben sollte.
Am 3. Juni 1936 mußte die Konferenz, die sich aus Arbeitgebern und Gewerkschaftlern zusammensetzte und seit dem 31. Mai tagte, einberufen von dem Arbeitsminister Ludovic-Oscar Frossard – dem ehemaligen Sekretär der Kommunistischen Partei nach dem Parteitag von Tours, dem Führer der Zentrumsanhänger, über den in den Schriften von Sinowjew und Trotzki, sowie in den Berichten und Memoiren von Humbert Droz nur wenig Schmeichelhaftes zu finden ist und der schließlich nach seinem Austritt aus der KPF (S.F.I.C.*) nach dem 4. Kongreß der Komintern Arbeitsminister in den Kabinetten Laval und Sarraut von Juni 1935 bis Juni 1936 wurde – also diese Konferenz, die Ludovic-Oscar Frossard einberufen hatte, um eine Lösung für

* S.F.I.C.: Section française de l'Internationale Communiste

den Arbeitskampf und die Besetzungen von Fabriken, die sich ausbreiteten, zu finden, mußte, trotz der Anstrengungen der C.G.T., die Gemüter zu beruhigen, das Scheitern der Verhandlungen eingestehen.
Unter diesen Umständen stellte Léon Blum am Donnerstag, den 4. Juni, sein Kabinett dem Präsidenten Lebrun vor. »Das bisherige Kabinett«, sagte Lebrun zu Blum, »betrachtet die Situation als so ernst, daß es Sie bittet, mit der Machtübernahme nicht bis morgen zu warten, sondern schon heute abend, um neun Uhr, das Innenministerium und das Arbeitsministerium zu besetzen.« Léon Blum erfüllte diese Bitte, und am selben Abend trat Roger Salengro – der am Vorabend der Delegation der Linken verkündet hatte: »Mögen diejenigen, deren Aufgabe es ist, die Arbeiterorganisationen zu lenken, ihre Pflicht tun. Mögen sie sich beeilen, diese ungerechtfertigte Agitation zu beenden. Ich persönlich habe meine Wahl zwischen Ordnung und Anarchie getroffen. Ich werde die Ordnung gegen jedermann aufrechterhalten.« – sein Amt als Innenminister und Jean Lebas das des Arbeitsministers an.
Am 3. Juni 1936 konnte daher Léon Blum nichts von dem Brief wissen, den Theodor Eicke unter dem Siegel der Verschwiegenheit Fritz Sauckel geschickt hatte. Und selbst wenn er durch einen glücklichen Zufall etwas davon gewußt hätte, so ist es recht unwahrscheinlich, daß er dessen Folgen für sein eigenes Leben geahnt hätte.
Von der Bildung seines Kabinetts, von der Vorbereitung seiner Antrittsrede vor dem Abgeordnetenhaus während der für Samstag, den 6. Juni, vorgesehenen Vollversammlung und von der Beilegung der sozialen Konflikte in Anspruch genommen, ist es recht unwahrscheinlich, daß Léon Blum sich an diesem Tag daran erinnerte, selbst vor fünfunddreißig Jahren die *Nouvelles Conversations de Goethe avec Eckermann* geschrieben zu haben. Es ist recht unwahrscheinlich, daß er an dieses bereits alte Werk im selben Augenblick dachte, als Theodor Eickes Unterschrift unter die amtliche und geheime, an Fritz Sauckel adressierte Mitteilung die Errichtung eines Konzentrationslagers an denselben reizenden und idyllischen Stätten, an denen Goethe mit Eckermann konversierte, zur Folge haben sollte, und wohin Léon Blum selbst einige Jahre später deportiert und wo er interniert wurde.
Was den Erzähler betrifft, die andere Hauptperson in dieser

Geschichte, wie auch immer die Autonomie sein mag, die eine gelehrte Kritik später dem Text zuschreibt, so ist der Erzähler an jenem 3. Juni erst zwölf. Er ist gerade bei einem der Examen am Jahresende durchgefallen. Aber keine Bange, es handelt sich um Mathematik, einzig und allein um Mathematik. Auf dem Gebiet der humanistischen Fächer hat er immer geglänzt. Was sonst noch? Es ist wahrscheinlich, daß der Erzähler an jenem Nachmittag mit zwei seiner Brüder im Retiro-Park in Madrid spazierengegangen ist. Aber der Retiro ist schon längst kein ruhiger, abgeschlossener, sich sinnlich um die mütterlichen Gewässer seiner Teiche, um die Rosengärten, die Museen des Kristallpalastes ausbreitender Ort mehr. Der Retiro wird unentwegt von Gruppen aufgebrachter, manchmal fluchender Arbeiter durchquert, die aus den Vororten von Vallecas durch seine Alleen zum Zentrum von Madrid marschieren. Denn es ist der letzte Juni vor dem Krieg, vor dem Bürgerkrieg, vor all den Kriegen.
Kurzum, an jenem Mittwoch, dem 3. Juni 1936, ist, wie in jeder gut aufgebauten Tragödie, das Schicksal gerade in Erscheinung getreten – zerstreut, sogar administrativ –, und keine der Figuren ist imstande, schon sein Gesicht, sein blasiertes Lächeln, sein ironisches oder mitleidiges Augenzwinkern zu erkennen.

Der von Theodor Eicke an Fritz Sauckel geschickte Brief leitet eine zu ausführliche verwaltungstechnische Korrespondenz ein, als daß sie hier detailliert wiedergegeben werden könnte.
Eins ist sicher: die Verlegung des Lagers von Lichtenburg nach Thüringen zieht sich hin.
Schließlich erfahren wir aus einer von Gommlich, dem Ministerialrat beim Innenministerium von Thüringen, unterschriebenen Note vom 5. Mai 1937 (fast ein Jahr sollte vergehen und der ursprüngliche Zeitplan nicht eingehalten werden), daß die Wahl des Ettersberges bei Weimar von Eicke gutgeheißen worden ist. Daraufhin wurde die erste Gruppe von dreihundert Häftlingen am 16. Juli 1937 dorthin gebracht, um mit dem für die Errichtung der Baracken und Kasernen notwendigen Roden unter dem Befehl des SS-Obersturmbannführers Koch zu beginnen, dessen Frau Ilse, wie man sich erinnert, später Lampenschirme aus der Haut der Häftlinge herstellen sollte, deren Tätowierungen ihre Aufmerksamkeit auf sich gelenkt hatten.

Die erste amtliche Benennung des neuen Lagers, *K.L. Ettersberg*, sollte dennoch einigen Staub aufwirbeln. In einem Brief an Himmler vom 24. Juli 1937 berichtete Theodor Eicke, daß der nationalsozialistische Kulturbund von Weimar gegen diese Benennung protestierte, »denn der Name Ettersberg sei eng verbunden mit Goethes Leben und Werk« und dessen Verleihung an ein Umerziehungslager, wo sich der Abschaum der Menschheit versammeln werde, könne nur die Erinnerung an den Dichter beschmutzen.

Aber es sei auch nicht mehr möglich, sagte Eicke, dem Lager den Namen des nächsten Dorfes, Hottelstedt, zu geben, denn dann hätte die SS-Garnison einen beträchtlichen materiellen Nachteil, weil in diesem Fall ihr Quartiergeld nach den Lebenskosten von Hottelstedt berechnet würde – so lautete tatsächlich die Vorschrift –, während der eines SS-Mannes würdige Lebensstandard eher die Berücksichtigung der in Weimar, einer verhältnismäßig teuren Stadt, üblichen Preise erfordere. Aus diesem Grunde schlug Eicke die Benennung *K.L. Hochwald* vor.

Vier Tage danach entschied Himmler, daß das Lager *K.L. Buchenwald/Weimar* heißen sollte. So werde das kulturelle Gewissen der Bevölkerung in dieser Gegend nicht verletzt und die SS-Soldaten könnten das ihrer gesellschaftlichen Stellung angemessene Quartiergeld beziehen.

In seinen *Nouvelles Conversations de Goethe avec Eckermann*, die zum erstenmal 1901 anonym in der *Revue Blanche* erschienen, hatte Léon Blum (aber es ist recht unwahrscheinlich, daß Léon Blum, als er am 7. Juni 1936, einem Sonntag, um 15 Uhr im Hotel desselben Namens die Diskussion eröffnete, die mit den Matignon-Vereinbarungen enden sollte, Gelegenheit hatte, sich an sein Jugendwerk zu erinnern, an das er, einige Jahre später als Internierter in einer Villa des Falkenhofs von Buchenwald, an eben den Stätten von Goethes Ergötzungen und seinen Spaziergängen mit Eckermann, sicherlich mehr als einmal denken mußte; es ist recht unwahrscheinlich, daß Léon Blum an dem grünen Tisch der Verhandlungen, die mit den Matignon-Vereinbarungen enden sollten, sich an dieses bereits alte Werk erinnerte, während er sich doch mit dumpfer und finsterer Wut zweifellos jenen ganzen Nachmittag an die Worte erinnern mußte, die ihm am Vortag, am Samstag, den 6. Juni, Xavier Vallat im Abgeordnetenhaus an den Kopf geworfen hat: »Ihre Machtübernahme, Herr Ministerpräsident, markiert unbestreitbar ein historisches Datum. Zum erstenmal wird dieses alte galloromanische Land von einem Juden regiert werden«, Worte, die uns auf Umwegen zum fernen Ausgangspunkt dieser Geschichte, zu jenem oft zitierten Brief von Theodor Eicke, zurückführen, wovon keine der Personen an dem Tisch der Verhandlungen im Hotel Matignon, aus denen die Vereinbarungen desselben Namens hervorgehen sollten, gewiß auch nur die geringste Ahnung hatte), aber Léon Blum hatte in seinen *Nouvelles Conversations de Goethe avec Eckermann*, dreißig Jahre bevor er der erste jüdische Regierungschef Frankreichs wurde, zweiundvierzig Jahre bevor er dieselben Stätten kennenlernte, an denen sich jene berühmten Gespräche abspielten, geschrieben:

»*3. Juli 1898.*
Mit Goethe gespeist, der mir ein außergewöhnliches Wort von Racine zitiert. Als dieser seinen Entwurf für *Phädra* beendet hatte, sagte er einem Freund: ›Mein Stück ist fertig. Ich brauche nur noch die Verse zu schreiben.‹«

Nun denn, schreiben wir.

EINS

»Kumpel, was für ein schöner Sonntag!« hat der Kumpel gesagt.
Er betrachtet den Himmel und sagt zu den Kumpeln, daß es ein schöner Sonntag sei. Aber am Himmel sieht man nur den Himmel, die Schwärze des Himmels, die Finsternis des Himmels voller Schnee, der im Licht der Scheinwerfer herabwirbelt. Ein tanzendes und frostiges Licht.
Er hat das mit übertriebenem Gelächter gesagt, als sagte er: »*Merde!*« Aber er hat nicht *merde* gesagt. Er hat gesagt: »Was für ein schöner Sonntag, Kumpel!«, auf französisch, beim Anblick des schwarzen Himmels um fünf Uhr morgens. Er hat ganz für sich allein schallend gelacht und nicht *merde* gesagt. Hätte er übrigens *merde* sagen wollen, so hätte er Scheiße gesagt, denn die wichtigen Wörter sind nicht französisch. Auch nicht serbokroatisch oder flämisch. Nicht einmal russisch, bis auf *machorka*, ein beachtliches Wort. Man sagt Scheiße, Arbeit, Brot, all die anderen wichtigen Wörter auf deutsch. Und außerdem *machorka*, das auch ein wichtiges Wort ist, um den Tabak oder eher das beißende Kraut, das man raucht, zu benennen.
Jedenfalls hätte der Kumpel den Himmel, die Finsternis des Himmels, den Schnee des Himmels, die elektrischen Strahlen des Himmels betrachtet und Scheiße gerufen, wenn er *merde* hätte sagen wollen. Wenn man Scheiße sagt, verstehen einen alle, und es ist wichtig, sich verständlich zu machen, wenn man Lust hat, Scheiße zu rufen und verstanden zu werden.
Das Gelächter des Kumpels steigt zur Finsternis des Himmels, zur Finsternis des schönen Sonntags in der Morgendämmerung empor und bricht sogleich ab. Der Kumpel sagt nichts mehr. Er hat alles, was er vom Leben hält, sagen müssen und taucht in die Finsternis des Schnees, zum Appell. Er ist nur noch ein dahineilender, vom Schneetreiben gekrümmter Schatten. Andere Schatten rennen hinter dem Schatten des Kumpels her, der gesagt hat, daß es ein schöner Sonntag sei.
Für wen hat er gesprochen? Warum dieses verzweifelte Hohngelächter in seiner Stimme, in seinem Schrei zum Schneehimmel empor?

Er schlug den Kragen seines Kapuzenmantels hoch, der auf dem Rücken Spuren grüner Farbe trug, undeutliche Umrisse halb ausgewischter Buchstaben, ein *K* war vielleicht noch leserlich, *B* und *U* ließen sich erraten. Er stand vor dem Eingang des Blocks, von dem Vorsprung, den die doppelte Außentreppe bildet, die zum ersten Stock führt, vor den Schneewirbeln geschützt, während er den Kragen seines Kapuzenmantels hochschlug, das Sonntagsmorgengrauen draußen betrachtete, diese von Scheinwerferstrahlen durchlöcherte Finsternis, und das wirre Geräusch hörte, durch das sich die Triller der Pfeifen bohrten, die die Kumpel zum ersten Morgenappell einberiefen.

Dann hat er ganz für sich allein mit lauter, deklamatorischer, verzweifelter, höhnischer Stimme – oder vielmehr einer Stimme, die sich selbst verhöhnte – ausgerufen, daß es ein schöner Sonntag sei, Kumpel!

Sicherlich hat eine Erinnerung an die schönen Sonntage von früher, die ihn überfiel, als er in den wirbelnden Schnee hinaustrat, ihn so schreien und in dieses verzweifelte Lachen ausbrechen lassen.

Was für ein schöner Sonntag, Kumpel, an den Ufern der Marne!

Sicherlich hat er der Schönheit jenes schönen Sonntags von einst an den Ufern der Marne nicht widerstehen können, die auf einmal in seine Erinnerung eindrang, während er das Schneetreiben auf dem Ettersberg betrachtete. Er hat vielleicht den unannehmbaren Aberwitz dieser Welt verspürt, in der es Sonntage an der Marne gibt – woanders, früher, fern, auf der anderen Seite, draußen – und dann diesen beharrlichen flockigen Schnee des Ettersberges. Er hat sicherlich gerufen, um sich für diesen Aberwitz zu rächen, um ihn wenigstens zu benennen, sogar auf diesem Umweg. Hätte er gerufen: »Wie schön ist die Marne, der Sonntag!«, hätte keiner verstanden, was er sagte.

Dieser Mann wartete in der Gruppe der Bummelanten, derjenigen, die sich erst in allerletzter Minute der zum Appell stolpernden Menge anschlossen. Er hat den Himmel betrachtet und gerufen. Für sich, für die zurückgekehrte Erinnerung, für die Schatten um sich herum, für den Schnee des Ettersberges, für den halben Arbeitstag, der ihn erwartet, für die Kapos, für die Marne im Frühling, denn nur eine Erinnerung an den Frühling hat ihn bei diesem beharrlichen Schnee plötzlich überkommen können. Er hat ausgerufen, daß es ein schöner Sonntag sei!

Dann hat er zwei Schritte zur Seite gemacht, ein Lichtstrahl ist auf sein Gesicht, sein Profil gefallen.
Es war Barizon, Fernand Barizon.
Er ist im Schneetreiben losgerannt, und sein Eintauchen in die Finsternis hat den Aufbruch aller anderen, aller Bummelanten, beschleunigt. Barizon ist ein Schatten, der zu der Menge der Schatten eilt, die im Gleichschritt marschiert und den Beginn dieses schönen Sonntags skandiert.
Sicherlich erinnert sich Barizon später, in die viereckige und massive Formation der Häftlinge von Block 40 an der Stelle eingeordnet, die dem Block 40 beim Appell zusteht – sogar wenn die meisten Männer, die ursprünglich dieses massive, unbewegliche, in der höchst mechanischen strammen Haltung erstarrte Viereck bildeten, tot, in Rauch aufgegangen waren, ohne hier eine andere Spur ihres Durchgangs hinterlassen zu haben als jene Fortdauer dieser massiven, unbeweglichen und ausgehöhlten Formation von Block 40 beim Appell, einer leeren, entsprechend der entstehenden Lücken von anderen Häftlingen endlos aufgefüllten, stets zu erneuernden Formation – sicherlich erinnert sich der in Reihe und Glied stehende Barizon noch immer an die Ufer der Marne.
In der wattigen, von den schneidenden Befehlen der Lautsprecher zerrissenen Stille beschwört Barizon wohl alle Einzelheiten dieser Erinnerung absichtlich herauf: das Wetter, das an jenem Frühlingssonntag von damals herrschte; die Farben der Blätter und die der Kleider der junger Frauen; den Geschmack des leichten Weines; die Lauheit des um die unbewegten Ruder gleitenden Wassers, die er losgelassen hatte, um sich eine Zigarette anzuzünden oder die Hände der jungen Frauen zwischen die seinen zu nehmen. Gewiß kommt, in der Schärfung der Empfindungen, die die eisige Kälte hervorruft, Barizon, der sich an die Ufer der Marne erinnert, auf Gedanken über die Zerbrechlichkeit des Glücks, auf banale Gedanken über das einstige Lebensglück draußen. Mein Gott, wenn man gewußt hätte, wovon das Leben erfüllt sein kann, all den Reichtum, den es in sich birgt, hätte man nicht einfach das kleine Glück an den Ufern der Marne töricht hingenommen, sondern versucht, ein großes Glück daraus zu machen, groß genug und verrückt genug, daß es weder der heutige Schnee, noch der Kapo der *Gustloff*, noch der bebrillte SS-Mann hätten auslöschen können.

Jedenfalls sind die einzigen Hinweise, die wir haben, um anzunehmen, daß er sich an die Ufer der Marne erinnert, die Worte, die er ausgerufen hat, ehe er losgerannt ist.
»Was für ein schöner Sonntag, Kumpel!«
Und es ist Sonntag.

Wie waren die Sonntage?
Auf alle Fälle war es nicht die Marne. Einmal hatte ich ein junges Mädchen auf dem See bis zum Bois de Boulogne mitgenommen. Das Rudern war eine gesunde und überdies keine kostspielige Vergnügung. Aber nicht alle Mädchen wissen die frische Luft, und die improvisierten brillanten kulturellen Ergüsse auf einer Bootsfahrt zu schätzen. Zumindest mit diesem hatte es zu nichts geführt, glaube ich mich zu erinnern. Vielleicht wären die Ufer der Marne verlockender gewesen.
Ich weiß es nicht, ich erinnere mich nicht an die Ufer der Marne.
Ich zünde mir die mit Zeitungspapier gerollte Morgenzigarette an. Der beißende Rauch des *machorka* brennt mir in der Kehle. Ich halte mich, den Kragen meines Kapuzenmantels hochgeschlagen, unter der Außentreppe auf, die zum ersten Stock führt. Meine Zehen ragen durch meine löchrigen Socken heraus, den großen Zeh kneift das harte Leder meiner Stiefel. Ich klopfe mit dem Absatz auf die Zementdiele vor dem Eingang von Block 40.
Emil erscheint, der Leiter von Block 40, stämmig, verärgert, mit seiner Matrosenmütze und seinen lavendelblauen Augen. Er hat prüfen müssen, ob alle Schlafsäle völlig leer sind, ob niemand dort herumgammelt. Er brummt im Vorbeigehen einen Gruß und taucht in die schneeige Finsternis.
Die Marne? Fehlanzeige, sie erinnert mich an gar nichts.
Ich betrachte den Schnee, der in den Strahlenbündeln der Scheinwerfer glitzert. Ein tanzendes und frostiges Licht. Ich sollte hinauf zur Baracke der Arbeitsstatistik gehen, es ist gleich Zeit zum Appell. Aber ich zögere den Augenblick hinaus. Ganz allein, mit dem scharfen Geschmack des *machorka* im Mund. So etwas wie Frieden, keine auf mich gerichteten Blicke mehr: ein geräuschloser, zerbrechlicher Hohlraum völliger Einsamkeit.
Seit zwei Jahren schlief ich im Schlummer anderer. Ich wartete darauf, daß ein von allen Seiten bedrängter Kumpel fertig würde,

um mich auf ein paar Zentimeter der Bank zu zwängen und meine Abendsuppe zu essen. In meinem Rücken warteten andere Kumpel ihrerseits darauf, daß ich fertig wurde. Ich hockte mich auf den lauen Porzellansitz, in derselben Reihe mit einem Dutzend anderer hockender Typen, in der stinkenden Promiskuität der Latrinen. Ich marschierte in Reihe und Glied, Schulter an Schulter, ich war nur noch ein Bein des stolpernden und gehetzten großen Insekts. Das Wasser der Dusche rieselte über meinen Körper, über einige Hunderte von behaarten Beinen, schlaffen bläulichen Penissen, aufgeblähten Bäuchen, eingefallenen Brustkörben. Seit zwei Jahren war ich in einer zum Bersten vollen, von Schweiß klebrigen, von widerlichem Magenknurren rumorenden Welt.

Da zögerte ich jene Augenblicke am Morgen hinaus, jene Art Einsamkeit: die erste Zigarette, das tanzende und frostige Licht, die provisorische Stille, die sagenhafte Gewißheit, zu existieren.

Aber warum der Gedanke an die Marne, an ihre Sonntagsfreuden? Ehrlich gestanden wußte ich nichts von der Marne. Als vorhin Fernand Barizon jene Worte über den Sonntag ausgerufen hatte, hatte ich mich an die Ufer der Marne erinnert oder, genauer, war mein Gedächtnis von einer Erinnerung heimgesucht worden, die nicht mir gehörte. Als hätte ein anderer sich in meinem Gedächtnis erinnert.

Im letzten Sommer vor dem Krieg, ich will sagen, zwischen den beiden Kriegen, im Sommer 1939, ging ich jeden Nachmittag ins Kino. Das war freilich nicht geplant. Aber das fing jeden Tag von vorne an: die gleiche vorgetäuschte Überraschung, die gleiche Faszination.

Ich kam durch die Rue Soufflot, ich blieb vor der Tür der Bibliothek Sainte-Geneviève stehen. Ich hätte hineingehen sollen, das war geplant, um mir den Anschein eines fleißigen jungen Mannes zu geben. Unbeweglich, oben auf den Stufen, atmete ich arglistig die laue, süßliche Luft ein, die über den verlassenen Platz strömte. Als holte ich ein letztes Mal tief Atem, ehe ich in den nüchternen Mief der Bibliothek tauchte. Aber mein ganzes Wesen schwankte schon, wie graues Regenwasser in Rinnsteinen auf den Abhängen, die zur Seine hinabführen.

Ich betrachtete den Platz, ich atmete. Ich drehte den Kopf nach links, ich sah die Fassade von Saint-Etienne-du-Mont im klaren und ausdruckslosen Augustlicht. Noch einen Augenblick, und ich würde in die Bibliothek gehen. Das war beschlossen, daran ließ sich nichts ändern. Dann ging ich klopfenden Herzens nach einem letzten schuldbewußten und erleichterten Blick auf die blinde Fassade des Pantheons hinter mir die Rue Valette hinunter.

Rue de Rivoli, alle Kinos zeigten in derselben Vorstellung zwei Filme. Manchmal verließ ich einen Saal, um in einen anderen zu gehen: vier Filme an meinem Nachmittag. Oft erschien Arletty, und die Ufer der Marne schienen der Ort des Glücks zu sein. Die Marne, die Ausflugslokale, der Pernod, die freimütig auf Rundungen abgeirrten Hände: das war offenbar die kinematographische Vorstellung vom Glück.

Die Marne im Film war von einem sehr hellen und leuchtenden Grau, mit schattigen Schlupfwinkeln, in denen die Boote verschwanden. Eine Art Lethe, allerdings vor dem Eingang eines kurzen Sonntagsparadieses. Deshalb hatte ich, als Barizons höhnische Stimme vorhin seine Sehnsucht nach schönen Sonntagen herausgeschrieen hatte, natürlich an die Ufer der Marne gedacht. An den Walzer, die Boote und den Pernod. An ein schrilles Frauenlachen. An die Hand unter den Röcken, an das Spiel des kleinen Tieres, das höher und höher steigt.

Ich erinnerte mich also an die Marne mit dem Gedächtnis anderer und nicht einmal mit dem wirklicher Menschen, die ich hätte kennen müssen, sondern mit dem Gedächtnis farbloser Filmmarionetten aus jenem Sommer. Als wären die Phantome von Michel Simon und Arletty von einem Tandem abgestiegen und hätten in meinem eigenen Gedächtnis Erinnerungen gehabt, an jenem Sonntag Ende Dezember 1944, im Schnee des Ettersberges. Arletty hätte Barizon hinsichtlich der schönen Sonntage von einst mit ihrer heiseren Stimme Rede und Antwort gestanden. Sie hätte sicherlich etwas darüber sagen können.

Aber ich verbrenne mir die Lippen bei den letzten Zügen an dem *machorka*-Stummel. Ein dumpfes Geräusch kommt von der Höhe des Hügels. Alle müssen sich zum Appell versammelt haben, zu dieser Tageszeit. Das heißt, alle diejenigen, die ihren Appell nicht an ihrem Arbeitsplatz erledigen. Ich erledige meinen Appell in der Arbeitsbaracke. Das ist eines meiner Vorrechte. Ich

sollte jetzt hingehen, die Zählung der Häftlinge wird gleich anfangen.
Ich betrachte noch einmal die Nacht und den glitzernden, wirbelnden Schnee. Ich nehme die Hände aus den Taschen und renne los. Wie schön waren die Marne und der Frühling! Ich lache vor mich hin, als wäre ich dort gewesen.

Die Kumpel sprachen natürlich davon. Seit einigen Tagen sprachen wir von nichts anderem.
Sie sprachen beim Warten auf den Appell in kleinen Gruppen davon, während ich in das Büro der Arbeitsstatistik getreten war. Vor dem Eingang der Baracke, ganz oben auf dem Hügel, dem Krematorium fast gegenüber, hatte ich meine Stiefel an der Eisenstange am Fuße der Treppe abgeschabt. Ich hatte den Schnee von meinem blauen Kapuzenmantel geschüttelt. Ich war in die Baracke getreten, ich hatte mich nach links gewendet. Rechts war die Schreibstube. Ihr gegenüber war die Bibliothek. Links die *Arbeit*.
Die Kumpel waren alle da, sie sprachen davon. Außer Meiners, dem schwarzen Dreieck, der sich einen Dreck darum scherte.
Anfangs hatten manche es für eine Lüge gehalten. Bestimmt. Für eine Erfindung der Nazipropaganda, um die Moral der Bevölkerung zu heben. Wir hörten die Nachrichten des deutschen Rundfunks, die von allen Lautsprechern verbreitet wurden, und schüttelten den Kopf. Ein Trick, um die Moral der deutschen Bevölkerung zu heben, ganz gewiß.
Aber schon bald mußte man sich der Wahrheit beugen. Die heimlich abgehörten alliierten Sender bestätigten die Nachricht. Es konnte kein Zweifel mehr bestehen: Die britischen Truppen waren tatsächlich im Begriff, die griechische Widerstandsbewegung ELAS zu vernichten. In Athen tobte die Schlacht, die britischen Truppen eroberten, Viertel für Viertel, die Stadt von den Streitkräften der ELAS zurück. Es war ein ungleicher Kampf, denn die ELAS hatte weder Panzer noch Flugzeuge.
Aber Radio Moskau meldete nichts darüber, und dieses Schweigen wurde verschieden ausgelegt.
Seit Tagen sprachen wir von nichts anderem. Im Dezember 1944, im Schneetreiben des Ettersberges, sprachen wir nur von Griechenland. Der Krieg war noch nicht zu Ende und eine andere

Schlacht begann schon, sogar innerhalb der Koalition gegen Hitler. Die britischen Panzer überrollten die kommunistischen Partisanen, sogar schon vor Hitlers endgültiger Niederlage. Das gab zweifellos Gesprächsstoff.
Seit Tagen sprachen wir von nichts anderem.

»Du!« sagt Daniel.
»Ja«, sage ich zu ihm.
»Ich muß mit dir reden«, sagt Daniel.
»Gut«, sage ich zu ihm.
»Nachher«, sagt Daniel.
Er macht eine Geste, um mir zu zeigen, daß zu viele da sind, daß er mit mir unter vier Augen sprechen möchte.
Na gut, ich habe begriffen, um was es sich handelt. Ich nicke, um ihm zu zeigen, daß ich es begriffen habe.
Wir sind alle da zum Appell und warten auf dem freien Platz, der sich vor dem Eingang zu den Büros der Arbeitsstatistik befindet, auf das Eintreffen des SS-Unteroffiziers.
Man tritt an, man steht auf dem freien Platz. Ein Stück weiter trennt eine Schranke diesen freien Platz von einem anderen größeren Raum voller Tische, Stühle, Karteikästen, Regale, Aktenordner, Schränke. In der Mitte steht auch ein Ofen, ein großer runder Ofen, in dem knochentrockenes Holz brennt. Kurzum, eine Behörde. Der stumme Mief bürokratischer Orte.
Am Ende des Verwaltungsraums voller Verwaltungsgegenstände: Karteikästen, Aktenordner, Register; Tische und Regale zur Unterbringung all dieser Gegenstände; Stühle, um unsere Ärsche vor diesen Verwaltungsgegenständen niederzulassen; Schränke, um diese wertvollen Verwaltungsgegenstände einzuschließen; also am Ende zwei Türen. Rechts die, die ins Zimmer von Willi Seifert, dem Kapo der *Arbeit*, führt. Eigentlich ist dieses Zimmer nur ein Büro: ein Direktorenbüro, wenn man will. Aber Seifert hat sein Bett hineinstellen lassen. Er schläft dort ganz ruhig. Die SS-Männer drücken bei diesem Verstoß gegen die Vorschrift beide Augen zu.
Links führt eine andere Tür in eine Art Aufenthalts- oder Speiseraum, in den wir uns zurückziehen können, wenn uns danach ist, um eine Zigarette zu rauchen, einen Augenblick mit

einem Kumpel zu reden, zu träumen, den Schnee oder die Sonne, auch den Regen durch das Fenster zu betrachten.
Sonst läßt sich nichts über diese Einrichtung sagen.

Ich war vor einem Jahr eingetroffen, um nach einigen Wochen im Block 62, im Kleinen Quarantänelager, in den Büros der *Arbeit* zu arbeiten. Das ging ganz einfach über meinen Kopf hinweg vonstatten: eine Art objektiver Mechanismus.
Zwei Tage nach der Ankunft meines Transports lag ich auf der Bettstelle im Quarantäneblock und versuchte nicht einmal mehr zu schlafen oder mich gegen das Ungeziefer zu schützen, von dem es in den Strohsäcken wimmelte, als ich bei meinem Namen gerufen wurde. Bei meinem richtigen Namen, bei meinem spanischen Namen, bei dem, der in den amtlichen Registern stand. Im allgemeinen nannten mich die Franzosen, die mich seit Compiègne, manche sogar schon seit den Gefängnissen von Auxerre und Dijon umgaben, Gérard. Das war mein Deckname. Ich hatte auf der Bettstelle einen Platz in der obersten Reihe, der dritten, und beugte den Kopf vor, um festzustellen, wer mich beim Namen rief.
Da stand ein Kerl mit erhobenem Gesicht, der mich auf spanisch ansprach. Ja, das sei ich, habe ich zu ihm gesagt. Ein Kerl mit kurzgeschorenen Haaren, farblich dazu nicht passender, zu enger Kleidung, wie wir alle. Mit knochigem Gesicht, klaren Augen.
Dieser Kerl will mich sprechen.
Ich schwinge mich über den Rand der Bettstelle und steige hinunter. Wir machen ein paar Schritte im Mittelgang des Blocks. Es herrscht das übliche Gedränge. Der Kerl spricht mit mir. Einfach so, scheinbar nichtssagende Fragen und Sätze.
Ich weiß, was eine Kontaktaufnahme ist. Ich habe jenen Blick, jene Vorsicht, jenen beharrlichen Eifer erkannt. Die Organisation. Man spricht miteinander, man scheint sich im Kreise zu drehen. Aber nein, es ist ganz gezielt. Woher man kommt, was man gemacht hat, in Bruchstücken. Und dann natürlich die Karten auf den Tisch. Ich bin am Spiel, nehmen oder passen. Ich habe die Karten genommen, einige Referenzen genannt, nicht alle auf einmal. Man muß es auf sich zukommen lassen. Das ist eine Regel, das ist ein Ritus, das ist ein Spiel. Der Kumpel hat den Rest auf Grund dieser Daten rekonstruiert.

Die Partei.
Ich war allein, ich hatte zwei Augen: die Partei hatte tausend. Ich war allein, ich hatte eine Stunde zum Leben, die Gegenwart: die Partei hatte alle Stunden, alle Zeit, die Zukunft. Ich war allein, ich hatte nur meinen Tod zu leben: die Partei konnte alle unsere Tode leben, ohne daran zu sterben. So steht es ungefähr bei Brecht. Aber in dieser Epoche hatte ich Brecht nicht gelesen, es war weniger literarisch. Ich wurde von der Organisation der Partei wieder eingespannt, ganz einfach.
Der Kumpel hat drei Zigaretten aus seiner Tasche geholt und sie mir gegeben. Er hat mir eine Losung gegeben. Drei Zigaretten, eine Losung, nicht mehr. Er konnte verschwinden, irgendein anderer würde seinen Platz einnehmen, wir würden uns erkennen.
Später, als ich ihn besser kennengelernt habe, habe ich vergessen, Falco – der dem Vorstand der illegalen spanischen kommunistischen Organisation angehörte – zu fragen, wie die Nachricht sie erreicht hatte, auf welchen Umwegen: »Da ist ein zwanzigjähriger Bursche, ein Spanier, in Block 62, der aus einem Maquis von Burgund kommt und anscheinend ein Genosse ist. Jedenfalls arbeitete er mit den Partisanen zusammen. Such ihn auf.« Aber wenn ich vergessen habe, diese Frage zu stellen, so nur, weil sie anekdotisch war.
Das Weitere ist genauso einfach gewesen.
Ich war der einzige unter allen spanischen Deportierten, der deutsch sprach. Dank Fräulein Grabner und Fräulein Kaltenbach, germanischen Gouvernanten in einer verhätschelten Kindheit! Deshalb hat die Organisation der spanischen Partei die deutschen Kommunisten gebeten, mich bei der Arbeitsstatistik unterzubringen, um sie dort zu vertreten. Eines Tages habe ich eine Ladung erhalten. Der Schnee bedeckte das Lager. Seifert, der Kapo der *Arbeit*, hat mich empfangen. Er hat mich in seinem Privatbüro empfangen und lange mit mir geredet.

Seifert war ruhig, präzis, autoritär. Oder vielmehr: er strahlte eine Autorität aus, die nicht nur von seinem Posten her stammte, sondern auch aus seiner Natur. Ein Herr in dieser Lagerwelt, das sah man. Er war sechs- oder siebenundzwanzig. Über dem roten Dreieck seiner gutgeschnittenen Jacke befand sich zusätzlich ein schmales Band. *Rückfälliger*. Den Posten, den er bekleidete, dieses zusätzliche rote Stoffband, in seinem Alter, ließen manches vermuten: eine Biographie.

Später habe ich es, bruchstückweise, erfahren. Die kommunistische Jugend, die Arbeit im Untergrund, das Gefängnis, die Freilassung auf Bewährung, die erneute Arbeit im Untergrund, die Lager. Später habe ich einmal, im Frühling, begriffen, woher Seifert jene zur zweiten Natur gewordene Autorität hatte.

An jenem Frühlingstag ist ein Unteroffizier der SS, der Leiter eines Arbeitskommandos der DAW, der *Deutschen Ausrüstungswerke*, in das Büro gekommen. Es war nach dem Morgenappell. Wir waren dabei, brav unsere Karteikarten und Listen auszufüllen. Auf dem freien Platz vor der Schranke stand auch ein Dutzend Deportierter verschiedener Nationalitäten, um neue Arbeitszuteilungen zu erhalten. Der Unteroffizier der SS ist hereingekommen, irgend jemand hat »Achtung!« gerufen. Da haben wir alle mechanisch neben unseren Stühlen strammgestanden. Das war Vorschrift. Willi Seifert ist lässig aus seinem Büro gekommen. Er hat die unerläßliche Anweisung gegeben. Der Unteroffizier der SS hat uns befohlen: »Weitermachen!« Seifert stand, die Hände auf die Schranke gestützt, vor dem Unteroffizier, der sich beschwerte. Mit stockender Stimme beschwerte er sich bei Seifert, weil die Arbeitsstatistik nicht genügend Häftlinge seinem DAW-Arbeitskommando zugeteilt habe. Er verfüge nicht über genügend Leute, schrie er, das könne so nicht weitergehen. Er sei beim Produktionsplan immer im Verzug.

Seifert hat ihn ruhig ausreden lassen. Danach hat er im gleichen Ton wie der SS-Unteroffizier, mit der gleichen Bissigkeit, der gleichen Schärfe – allerdings zurückhaltend, beherrscht – dem SS-Mann erklärt, es würde nie genügend Kerle geben, solange er seinen Tag damit verbringe, sie mit Gummiknüppeln zu mißhandeln.

»Warum sollte ich Männer zu Ihnen schicken, damit Sie sie verprügeln? Es fehlt nicht an Arbeitskommandos, wo man sie in Ruhe läßt. Hören Sie auf, meine Burschen zu schlagen, und Ihre Belegschaft wird vollzählig sein!«

Seifert brüllte, und ich sagte mir, daß dies böse enden würde.

Aber der SS-Mann hat ihn brüllen lassen. Er hat den Kopf geschüttelt, hat nicht gewußt, was er darauf erwidern sollte, er hat kehrtgemacht und ist gegangen.

Seifert hat »Achtung!« geschrieen. Wir hatten erneut unsere Ärsche von den Stühlen erhoben. Das war Vorschrift. Der SS-Mann schloß die Bürotür hinter sich. Wir betrachteten alle Seifert, und Seifert lächelte. An diesem Tag habe ich begriffen, woher er seine Autorität hatte. Jahre des listigen Kampfes im Dschungel der Lager hatten diesen eisernen, grimmigen Willen geprägt. Wir standen still, wir betrachteten Seifert, und Seifert beherrschte uns alle durch seine Größe. Zweifellos ein Herr.
Später, noch später, habe ich jedoch gesehen, wie sein Gesicht sich verzerrte.
Diesmal gehörte ich der Nachtschicht an. Eben diese Nachtschicht war ein Einfall von Seifert. In der Tat zog man sich, bei unserem zwölfstündigen Arbeitstag, gut aus der Affäre. Die Verwaltung sämtlicher Arbeitskräfte im Lager war gesichert: eine gute Verwaltung mit deutscher Gründlichkeit. Aber Seifert hatte diese Nachtschicht eingeführt, die alle drei Wochen auf jeden von uns zukam, damit wir uns abwechselnd ausruhen konnten. Nach dem Abendappell fanden sich die Angehörigen der Nachtschicht beim Zapfenstreich wieder in der Arbeitsbaracke ein. Man konnte lesen, plaudern, träumen, schlafen: so tun, als wäre man präsent. Bei Tagesanbruch, nach dem Morgenappell, konnte man in die Schlafsäle der Blocks zurückkehren, dort in aller Ruhe, in der unschätzbaren Stille, mit der ganzen Breite der Bettstelle ganz für sich allein schlafen, denn die Schlafsäle waren tagsüber bis zur Rückkehr der Arbeitskommandos praktisch leer.
Diesmal gehörte ich also der Nachtschicht an, ich plauderte mit Seifert und Weidlich, seinem Adjutanten. Herbert Weidlich war es gelungen, Deutschland 1933 zu verlassen. Er hatte in Prag im Exil gelebt. Weidlich erzählte uns in jener Nacht seine Erinnerungen an Prag, ich weiß nicht mehr, aus welchem Anlaß. Wohl aus einem ganz beliebigen Anlaß, denn Weidlich erzählte seine Erinnerungen an Prag aus jedem Anlaß. Er hatte sehr gute Erinnerungen an Prag, zumindest bis zum Einmarsch der Nazis.
Ich rauchte eine Zigarette, die Seifert mir gegeben hatte, und es war kein in Zeitungspapier gerollter *machorka*, sondern eine echte deutsche Zigarette aus Orienttabak. Ich hörte Weidlich aufmerksam zu. Weidlichs Erzählungen haben meine Liebe zu Prag geweckt und diese fremde Stadt mir vertraut vorkommen lassen, als ich sie zehn Jahre später, nämlich 1954, zum ersten Mal besucht habe.

Herbert Weidlich hatte eine Zeitlang in Prag in einem Zimmer zum Hof hin gewohnt. Es war Sommer, die meisten Nachbarn waren in die Ferien gefahren. Nachts kam es vor, daß Weidlich das Licht ausmachte und die Ellbogen aufs Fensterbrett aufstützte, um nach einem Tag drückender Hitze Luft zu schöpfen. Als er einmal im Dunkeln vor sich hin träumte, erhellte sich ein Schlafzimmer auf der anderen Seite des Hofs. Vielleicht aus den Ferien zurückgekehrte Nachbarn. Ein Paar reiferen Alters. Er ungefähr vierzig. Sie etwas jünger. Ein erhelltes Zimmer mit offenen Vorhängen, sicher um die nächtliche Kühle hereinzulassen. Die Vorhänge bewegten sich leicht in der Brise, die vom nahen Fluß aufstieg.

Weidlich hatte gesehen, wie der Mann und die Frau sich ins Bett legten, ohne seine Anwesenheit im Dunkeln zu ahnen. In ihren Ehebetten hatte der Mann eine Zeitung aufgeschlagen, die Frau ein Buch. Sie lasen eine Zeitlang wortlos. Danach hatte der Mann seine Zeitung sorgfältig zusammengefaltet. Er hatte zu seiner Frau hinübergeblickt, sie dann gleich zu ihm. Vielleicht hatten sie ein Wort gewechselt. Weidlich war zu weit weg, um es zu hören. Jedenfalls war es kurz gewesen: ein Wink, ein Befehl, eine Bitte. Der Mann hatte seine Zeitung sorgfältig zusammengefaltet und die leichte sommerliche Daunendecke in ihrem weißen Bezug zurückgeschlagen. Auch die Frau deckte sich im gleichen Augenblick, mit der gleichen Geste, auf. Der Mann stand schon halbnackt in dem schmalen Gang zwischen den beiden Betten. Groß, stämmig, der Frau zugewandt, Gesäß und Geschlecht im Lampenlicht. Sie, im Bett ausgestreckt, mit entblößten Beinen und entblößtem Bauch, drehte sich, um das Nachthemd abzustreifen. Schweigend, schien es. Oder flüsterte er ihr, über sie gebeugt, etwas zu? Sie jedenfalls, sagte Weidlich mit dreckigem Lachen, habe bald nicht mehr die Möglichkeit gehabt, zu sprechen. Sie hatte sich, inzwischen ganz nackt, auf einen Ellbogen gestützt, halb aufgerichtet, und preßte das Gesicht zwischen die Schenkel des Mannes, der, die Beine gebeugt und die Knie auf den Bettrand seiner Frau gestützt, den Leib vorgestreckt hatte. »Keine Möglichkeit zu sprechen«, sagte Weidlich mit dreckigem Lachen, »sie hatte den Mund voll.«

Ich hörte Weidlich verträumt zu: das beschwor Bilder herauf.

Weidlich schilderte alles detailliert. Die Arbeit dieses Mundes am Glied des Mannes, die sich um die Hüften ihres Mannes

klammernden Hände der Frau, dessen heisere kurze Schreie. Und dann der Rest, die Posituren, und plötzlich das unaufhörliche, tiefe, ohrenbetäubende, verrückt fröhliche Lachen dieser Frau.
Ich hörte ihm verträumt zu, als mein Blick zufällig auf Seiferts Gesicht ruhengeblieben ist. Unter der Wucht eines dumpfen Schmerzes, einer unsäglichen Qual, schien es, war Seiferts Gesicht verzerrt.
Ich war ein Träumer, ich schuf mir in diesem durch Entbehrung gesteigerten dunklen Einverständnis bei Männererzählungen mein eigenes Kino, als ich zufällig das Gesicht Seiferts erblickt habe, in das das Blut zurückgeströmt zu sein schien. Eine so offenkundige Verzweiflung. Man konnte sich alles ausmalen.
Weidlich setzte seine detaillierte Erzählung des spöttischen Voyeurs fort, und Seifert muß meinen auf ihn gerichteten Blick gespürt haben. Er hat den Kopf abgewendet und ist sich mit der Hand übers Gesicht gefahren, es war vorbei.

Fünfzehn Jahre später, um 1960, habe ich mich noch einmal an Seiferts Gesicht in jener Nacht erinnert.
Ich war damals Mitglied des Politbüros der kommunistischen Partei von Spanien. Ich hatte einen Decknamen, der mir wegen seiner Banalität gut gefiel: Sanchez. Es war so, als hieße ich als Deutscher Müller. Ich weiß nicht mehr, wer diesen Namen für mich 1954 ausgesucht hat, als ich in das Zentralkomitee gewählt worden war, sicherlich Carrillo persönlich. Aber dieser geschichtslose, fast anonyme Name gefiel mir gut. Es kam oft vor, daß ich in Spanien mit in der Illegalität lebenden Genossen, die eine lange militante Vergangenheit hatten, Kontakt aufnehmen mußte. Sie hatten den Bürgerkrieg mitgemacht, die Organisation der Partei in den schrecklichen Jahren zusammengehalten, im Gefängnis gesessen. Sie waren mit Ruhm, Geheimnissen und Zweifeln bedeckt. Sie musterten mich. Sie wußten, daß ich »Sanchez« vom Zentralkomitee, vom Politbüro war, und hörten mich an. Aber ich sah, bei den ersten Malen, deutlich an ihrem Blick, daß sie sich fragten, wer ich sei, woher ich käme. »Sanchez?« Was besagte das. »Sanchez?« Ich war kein historischer Führer. Ich hatte nicht einmal das Alter, um ihren Krieg mitgemacht zu haben. Wir hatten nicht die gleichen Referenzen, die gleiche dunkle und tragische Komplizität, die gleiche ruhm-

reiche und elende Erinnerung. Wir hatten auch nicht das gleiche Vergessen. Damit möchte ich sagen: den gleichen Willen, gewisse Episoden einer langen blutigen Geschichte zu vergessen.
»Sanchez?« Die alten Kämpfer schüttelten den Kopf. Das störte mich nicht. Ich hörte gern ihren Erzählungen zu und rekonstruierte mit ihnen eine kollektive Erinnerung. Aber noch lieber war ich »Sanchez«, der *nicht* an jene Vergangenheit, sondern mehr an die Zukunft unseres Kampfes gebunden war.
Wie dem auch sei, ich war 1960 nach Ostberlin gefahren, um gewisse Probleme zu lösen. Ich war allein, ich wohnte in dem Gästehaus der deutschen Partei. Schwarze Limousinen holten mich ab, um mich zu den Sitzungen zu bringen, an denen ich teilnehmen mußte. Das war nicht weiter aufregend. Am letzten Tag hat der mit meiner Betreuung beauftragte Funktionär des deutschen Zentralkomitees gefragt, ob ich noch einen Wunsch hätte. Da ist die Erinnerung an jene ferne Nacht jäh wieder in mir aufgestiegen. Ich habe gefragt, ob ich Willi Seifert oder Herbert Weidlich treffen könnte. Anfangs hat er es nicht verstanden. Ich habe ihm erklären müssen, daß ich nach Buchenwald deportiert worden sei, und ihm von Seifert und Weidlich, von der Arbeitsstatistik erzählen müssen.
Da hat er ausgerufen: »Sie sind in Buchenwald gewesen?« Er war genauso aufgeregt wie ein Engländer, dem man mitten in einem banalen politischen Gespräch mitteilt, daß man ein ehemaliger Student von Oxford sei. Buchenwald? »Also warum haben Sie mir das nicht eher gesagt?« Er hat mir sofort vorgeschlagen, eine Autofahrt nach Weimar zu organisieren, um das Lager zu besuchen.
O nein, *merde*! Ich hatte fünfzehn Jahre mit dem Versuch verbracht, kein Überlebender zu sein, es war mir gelungen, kein Mitglied irgendeines Vereins oder Freundeskreises ehemaliger Deportierter zu werden. Vor den Wallfahrten, wie man die für die ehemaligen Deportierten und ihre Familien organisierten Reisen zu den Stätten der einstigen Lager nannte, hatte es mir immer gegraut. Deshalb habe ich mit tonloser Stimme irgendeine Ausrede gemurmelt. Ich müßte in den Westen zurückkehren, ich hätte es eilig. So sei nun einmal die Arbeit der Partei. Aber der Funktionär des Zentralkomitees ließ, voll guten Willens, nicht locker. Ich sei tatsächlich niemals nach Buchenwald zurückgekehrt? Nein, niemals. Ich schüttelte den Kopf. Er schilderte mir

die Verschönerungsarbeiten, die dort ausgeführt worden seien. Ein Mahnmal mit vielen Skulpturen habe die Deutsche Demokratische Republik dort errichtet. Ich nickte, ich hatte Fotos davon gesehen, ich kannte es: einfach abscheulich! Ein Turm, Gruppen von Marmorstatuen, eine von Mauern mit Basreliefs gesäumte Allee, monumentale Treppen. Mit einem Wort: abscheulich. Ich habe ihm natürlich meine Ansicht nicht gesagt. Ich habe mich darauf beschränkt, ihm meinen alten Traum zu erzählen: man möge das Lager der langsamen Arbeit der Natur, des Waldes, der Wurzeln, des Regens, der Erosion der Jahreszeiten überlassen. Eines Tages würde man die von Bäumen unaufhaltsam überwucherten Gebäude des ehemaligen Lagers wiederentdecken. Er hat mir verwundert zugehört. Aber nein doch, ein Mahnmal, etwas, das einen erzieherischen, politischen Sinn habe, hätten sie errichtet. Das sei übrigens eine Idee von Bertolt Brecht gewesen. Er habe vorgeschlagen, dieses majestätische Mahnmal dem alten Konzentrationslager Buchenwald gegenüber, auf einem Hang nach Weimar hin, zu errichten. Er habe sogar gewollt, daß die Figuren überlebensgroß sein, aus Stein gehauen und auf schmucklose Sockel gestellt werden und mit dem Blick ein edelgeschnittenes Amphitheater umfassen sollten. In diesem Amphitheater sollte jedes Jahr ein Festival zum Gedenken an die Deportierten stattfinden: mit Oratorien, Chorgesängen, Vorträgen, politischen Aufrufen.

Ich hörte dem Funktionär der SED bestürzt zu. Ich wußte zwar, daß Brecht häufig einen schlechten Geschmack gehabt hatte – aber immerhin, in diesem Ausmaß! Ich habe freilich nichts gesagt. Es ödete mich an, mit ihm über all das zu reden. Nein, ich hätte keine Zeit, nach Weimar zu fahren, das sei alles. Es tue mir leid. Wenn er dagegen ein Treffen mit Willi Seifert oder Herbert Weidlich arrangieren könnte, wäre ich ihm sehr dankbar. Vorausgesetzt, es bereite ihm keine Mühe, fügte ich hinzu.

Er ist ausweichend, farblos, bürokratisch geworden. Er müsse sich erkundigen, hat er mir gesagt. Er wisse es nicht, hat er mir gesagt. Er werde mich unterrichten, hat er mir gesagt.

Der Funktionär des Zentralkomitees ist am frühen Nachmittag wiedergekommen. Ich saß im Foyer des Gästehauses der Partei, las eine vier Tage alte *Humanité* und trank dabei meinen Kaffee. Als Abwechslung war es nichts Besonderes, was konnte man aber in Ostberlin, abgesehen von den fabelhaften Aufführungen des

Berliner Ensembles, sonst schon machen, wenigstens wenn man vom Parteiapparat betreut wurde?
Der deutsche Genosse strahlte. Die Nachricht, die er mir überbrachte, lautete jedoch, daß ich weder Seifert noch Weidlich treffen könne. Sie seien beide nicht in Berlin.
Seine Genugtuung hatte andere Ursachen. Als ich ihm gegenüber Seifert und Weidlich erwähnt hatte, hatte ich seinem Blick deutlich abgelesen, daß er ihre Namen nicht kannte. Und wenn ich darum gebeten hätte, Leute zu treffen, die abtrünnig geworden waren? Man ist nicht, weil man unter dem Nazismus einige Jahre im Konzentrationslager gesessen hat, immun gegen politische Verirrungen. Und wenn ich darum gebeten hätte, Leute zu treffen, die die Partei von ihrer Mutterbrust (oder ihrer Vaterbrust, denn wer weiß, vielleicht ist die Partei ein Zwitter oder Hermaphrodit) hätte verstoßen müssen? Daß sie vielleicht sogar gezwungen gewesen war, sie ins Gefängnis zu stecken oder durch Erhängen kurzen Prozeß mit ihnen zu machen? Ich hatte seinem Blick deutlich abgelesen, daß eine gewisse Verlegenheit sich seiner bemächtigt hatte. An die Vergangenheit sollte man lieber nie rühren. Es ist immer peinlich, erklären zu müssen, warum es mit irgendeinem ein schlechtes Ende genommen hat.
Nun stellte sich heraus, daß diese Befürchtung unbegründet war. Der Funktionär des Zentralkomitees hatte herausfinden können, daß Seifert und Weidlich brillante Karrieren in der Deutschen Demokratischen Republik gemacht hatten. Vor allem Seifert, was nicht weiter erstaunlich war. Brillante Karrieren, zweifellos. Weidlich sei Kommissar der Kriminalpolizei. Und was Seifert betreffe – die Stimme des Funktionärs hat dabei jenen unnachahmlichen Tonfall bürokratischer Begeisterung angenommen, den wir gut kennen –, Willi Seifert sei Generalmajor der Volkspolizei geworden. Aber weder der eine, noch der andere seien leider in Berlin! Im Vertrauen könne er mir sagen, daß Weidlich, irgendwo in der Provinz, eine Mission erfülle und Seifert – hier wurde die bürokratische Begeisterung von politischer Genugtuung gefärbt – ein Seminar über den Historischen Materialismus (und sicherlich über die Dialektik) mitmache, das den hohen Offizieren der Volksarmee und der Volkspolizei vorbehalten sei.
Ich habe mich an Seiferts Gesicht erinnert, an diese unsägliche Verzweiflung. In einer fernen Nacht, in der Arbeitsbaracke, in

Buchenwald. Herbert erzählte mit dreckiger Stimme die Liebesspiele jenes Paares, das er, erst als zufälliger, dann als erregter Voyeur überrascht hatte, und auf Seiferts Gesicht war jenes verheerende Licht erschienen. Eine Wahrheit über ihn selbst, unverkennbar, deren obszöne Evidenz plötzlich durch seine Herrenmaske brach.

Natürlich genügte eine Nachrechnung, Seifert mußte fünfzehn Jahre alt gewesen sein, als er zum erstenmal verhaftet worden war. Er hatte wahrscheinlich noch nie eine Frau kennengelernt. Er hatte immer, nach jahrelangem Gefängnis und Lager, in der sterilen, undurchsichtigen, trüben Welt der Männlichkeit gelebt. Die Bilder, die Weidlich mit schlüpfrigem Vergnügen heraufbeschwor, dieser unvorhergesehene Ausbruch zwischen diesem unbekannten Mann und dieser unbekannten Frau, die ganz brav im ehelichen, heiteren Lampenschein in ihren Ehebetten gelegen hatten, dieser unvorhergesehene Ausbruch einer rückhaltlosen Leidenschaft, bei dem die brutale gegenseitige Unterwerfung ihrer beiden Körper, die sanfte Herrschaft des einen über den anderen nur eben jenen Genuß zum Ziel hatten, in einer Art heiserer und roher Ausgelassenheit, die von den abgehackten Lauten des Mannes und dem unaufhörlichen und tiefen, tollen und von Freudentränen erfüllten Lachen der Frau gekennzeichnet wurde; die Bilder aus Prag, die Weidlichs Erzählung heraufbeschwor, waren ganz einfach die des Lebens draußen.

Die herzzerreißende und sagenhafte Evidenz des Lebens draußen.

Aber letztlich hatte Seifert die Evidenz des Lebens draußen nicht wiedergefunden. Oder er hatte vielmehr diese Evidenz von draußen, ihre Risiken und Widersprüche abgelehnt.

Kurz nach seiner Entlassung aus Buchenwald war er in die von den Russen in ihrer Besatzungszone aufgebaute Polizei eingetreten. Er war in der gleichen Welt des Zwangs geblieben. Er hatte sich entschieden, dort zu bleiben, diesmal freilich auf der richtigen Seite, auf der Seite des Stärkeren. Der junge Kommunist aus Buchenwald war nur ein Polizist. Und ein Polizist, der zudem Karriere gemacht hatte. Er war Generalmajor der Volksarmee geworden. Nun mußte man aber, um in Ostberlin unter Ulbrichts Zuchtrute und der der russischen Geheimdienste Karriere zu machen, erst recht inmitten der Intrigen, Komplotte und Säuberungsaktionen in der letzten Periode des Stalinismus und dann der Winkelzüge der bürokratischen Entstalinisierung, wirklich zu allem bereit sein. Bereit zu all den Niederträchtigkeiten, zu all den faulen Kompromissen, um auf der Seite des Stärkeren zu bleiben, um nicht in einer jähen Kurve vom Wagen zu fallen.

So hat Seifert 1952 die Kugeln um seine Ohren pfeifen hören müssen. Er hat wochenlang in Schrecken leben und Nacht für Nacht auf das Schlimmste gefaßt sein müssen. Er hat versuchen müssen, in Vergessenheit zu geraten, die auf ihn gerichteten Blicke seiner Volkspolizeikollegen zu übersehen: die argwöhnischen, spöttischen oder mitleidigen. Seifert hat nach Stalins Tod allmählich aufatmen dürfen.

Im November 1952 sitzt Josef Frank in Prag auf der Anklagebank. Der Prozeß, bei dem er neben Rudolf Slansky der Hauptdarsteller ist, ist der letzte große Schauprozeß der stalinistischen Ära. Der vollendete Abschluß zwanzigjähriger Untersuchungen und Praktiken der Geheimdienste Stalins. Aber auch das Ende zwanzigjähriger unbedingter Unterwerfung, zwanzigjähriger feiger Faszination der westlichen kommunistischen Bewegung. Das eine geht natürlich nicht ohne das andere.

Josef Frank war unser Kamerad aus Buchenwald. Wir hatten in der Arbeitsstatistik zusammengearbeitet. Seine tschechischen Kumpel nannten ihn »Pepiku«. Ich persönlich habe diese Verkleinerungsform nie benutzt. Frank war nicht überschwenglich, es war nicht leicht, die Schranken seiner natürlichen Zurückhaltung zu überwinden. Aber ich kam sehr gut mit ihm aus. Ich hatte Josef Frank gern. Er überschüttete uns nicht mit seinen Erzählungen eines alten Kämpfers. Er brüstete sich nicht wie die meisten anderen kommunistischen Führer als Grandseigneur der Bürokratie.

Später, nach der Befreiung, ist Josef Frank stellvertretender Generalsekretär der tschechischen KP geworden. Aber im November 1952 sitzt er in Prag auf der Anklagebank. In einigen Tagen wird er gehenkt werden. Seine Asche wird auf einer verschneiten Straße in den Wind gestreut werden.

Vor dem Richterstuhl stehend, spricht Josef Frank den auswendig gelernten Text: »Während meines Aufenthalts in den Konzentrationslagern von 1939 bis 1945 habe ich mir in dem Morast des Opportunismus und des Verrats Vorteile verschafft. Ich habe auch Kriegsverbrechen begangen.«

Aber der Staatsanwalt verlangt natürlich Einzelheiten. Das tadellos einstudierte, mehrmals geprobte Szenario des öffentlichen Verhörs hat seine Effekte geschickt abgestuft. Frank nennt also nach der allgemeinen Einführung die Einzelheiten:
»Während meines Aufenthalts im Konzentrationslager Buchenwald«, erklärt er, »habe ich 1942 den Posten eines Sekretärs und Dolmetschers bei der Arbeitsstatistik bekommen und von da an diese Funktion zum Nutzen des nazistischen Lagerkommandanten ausgeübt.«
Aber das reicht noch nicht. Frank muß noch weitergehen. Der Schauprozeß muß voll und ganz die erzieherischen Mechanismen des Terrors, der schändlichen Eingeständnisse, des Skandals aufzeigen. Das brave Volk muß begreifen, zu welchen Extremen man sich hinreißen lassen kann, wenn man vom rechten, durch die strahlende Gewißheit des richtigen Denkens erleuchteten Weg abweicht. Zu diesem Zweck ist der Text dieser Schau sorgfältig verfaßt, verbessert und einstudiert worden.
So spielt das Szenario des Prozesses, wenn Frank den konkreten Umfang seiner »Kriegsverbrechen« nur allmählich, in Bruchstükken preisgibt, die der Staatsanwalt ihm zu entlocken scheint, mit den Mechanismen der Spannung, mit der Mythologie einer schrecklichen, sich im Gewissen des Verbrechers verbergenden Wahrheit, die die kluge Dialektik der Partei zutage bringen wird. Es sind *die Geheimnisse von Prag*, die in dem von allen Rundfunkstationen gesendeten Fortsetzungsroman dem Publikum enthüllt werden.
Und wenn Frank manchmal Mühe zu haben scheint, seinen Text aufzusagen, wenn er bei manchen Wörtern zittert, denken alle, daß es die Scham über seine Verbrechen ist, die ihm das Sprechen schwer macht und ihn stocken läßt. Alle könnten glauben, daß es die Scham ist, diese Wahrheit einzugestehen, während es in Wirklichkeit nur die Scham ist, all diese Lügen vorbringen zu müssen.
Der Staatsanwalt fordert also an jenem Novembertag 1952 Frank auf, in der schrecklichen Präzisierung der erlogenen Geständnisse weiterzugehen. »Welches sind die Kriegsverbrechen, die Sie begangen haben?« fragt er ihn.
Josef Frank antwortet: »Bei der Ausübung meiner Ämter habe ich den Nazis mitgeholfen, die Transporte der Häftlinge, die zu verschiedenen Außenkommandos eingeteilt worden sind, zusam-

menzustellen. In diesen Außenkommandos waren die Lebens- und Arbeitsbedingungen wesentlich härter als im Lager selbst. So sind zahlreiche Häftlinge von den Transporten nicht zurückgekehrt. Außerdem habe ich bei der Ausübung meiner Ämter mehrmals Häftlinge geschlagen und damit Kriegsverbrechen begangen.«

Aber der Staatsanwalt verlangt noch mehr von Frank. Der Staatsanwalt stellt eine weitere Frage. Eine zweifellos entscheidende Frage: »Auf wessen Anweisungen hin und wie schickten Sie die Häftlinge in den Tod?« fragt der Staatsanwalt. Und Josef Frank beantwortet diese entscheidende Frage: »Die Anweisungen hinsichtlich der Transporte kamen vom nazistischen Lagerkommandanten. Sie wurde mir durch Vermittlung des Kapos Willi Seifert gegeben, der mir die Listen der Häftlinge vor dem Abtransport aushändigte . . .«

Das Wort ist gefallen.

Deshalb hat Willi Seifert im November 1952 die Kugeln um seine Ohren pfeifen hören müssen. Alle osteuropäischen Zeitungen berichteten über die Gerichtsverhandlungen im Prager Prozeß, der als Vorbild galt. Eines Tages hat Seifert also seinen Namen in den Zeitungen entdeckt. Und, mein Gott, in welchem Zusammenhang! Er, der hohe Offizier der Volkspolizei, wurde indirekt beschuldigt, Frank den Befehl der Nazis zur Ausrottung der Häftlinge von Buchenwald überbracht zu haben. Er ist hochgestellt genug, um zu wissen, was das bedeutet. Er weiß genau, daß es nutzlos, ja vermessen ist, den Versuch, die Wahrheit richtigzustellen, zu unternehmen. Was nützte es schon, daran zu erinnern, wie die tatsächliche Situation in Buchenwald war, zu welcher Reaktion auf die Naziforderungen tatsächliche Möglichkeiten bestanden, auf Grund derer eine Strategie, gemeinsam beschlossen, mit den verschiedenen nationalen Widerstandsorganisationen ausgearbeitet worden war? Was nützte es schon, daran zu erinnern, daß Josef Frank sich bei der Arbeitsstatistik niemals mit der Organisation der Transporte zu befassen hatte? Was nützt es schon, zu erklären, daß man niemals, wirklich niemals, gesehen hatte, daß Josef Frank einen Häftling schlug? Seifert weiß genau, daß der Prager Prozeß ein Werk der Fiktion ist, bei dem nicht die Wahrheit, sondern die Wahrscheinlichkeit zählt. Er weiß genau, warum man von Frank verlangt hat, seinen Namen zu nennen. Man nennt die Namen der Militanten, die im laufenden Prozeß

nicht direkt angeklagt worden sind, um neuen Kettenprozessen die Hintertür offenzuhalten. Um die Anwendung des Terrors auf diejenigen planen zu können, die genannt worden sind.
So bedeutet, in diesem Fall, die Nennung von Seiferts Namen, daß Stalins Geheimdienste sich die Möglichkeit vorbehalten, eine neue Säuberungsaktion im Staatsapparat der DDR einzuleiten. Wann? Einerlei wann, beim geringsten Anlaß. Anläßlich einer Wendung in der Außenpolitik der UdSSR, eines Orientierungswechsels in den Ostblockstaaten. Warum? Ohne Grund oder eher, um zu beweisen, daß eine absolute Macht es absolut nicht nötig hat, vernunftmäßig, juristisch ihren Machtmißbrauch zu rechtfertigen. Um klarzumachen, daß der Terror nie endet, damit man es für selbstverständlich hält, daß der Terror sich, von einem bestimmten Augenblick an, aus sich selbst nährt, aus der endlosen Ausübung seiner eigenen Willkürherrschaft.
Wie dem auch sei, Willi Seifert hat erst fünf Monate später wieder aufatmen dürfen, nämlich am Todestag Stalins. Inzwischen hat er, stelle ich mir vor, seine Gefügigkeit, seinen Respekt vor dem richtigen Denken, seine Wachsamkeit gegen Abweichler jeglicher Art noch betonen müssen. Fünf Monate später, am Todestag Stalins, hat er sich sicherlich besoffen – während das Volk sich drängte, erdrückte, buchstäblich zertrampelte, um ein letztes Mal das wächserne Gesicht des Meisters, in der Säulenhalle, in Moskau, zu betrachten –, so wie die Überlebenden des russischen Politbüros sich besoffen haben. Diese haben, ehrlich gestanden, nicht viel Zeit gehabt, um den Tod des Georgiers zu feiern: sie müssen sich schon bald in die Intrigen, die unterdrückten Staatsstreiche, die Hinrichtungen, die Bündnisse und die Änderungen der Bündnisse in der Periode der Nachfolge stürzen.
Seifert hatte mich beim ersten Mal, als ich in die Arbeitsstatistik kam, im Februar 1944, nach Ablauf der Quarantäne, empfangen. Durch das Fenster seines Büros sah man die Gebäude der DAW, die sich innerhalb des unter Strom stehenden Zauns befanden. Wenn man sich etwas vorbeugte, sah man auch den Schornstein des Krematoriums. Er rauchte still.
Seifert saß hinter seinem Schreibtisch, er spielte mit einem langen Lineal. Er hat mir einen Stuhl angeboten. Er hat meine Aufmachung, leicht angewidert, gemustert. Ich wußte nicht, was ich mit dem schlappen schmutziggelben Filzhut anfangen sollte, den man mir bei meiner Ankunft im Lager nach der Desinfizierung auf

den Kopf gedrückt hatte. Ich drehte den unförmigen Filzhut zwischen den Fingern, dann habe ich ihn schließlich auf den Schreibtisch gelegt.
Seifert betrachtete den Filzhut angewidert.
Die Zeit verstrich, es herrschte Schweigen. Das störte mich nicht, ich habe nichts gegen das Schweigen. Ich schaute nach draußen. Sonnenschein auf dem Schnee. Der Buchenwald hinter den Gebäuden der DAW. Ich beugte den Kopf etwas vor, ja, das war es: man sah das Krematorium. Hellgrauer Rauch stieg gen Himmel.
Da hat Seifert gesprochen.
»Ja, das Krematorium«, hat er gesagt. »Das haben wir gebaut. Wir haben hier alles gebaut.«
Er hat mit den Achseln gezuckt.
»Dieses Lager ist heute ein Sana!«
Das war natürlich eine Abkürzung, ein spezieller Ausdruck. Das störte mich nicht, ich verstehe die Abkürzungen, die Spezialausdrücke.
Seifert ordnete mechanisch die Papiere auf seinem Schreibtisch. Nachdem er zur Sache gekommen war und von dem Lager behauptet hatte, es sei heute nur noch ein Sanatorium, wartete ich darauf, wie diese gehässige und spöttische Überzeugung eines alten Kämpfers sich weiterentwickeln würde. Nur ein Sanatorium! Seit einem Monat war das die alte Leier der Alten. Na schön, das Lager sei jetzt nur noch ein Sana. Man hätte es zu seiner großen Zeit kennen sollen, sagten die Alten verächtlich. Und die Erzählungen aus der großen Zeit prasselten auf uns herab wie Hagel auf die Ernte.
Also gut, ich saß Seifert gegenüber, ich hatte schließlich meinen Hut auf seinen Schreibtisch gelegt und erwartete, daß er mir nochmals erklären würde, daß das Lager ein Sana sei und daß es früher etwas ganz anderes gewesen sei. Aber nichts davon.
»Ich glaube, es ist das erste Mal, daß ich hier einen Philosophiestudenten empfange«, hat er zu mir gesagt, »die Kumpel, die zu mir geschickt werden, sind Proleten.«
Dieser Satz enthielt zwei deutsche Wörter, die ich zum erstenmal hörte: *Kumpel* und *Proleten*. Mir unbekannte Wörter, doch rasch zu identifizieren, transparente Wörter, die einen sofort in eine vertraute Welt versetzen, die einer esoterischen Weltsprache. Kenn- und Schlüsselwörter zu der Welt.

Auch wir sagten in den Nachtzügen, die uns nach Laroche-Migennes brachten, in die Bistros um die Contrescarpe herum, die Wälder um Semur herum, nicht mehr *camarades*, wenn wir von den Unsrigen sprachen, sondern *copains*. Und weil wir das Bedürfnis hatten, uns mit jener dunklen, undurchsichtigen und zugleich strahlenden Kraft zu identifizieren, deren Mission, wie wir glaubten, darin bestand, die Welt, die Arbeiterklasse zu ändern, sagten wir, wenn wir von den Vertretern dieser Klasse sprachen, die wir in den F.T.P.* oder dem M.O.I.** gekannt hatten, auch *prolos*.

Kumpel und *Proleten* waren die gleichen Wörter, der gleiche ideologische Wille zur Kohärenz, der gleiche Stolz einer geheimen Gesellschaft, die eines Tages, schon bald, weltweit werden würde.

Während die Sonne draußen blaue Reflexe auf den Schnee warf, während der stille, routinemäßige Rauch des Krematoriums aufstieg, schienen mir aber in Seiferts Mund diese Wörter den Eintritt in diese brüderliche und hierarchische, offene und ritualisierte Welt des Kommunismus zu verwehren. Ich war nur noch Philosophiestudent, meine soziale Herkunft tauchte plötzlich auf, wie die aufgedunsene Wasserleiche eines unbekannten Ertrunkenen, in Algen und Schlick gehüllt, mitunter an einem Meeresstrand auftaucht. Meine Leiche tauchte in der in mehrfacher Hinsicht verdächtigen Form eines Philosophiestudenten auf: die junge Leiche einer alten Gesellschaft.

Bis zu diesem sonnigen, verschneiten Februartag 1944 hatte ich völlig unschuldig mein Verhältnis zu meiner gesellschaftlichen Herkunft gelebt. Ich dachte überhaupt nicht daran, mich schuldig zu fühlen. Ganz im Gegenteil, mein Gewissen war keineswegs frei von einer insgeheimen Zufriedenheit. Ich fand es eigentlich gut, der zu sein, der ich war, dort zu sein, wo ich war, daher zu kommen, woher ich kam.

Der Spanische Bürgerkrieg war über meine Kindheit hereingebrochen. Er hatte scheinbar all meine Probleme auf einen Schlag gelöst, die ich sonst allein hätte lösen müssen. Er hatte die Lager im grellen Licht großer geschichtlicher Krisen abgegrenzt. Die Geschichte, mit ihrer List und Gewalt, hatte meine Probleme auf sich genommen und sie vorübergehend gelöst. Die Krise der

* F.T.P.: Franctireurs et partisans

** M.O.I.: Main d'œuvre immigrée

Geschichte hatte mir die Jugendkrisen erspart, wie sie hingegen später, nämlich 1956, die Krise des Mannesalters zum Ausbruch kommen lassen sollte. Der Glaube an meine Vorfahren, an ihre moralischen Werte war die kritische Geschichte jener Jahre, die mich davon befreit hatte, in der provisorischen Unschuld der Unwetter und Umwälzungen.

Nein, wirklich keinerlei Schuldgefühl. Ich fand mich mit zwanzig ziemlich annehmbar. Aber an jenem Tag warf mich Seifert mit seiner ruhigen Stimme in meine Besonderheit zurück, das heißt, in die verdächtige Universalität meiner Klassenherkunft. Notfalls konnte ich ein *copain*, ein Kumpel, sein, aber ich wäre niemals ein *prolo*, ein Prolet. Deshalb wandten sich diese Schlüsselwörter, die mir einst die Türen einer brüderlichen Welt zu öffnen schienen, in der jeder nach seinen Taten beurteilt und nach seinen Bedürfnissen behandelt würde, auf einmal gegen mich. Ich wurde von diesen Wörtern in die schweflige Hölle der Ontologie zurückgeschickt. So wurde ich nicht mehr nach meinen Taten beurteilt, sondern auf Grund meines Wesens und zudem meines ganz äußerlichen Wesens, des trägsten und zähflüssigsten Teils meiner selbst, dessen Verantwortung ich niemals auf mich nehmen könnte: meines gesellschaftlichen Wesens.

Ich hörte Seiferts ruhiger Stimme zu, und all meine Vorfahren, die Großgrundbesitzer, kriegerische Junker, bürgerliche Abenteurer gewesen waren und die ihr Vermögen im Handel mit Edelholz und exotischen Gewürzen oder bei der Ausbeutung indianischer Minen erworben hatten, alle meine Vorfahren, die Krieg für den elenden und barocken Ruhm Spaniens oder auch für dessen Freiheit, für die Verbreitung der Aufklärung und der Vernunft gekämpft hatten – all meine Vorfahren schienen aus dem Schatten der Vergessenheit, der sepiafarbenen Trübseligkeit alter Photographien aufzutauchen, mit ihrem Mobiliar aus Mahagoni und Palisander – *caoba y palosanto!* –, ihren Frauen mit mattem Teint, schlaffen Bewegungen, ihren Kaleschen, ihren Hispano-Kabrioletts, ihren bissigen Bemerkungen in den Provinzcafés an den schönen viereckigen Plätzen mit Arkaden aus hellem Stein, sie alle schienen aufzutauchen, um mich an den Füßen in jene ontologische Hölle hinabzuziehen, von der ich zu Unrecht geglaubt hatte, daß ich ihr entrinnen könnte. All meine Vorfahren lachten bei Seiferts Worten hämisch: Wir hatten dir ja gesagt, daß du nie einer der Ihrigen werden würdest!

Ich hörte Seifert zu, der mir die außergewöhnliche Eigenart meines Falles erklärte. Noch niemals, nein, wirklich noch niemals habe die Organisation der Partei ihm einen Philosophiestudenten geschickt, damit er ihn in der Arbeitsstatistik unterbringe. Ich spürte genau, daß er sich fragte, wie ein Philosophiestudent ein *echter* Kommunist sein könne.

Ich betrachtete den Schnee draußen. Ich wußte, daß ich, wenn ich den Kopf etwas vorbeugte, den Schornstein der Verbrennungsanlage, seinen gewohnten Rauch sehen könnte. Aber es gelang mir nicht, mich schuldig zu fühlen. Ich muß für dieses Gefühl unbegabt sein.

ZWEI

Fernand Barizon ist zum Appell angetreten.
Er steht in der Mitte der Formation von Block 40, völlig anonym mitten in der Menge der Häftlinge, gut geschützt durch die Reihen an seinen Seiten, sowie vor und hinter ihm.
Barizon weiß allmählich, wie der Hase läuft.
Er weiß, daß man sich nie vordrängen soll, weder buchstäblich noch im übertragenen Sinne. Wenn man in der ersten Reihe steht, kann der SS-Mann, der die Häftlinge zählt, vor einem stehenbleiben, feststellen, daß einem ein Knopf fehlt, daß die über der Brust angenähte Nummer nicht mehr ganz leserlich ist, daß die Haltung nicht genau der Vorschrift entspricht. Wenn er schlechtgelaunt ist, wenn er einfach Lust hat, einen anzuscheißen, kann er irgend etwas feststellen. Etwas läßt sich immer feststellen. Dann erfolgen der Faustschlag in die Fresse, die Gummiknüppelhiebe, vielleicht sogar der Eintrag für einen zusätzlichen Arbeitseinsatz, irgendeine Bestrafung.
Fernand Barizon verbirgt sich mitten in der Menge der Häftlinge. Er geht darin auf, er verliert sich darin, er bringt sich darin in Vergessenheit. Er weiß, wie der Hase läuft.
Es schneit immer noch, es ist ein Scheißsonntag.
Der Spanier hat Schwein, tritt im Warmen zum Appell an, in der Arbeitsbaracke. Soeben hat Barizon, als er den Kopf drehte und bevor er losrannte, den Spanier hinter sich gesehen, vor dem Eingang von Block 40 im Winkel der Treppe, die zum ersten Stock führt.
Der Spanier kommt aus einem Maquis von Burgund, scheint es. Jedenfalls ist er ein Parteigenosse. Er wird Gérard genannt. Das ist anscheinend der Name, den er in dem Maquis trug. Jedenfalls kennt Barizon keinen anderen Namen von ihm.
Er hat letzten Endes nie einen anderen Namen von ihm gekannt. Als er Gérard Jahre später, fünfzehn Jahre nach Buchenwald, wiedergesehen hat, hieß ich nicht mehr Gérard. Ich hieß Sanchez. Übrigens hat Barizon mich offensichtlich nicht wiedererkannt.

Fünfzehn Jahre später bin ich auf die Freitreppe des Schlosses getreten. Das Schloß war ein großes Backsteingebäude mit Quadersteinen, dort, wohin sie gehören: imitierter Louis der Soundsovielte. Aber eine qualitätvolle Imitation, eine gediegene und stattliche Imitation. Inmitten eines baumreichen Parks von mehreren Hektar sollte das Schloß den Kindern eines kommunistisch verwalteten Vororts von Paris als Ferienheim dienen. Außerhalb der Ferienzeit hatten die kommunistischen Genossen uns diesen Besitz zur Verfügung gestellt, um dort eine mehrtägige Versammlung mit den Kadern und Instrukteuren der spanischen Partei abzuhalten, die illegal in den ländlichen Regionen von Andalusien und der Estremadura arbeiteten.
Die Nacht brach an, ich war auf die Freitreppe getreten, ich rauchte eine Zigarette. Bei der Versammlung war es leidenschaftlich hergegangen. »Es waren die Tapfersten des tapferen Spaniens . . .« Irgendwelche Verse von Hugo schwebten leise durch mein Gedächtnis. Immer treiben Gedichtfetzen durch mein Gedächtnis, wie Morgennebel über die Wiesen, bei jeder Gelegenheit und jedem Anlaß. Und auch ohne Anlaß. Eine harmlose Manie, gewiß. Außerdem eine nützliche. Im Gefängnis oder während der langen Wartezeiten in der Illegalität ist es für mich oft nützlich gewesen, halblaut Gedichte aufsagen zu können.
Ich stand auf der Freitreppe, rauchte eine Zigarette, die Nacht brach an. In der befahrbaren Allee am Fuße der Stufen warteten einige Autos, die die Genossen in kleinen Gruppen nach Paris zurückbringen sollten. Die Chauffeure standen ebenfalls da und plauderten. Ich sah die rötliche Glut ihrer Zigaretten im Dunkel der anbrechenden Nacht. Und plötzlich hörte ich die Stimme Barizons, Fernand Barizons. Fernand meckerte. Er protestierte bei dem mit der technischen Organisation der Versammlung beauftragten spanischen Genossen. Er war mit dem Arbeitsplan nicht einverstanden. Darum protestierte er.
Fernand hatte sich nicht geändert.
Fünfzehn Jahre nach den Sonntagen in Buchenwald habe ich, beim dumpfen Pochen all meines Blutes, die meckernde Stimme Barizons wiedererkannt. Ich bin die Freitreppe hinuntergegangen, ich habe ein paar Schritte in der befahrbaren Allee gemacht. Ein elektrisches Licht beleuchtete schwach die Gruppe der Chauffeure. Ich habe Fernand Barizons im schwachen Licht jener fernen Laterne erhobenes Gesicht betrachtet. Ich hatte Lust, mich ihm zu

nähern, ihn in die Arme zu schließen, ihm zu sagen, daß er sich nicht geändert habe. »Du hast dich nicht geändert, Fernand!« Ich hatte Lust, ihn an unsere Sonntagsgespräche in Buchenwald zu erinnern. Ob er sich noch an Zarah Leanders Lieder an den Nachmittagen in Buchenwald erinnerte?
Später hat es der Zufall gewollt, daß ich in dem Wagen sitze, den er nach Paris zurückfuhr. Bei einem der Stadttore bin ich ausgestiegen. Ehe ich zur Metrostation gegangen bin, habe ich Barizon die Hand gedrückt. Er hat mir fest in die Augen gesehen, er hat zu mir »*Salut, camarade*!« gesagt, aber er hat mich offensichtlich nicht wiedererkannt. Ich konnte es ihm nicht übelnehmen. Mir selbst ist es passiert, daß ich mich, als ich auf irgendeinem alten Foto den Kopf sah, den ich mit zwanzig hatte, nicht wiedererkannte.

Einige Monate nach dieser Begegnung, hat Barizon nochmals meinen Weg gekreuzt.
Ich sollte nach Prag fahren, aus irgendeinem dringenden Grund, der mir völlig entfallen ist. Aber schließlich schien uns zu dieser Zeit alles dringend und entscheidend zu sein. Es galt keine Minute zu verlieren. Die illegale politische Betätigung sondert diese Ideologie des Dringenden, des Entscheidenden ab, wie die Leber Galle.
Also ich sollte nach Prag fahren, es war dringend.
Es war beschlossen worden, daß ein Wagen mich nach Genf bringen sollte. Von dort aus sollte ich mit dem Zug nach Zürich fahren. In Zürich sollte ich ein Flugzeug nach Prag nehmen. Ich sollte mit einem französischen Personalausweis in die Schweiz einreisen und mit einem südamerikanischen Paß in Zürich ins Flugzeug steigen, um meine Spuren zu verwischen.
Kurzum, die Routine.
Fernand Barizon war dazu ausgewählt worden, mich mit dem Wagen nach Genf zu bringen.
Fernand war sehr schnell gefahren. Wir hatten kaum Worte gewechselt. Ich hatte ihm eröffnet, unter welchem Namen ich reiste. Wenn mein Gedächtnis mich nicht trügt, hieß ich diesmal Salagnac. Camille Salagnac. Man hatte sich für den Fall unvorhergesehener Schwierigkeiten an der Grenze auf angebliche Gründe für diese Reise geeinigt.

Danach hatte ich mich meinen gewohnten Träumereien hingegeben.
Bei der Einfahrt in Nantua hat Fernand den Fuß vom Gaspedal genommen. Er hat sich mir mit breitem, gewinnendem Lächeln zugewandt.
»Wie steht's mit einem Imbiß?« hat er zu mir gesagt.
Ich nickte.
»Warum nicht?«
»Kennst du die Sauce Nantua?« hat mich Fernand gefragt.
Ich kannte die Sauce Nantua nicht, aber Nantua rief verschwommen irgend etwas oder irgend jemanden in meinem Gedächtnis hervor.
Kurz danach, als wir im Restaurant des Hôtel de France saßen und Krebse mit Sauce Nantua bestellten, ist es mir so vorgekommen, als ob ich jemanden in Nantua gekannt haben müßte, der Englischlehrer an einem Gymnasium gewesen war. Aber wer hätte denn Englischlehrer in Nantua sein können? Es war etwas seltsam, sich an ein so genaues Detail zu erinnern, ohne zu wissen, auf wen es sich bezog. Ich strengte mein Gedächtnis an. Aber kein Bild, kein Name tauchte auf.
Daher ließ Nantua mich überhaupt nicht an die Sauce Nantua denken, die ich an diesem Tag entdeckte. In seiner Vorfreude darauf machte mir Barizon ausführlich schlemmerhafte Angaben über die genauen Mengen der Zutaten, die mich an die Aufzählung von Kindheitsproblemen erinnerten: Man nehme zwei Deziliter Sahne, füge sie einem Liter Béchamelsauce hinzu, lasse diese auf ein Drittel einkochen und so weiter.
Der Gedanke amüsierte mich, daß Barizon diesen gastronomischen Aufenthalt in Nantua seit unserer Abfahrt von Paris listig geplant und die Schnelligkeit des Wagens einkalkuliert hatte, so daß er sich bei der Einfahrt in Nantua mir hatte unschuldig zuwenden können, um mir, das Herz auf der Zunge, zu sagen, als wäre es ihm gerade erst eingefallen: »Wie steht's mit einem Imbiß, alter Freund?« Und es war selbstverständlich Mittagszeit.
Aber Barizon sprach im Speisesaal des Hôtel de France nicht mehr über die Sauce Nantua. Plötzlich hatte Barizon damit begonnen, seinen großen Hunger in Buchenwald vor mir heraufzubeschwören. Plötzlich war die Sauce Nantua nicht mehr Bestandteil eines Gerichts, das man uns gleich servieren würde, sondern die Erfüllung eines Traums aus Buchenwald. Eines

Traums aus Sahne, Béchamelsauce und Krebsbutter, der die vom Hunger in Buchenwald hervorgerufenen nostalgischen und delirierenden Erzählungen auftischte.

Barizon war im Duft der Saucen redselig geworden und erzählte mir von seinem Leben in Buchenwald. Ich schüttelte den Kopf, ich hörte der Erzählung dieses Lebens zu, das auch mein Leben gewesen war. Barizon hatte mich noch immer nicht wiedererkannt. Er wußte nur, daß ich ein spanischer Kommunistenführer war, der unter dem falschen Namen Salagnac, Camille Salagnac, reiste. Er sollte mich nach Genf bringen, mehr wußte er nicht. Da erzählte mir Barizon im vollen und rezeptgetreuen Wohlgeruch der Sauce Nantua unser Leben in Buchenwald.

Aber war es wirklich unser Leben?

Ich hörte zu, ich schüttelte den Kopf, ich sagte nichts. Dennoch hatte ich Lust, mich in diese Erzählung einzuschalten, manche Einzelheiten zu korrigieren, ihn an Episoden zu erinnern, die er vergessen zu haben schien.

So erwähnte Barizon überhaupt nicht Zarah Leander. Und immerhin war Buchenwald ohne Zarah Leander nicht wirklich Buchenwald.

Wenn wir zur gleichen Zeit Nachtschicht hatten, er, Barizon, bei der *Gustloff*, ich bei der Arbeitsstatistik, dann unterhielten wir uns manchmal lange am Nachmittag in der Stille des leeren Speisesaals, nachdem wir den ganzen Vormittag geschlafen hatten. Wir aßen zusammen eine Schnitte Schwarzbrot, die mit einer hauchdünnen Schicht Margarine bestrichen war. Wir unterhielten uns. Die Lautsprecher verbreiteten leise Musik.

Der SS-Mann auf dem Wachtturm mußte eine Schwäche für die Lieder von Zarah Leander haben. Er spielte unentwegt Platten von ihr.

Man kann sich den auf dem Wachtturm diensthabenden Unteroffizier der SS vorstellen. Er sitzt in einem Sessel, die Füße auf dem Tisch. Von seinem Platz aus überblickt er das ganze sich über den Hügelabhang erstreckende Lager. Jenseits des unter Strom stehenden Stacheldrahtzauns dehnt sich eine mit weißen Bauernhöfen, friedlichen Weilern übersäte fruchtbare Ebene aus.

Er hat eine unverbaute Aussicht, dieser diensthabende Unteroffizier. Nicht einmal Goethe konnte eine so schöne gehabt haben, denn zu seiner Zeit mußten die Bäume, die man zur Errichtung des Lagers gefällt hat, ihm die Sicht versperrt haben. Dann legt der diensthabende Unteroffizier, den sich im Hintergrund aus der Thüringer Ebene erhebenden blauen Bergen zugewandte Unteroffizier, da kein Eckermann in seiner Nähe ist, um unsterbliche Betrachtungen anzustellen, Platten von Zarah Leander auf. Alle Lautsprecher des Lagers verbreiten die tiefe, zuweilen metallisch vibrierende Stimme, diese Stimme, die nur von Liebe spricht:

Schön war die Zeit,
da wir uns so geliebt ...

Die Platte wird immer wieder an den stillen Nachmittagen in Buchenwald gespielt.

Barizon und ich sitzen uns im leeren Speisesaal von Block 40, Flügel C, im ersten Stock, gegenüber. Wir essen die dünne Schnitte Schwarzbrot, die wir für diesen privilegierten Augenblick in der relativen Stille dieser sagenhaften Nachmittage ohne jegliche Hetze aufbewahrt haben, wenn wir der Nachtschicht zugeteilt sind. Wir hören vage die Stimme Zarah Leanders, die von Liebe spricht, als wäre das Leben nichts anderes als eine Reihe kleiner Freuden, herzzerreißender Sehnsüchte, wie Kristall klirrender Gefühle.

So stelle ich mir die Liebe vor,
ich bin nicht mehr allein ...

Wir unterhalten uns, wobei wir vage die tiefe, vibrierende Stimme Zarah Leanders hören.

Manchmal übersetze ich Barizon einen Artikel aus dem *Völkischen Beobachter* oder aus dem Wochenblatt *Das Reich.* Wir unterhalten uns über den Krieg, über die Zukunft der Revolution. Manchmal auch, an den Tagen, an denen die Schnitte Brot wirklich zu dünn ist, man es nicht in die Länge ziehen kann, einem nichts anderes übrig bleibt, als sie langsam, behutsam zu kauen, indem man kleine Krumenkugeln unter der Zunge, zwischen den Zähnen rollt, was aber nichts nützt, denn das Brot ist schon zergangen, als wäre es überhaupt kein Brot gewesen, an solchen Tagen erzählten wir uns Fressereigeschichten.

Ehrlich gestanden, war es vor allem Barizon, der sie erzählte. Für die Fresserei habe ich ein zu schlechtes Gedächtnis, zu wenig Vorstellungsvermögen.

Ich habe tatsächlich keine Erinnerungen an Fressereien. Ich habe nur Kindheitserinnerungen, in denen notgedrungen Leckerbissen vorkommen. Die Meringen am Sonntag in Madrid. Die Krapfen beim Frühstück an Feiertagen, nach der Messe in San Jerónimo. Oder – und das verdutzte Fernand – die rührende Erinnerung an den wöchentlichen Kichererbsen-Familieneintopf. Wie man sich mit Rührung und Wohlgefallen an einen miesen Kichererbseneintopf erinnern konnte, das verdutzt Barizon. Er läßt es sich nicht entgehen, es mir zu sagen. Seine Erinnerungen an Fressereien sind wesentlich raffinierter. Und dennoch ist Barizon ein *prolo*, während ich dagegen aus einer bürgerlichen Familie stamme. Das sieht und hört man übrigens. Fernand geniert sich nicht, mich daran zu erinnern. Wenn ich im Laufe irgendeiner Erzählung nebenbei die Wagen meines Vaters erwähne, so sind es De Dion-Boutons, Oldsmobile-Kabrioletts, Graham-Page-Limousinen und sogar Hispano-Suizas. Wenn man so eine verhätschelte Kindheit gehabt hat und sich sehnsüchtig an einen miesen Kichererbseneintopf erinnert, so öffnet das Barizon die Augen für die Vielschichtigkeit der menschlichen Seele.

Fünfzehn Jahre danach, im Speisesaal des Hôtel de France in Nantua, höre ich Barizons Erzählungen zu, nicke und sage nichts. Ich tue so, als interessierte ich mich dafür, aber ich bin eher enttäuscht. Fernand erzählt sein Leben nicht gut. Die Erinnerungen kleben völlig wirr im Gänsemarsch aneinander. Seine Erzählung hat kein Relief. Und außerdem vergißt er wesentliche Dinge.

Zum Beispiel vergißt er, mir seine Eskapade in der Bretagne zu erzählen. Sein Techtelmechtel mit Juliette vergißt er, mir zu erzählen.

In Buchenwald hingegen kam an den Tagen, an denen wir uns im verlassenen Speisesaal von Block 40 trafen, weil wir beide Nachtschicht hatten, an den Tagen, an denen die Scheibe Schwarzbrot so dünn war, daß es nichts nützte, sich beim Kauen zurückzuhalten und sie wie ein Bonbon zu lutschen, um länger daran zu haben, was aber doch nicht gelang, an diesen Tagen kam, umflutet von dem honigsüßen Geflüster der Lieder Zarah Leanders, immer der Augenblick, da Fernand seine Eskapade in der Bretagne mit einer jungen Frau namens Juliette heraufbeschwor. Es war Barizons Lieblingserinnerung, sein Fetisch in der verschwommenen und fernen Welt der erlebten Vorstellung.

Es spielte sich immer auf die gleiche Art ab.

Barizon gelang es, vom Hunger, von der Frustration jener Scheibe Schwarzbrot erregt, die, fast bar jeglicher realen Konsistenz, so schnell zerkaut, vergangen war, immer, dieses Techtelmechtel mit Juliette in der Bretagne heraufzubeschwören. Das war verständlich. Sie hatten beide ein paar Tage völliger Freiheit gehabt und sie zwischen Bett und Tisch geteilt. Zwischen Vögeln und Fressen, sagte Barizon. Durch die Schlüpfrigkeit dieser glücklichen, von Genüssen überquellenden Erinnerung trieb Fernand seine verzehrendsten Begierden aus. Die Erzählungen von den damaligen Fressereien endeten immer mit tollen Schilderungen zappelnder Beine, und Juliette versinnbildlichte in Barizons Erinnerung das vergangene Glück.

Ich wußte schließlich alles von Juliette. Ich kannte sie so, als hätte ich sie erschaffen oder vielmehr, als hätte ich sie mir erschaffen. Die Länge ihrer Beine, die volle Rundung ihrer hohen Brüste, die gierige und kundige Zartheit ihres Mundes, ihr Lachen und ihre Schreie im Augenblick der Wollust. Juliette war die Gefährtin unserer Träume geworden, ihr Körper war ein herrliches und reines Geschenk, das Fernand mir an den Nachmittagen in Buchenwald machte, während Zarah Leanders Stimme tremolierte.

Aber fünfzehn Jahre danach, in Nantua, als wir die Krebse mit der Sauce Nantua verspeist hatten, vergaß Barizon sowohl Juliette als auch Zarah Leander in seinen Erzählungen über Buchenwald. Da fragte ich mich leicht verängstigt beim Anblick von Barizon, der mich offenbar nicht wiedererkennen wollte, der Juliette und Zarah Leander vergessen hatte, ob ich all das wirklich erlebt hatte.

Von neuem tauchte die verfängliche Frage auf. Hatte ich mein Leben in Buchenwald geträumt? Oder war, ganz im Gegenteil, mein Leben nach meiner Rückkehr aus Buchenwald nur ein Traum? War ich nicht einfach vor fünfzehn Jahren gestorben und war das alles hier, Nantua, die Krebse mit Sauce Nantua, und Prag, der alte jüdische Friedhof von Pinkas, und dieses zarte Gewebe einer politischen Aktivität, deren Maschen sich auflösten, sobald sie geknüpft wurden, nur ein Traum aus grauem prämonitorischem Rauch auf dem Ettersberg?

Ich betrachtete Barizon, ich hörte nickend seiner Erzählung zu, ich wußte wirklich nicht, was ich auf diese schmerzliche, entscheidende Frage antworten sollte. Warum gab es das alles

hier anstatt nichts? Statt des dünnen Rauchs des Krematoriums im blinden Nichts eines durchsichtigen Winterhimmels?
Juliette hätte – ich hoffte es wenigstens, ich hoffte es verzweifelt – sicherlich diese Frage beantworten können. Sie hätte etwas zu sagen gehabt. Aber an diesem Tag in Nantua schien Juliette uns im Stich gelassen zu haben. Und ich hatte nichts zu sagen. Ich hatte keine Antwort auf diese Frage.

Ich nickte, ich hörte vage Barizons Erzählung zu, ich dachte daran, daß ich mich kürzlich schon einmal in einer ähnlichen Lage befunden hatte.
Zur Zeit meiner Fahrt mit Barizon nach Genf 1960 hatte ich in Madrid eine illegale Wohnung der KPS. Sie lag in dem Arbeiterviertel Las Ventas in der Calle Concepción-Bahamonde. In meiner Kindheit hörte dort die Welt auf. Jenseits davon begann eine öde, graue und ockerfarbene Landschaft, die von Tälern oder eher Narben zerklüftete kastilische Hochebene, wo der Schimmel der Slums, die Pusteln der Wellblechbaracken sich breitmachten, in denen Landarbeiter auf der Suche nach Arbeit bei den Bauunternehmen zusammengepfercht waren. Es gab in dieser staubigen Landschaft auch einige grüne Oasen: leuchtend weiße Häuser von Gemüsezüchtern an irgendwelchen Quellen und artesischen Brunnen, umgeben von Gemüse- und Obstgärten, die zäh gegen das rauhe Klima geschützt wurden.
Aber Madrid hatte sich seit meiner Kindheit verändert.
Es waren 1960, als ich in der Calle Concepción-Bahamonde, im Vorort Las Ventas, wohnte, noch einige Lepraflecken von Slums, sowie einige Häuser von Gemüsezüchtern übrig geblieben. Aber die Flut der Urbanisierung war hereingebrochen. Die neuen anonymen Wohnviertel umschlossen diese Überreste der Vergangenheit.
Die Calle Concepción-Bahamonde war eine kleine ruhige Straße, etwas abseits von der ringförmigen Avenida, die die Grenze des alten Stadtkerns markierte. Die Häuser dort waren dreistöckig und hatten schmiedeeiserne Balkons.
Wenn ich abends in die Calle Concepción-Bahamonde zurückkehrte, stieg ich nicht an der am nächsten liegenden U-Bahnstation »Manuel-Becerra« aus, sondern an einer entfernteren, etwa »Goya«. Wenn ich mit einem Taxi zurückfuhr, war es das gleiche.

Ich bat den Chauffeur, ziemlich weit von meiner Straße zu halten. Danach improvisierte ich jedesmal einen anderen eigenwilligen Heimweg. Ich ging teilweise wieder ein Stück zurück, ich machte an der Theke eines der Cafés der Umgebung halt. Das erlaubte mir, festzustellen, daß ich nicht verfolgt wurde, daß niemand sich für mich interessierte.
Die Wohnung in der Calle Concepción-Bahamonde, in der ich zwei kleine Zimmer hatte, war auf Kosten der KPS von einem militanten Paar, Maria und Manuel Azaustre, gekauft worden. 1939, am Ende des Bürgerkriegs, lebten Maria und Manuel in Frankreich im Exil. Aber sie waren völlig legal nach Spanien zurückgekehrt, da die franquistische Polizei sie nicht kannte. In Spanien betätigten sie sich nicht politisch. Der Auftrag, den sie angenommen hatten, bestand darin, auf Kosten der Partei eine Wohnung zu kaufen und sie für unseren illegalen Apparat zur Verfügung zu halten. Manuel arbeitete als Privatchauffeur, Maria kümmerte sich um die Wohnung.
Manchmal aß ich mit Manuel und Maria zu Abend. Im Laufe dieser Abende, beim Kaffee, wenn die Erinnerungen unweigerlich aufstiegen, erzählte mir Manuel von seinem Leben in Mauthausen. Er hatte fünf Jahre in diesem Lager verbracht, einem der härtesten im Konzentrationslagersystem der Nazis.
Am 2. Januar 1941 hatte Reinhold Heydrich, der Leiter der Gestapo und Chef des SD, eine Note über die *Einstufung der Konzentrationslager* verfaßt. Die erste für *unbedingt besserungsfähige Schutzhäftlinge* versehene Kategorie umfaßt die Lager Dachau, Sachsenhausen und Auschwitz 1. Die zweite für gefährlichere, *jedoch noch erziehungs- und besserungsfähige Schutzhäftlinge* vorgesehene Kategorie umfaßt die Lager Buchenwald, Flossenbürg, Neuengamme und Auschwitz 2. Was die dritte für *kaum noch erziehbare Schutzhäftlinge* vorgesehene Kategorie betrifft, so umfaßt sie nur ein einziges Lager, nämlich Mauthausen.
Selbstverständlich ist diese wahnwitzige, typisch bürokratische Einteilung nach Delikten und Strafmaßnahmen nicht wortwörtlich eingehalten worden. Einerseits haben die Durchführung der Endlösung der Judenfrage durch die Verlegung jüdischer Deportierter in die polnischen Lager und die dort errichteten Massenvernichtungsanlagen, andererseits die Forderungen der Rüstungsindustrie und der sich daraus ergebenden Zuteilung depor-

tierter Arbeitskräfte vor allem ab 1942 die Anwendung von Reinhold Heydrichs Anweisungen ständig durcheinandergebracht. Was nicht verhindert hat, daß Mauthausen immer eines der härtesten Lager des Terrorsystems der Nazis gewesen ist.
Wir tranken also in der Calle Concepción-Bahamonde Kaffee, und Manuel Azaustre erzählte mir von seinem Leben in Mauthausen.
Manuel wußte offenbar nichts von meiner Vergangenheit. Er wußte nur, daß ich ein führender Parteifunktionär war. Er kannte mich unter dem Namen Rafael. Vielleicht Rafael Bustamonte. Oder Rafael Artigas, ich weiß es nicht mehr. Er wußte nicht, daß auch ich deportiert worden war. Also hörte ich stumm zu, wenn er mir ungeschickt, weitschweifig, wie es bei solchen Geschichten normal ist, von seinem Lagerleben erzählte. Manchmal hatte ich, wenn das zu verworren wurde und jeglichen Sinns entbehrte, Lust, in seine Erzählung einzugreifen, meinen Senf dazuzugeben. Aber ich durfte selbstverständlich nichts sagen, denn ich mußte meine Anonymität wahren.

Aber ich bin einige Monate später, im Herbst 1960, in Nantua. Wir beenden das Mittagessen im Hôtel de France, und ich höre nickend Fernand Barizons Erzählungen zu.
Er erzählt von Buchenwald, scheint es mir, nicht besser, als Manuel Azaustre in Madrid, in dem kleinen Eßzimmer in der Calle Concepción-Bahamonde, von Mauthausen erzählte. Vielleicht ist es nicht ihr Problem, überzeugend vom Lagerleben zu erzählen. Vielleicht besteht ihr Problem einfach darin, im Lager gewesen zu sein und es überlebt zu haben.
So einfach ist es freilich nicht. Hat man wirklich etwas erlebt, wenn es einem nicht gelingt, gut davon zu erzählen, wenigstens ein Körnchen Wahrheit bedeutungsvoll zu rekonstruieren – indem man es dadurch mitteilbar macht? Wirklich erleben, bedeutet das nicht, sich eine persönliche Erfahrung bewußt zu machen – das heißt, das Erlebte ins Gedächtnis zu rufen und gleichzeitig dazu fähig zu sein, es zu gestalten? Aber kann man irgendeine Erfahrung verarbeiten, ohne sie sprachlich mehr oder weniger zu meistern? Das heißt, die Geschichte, die Geschichten, die Erzählungen, die Erinnerungen, die Zeugnisse: das Leben? Den Text, ja die Textur, das Gewebe des Lebens?

In Nantua fragte ich mich, als ich Fernand Barizons Wirrwarr zuhörte, warum es immer die gleichen sind, die Geschichten erzählen, die Geschichte machen. Oh, ich wußte in Nantua genau, daß es die Massen sind, die Geschichte machen! Man hatte es mir eingehämmert – in schneidenden und schrillen, ja zuweilen sogar vernichtenden Tönen; und auch in sanften Tönen, in den Augenblicken der großen Bündnisse und der verschlungenen Hände, der hundert Blumen, die blühen, kurz bevor man zum Mäher, zur Sichel, zu abgeschnittenen Blumen und abgehackten Händen zurückkommt – daß die Massen Geschichte machen, ja noch besser, *ihre* Geschichte, daß ich mir schließlich diese Eselei selbst einhämmerte, um so zu tun, als glaubte ich an die protzige Dummheit. In den Tagen der Desillusion oder, einfacher, der ideologischen Raffinesse konnte ich mich immer an eine wesentlich weniger mißbrauchte, weniger siegesgewisse Formulierung von Marx klammern, laut der die Menschen ihre Geschichte machen, aber die Geschichte, die sie machen, nicht kennen. Das bedeutet unverblümt und für den, der Ohren hat, zu hören, daß die Menschen nicht die Geschichte machen, die sie wollen, die sie wünschen, die sie erträumen und die sie zu machen glauben. Sie machen sie also nicht: sie machen immer etwas anderes. Man kommt immer wieder zum Ausgangspunkt dieser eher tautologischen als metaphysischen Fragestellung zurück: Wer macht die wirkliche Geschichte?

In Nantua, im Duft der Krebse mit der Sauce Nantua, die Barizon uns listig hatte auftischen lassen, hatte ich die Fragestellung in Klammern dank einer provisorischen Kompromißformulierung abgeschlossen: Die Massen machen vielleicht Geschichte, aber sie können sie bestimmt nicht erzählen. Es sind die dominierenden Minderheiten – die man auf der Linken »Avantgardisten« und auf der Rechten, ja sogar im Zentrum, »natürliche Eliten« nennt – die die Geschichte erzählen. Und die sie nach Bedarf neu schreiben, wenn der Bedarf spürbar wird, und von ihrem dominierenden Gesichtspunkt aus, wird der Bedarf danach oft spürbar. Um auf die wirren Erzählungen von Manuel Azaustre und Fernand Barizon zurückzukommen: das Lagerleben läßt sich nicht leicht erzählen. Auch ich weiß nicht, wie ich mich aus der Affäre ziehen soll. Auch ich bin verwirrt. Was erzähle ich im Grunde? Von einem Dezembersonntag 1944 in Buchenwald, während die britischen Truppen den kommunistischen griechischen Widerstand unter dem gelblichen und gefühllosen Blick Stalins zermalmen? Oder von jenem Reisetag 1960 mit Barizon, an dem ich mit allem, was er in meinem Gedächtnis hervorrufen kann, von Paris nach Nantua und von Nantua nach Prag gefahren bin.

Nehmen Sie zum Beispiel jenen Augenblick in Nantua, in dem mir, während ich Fernand Barizons Erzählungen mit halbem Ohr zuhörte, gerade eingefallen ist, wer Englischlehrer an einem Gymnasium in Nantua gewesen war. Es ist Pierre Courtade. Es sei denn, ich vermische Realität und Fiktion. Vielleicht ist es die Figur einer Novelle von Courtade, der Lehrer in Nantua gewesen ist. Jedenfalls ist Nantua über den Umweg eines Berichts von Pierre oder einer fiktiven Figur, die ihn mehr oder weniger verkörperte, mit meiner Erinnerung an Pierre Courtade eng verbunden.

Mir ist es natürlich unmöglich, genau zu sagen, was ich an jenem Tag während dieses gastronomischen Aufenthalts in Nantua flüchtig über Courtade gedacht habe. Ich schreibe das fünfzehn Jahre später. Die Gedanken, die Empfindungen, die Urteile überlagern sich in einer von meinen jetzigen Meinungen chronologisch rekonstruierten Schicht. Ich dachte gewiß 1960 nicht das, was ich heute über Pierre Courtade denke. Übrigens denke ich das, was ich 1960 über mich selbst dachte oder zu denken glaubte, auch nicht mehr, wenigstens zum größten Teil nicht. Vielleicht im wesentlichen nicht.

Ich werde also nicht den Versuch machen, Ihnen von diesem Aufenthalt in Nantua so zu erzählen, als ob wir dort wären, als ob Sie dort wären. Wir sind nicht dort, wir werden niemals mehr auf die gleiche Art und Weise dort sein. Pierre Courtade ist tot. Ich auch, zumindest als Federico Sanchez, jenes ferne Phantom, das Fernand Barizon begleitete. Und Barizon selbst. Seit fast fünfzehn Jahren weiß ich nichts mehr von Barizon. Obwohl wir uns versprachen, uns wiederzusehen, habe ich ihn zum letztenmal 1964 getroffen.

Ich hörte Barizon zerstreut zu, während ich an Pierre Courtade dachte.

In jenem Sommer hatte ich einen Anspruch auf Ferien in der Sowjetunion. Es war ein Vorrecht, das man uns alle zwei Jahre

einräumte, in den Führungssphären der KPS. (Führungssphären: wie gut ist das ausgedrückt! Man hört sogleich die leise Musik himmlischer Sphären, geschlossener Welten, die majestätisch in den ewigen Raum des Wissens und der Macht gleiten!)
Ich hatte daher den Juli in Foros auf der Krim verbracht, in einem Erholungsheim, das für die Mitarbeiter des Zentralkomitees der russischen Partei und die Führer der ausländischen Parteien reserviert war; »Brüder« sagte man, wenn man von diesen Parteien sprach: sicher so wie Kain und Abel Brüder waren.
Das Hauptgebäude dieses Erholungsheims am äußersten Zipfel der Krim, südöstlich von Sebastopol, war eine veraltete, leicht verstaubte Luxus-Datscha. Ein Ferienhaus eines russischen Krautjunkers oder Großindustriellen aus dem 19. Jahrhundert, in dem noch zur Zeit meines Aufenthalts alte schweigsame Diener in grauen Livrees mit Hilfe großer Holzfeuer in emaillierten Becken das Badewasser anwärmten. Gorki, hieß es, habe dort lange Ruheperioden gegen Ende seines Lebens verbracht. Man konnte ihn verstehen: die Lage und das Klima mußten ihn an Capri erinnert haben.
Im Juli 1960 trafen wir uns also in Foros wieder, um dort die Ferien mit unseren Familien zu verbringen: Dolores Ibarruri, Santiago Carrillo, Enrique Lister und ich selbst. Anders ausgedrückt, Federico Sanchez.
Die Funktionäre des russischen ZK betrachteten die Silhouette der schwarzgekleideten »Pasionaria«, die nicht hinab zum Strand ging, sondern durch den weiten romantischen Park des Erholungsheims mit Weihern voller Muschelwerk und Seerosen wandelte. Abends erzählte Lister zum tausendsten Mal mit seiner üblichen Selbstgefälligkeit von den Heldentaten der 11. Division und des 5. Korps der republikanischen Armee, die er im Bürgerkrieg befehligt hatte. Was Carrillo in jenem Sommer betraf, so war er entspannt. Der VI. Parteitag der KPS, bei dem er anstelle der »Pasionaria«, für die wir den Ehrenposten der Parteipräsidentin erfunden hatten, zum Generalsekretär ernannt worden war, hatte bereits stattgefunden. Eine der Hauptambitionen seines Lebens war verwirklicht worden (die andere, von der Gesellschaft im allgemeinen und von der guten Gesellschaft im besonderen zugelassen, anerkannt zu werden, hatte damals noch keine Gelegenheit, zum Vorschein zu kommen).

Unter den nach Foros geladenen Ausländern befand sich, außer unserer spanischen Gruppe, Adam Schaff mit seiner Familie. Der polnische Philosoph war damals noch Mitglied des ZK der vereinigten Arbeiterpartei. Er hatte, um es in den Ferien zu lesen, das gleiche Buch mitgenommen wie ich: *Die Kritik der dialektischen Vernunft* von Sartre. Das hatte uns einander näher gebracht. Am Strand hatten wir stundenlang ganz offen unsere Meinungen über die Probleme unserer jeweiligen Parteien und über die Situation der kommunistischen Bewegung ausgetauscht.

In jenem Sommer war der latente Konflikt zwischen den Russen und den Chinesen offen ausgebrochen, wenigstens in den hohen Sphären (nochmals!) der kommunistischen Bewegung. Im Juni, auf dem Parteitag der rumänischen KP in Bukarest, stritten sich Peng Zhen und Chruschtschow heftig. »Wenn Sie Stalins Schwert haben wollen«, hatte Nikita Sergejewitsch gebrüllt, »so nehmen Sie es doch! Es ist blutbefleckt. Und wir geben Ihnen als Prämie seinen Leichnam. Nehmen Sie Stalins Mumie mit nach Hause!« Lister hatte uns die Einzelheiten dieser Auseinandersetzung erzählt. Er hatte die KPS auf dem Parteitag der rumänischen KP vertreten.

Außerdem hatten die Chinesen, hinter den Kulissen eines Treffens des Weltgewerkschaftsbundes, ebenfalls die Offensive übernommen, indem sie die allgemeinen Richtlinien Chruschtschows angriffen und die »Rückkehr zum Leninismus« herausstrichen.

Daher hatte uns Kolomjes, der Funktionär des russischen Zentralkomitees, der sich damals unter der Verantwortlichkeit von Zagladin und Ponomarjow mit den spanischen Fragen beschäftigte, gleich nach unserer Ankunft in Moskau, wo wir einige Tage vor unserer Abfahrt zur Krim verbrachten, mit den ersten zwischen der russischen und chinesischen Partei gewechselten polemischen Dokumenten aufgesucht. Es handelte sich natürlich um vertrauliche Dokumente. Man schloß einen zu ihrer Lektüre in ein Zimmer ein, und es war untersagt, Notizen zu machen. Nach der Lektüre nahm Kolomjes die Dokumente sofort wieder an sich.

Kolomjes war ein jovialer Mann und ein unermüdlicher Wodkatrinker. Ich hatte ihn 1954 auf dem V. Parteitag der KPS kennengelernt, der heimlich an den Ufern des Machovo-Sees in Böhmen abgehalten wurde. Kolomjes sprach fließend spanisch,

er war verhältnismäßig gut über die Situation in Spanien informiert. Er war das erste Mitglied der russischen Partei, mit dem ich mich seit meinen bestürzenden Erfahrungen mit den Russen in Buchenwald unterhalten konnte.
Gewiß eine entscheidende Begegnung, die es mir auf einen Schlag erlaubte, zu begreifen, was das betrübliche politische Niveau, die öde und schäbige geistige Welt der russischen Kommunisten fünfunddreißig Jahre nach der Oktoberrevolution war. Bei seinen Erkundigungen nach den Streiks, die nach einem langen Jahrzehnt der Niederlagen der Arbeiterklasse 1951 in Katalonien stattgefunden hatten, fragte mich Kolomjes, welche Rolle bei diesen massiven Streiks der katalanischen Arbeiter meiner Meinung nach die Agenten des englischen *Intelligence Service* gespielt hätten. Verdutzt ließ ich ihn diese Frage wiederholen. Aber ja, ich hatte ihn gut verstanden. Nach Kolomjes' Ansicht hatten die Agenten des *Intelligence Service* sicher eine Rolle bei diesen Streiks gespielt. Sonst wären die nicht möglich gewesen. Ich versuchte, ihm höflich und politisch die Absurdität dieser Ansicht aufzuzeigen. Aber es gelang mir nicht, ihn zu überzeugen. Wir sprachen zwei verschiedene Sprachen, wenn auch die Wörter der einen und der anderen identisch waren. Wir lebten in zwei verschiedenen Welten. Für Kolomjes waren die Gesellschaftsklassen, die Massen, die Produktionskräfte, die um einen subjektiven Kampfwillen gescharten Gruppen nur ein unbeseeltes und unförmiges Magma, das sich von Apparaten manipulieren ließ, aber zu eigenschöpferischer Spontaneität nicht fähig war. Da nun der Apparat der katalanischen Partei ganz offenkundig zu schwach gewesen war, zu den Streiks 1951 aufzurufen und sie zu lenken, mußte ein anderer Apparat dahinterstehen. Deshalb war man zu dem Schluß gekommen, daß es – eher als die Katholische Kirche oder die Freimaurer – ein Agentennetz des *Intelligence Service* war. Ein Geheimnis, das ich nicht zu lüften versucht habe.
Ich hatte Kolomjes am Schlußabend des VI. Parteitags der spanischen Partei, jenem, auf dem wir Carrillo zum Generalsekretär der Partei gemacht hatten, wiedergesehen. Um das Ereignis zu feiern, war Carrillo von einer Gruppe Delegierter (Brüder, natürlich) der Ostblockparteien zum Diner eingeladen worden, und er hatte mich gebeten, ihn zu begleiten, weil er sich allein vielleicht langweilen würde. Oder weil seine Wahl eine politische

Bedeutung hatte. Ich war bei weitem das jüngste Mitglied des Exekutivkomitees der KPS. Zudem war ich ein Intellektueller bürgerlicher Herkunft, und ich arbeitete im spanischen Untergrund. Indem er mich durch seine Einladung, ihn zu begleiten, auszeichnete, wollte Carrillo vielleicht all diesen Rumänen, Russen, Ostdeutschen und anderen Bulgaren den Willen zur Verjüngung und die Weite der Ansichten der Führungsschicht der KPS zeigen.

Denn der aufgeklärte Despotismus der Großen Steuermänner braucht Lichter, worauf die Bezeichnung selbst hinweist. Und wenn die Großen Steuermänner vom Parteiapparat geprägte Autodidakten sind, wie Carrillo, sind es die Intellektuellen, die im allgemeinen die Kerzen in den Vorzimmern der Macht und den Gängen der aufgeklärten Despoten zwischen Bett und Wand halten. Manche halten sie bis zu ihrem Lebensende, vom Schauspiel ihrer eigenen Faszination faszinierte Voyeurs. Als Vorwand dient ihnen die Treue zur *Sache* (der Arbeiterklasse, des Volkes, der Gedemütigten und Gekränkten), während sie nur den sich ablösenden Despoten und ihrem eigenen Mangel an Treue zum Wesentlichen treu sind. Andere entscheiden sich eines Tages, übrigens immer zu spät, ihre Seelen zu retten, wieder das zu werden, was sie sind. Sie blasen die Kerze aus und kehren in das Dunkel ihrer einsamen Suche zurück.

Wie dem auch sei, an jenem Abend flossen Wodka und Wein in Strömen, und Kolomjes war sogar schon vor dem Auftragen des Hauptgerichts ziemlich betrunken. Seine Bemerkungen wurden unzusammenhängend. Oder eher besonders zusammenhängend. Mit perverser Freude füllte ein Genosse vom rumänischen Politbüro unentwegt das ständig leere Glas des Russen. Mitten beim Diner hat sich Kolomjes, nachdem alle Zügel gerissen, alle Hemmungen von ihm abgefallen waren, sich mit schwerer Zunge uns zugewandt. Er hat damit begonnen, Stalin zu loben, uns mit seiner Rückkehr gedroht. Ja, Stalin werde bald zu den durch seine Abwesenheit verwirrten Massen zurückkehren. Genosse Stalin, dieser Riese, werde uns allen unseren Platz wieder zuweisen. Wir seien nur Strohmänner in seinen allmächtigen Händen. Er sei der Bergadler, und wir seien nur blinde Kätzchen. Kolomjes setzte seine Schmährede mit schwerer Zunge fort.

Eine Totenstille hat sich auf uns gesenkt. Wir hörten in dieser tödlichen Stille diese Stimme der Vergangenheit, diese immer gegenwärtige Stimme. Der Genosse vom rumänischen Politbüro betrachtete Kolomjes mit versteinertem Gesicht. In seinem Blick mischten sich Verachtung, Schrecken sowie panische und sogleich faszinierte Angst, die seine Lider flattern ließ. Der rumänische Genosse wandte sich uns zu. »Das also«, schien er zu sagen, »das sind unsere Meister. Das sind die Männer, die unsere Zukunft bestimmen!« Der rumänische Genosse hatte ein versteinertes Gesicht, und seine Finger umklammerten ein Glas. Plötzlich ist Kolomjes zusammengebrochen und vom Stuhl gerollt. Da hat der rumänische Genosse, während er ihn mit dem Fuß unter den Tisch stieß, sein Glas gehoben und mit tonloser, vor Verzweiflung schneidender Stimme gesagt: »Auf den langen Tod des Genossen Stalin!« und wir haben auf den Tod des Georgiers, seinen ewigen Tod, getrunken.

Am Krimstrand habe ich also in jenem Sommer 1960 in Foros lange mit Adam Schaff diskutiert. Wir haben ganz offen die Probleme der kommunistischen Bewegung angeschnitten. Ich dachte ziemlich naiv – da ich mich noch nicht von den auf dem XX. Parteitag der sowjetischen KP erzeugten Reformillusionen freigemacht hatte –, daß der russisch-chinesische Disput den ideologischen Druck auf die europäischen kommunistischen Parteien lockern würde. Ich dachte, daß diese einen entscheidenderen Einfluß auf die gesamte Bewegung ausüben könnten. Aber der erfahrenere Adam Schaff dachte das Gegenteil. Er dachte, daß der russisch-chinesische Konflikt eine neue Periode der ideologischen Erstarrung einleiten würde. Gewiß würde die Einheit auseinanderbrechen. Aber dies in Zwei geteilte Eine würde keinerlei Möglichkeit für dialektische Revision schaffen: sie würde nur einen monolithischen und monotheistischen Doppeldiskurs, eine Spaltung oder Verdoppelung des orthodoxen Monismus hervorrufen. Die erste Konsequenz davon würde in jedem der beiden Lager wieder ein mehr oder weniger brutaler Zugriff sein. In dem im russischen Lager befindlichen Polen würde man die Folgen bald zu sehen bekommen.

Adam Schaff war nicht sehr optimistisch.

Am dritten Tag unserer endlosen Gespräche hat Carrillo mich beiseite genommen. Etwas verlegen hat er mir gesagt, die russischen Genossen sähen meine Gespräche mit Schaff nicht

gern. Ob ich denn nicht wisse, daß dieser im Polnischen Oktober 1956 eine absolut antisowjetische Haltung eingenommen habe? Er sei zwar Mitglied des Zentralkomitees der polnischen Partei, aber das sei schließlich noch keine ausreichende Garantie. Seit 1956 finde man immer ein Haar in der Suppe der polnischen Parteiführung. Das behaupteten die russischen Genossen. Ich habe Carrillo gefragt, was seine persönliche Meinung in dieser Sache sei. Carrillo hat mir erwidert, er habe keine persönliche Meinung in dieser Sache, er beschränke sich darauf, die Bemerkungen der russischen Genossen zu übermitteln. Persönlich, sagte er, verstehe er sehr gut, daß ich mit Schaff, der wie ich ein Intellektueller sei, gern spräche. Trotzdem gelte es, die Tatsache zu berücksichtigen, daß wir auf Einladung der russischen Genossen in der UdSSR seien. Anstöße und Mißverständnisse ließen sich wegen einer so sekundären Sache womöglich vermeiden. Jedenfalls liege die Entscheidung bei mir, hat Carrillo mit zweideutigem Lächeln zu mir gesagt.
Daraufhin habe ich beschlossen, Schaff aufzusuchen und ihm ausführlich das zu erzählen, was vorgefallen war. Es hat ihn nicht übermäßig überrascht, muß ich sagen. Ein solches Einschreiten der Russen schien ihm ganz logisch zu sein. Diese Typen würde man nicht ändern können, sagte er zu mir. Er halte es trotzdem für besser, unsere Gespräche abzubrechen. Es sei nutzlos, sogar die geringsten Mißverständnisse und Verstimmungen zu verursachen. Jedenfalls hätten wir uns das Wesentliche gesagt, sagte er zu mir.

Aber ich will nicht alle Ereignisse während dieses Sommers auf der Krim erzählen. Darum geht es mir nicht. Meine Erinnerung an diese Ferien auf der Krim, an meinen letzten Aufenthalt in der Sowjetunion, ist nur wegen Pierre Courtade wachgerufen worden. Ich will schnell auf Pierre Courtade zurückkommen, auf die plötzlich im Speisesaal des Hôtel de France in Nantua aufgestiegene Erinnerung.
Nicht daß ich nichts mehr über Rußland zu sagen hätte. Im Gegenteil, ich könnte stundenlang darüber sprechen. Nächtelang. Dabei mich heiser reden, die Stimme, den Verstand verlieren, außer Atem kommen. Man braucht übrigens nicht den Ton zu forcieren, um über Rußland zu sprechen. Nicht die

Stimme zu heben, die Adjektive zu häufen. Ich könnte Ihnen einen zurückhaltenden Bericht darüber geben, nicht ohne einen gewissen, scheinbar grauen Mißmut – genauso matt und silbergrau wie der Himmel über den endlosen Ebenen, den gewaltigen Strömen – einen grau in grauen Bericht, wenigstens oberflächlich, aber vertieft durch das unvorhergesehene schillernde, bunte Feuerwerk der Gefühle und der Sprache.

Aber ich bin nicht so naiv, so spontan aufrichtig, also verworren wie Fernand Barizon oder Manuel Azaustre. Meine Erzählung von Rußland würde, wenn ich jetzt Lust dazu hätte, nicht daneben gehen. Sie wäre wie ein Bericht aufgebaut. Nichts ist weniger unschuldig als das Schreiben. Ich würde also wie ein Magnet, der alle Feilspäne sekundärer Episoden anzieht, einen Festabend im Freien in den Mittelpunkt meiner Erzählung stellen. Die Kulisse würde eines der Erholungsheime bilden, die unser Wohngelände in Foros umgaben, zu dem der Zutritt durch Stacheldraht und bewaffnete Soldaten der Sicherheitskräfte gewöhnlichen Sterblichen verwehrt wurde.

Ein Tanzabend zum Beispiel.

Im berauschenden und harzigen Duft der Vegetation, auf einer großen nächtlichen Terrasse, inmitten der flehenden Kerzen hoher unbeweglicher Zypressen, würde ein Orchester Tanzmelodien spielen. Natürlich nicht irgendwelche. Man spielte keine Tanzmusik, die körperlichen Kontakt verlangt. Die Leidenschaften und Träume des Körpers sind unvereinbar mit den Erfordernissen des Sozialismus, das ist bekannt. Der Körper ist nur ein Rädchen in der Produktionsmaschine, und als solches kümmert man sich um ihn, ernährt man ihn, bewilligt man ihm theoretisch kostenlose und dennoch unzulängliche medizinische Betreuung, die recht und schlecht seine Arbeitskraft erneuert. Aber man darf nicht die Hirngespinste des Körpers wecken, nicht eine unkontrollierbare Abweichung zur Verschwendungssucht der Begierde auslösen. Keine lasziven Tänze. Keine fleischlichen Kontakte.

Die unablässig in der bläulichen und duftenden Krimnacht gespielten Tanzmelodien waren ausgesucht nach den strengsten Maßstäben jener viktorianischen Moral, die immer die plumpen Imperative der Produktivität begleitet – und idealisiert. Ich dachte an spanische Priester, die in derselben Epoche – gewiß aus ganz anderen Gründen – illustrierte Jugendzeitschriften verfaßten, in denen der *baile agarrado*, der Körper-an-Körper-Tanz, als

Quelle teuflischer Versuchungen verdammt wurde. Die spanischen Priester wären zufrieden gewesen. Keine Körper-an-Körper-Tänze bei den Ballabenden auf der Krim.

1960 schien der meistgeschätzte Tanz eine Art Menuett zu sein, der – ich erfinde nichts – *Pas de grâce* genannt wurde, ein Name, den die Russen halbwegs richtig aussprachen, ohne oft die genaue Bedeutung, den tatsächlichen Ursprung zu kennen, so wie man *Polka, Tango* oder *Charleston* sagte. Die Verantwortlichen der volkstümlichen, demnach organisierten Freizeitgestaltung hatten diesen Kollektivtanz, dessen anmutige Figuren sich keusch und schier endlos abspielten, aus der Vergangenheit des monarchistischen Frankreichs ausgewählt. Natürlich waren diese prüden, ehrerbietigen Tanzschritte nur Sand für die Augen, eine Art, heuchlerisch – wieder ein viktorianischer Zug – die Tugenden einer Gesellschaft zu bestätigen, in der sich die Qualitäten des neuen Menschen entfalten sollten. In der Tat, des – alten oder neuen – Mannes und der Eva in ihrem keuschen und produktiven Paradies, die mit einer Tollheit des *Ancien Régime* in den Erholungsheimen nächtigten. Denn die Ferienerotik der oberen Kader der Bürokratie konnte nur außerhalb der legalen Grenzen der Ehe praktiziert werden. Bis auf seltene Ausnahmen konnten Ehemänner und Ehefrauen ihren bezahlten Urlaub nicht zusammen genießen, deren Kosten ihre jeweiligen Arbeitgeber in verschiedenen Erholungsheimen übernahmen. Dadurch waren diese paar Sommerferienwochen am Schwarzen Meer oder an der Ostsee einem gewissermaßen institutionellen Ehebruch gewidmet, den das System der organisierten Freizeitgestaltung sicher als harmloses und im Grunde positives Ventil für die Schwierigkeiten im täglichen Leben sowie in der Ehe ausgedacht hatte. So wurde der Ehebruch ein weiterer Mechanismus in der rentablen Steigerung der Arbeitskraft und der gesellschaftlichen Disziplin.

Eines Abends sah ich zu, wie die Figuren des *pas de grâce* sich abwickelten, den Dutzende getrennter Paare auf einer von Zypressen umgebenen Fliesenterrasse tanzten. Plötzlich war es mir so, als durchschaute ich alles.

Ich betrachtete diese Männer und Frauen, die sich dem *pas de grâce* widmeten. Sie waren offensichtlich glücklich. Sie waren offensichtlich fett, stark und gesund. Es waren Funktionäre der Partei, der Gewerkschaften, der Staats- oder Industrieverwaltung. Unter ihnen gab es keine bekannten Gelehrten, Künstler oder Schriftsteller. Die lebten seit langem in einer anderen Welt, in einer anderen Umzäunung. Sie besaßen Privatdatschas. Sie konsumierten individuell ihren Teil des von den russischen Arbeitern geschaffenen Mehrwerts. Die Feriengäste in den Erholungsheimen konsumierten ihrerseits kollektiv ihren Teil dieses Mehrwerts, ihren Teil des Übersolls der russischen Arbeiter. Es war ihre Funktion, ihr Rang in der Hierarchie der Apparate, der ihnen das Recht auf kollektiven, privilegierten, aber anonymen Konsum verlieh. Morgen würden, wenn sie in Ungnade fielen, andere genauso anonyme und austauschbare Gäste ihren Platz einnehmen. Einstweilen tanzten sie den *pas de grâce* und fühlten sich glücklich.

Durch ihre Disziplin, durch ihr Schweigen, durch ihren Pragmatismus, durch ihre Unterwerfung unter das richtige Denken – mit all seinen Widersprüchlichkeiten – hatten sie dieses Recht erworben, glücklich zu sein. Auch durch ihren Mut, gewiß. Sie hatten verbissen gekämpft, um die Gesellschaft zu verteidigen, die ihnen diese Privilegien zugestand.

Erst hatten sie gegen die Weißrussen und Interventionisten gekämpft, um diese im Entstehen befindliche Gesellschaft mit einem noch undeutlichen Profil zu verteidigen. Und dann hatten sie gegen die linken Abweichler gekämpft, die, wie ihnen gesagt wurde, nichts von den Problemen der Bauern und der »nepmen« verstünden. Und dann hatten sie gegen die rechten Abweichler gekämpft, die allem Anschein nach zu viel von den Problemen der Bauern und der »nepmen« verstanden. Und dann hatten sie im zweiten Bürgerkrieg, der noch blutiger verlief als der erste, die Bauern und die »nepmen« dezimiert, was ihre Probleme rasch, wenn auch illusorisch lösen sollte. Und dann, als sie durch Schwert und Blut all diese Feinde besiegt hatten, als die neuen Hierarchien ihrer Gesellschaft sich konsolidiert zu haben schienen, Mitte der dreißiger Jahre, mußten sie den Kampf wieder aufnehmen, um diesmal die Kommunisten selbst zu vertilgen. Man hatte ihnen die Geheimnisse der Dialektik erklärt, sie hatten sie verstanden. Da die Klassenfeinde liquidiert worden seien, hatte man ihnen erklärt, spiele sich fortan der Klassenkampf innerhalb der Partei selbst ab. Man müsse also die Partei selbst vertilgen. Das sei ganz einfach, man brauche nur darüber nachzudenken. Übrigens habe es ganz den Anschein, daß die Gesamtpartei mit dieser Analyse einverstanden sei: sie habe sich gefügig vertilgen lassen. Und dann hatte man noch gegen die deutschen Eindringlinge kämpfen müssen, die auf Stalins ausgestreckte dialektisch brüderliche Hand gespuckt hatten. Sie hatten also, oft tapfer, gekämpft. Es genügte, auf den Stränden der Krim die Narben auf den Körpern der meisten Männer zwischen fünfunddreißig und fünfzig zu sehen, um zu begreifen, daß sie gekämpft hatten. Die anderen Narben, die früherer Kämpfe, waren nicht sichtbar.

Ich sah ihnen zu, wie sie in jenem Sommer 1960 auf der Krim den *pas de grâce* tanzten. Sie waren die »Schräubchen« und »Rädchen« im Großen Mechanismus des Staates und der Partei, und auf ihre Gesundheit hatte Stalin am Tage des Sieges über Deutschland das Glas erhoben. Dieser Sieg hatte freilich nicht genügt. Allerlei neue Feinde waren aufgetaucht, die um so gefährlicher, um so heimtückischer waren, als sie selbst nicht wußten, worin ihre Abneigung, ihre Auflehnung oder ihre Zurückhaltung der Sowjetmacht gegenüber bestand. Es waren einfach Feinde. Hunderttausende von Kriegsgefangenen, die die Stalags der Nazis überlebt hatten, die in den Gulags umkommen sollten, ohne begreifen zu wollen – so ausgekocht waren sie –, was ihr Vergehen war. Politische Deportierte und Arbeitsdeportierte, die zu lange außerhalb der brüderlichen Reichweite der Sowjetmacht gekämpft und gelitten hatten, um noch brauchbar zu sein. Ukrainer, Letten, Litauer, Esten, Tataren, mit der unseligen reaktionären Vorstellung gegen die Nation behaftet, die es zu verteidigen, zu erhalten, aufzubauen galt. Und schließlich die Juden, der ewige Feind, der respektlos den Kopf hob.

Ich sah diesen Schräubchen und Rädchen des Großen Mechanismus beim Tanzen zu, und auf einmal war es mir, als ob ich die von Adolfo Bioy Casares in seinem Roman *Morels Erfindung* ersonnene Realität erlebte. Es war mir, als ob all diese Leute längst tot, als ob ihre Bewegungen und ihr Lachen beim Tanzen des *pas de grâce* nur eine Illusion wären, die ein Reproduktionsgerät analog zu den Romanerfindungen von Bioy Casares hervorrief. Auf einmal hatte ich den Eindruck, einem Totentanz beizuwohnen. Vielleicht war Rußland tot und diese Musik, dieser Tanz, dieses flüchtige und blutige, ich will sagen, auf einem Meer von Blut basierende Glück, diese so reinen, so herzzerreißenden Stimmen, die sich zuweilen im Chor erhoben, in der Nacht, vielleicht war das alles nur ein letzter Abglanz eines toten Sterns.

Aber an jenem Abend im Jahr 1960 bin ich auf der Schwelle einer letzten Frage stehengeblieben. Einer allerletzten Frage. Wenn Rußland tot war, wer hatte es getötet?

Aber ich hatte Ihnen versprochen, auf Pierre Courtade zurückzukommen.

Ich sitze, drei Monate nach jenen Ferien auf der Krim, im Speisesaal des Hôtel de France in Nantua. Ich habe mich gerade daran erinnert, daß Pierre Courtade Englischlehrer im Gymnasium in Nantua gewesen ist. Und die Erinnerung an Pierre Courtade hat ihrerseits einige flüchtige Bilder von jenen Ferien auf der Krim hervorgerufen. Zwei oder drei Tage vor unserer Abreise aus Foros hat man uns tatsächlich Pierre Courtades Ankunft mitgeteilt.

Er war damals Korrespondent der *Humanité* in Moskau und sollte offensichtlich seine Ferien in Foros verbringen. Ich freute mich auf diese Begegnung. Ich kannte Pierre seit 1945. Ich hatte ihn schon an allen möglichen Orten getroffen, aber es war das erste Treffen in der Sowjetunion, in einem Erholungsheim des russischen Zentralkomitees. Ich versprach mir davon gepfefferte Gespräche mit ihm.

Aber schließlich hat sich seine Ankunft, ich weiß nicht aus welchem Grund, verzögert. Wir haben Foros verlassen, ohne ihn zu sehen. Habe ich ihn vor seinem Tod eigentlich wiedergesehen? Ich weiß es nicht mehr.

Georges Szekeres hatte mich Pierre kurz nach meiner Rückkehr aus Buchenwald vorgestellt.

Und Szekeres, wie hatte ich Szekeres kennengelernt?

Ich hörte zerstreut Fernand Barizons Monolog zu. Vor fünfzehn Jahren ging ich in der Frühlingssonne über das Trottoir des Boulevard Saint-Germain. Ich kam zwei oder drei Tage nach meiner Rückkehr aus Buchenwald mit Michel Herr zum *Café Flore*. Vor fünfzehn Jahren hatte Michel Herr mich in der Frühlingssonne beim Eingang des *Café Flore* Georges Szekeres vorgestellt.

Michel trug die Hauptmannsuniform der I. Armee. Er war einige Tage in Paris, in Mission oder auf Urlaub, ich weiß es nicht mehr. Am Vorabend hatten wir ausführlich die Bilanz der beiden letzten Jahre nach meiner Verhaftung in Joigny gezogen. Ich hatte Michel fieberhaft, schmerzhaft gespannt hinter der Maske männlichen Selbstbewußtseins gefunden, das er in den Bars und Nachtklubs von Montparnasse, in denen wir bis zum Morgengrauen blieben, zur Schau gestellt hatte. Im *Petit Schubert* spielte man die gleichen metallenen und heiseren Melodien wie auf unseren Überraschungspartys aus dem Jahre 1942 im *Beltoise*. Bei *Jimmy* hatte Michel zwei Mädchen an unseren Tisch gerufen. Sie tranken tüchtig, aber sie mußten sich trotzdem langweilen, denn Michel sprach mit mir über Hegel und den Sinn der Geschichte. Die Nacht ging dem Ende zu, Sterne schimmerten im Nebel meiner Müdigkeit. Plötzlich hat eines dieser Mädchen mir leicht über die Haare gestrichen. »Man hat dich kahlgeschoren«, hat sie gesagt, »hast du mit den *Boches* geschlafen?« Michel hat mich angeschaut, wir sind in Lachen ausgebrochen. Ich bin nicht sicher, ob ich das, was danach passiert ist, gut erzählen kann. Nein, ich habe nicht die geringste Absicht, das Ende dieses Zusammenseins mit Michel und den Mädchen bei *Jimmy* zu erzählen.

Einige Stunden später stellte Michel mich beim Eingang des Café Flore Georges Szekeres vor.

Ich habe mich mit Szekeres vier Jahre später, im Frühling 1949, fast Tag für Tag am gleichen Ort getroffen. Wir waren inzwischen Freunde geworden. Aber in jenem Frühling 1949 hatte ich einen Telefonanruf von Roger Vailland erhalten. Er rief mich im Namen Courtades an. Er sei beauftragt worden, alle Genossen zu warnen, sagte er mir. Szekeres sei in Paris, aber man dürfe nicht mit ihm sprechen, sagte er mir. Szekeres sei ein Verräter, sagte mir Vailland. Er habe seinen Posten als ungarischer Botschaftsrat in Rom verlassen und weigere sich, der Aufforderung der ungarischen Partei, nach Budapest zurückzukehren, Folge zu leisten. Dieser Mitteilung fügte Vailland noch einige persönliche Bemerkungen hinzu. Szekeres' Haltung überrasche ihn nicht besonders: ob ich nicht bemerkt hätte, daß Szekeres ein aristokratischer Geist sei, daß er das Volk im Grunde immer verachtet habe?

In dieser Epoche bereitete man in Ungarn gerade den Prozeß gegen Laszlo Rajk vor. Und Georges Szekeres, der in den Westen ausgewanderte Kommunist, der während des Widerstands in Frankreich Kontakt mit allerlei Gruppen und alliierten Spionagenetzen gehabt hatte, war ein idealer Anwärter darauf, eine Rolle in dem künftigen Prozeß zu spielen. Nachdem er erkannt hatte, was sich zusammenbraute, hatte Szekeres seinen Posten in Rom verlassen und in Frankreich um Asyl gebeten. Die französische Polizei hatte ihm einen Kuhhandel vorgeschlagen: Sie bewillige ihm Asyl unter der Bedingung, daß er Spitzel für die D.S.T.* werde. Sonst werde er aus Frankreich ausgewiesen und den Behörden seines Landes ausgeliefert. Szekeres hat diesen Kuhhandel abgelehnt. Er ist an die Grenze der sowjetischen Besatzungszone in Deutschland gebracht und den russischen Geheimdiensten ausgeliefert worden.

Szekeres selbst hat mir das Ende dieser Geschichte erzählt, als wir uns Jahre danach wiedergetroffen haben.

Aber 1960 in Nantua habe ich Georges Szekeres noch nicht wiedergetroffen. Ich kannte das Ende der Geschichte noch nicht in allen Einzelheiten. Ich weiß nur, daß er 1956 befreit worden ist, daß er in Budapest arbeitet. 1960 in Nantua erinnere ich mich an meine letzte Begegnung mit Szekeres im Frühling 1949 beim Zeitungskiosk auf dem Boulevard Saint-Germain vor dem *Café des Deux-Magots.*

Ich kaufte einige Tage nach Vaillands Telefonanruf eine Zeitung. Ich habe den Kopf umgedreht, Szekeres stand neben mir. Ich habe ihn lange gemustert, habe ihn fixiert. Ich wollte nicht so tun, als hätte ich ihn nicht gesehen. Ich wollte, daß er wissen sollte, daß ich ihn gesehen hatte und ihn übersah, nachdem ich ihn gesehen hatte. Er sollte begreifen, daß mein Blick und mein Schweigen ihn in die Hölle schickten. Besser noch: ins Nichts.

Ich fand mich erzengelhaft. Ich schlug auf dem Trottoir des Boulevard Saint-Germain sanft mit den Flügeln, ich flog zum Quecksilberhimmel des Bolschewismus empor. Ich war, einige Augenblicke lang, nicht mehr ein allen Versuchungen des Humanismus ausgesetzter Intellektueller bürgerlicher Herkunft. Ich war ein Mann der Partei und ich stellte mich entschlossen, ohne falsche Sentimentalität, auf den proletarischen Standpunkt. Ich gesellte mich mit einem Schlag zu der riesigen Menge der Unterdrückten, die nichts zu verlieren und nichts zu verzeihen haben. Alle Worte maß ich mit der Elle des Parteigeistes. Das war ganz einfach. War ich der Freund dieses Mannes gewesen? Eben diese Freundschaft forderte von mir eine um so festere Haltung. Und wenn sich jemand mir genähert hätte, um mir diese Haltung

* D.S.T.: Direction de la surveillance du territoire (franz. Abwehrspionage)

vorzuwerfen, um mich zu beschämen, hätte ich nicht einmal nach Worten suchen müssen. Die Worte waren schon geschrieben worden, die ich dem Unseligen ins Gesicht geschleudert hätte! Ich brauchte sie nur zu wiederholen, sie ihm nur ins Gesicht zuschleudern. Ich hätte gebrüllt, daß die Partei sich stärke, indem sie sich säubere! Daß die Partei kein Galadiner sei! Oder ich hätte als empfindsamer und kultivierter Intellektueller diesem Unseligen einige Verse von Majakowski ins Gesicht schleudern können. Oder einige Verse von Aragon. Oder ich hätte ihm, da ich nicht nur ein empfindsamer und kultivierter, sondern auch ein mehrsprachiger Intellektueller war, sogar auf Deutsch Bertolt Brechts Zeilen ins Gesicht geschleudert: »Wer für den Kommunismus kämpft, der muß kämpfen können und nicht kämpfen; die Wahrheit sagen und nicht die Wahrheit sagen; Dienste erweisen und Dienste verweigern; Versprechen halten und Versprechen nicht halten; sich in Gefahr begeben und die Gefahr vermeiden; kenntlich sein und unkenntlich sein. Wer für den Kommunismus kämpft, hat von allen Tugenden nur eine: daß er für den Kommunismus kämpft.«

Aber es hat keinen Unseligen gegeben.

Wir standen allein vor dem Zeitungskiosk auf dem Boulevard Saint-Germain, Szekeres und ich, fast an derselben Stelle, wo wir uns vor vier Jahren kennengelernt hatten. Wir sahen uns stumm an. Was hätte ich getan, wenn Szekeres mich angesprochen hätte? Innerlich zitterte ich bei dieser Vorstellung. Ich zitterte innerlich bei der Vorstellung, Szekeres' Stimme zu hören. Denn meine superbe Selbstsicherheit wäre gewiß zerronnen. Ich wäre beim Klang seiner Simme erbärmlich vom Sockel meiner erzengelhaften Haltung hinabgestiegen.

Ungefähr zur gleichen Zeit war Robert A. in der Rue de Rennes in einer ähnlichen Situation auf mich zugetreten. Er hatte mich beim Arm genommen. »So leicht kommst du mir nicht davon«, hatte er zu mir gesagt. »Entweder tötest du mich oder du sprichst mit mir.« Natürlich hatte ich mit ihm gesprochen. Wir hatten uns ins *Bonaparte* gesetzt und lange miteinander gesprochen. Ich hatte ihm gesagt, warum ich die Forderungen des Parteigeistes über alle anderen stellte, sogar über die einer langen Freundschaft. Robert A. hörte mir verzweifelt zu. Nicht darüber, meine Freundschaft zu verlieren, was im Grunde zweitrangig war, sondern darüber, durch mich, wegen mir zumindest teilweise die

Hoffnung zu verlieren, die er in den Kommunismus gesetzt hatte.

Robert A. versuchte, eine schwache Stelle in meiner Erzengelrüstung zu finden. Er versuchte, mir begreiflich zu machen, daß es vernunftmäßig unmöglich sei, an Rajks Schuld zu glauben. Aber ich ließ mich natürlich nicht darauf ein. Zunächst einmal war Rajk schuldig. Pierre Courtade hatte dem Prozeß beigewohnt, und er hat mir versichert, daß Rajk einwandfrei schuldig sei. Ich weiß genau, daß er in seinen Gesprächen mit manchen unserer gemeinsamen Freunde nicht so eindeutig gewesen ist. Aber ich kann nur in meinem eigenen Namen sprechen. Mir hat Courtade Rajks Schuld bestätigt, als ich ihn nach seiner Rückkehr aus Budapest danach gefragt habe. Aber ich ließ mich trotz Robert A.s Argumenten nicht beirren. Denn selbst wenn Rajk unschuldig wäre, dürfte man deswegen die Partei nicht verlassen, sagte ich zu Robert. Wir hatten einen Leitsatz, um diese Haltung dialektisch zu rechtfertigen. Aber ja, dialektisch. Wir sagten, daß es besser sei, sich mit der Partei zu irren, als außerhalb von ihr oder gegen sie recht zu haben. Denn die Partei verkörpere die globale Wahrheit, die historische Vernunft. Ein Irrtum der Partei könne nur partiell und vorübergehend sein. Der Lauf der Geschichte selbst würde ihn korrigieren. Eine Wahrheit gegen die Partei könne auch nur partiell und vorübergehend sein. Also unfruchtbar und unheilvoll, denn sie riskiere, die globale Wahrheit unserer historischen Vernunft zu verschleiern, zu verdunkeln, zu verwischen. Die Bäume, durch die man den Wald nicht sieht, die Wahrheit, durch die man *die* Wahrheit nicht sieht und die verlogen wurde, das Kind, das man mit dem Bad ausschüttete. Nun denn: q.e.d.

Jahre danach, in dem Festsaal des alten Königsschlosses in Böhmen, wo ich aus dem Politbüro der KPS ausgeschlossen worden bin, hat mir Santiago Carrillo jenen selben Leitsatz ins Gesicht geschleudert: »Es ist besser, sich mit der Partei zu irren, als außerhalb von ihr recht zu haben!« Ich hätte fast vor Lachen gebrüllt. Die Schnalle war geschnallt, die Schraube festgeschraubt, die Schlinge der Dialektik um meinen Hals geschlungen worden.

Aber 1949, vor dem Zeitungskiosk auf dem Boulevard Saint-Germain, hat Szekeres nichts gesagt. Wir haben uns stumm in die Augen gesehen. Ich habe den Kopf abgewandt, ich habe Szekeres wieder in das Nichts fallen lassen. Ich war ein Bolschewist. Ein Mann aus Eisen. Kurzum, ein echter Stalinist.

Also 1960 wende ich mich in Nantua, wütend über diese Erinnerung, Fernand Barizon zu und unterbreche seinen Monolog:
»Du«, sage ich zu ihm, »hast du in Buchenwald keine Spanier gekannt?«
Fernand sieht mich fest an:
»Du nimmst mich wohl auf den Arm«, sagt er zu mir mit tonloser Stimme, »verdammt noch mal, du nimmst mich auf den Arm!«
Ich schaue Barizon sprachlos an.
Er hat mich demnach wiedererkannt. Seit wann er mich wiedererkannt habe?
»Schon vom ersten Abend an«, sagte er zu mir. »Seit du vor sechs Monaten auf der Freitreppe des Schlosses erschienen bist!«
»Und warum hast du nichts gesagt, Fernand?«
Er zuckte mit den Achseln.
»Es war an dir, den ersten Schritt zu machen«, sagte er zu mir.
»Bei dir läuft es jetzt wie geölt!«
Ich lachte kurz.
»Wie geölt? *Merde*!«
»Wieso, läuft es bei dir etwa nicht wie geölt?« beharrt er.
»Öl aufs Feuer«, sage ich zu ihm.
Er zuckte nochmals mit den Achseln, steckte sich eine Zigarette an.
»Immer noch so witzig«, sagt er zu mir. »Was soll das heißen?«
»Das soll heißen, daß ich die meiste Zeit im spanischen Untergrund verbracht habe.«
Er schaut mich an, er schüttelt den Kopf.
»Das wundert mich nicht bei dir«, sagt er zu mir. »Du hast immer gern den Klugen gespielt.«
So kann man die Dinge auch sehen. Ich kann nicht umhin, zu lachen.
In der Hitze des Wiedererkennens hat Fernand Cognac bestellt.
»Was mich betrifft«, sagt er zu mir, »so setze ich seit langem ein Sprichwort deines Landes in die Praxis um: *Del amo y del burro, cuanto más lejos más seguro!*«

Die Aussprache läßt zu wünschen übrig, ist aber schließlich doch verständlich. Je weiter du von Herrn und Esel entfernt bist, desto sicherer bist zu.
Plötzlich wechselt er das Thema.
»Du«, sagt er zu mir, »du brauchst lange, um dich zu entspannen. Seit einer Stunde erzähle ich dir von Buchenwald, um eine Reaktion bei dir auszulösen!«
»Ich möchte dich nicht kränken, alter Knabe, aber du erzählst nicht besonders gut«, sage ich zu ihm. »Du vergißt das Wesentliche.«
Vielleicht fühlt er sich nicht gekränkt, aber er ist verblüfft.
»Was an Wesentlichem vergesse ich denn?« fragt er.
»Du vergißt zum Beispiel Juliette.«
Fernand erblaßt.
»Erinnerst du dich an Juliette?« fragt er mich mit plötzlich veränderter Stimme, mit zitternder Stimme.
Natürlich erinnere ich mich an Juliette. Wie hätte ich Juliette vergessen können? Ich hatte Jahre meines Lebens damit verbracht, die mehr oder weniger realen Vergnügen, die mir absolut lebendige junge Frauen bereiteten, mit den eingebildeten und prächtigen, die mir die Phantasie-Juliette besorgt hatte, zu vergleichen. Ich beginne Barizon zu erklären, warum ich mich an Juliette erinnere, aber Barizon hört mir nicht mehr zu, Barizon betrachtet den Spanier, der ihm von Juliette spricht, Barizon hört nicht mehr, was der Spanier sagt, Barizon ist wieder in seine Vergangenheit versunken, so wie man in einen schwindelerregenden Traum versinkt. Barizon steht an einem Dezembertag 1944, unter dem beharrlichen Schnee des Ettersberges, in Buchenwald zum Appell bereit.
Er hat gerade gedacht, daß der Spanier den Appell im Warmen habe, in der Arbeitsbaracke.

Barizon sagt sich, daß er nicht immer genau weiß, was er von dem Spanier halten soll, den man Gérard nennt. Der ist zwanzig Jahre alt, und es ist nicht übel, einen zwanzigjährigen Kumpel zu haben, der die Dinge so nimmt, wie sie kommen. Nein, was ihn mitunter bei diesem Spanier irritiert, ist eine Mischung – wie soll ich es sagen? – ja, ist eine Mischung aus Leichtfertigkeit und angeeignetem Wissen. Die Leichtfertigkeit drückt sich bei jedem

Anlaß in einer systematischen Haltung der Spottlust aus. Alles wird Gegenstand des Spottes, sogar die heiligsten Dinge. Und ganz beschissen ist, daß es ihn, Barizon, nicht davon abhalten kann, über Gérards spöttische Bemerkungen zu lachen, was er sich danach selbst verübelt. Zum Glück erinnert sich Fernand an ein Wort von Lenin, das er wie einen Knüppel gegen den Spanier schwingt: der Anarchismus des Grandseigneurs liege dieser ironischen Haltung bei jedem Anlaß zugrunde.

Was das angeeignete Wissen betrifft, so läßt es sich nur schwer definieren. Nicht daß Gérard sich damit brüstet. Zweifellos hat er studiert, aber er prahlt nicht damit. Er hatte eher die Neigung, sich für dieses Vorrecht zu entschuldigen. Außerdem hört er einem gerne zu.

Nein, es läßt sich nur schwer ausdrücken. In gewissen Augenblicken ihrer Nachmittagsgespräche, während sie mit halbem Ohr Zarah Leander zuhören, die von der Liebe, der köstlichen Hoffnungslosigkeit der Liebe singt, zieht Gérard Marx- und Lenin-Zitate aus dem Ärmel, die ihm, Barizon, völlig unbekannt sind und ihn oft bestürzen. Erfindet er sie der Sache halber? So weit geht er, Barizon, nicht. Aber schließlich ist es beschissen. Zudem scheint Gérard die Schlüssel zu einem Wissen zu besitzen – Wörter, Formulierungen, eine Kohärenz der Rede, die über seinen, Barizons, Horizont hinausgeht –, die es ihm erlauben, mit Ideen zu jonglieren, und ihm eine entschiedene Selbstsicherheit verleihen. Nicht daß er einen überlegenen oder verächtlichen Ton anschlägt, dieser Gérard, ganz und gar nicht. Irgendeine objektive, selbstverständliche Selbstsicherheit. Das ist noch schlimmer. Man kommt sich gelackmeiert vor, sprachlos, zutiefst irritiert, denn dieses unbestreitbare, echte oder falsche, für einen selbst unerreichbare Wissen stammt nicht aus einer Erfahrung, der man auf den Grund gehen, die man in Frage stellen könnte, nein, es stammt aus dem Wissen selbst. Es ist kurzum ein Wissen, das sich durch den Heiligen Geist vermehrt. Das Privileg eines Intellektuellen, das ist alles, ein übertragbares, vielleicht sogar erbliches Klassenprivileg.

Beim Appell trampelt Fernand Barizon mit den Füßen, um sich zu erwärmen. Er reibt sich die Hände.

Der Spanier hat, ohne besondere Eile, zur *Arbeit* hinaufgehen müssen, dieser Glückspilz. Ins Warme, um dort den Appell zu absolvieren. Kurzum, ein Drückeberger.

Das ist jedoch nicht so einfach. Man muß nachdenken.
»Fernand, du mußt nachdenken«, sagt er halblaut zu sich.
Das ist eine in der Zelle, im Stillen angenommene Angewohnheit, halblaut zu sprechen, um sich selbst Gesellschaft zu leisten.
Sein rechter Nebenmann wirft ihm einen kurzen Blick zu und dreht den Kopf sofort wieder um, um zur Leichenstarre des Strammstehens zurückzukehren und den Blick auf den Wachtturm zu richten. Sein rechter Nebenmann hat nicht verstehen können, was er, Fernand, auf französisch gesagt hat, denn er ist Deutscher. Im Block 40 gibt es fast nur Deutsche. Und sogar die Aristokratie der deutschen Häftlinge. Die oberen Kader des kommunistischen Apparats, die Anführer der revolutionären Streiks aus den zwanziger Jahren, die Überlebenden der Internationalen Brigaden. Mit einem Wort: die Oberschicht. Im Block 40 gibt es außer den deutschen Altkommunisten, ich will sagen Alten, die das Lager errichtet haben, die es heute verwalten, ich will sagen denjenigen, die die gute alte Zeit überlebt haben, nur eine Handvoll Ausländer. Übrigens vor allem westliche. Ein paar Franzosen, ein paar Spanier, ein oder zwei Belgier. Und nicht irgendwelche Belgier. Um als Belgier in Block 40 zu sein, muß man mindestens Abgeordneter der Partei oder Mitglied des Zentralkomitees oder Sekretär der Bergmannsgewerkschaft gewesen sein. Aber es gibt nur wenige Polen, fast keine Russen, vor allem keine Ungarn im Block 40. Die alle sind der Plebs des Lagers.
Sie sehen, wie kompliziert das ist. Fernand, du mußt nachdenken.
Morgen für Morgen leistet sich Fernand Barizon beim Appell in den wenigen Minuten vor dem Eintreffen des SS-Mannes, der die Häftlinge zählt, die Freuden seines Innenlebens. Er träumt, er erinnert sich, er denkt nach. Er ist allein, in der Menge verloren, durch sie geschützt. Er gestattet sich diesen Luxus der Meditation. Es muß gesagt werden, daß es kaum andere Gelegenheiten dazu gibt. Nach dem Appell beginnen der Lärm, das Gebrüll der Kapos, die Militärmusik, der Aufbruch der Arbeitskommandos, der Weg zu den Gustloff-Fabriken, die Arbeit am Fließband, und es endet nach vierzehn Stunden mit der übermüdeten Rückkehr, der Abendsuppe und dem möglichst schnellen In-die-Klappe-Gehen, außer an den Tagen, an denen eine Zusammenkunft der Parteizelle oder heimliche Selbstverteidigungsübungen des internationalen Militärapparats in Gruppen stattfinden.

Also läßt sich Fernand Barizon beim Morgenappell gehen. Es ist wie ein innerliches Aufatmen.
Was man auch davon halten mag, im Winter ist diese Morgenmeditation möglich. Sogar wenn es schneit.
Da steht man, die Kälte läßt einen erstarren. Der Körper beginnt seinerseits eine Art sehr sanften und flaumigen Todeskrampfes zu erleben. Man spürt ihn bald nicht mehr oder kaum noch. Oder man spürt ihn woanders, in der Ferne, von einem selbst losgelöst. Der eigene Körper ist ein Magma plazentarer Gewebe und Gefäße geworden. Er ist mütterlich geworden, er hält einen paradoxerweise in einem Schutzkokon der Erstarrung warm. Und man ist nur noch ein einsames Flämmchen der Meditation, der Erinnerung: eine erloschene Bleibe, in der nur noch eine Schutzlampe brennen sollte. Das nennt man wohl Seele, wenn man gebräuchliche Wörter benutzt.
Jedenfalls scheint im Winter, trotz der Kälte, trotz der Erstarrung, Morgen für Morgen ein paar Minuten lang das Innenleben durchführbar zu sein. In der Zeit, bis der SS-Mann vor den Reihen der Häftlinge aus Block 40 eintrifft, um sie zu zählen.
Im Frühling wird das wieder unmöglich.
Um fünf Uhr morgens, sagen wir im Mai, streift die Sonne bereits die Baumwipfel. Der Buchenwald, der an drei Seiten das Lager umgibt, erwacht in der Sonne. Ausstrahlungen entstehen. Wenn eine Sekunde, sogar einen Sekundenbruchteil zwischen dem Geschrei aus den Lautsprechern, dem Stiefelgetrappel, der Militärmusik Stille eintritt, hört man die vielfältigen Geräusche der Natur. Das zerreißt, das zerbricht einen durch die verworrenen und undeutlichen Empfindungen in kleine Stücke, das pocht einem in den Adern, das steigt einem wie Saft in die unbeweglichen Glieder, das umstrickt und erwürgt einen wie Efeu, wilder Wein, Glyzinien, das hüllt einen pflanzlich ein, das macht einen innen ganz weich, ganz blöde, das verwurzelt einen in das nostalgische Land ferner Kindheit, das macht es einem unmöglich, nachzudenken.
Im Mai, um fünf Uhr morgens, in der Sonne, die den Thüringer Wald erhellt, macht das Unglück zu leben, das Glück, noch lebendig zu sein, es einem unmöglich, klar nachzudenken. Der eigene Körper ist nur noch eine wirre und feuchte Meditation, die einen durch tausend Wurzeln und Würzelchen an die ewige Natur fesselt, an den Zyklus der Jahreszeiten, an die

Ungeheuerlichkeit des Todes, an das organische Stammeln der Wiedererneuerung.
Im Mai, sagen wir, wird man in Buchenwald einfach wahnsinnig unter der satanischen Lauheit der Sonne.
Aber wir sind im Dezember. Fernand kann nachdenken.

Na gut, der Spanier erledigt seinen Appell im Warmen, in der Arbeitsbaracke. Aber schließlich ist der Spanier nicht der einzige Drückeberger in der Arbeitsbaracke. Die Organisation der Partei hat ihm diesen Drückebergerposten verschafft, um dort die Interessen der spanischen Gruppe im Lager zu verteidigen.
Allein hat man hier keine Chance, herauszukommen. Oder man muß vor Gesundheit strotzen und großes Schwein haben, man muß sich durchwursteln. Hart, schlau, unerbittlich. Bereit sein, dem Kapo oder dem Vorarbeiter in Zivil in den Arsch zu kriechen; bereit sein, schneller zu arbeiten als die Kumpel, um auf sich aufmerksam zu machen, auf das Risiko hin, Schläge mit der Eisenstange auf die Finger zu bekommen, weil man zu schnell arbeitet und die Kumpel aufpassen; bereit zum Schmarotzen, natürlich auch bereit zum Diebstahl.
Hier heißt stehlen ›organisieren‹.
Barizon hat in der Stille seiner Gedanken, im Schnee, in der Erwartung, daß der Appell zu Ende geht, im Geist ›organisieren‹ gesagt. Es gibt kein anderes Wort für stehlen.
Er interessiert sich nicht besonders für die Etymologie, wie hätte er, Barizon, denn die Möglichkeit dazu? Er nimmt die Wörter so, wie sie kommen, die deutschen Wörter, die sich auf die wichtigen Dinge beziehen, die Wörter, ohne die man verloren ist, die dem Alltag verständliche Zeichen setzen. *Arbeit, Scheiße, Brot, Revier, schnell, los, Schonung, Achtung, Antreten, Abort, Ruhe*. Alle notwendigen Wörter. Und auch *organisieren*.
Barizon nimmt die Wörter so, wie sie kommen, aber das erste Mal, als er *organisieren* gehört und verstanden hat, daß es ›stehlen‹ bedeutet, hat er nicht umhin gekonnt, innerlich einen Ruck zu machen. *Organisieren, merde*, was für ein Mangel an Respekt! Bis zu diesem Tag hat das Wort ›organisieren‹ in ihm nur ernste, schlimme, mitunter sogar gefährliche, aber jedenfalls positive Dinge hervorgerufen. Die ganze politische Erinnerung Barizons dreht sich in der Tat um dieses Wort.

War es nicht Maurice gewesen, der gesagt hatte, die Organisation entscheide alles, sobald die politische Linie festgelegt worden sei? Vielleicht nicht einmal Maurice, sondern Stalin. Ja, Stalin hat das sicherlich als erster gesagt. Du, Fernand, streng dich an: bei welcher Gelegenheit hat Stalin gesagt, daß die Organisation alles entscheide?
Im Schnee des Ettersberges brechen Bilder, Erinnerungsfetzen hervor.
1929, in der Epoche des Befehls »Klasse gegen Klasse«, hatte Barizon an einer Konferenz des Bezirks Saint-Denis teilgenommen. Davon hatte er behalten, daß es notwendig war, gegen die sozialdemokratische Tradition und gegen die der anarchistischen Gewerkschaften zu kämpfen, die beide verhängnisvoll für die Partei waren. Und genau die Trennungslinie zwischen, der Bruchpunkt mit diesen beiden verhängnisvollen, aber unter den Proletariern tief verwurzelten Traditionen nisteten sich um die leninistische Auffassung von der Organisation ein.
Schließlich hatte er das, mehr oder weniger, behalten.
Aber war es wirklich in Saint-Denis gewesen, als im Laufe der Diskussion jener Ausspruch Stalins über die Organisation, die alles entscheide, auftauchte? Barizon erinnert sich nicht mehr genau daran. Er verwechselt vielleicht die Daten und Zusammenkünfte. Denn er hatte zu dieser Zeit auch an einer regionalen Zusammenkunft teilgenommen, deren Thema die Ergebnisse des VI. Kongresses der kommunistischen Internationale gewesen war.
Beim Appell in Buchenwald lächelt Barizon selig vor sich hin. Weshalb – Sie werden es gleich erfahren!
Er erinnert sich genau an eine vom Verlagsbüro herausgegebene Broschüre. An einen roten Einband, an einen Titel in großen schwarzen Buchstaben: CLASSE CONTRE CLASSE. Die Broschüre enthielt Reden und Resolutionen über das französische Problem bei der IX. Exekutive und dem VI. Kongreß der Internationalen. Er erinnert sich auch, daß Ercoli in die Diskussion über die Probleme der französischen Partei eingegriffen hatte. Er hatte sogar die Theorie der beiden Traditionen entwikkelt. Ercoli hat er später in Spanien wiedergetroffen. Damals nannte er sich Alfredo. Ercoli natürlich, nicht Barizon.
Was ihn, Barizon, in den bei der IX. Exekutive gehaltenen Reden beeindruckt hatte, war ein Wort von Maurice. Hier war kein

Zweifel möglich. Es war Maurice, der es gesagt hatte, und nicht Stalin. Maurice hatte bei der Aufzählung der Ursachen für die von der französischen Partei begangenen Fehler gesagt, daß die Kommunisten zu stark an die Demokratie gebunden blieben, daß es ihnen nicht gelinge, die Fesseln zu zerreißen, mit denen die Demokratie die Partei einschnüre. Daß eines der Haupthindernisse für die Aktion der Partei darin bestehe, daß sie sich in einem von der Demokratie verseuchten Land entwickele, das hatte Maurice gesagt.

Damals hatte er, Barizon, das sehr richtig und treffend gefunden. Die bürgerliche Demokratie – was ist das? Das ist der bürgerliche Staat, die Diktatur der Bourgeoisie. Das gilt es umzustoßen, zu vernichten. Das kann man keinesfalls verbessern, von innen her reformieren, wenn man ihr nicht auf den Leim gehen will. Aber eben diese evidente Wahrheit ist nicht sofort sichtbar. Sie schirmt sich ab, sie entzieht sich der sozialen Alltagserfahrung der Massen. Die Massen schwimmen in der bürgerlichen Demokratie wie Kartoffeln im Öl, in dem sie gebraten werden.

Später, zur Zeit der Volksfront und vor allem nach dem Kongreß von Arles, schien die Demokratie kein Hindernis mehr für die Aktion der Partei zu sein, sondern, im Gegenteil, ein Sprungbrett. Diese Umkehrung des Standpunkts sei dialektisch, hatte man ihm, Barizon, erklärt. Jedenfalls hatte Fernand Barizon in jener Epoche 1937 kaum noch Muße, sich theoretische Fragen zu stellen. Er kämpfte in Spanien in den Internationalen Brigaden.

Aber natürlich hat Barizon nicht wegen der Erinnerung an Ercoli, an die Reden bei der IX. Exekutive, nicht einmal an das Wort von Maurice Thorez soeben selig gelächelt. Sondern Juliettes wegen.

Juliette saß ihm gegenüber, an der anderen Seite des langen Tisches. Es war Mittagspause während dieser Zusammenkunft der Pariser Region. Juliette erzählte ihm sehr ernst von ihrer Arbeit in der Bekleidungsgewerkschaft. Juliette schälte einen Apfel, wobei sie ihm fest in die Augen schaute, während sie von ihrer Gewerkschaftsarbeit sprach. Und da hat Barizon plötzlich unter dem Tisch gespürt, wie Juliettes Fuß an seinem linken Bein hochglitt, sich zwischen seine Schenkel zwängte, sie spreizte, um sich auf sein Glied zu stellen. Juliette sprach ernst weiter. Aber ihr Fuß in Barizons Zwickel begann sein Glied sanft zu massieren, das bei dieser ungewöhnlichen Zärtlichkeit sofort steif wurde. Denn Juliettes Fuß war nackt. Dabei hatte Juliette vorhin noch Strümpfe getragen, wie Fernand bemerkt hatte. Oder vielmehr er hatte Juliettes in Kunstseide gehüllte lange Beine bemerkt. Hatte sie unter dem Tisch einen ihrer Strümpfe abgestreift, um Fernands Glied besser streicheln zu können? Dazu war sie fähig, diese schöne Göre. Jedenfalls spürte Fernand die lebhafte Wärme dieses nackten Fußes durch den Stoff seiner Hose.

Juliette aß einen in ganz kleine Stücke geschnittenen Apfel. Sie sprach mit wohlgesetzten Worten, besonnen, nachdenklich von der Gewerkschaft. Sie sagte nicht irgend etwas. Aber ihr nackter lebhafter und warmer Fuß knetete dabei Fernands Glied. Dann ist der Augenblick gekommen, in dem ihr großer Zeh zwischen zwei Knöpfen durch Barizons Hosenschlitz gedrungen ist. Der hat der Einladung nicht widerstehen können. Geschickt hat er unter dem Tisch seinen Hosenschlitz aufgeknöpft, während die Kumpel im Tohuwabohu zu Ende aßen. Er hat sein geschwollenes Glied hervorgezogen, das Juliette sofort mit ihrem nackten Fuß gestreichelt hat.

Juliette erzählte ihm immer noch von der Gewerkschaft, aber immerhin wurde ihr Redefluß schneller. Er, Barizon, wäre unfähig gewesen, ein einziges Wort zu sagen.

Wie dem auch sei, in jener Frage der Organisation-die-alles-entscheidet hat Barizon immer seine Zweifel gehabt. Er hat immer irgendein Unbehagen empfunden, das er nicht deutlich zu formulieren vermochte.

Man muß es jedoch anerkennen: die Fragen der Organisation stehen immer an erster Stelle, wenn man sich in Schwierigkeiten befindet, niemals, wenn man Rückenwind hat. Wenn die Partei isoliert ist, wenn unsere Parolen die Massen nicht mehr ergreifen, wenn Ebbe herrscht (›Ebbe‹, ein Wort das Barizon gefiel, das genau das ausdrückte, was er sagen wollte, trotz des Mißbrauchs, den manche damit trieben: Ebbe und Flut, die alte Leier im Munde von Bezirkssekretären; ein deutliches Wort, ›Ebbe‹, das deutliche Bilder hervorrief; wenn er das Wort ›Ebbe‹ auf einer Versammlung hörte, da spaltete es sich wahrhaftig; das Wort ›Ebbe‹ erinnerte ihn, selbst wenn die Versammlung ernst war, an eine mehrtägige Eskapade mit Juliette in der Bretagne; eine reine

Tollheit; bei seiner Rückkehr war er an die Luft gesetzt worden, zwei Monate arbeitslos; aber, mein Gott, was für ein Techtelmechtel! die Erinnerungen drehten sich in seinem Kopf wie das Riesenrad auf einem Rummelplatz; fünf Tage zusammen schlafen, zusammen essen, zusammen auf dem Sand der schier endlosen Strände spazierenzugehen, die eben die Ebbe freigelegt hatte; das Bett, der Tisch, das Meer; danach der Rausschmiß, die Arbeitslosigkeit, na und wenn schon: fünf Tage, wie sie die Chefs nie erleben würden; dieses Wort ›Ebbe‹ wärmte ihm den Schoß, wenn irgend jemand es auf einer Versammlung einwarf, und es gab immer irgend jemanden – man könnte sagen, man käme nicht umhin –, der von Ebbe sprach), wenn also Ebbe herrschte, standen die Fragen der Organisation immer an erster Stelle, sie schienen alles zu entscheiden.

In Wirklichkeit entschieden sie nichts, auch wenn man diese peinliche Evidenz für sich behalten mußte. Barizon erinnerte sich an kein einziges Mal, bei dem, Genossen, das An-die-erste-Stelle-Setzen der leninistischen Organisation die Partei auch nur einen Schritt vorwärts gebracht hätte. Ganz im Gegenteil, wenn man Rückenwind hatte, wenn man auf der Welle schwamm, wurde alles leicht. Vorsicht, Fernand, keine Mitläuferei! Die Partei ist nie auf der Welle geschwommen, sie ist ihr voraus. Einen Schritt voraus, mehr nicht, verstehen Sie, man darf nicht den Kontakt zur Masse, zur Avantgarde und der Masse verlieren: das lernt man schon bei der Grundausbildung! Aber, *merde*, es war nicht schlecht, oben zu schwimmen, von der Bewegung getragen und getrieben zu werden, die wie eine Welle brandet, die Flut, Kumpel, die Flut!

In solchen Augenblicken, d. h. 1935–36, denn Barizon hat keine anderen Augenblicke der Flut als diese erlebt, also 1935–36 wurden die Fragen der Organisation plötzlich zweitrangig. Die Partei organisierte sich ganz von selbst, mit den Massen, gleichzeitig mit ihnen, für sie, durch sie, und es lohnte sich nicht, die leninistische Theorie der Organisation wiederzukäuen. Wie oft hatte übrigens Lenin zwischen April und Oktober 1917 an die leninistische Auffassung der Partei erinnert? Kein einziges Mal, Kumpel! Das verblüfft euch sicherlich!

Das war nicht klar, das verursachte irgendein Unbehagen. Es schien in der Tat so, daß die Partei in den Augenblicken der Offensive, wenn die Masse in Bewegung geriet, aufhörte, Avantgarde zu sein. Man war nicht mehr der Masse voraus, nicht einmal einen Schritt, man rannte ihr eher hinterher. Und zudem rannte man ihr mehr hinterher, um sie zurückzuhalten, als um sie anzutreiben. »Nicht alles ist möglich.« »Man muß einen Streik zu beenden verstehen.« Die Partei war nur Avantgarde in den Augenblicken, in denen sich nichts bewegte, in denen die Dinge nicht so liefen, wie die Exekutive der kommunistischen Internationale es vorgesehen hatte. Jedenfalls wurde im Oktober 1936 jenes Unbehagen stark genug, um Barizon zu veranlassen, alles hinzuschmeißen und mit den Brigaden nach Spanien zu fahren.

Immerhin hat es ihm einen Schock versetzt, als er zum erstenmal *organisieren* gehört und die Bedeutung dieses Wortes begriffen hat. Und dann? Er ist in die Routine dieser Sprache eingedrungen. Man muß die Wörter so nehmen, wie sie fallen.

Fernand Barizon steht beim Appell.

Es schneit nicht mehr. Die Dunkelheit über den Formationen der Blocks ist noch schwärzer, da das Scheinwerferlicht jetzt nicht mehr die wirbelnden Schneeflocken flimmern läßt.

Die Zählung der Häftlinge nähert sich dem Ende.

Die SS-Unteroffiziere haben mit den Blockleitern nachgeprüft, daß die auf dem Rapportformular eingetragenen Zahlen mit der Zahl der tatsächlich beim Appell anwesenden Häftlinge übereinstimmt. Nun begeben sich die SS-Unteroffiziere zu dem Wachtturm. Der Rapportführer wird alle Zahlen vergleichen und addieren, um die Gesamtsumme des heutigen Bestands, Block für Block, Arbeitskommando für Arbeitskommando, zu erhalten. Dann muß er noch etwas tun: von dem Gesamtbestand des letzten Appells den vom Vortag abziehen, die Zahl der Eingänge in die Verbrennungsanlage. Wenn die Resultate übereinstimmen, ist alles erledigt. Wenn Lebende und Tote zählbar sind, wenn die korrekt addierten und abgezogenen Zahlen das richtige Resultat ergeben, ist der Appell zu Ende. Die Kommandos machen sich mit Blechmusik an die Arbeit. Das Musikkorps des Lagers steht schon beim großen Tor. Seine Mitglieder tragen auffällige Uniformen: rote Reithosen mit grünen Litzen, grüne Jacken mit gelben Tressen, schwarze Stiefel. Natürlich sind es Häftlinge.

Barizon schüttelt sich inmitten der Formation von Block 40, um sich zu wärmen.

Man kann ihm bestätigen, daß er sich überhaupt nicht an die Ufer der Marne erinnerte. Die Ufer der Marne, die Frühlingssonntage an der Marne waren nur eine Unterstellung des Spaniers, der ihn zum Appell hatte rennen sehen, der ihn hatte ausrufen hören: »Was für ein schöner Sonntag, Kumpel!« Reine Einbildung, sonst nichts, einfach Phantasie. Barizon dachte überhaupt nicht an die Marne, an ihre Reize und Alleen. Er hat sich überhaupt nicht an die Ufer der Marne erinnert, das hätte man merken können. Was auch immer der Spanier davon halten mag, Barizon hat ausgerufen: »Was für ein schöner Sonntag, Kumpel!« – nur so, das ist alles. Als hätte er Scheiße gesagt.
Und jetzt schüttelt sich Fernand Barizon, um sich zu wärmen.
Es hatte mit dieser flüchtigen Vorstellung angefangen, daß der Spanier den Appell im Trockenen absolvierte, in der Arbeitsbaracke. Na schön, ein Drückeberger. Immerhin nicht so einfach. Ein Drückeberger dank der Partei, für die Partei. Und war er, Barizon, nicht letztlich auch ein Drückeberger? Auch dank der Partei. Zwar mußte er den Appell draußen absolvieren, notfalls auch wenn es schneite. Aber danach die *Gustloff*, eine Fabrik wie alle Fabriken, die er gekannt hatte, um Teile des automatischen Karabiners G-43 zusammenzusetzen. Barizon hatte nicht die geringste Neigung, sich etwas vorzumachen: Citroën oder Göring – der Feldmarschall war tatsächlich einer der Aktionäre der *Gustloff* – was war schon der Unterschied, wenn man mitten im Lärm an der Maschine stand? Das heißt doch, es gab einen Unterschied, aber nur im Kopf, nicht bei der Arbeit selbst. Er hatte Schlimmeres mitgemacht, härtere Arbeitsbedingungen. Sogar mörderische, könnte man sagen.
Bei der *Gustloff* hatte die illegale Organisation die Situation gut im Griff: es konnte keine Rede davon sein, daß irgendein Witzbold, Weichling oder Arschkriecher das Soll erfüllen wollte. Die Fabrik lief mit Verzögerung: in guten Wochen vierzig Prozent des Produktionsplans. In schlechten mehr. Na schön, das hängt vom Standpunkt ab. Es lag schon lange zurück, daß die deutschen Meister und Vorarbeiter in Zivil um den Produktionsplan und die Erfüllung des Solls trauerten.
Also auch er, Barizon, ein Drückeberger.
Was heißt das eigentlich – ein Drückeberger? Daß man es in einer der Fabriken des Lagers (*Gustloff*, MIBAU, DAW usw.) warm hatte und ein relativer Glückspilz war, zumindest als Metallarbei-

ter, der an Fließbandarbeit gewöhnt war. Man war sicher, nicht auf eine Transportliste für eines der Vernichtungskommandos gesetzt zu werden: zum Beispiel *Dora*, S-III. Das war ganz einfach. Man kam ganz verschreckt aus Compiègne in dieser sagenhaften unvorstellbaren Welt von Buchenwald an. Man war, schien es, ganz allein und wurde von links und rechts getriezt. Die Quarantäne, das Ungeziefer, die Schläge der SS und der grünen Kapos, sogar von einigen roten Kapos. Die Scheibe Brot, die man oft mit Fäusten gegen den Nachbarn verteidigen mußte. *Merde*! Dein Nachbar, ein braver Büroangestellter, ein Oberst der französischen Armee, ein Professor für Zivilrecht, einfach ein Mann, der zum gierigen Raubtier geworden war, unbarmherzig, nur auf sein eigenes Überleben bedacht, offenbar zu allem bereit für einen zusätzlichen Happen Brot, einen Rest Suppe! Und dann – zwei, drei, vierzehn Tage danach: der Kontakt.
Die Partei nahm sich deiner wieder an.
Die große Überraschung in Buchenwald war das Vorhandensein einer illegalen Organisation der Partei. Das war natürlich das Ergebnis der Aktion deutscher Genossen. Selbst wenn man sie für brutal, arrogant und radikal halten konnte; selbst wenn die meisten von ihnen übergeschnappt waren, Tatsache ist, daß die deutschen Genossen die kommunistische Organisation aufrechterhalten und neu aufgebaut hatten, das heißt, die Möglichkeit einer Solidarität und einer gemeinsamen Strategie. Einzeln taugten sie nicht viel, aber ihre Organisation hatte den Schlag überstanden.
Also wurde er, Barizon, nach der Quarantänezeit der *Gustloff* zugeteilt. Er, der Glückspilz, arbeitete fröhlich an der mangelhaften Zusammensetzung des automatischen Karabiners G-43 mit Kumpeln am Fließband, die einen gegen die resignierten Blicke, das ohnmächtige Kopfschütteln der deutschen Meister in Zivil, die nichts daran zu ändern vermochten, stützten und deckten.
Wie gesagt: die Organisation.
Natürlich hat alles seinen Preis. Für diese relative Ruhe mußte man an der systematischen, rationellen Sabotage der Produktion teilnehmen. Man konnte immer auf frischer Tat ertappt werden, wenn man bei einem Teil schluderte, vor allem wenn man kein Facharbeiter war. Man konnte immer von einem Vorarbeiter oder Meister in Zivil bei den SS-Aufsehern denunziert werden. Eine Chance auf wie viele? Bei der *Gustloff*, jedenfalls auf die

Art, wie sie vom Beginn des Fließbands bis zum Schießstand, wo weitere Kumpel die Waffen überprüften, gedeichselt und organisiert war, bei der *Gustloff* war das Risiko, erwischt zu werden, minimal. Man mußte schon so verrückt wie ein Russe sein, um sich erwischen zu lassen.

Die Russen!

Barizon wußte nicht, was er von ihnen halten, wie er sie begreifen sollte. Die Bewohner des Vaterlandes des Sozialismus schienen von einem anderen Planeten zu kommen. Es war eine fremde feindselige Masse junger Wilder, die sich nicht an die Spielregeln hielten. Wenn sie Lust hatten, zu sabotieren, sabotierten sie, wie es ihnen paßte, auf ihre eigenen Kosten, unverfroren: aus Spaß, könnte man sagen. Keinerlei Respekt vor den Anweisungen der Organisation. Jedesmal wenn ein Bursche sich dabei erwischen ließ, aufs Geratewohl zu sabotieren, handelte es sich um einen Russen. Oft um einen lustigen, nicht einmal Zwanzigjährigen, der den Meistern und SS-Männern, die ihn einlochten, Beleidigungen in die Fresse spuckte und sie anschrie, sie sollten mit ihrer Mutter ficken und sich von ihrem Vater ficken lassen. (Die einzigen russischen Ausdrücke, die Barizon vom Hörensagen schließlich verstand, drehten sich tatsächlich immer um den Geschlechtsakt zwischen Eltern und Kindern, Brüdern und Schwestern.) Jedesmal wenn ein Bursche beim Appell vor den Augen aller versammelter Häftlinge gehängt wurde, handelte es sich um einen Russen.

Man mußte sich damit abfinden. Außer den sowjetischen Kriegsgefangenen, die am Rande in einer Sonderumzäunung des Lagers lebten, schienen die Russen weder Sinn für die Organisation noch Respekt vor ihr zu haben. Sie waren vor allem Anarchisten.

Aber wenn sie auch keinen Sinn für die Organisation im guten Sinn des Wortes hatten, im *Organisieren* waren sie unschlagbar. Sie klauten Metallausschuß in den Werkstätten, um daraus Gabeln und Löffeln anzufertigen, die sie gegen Brot und Tabak tauschten. Sie klauten Leder-, Filz- und Stoffabfälle in den für die Kleidung der Häftlinge verantwortlichen Arbeitskommandos innerhalb des Lagers, um daraus Stiefeln, Mützen und wattierte Jacken anzufertigen, die sich leicht auf dem Schwarzmarkt versilbern ließen.

In der Tat wurde der Kleinhandel im Lager von den Russen kontrolliert. Den Großhandel hatten die SS-Männer selbst in der Hand.
In Banden organisiert, unter dem Befehl zwanzigjähriger an ihrer Kleidung leicht erkennbarer Anführer: Reithosen, Stiefeln aus weichem Leder, Militärjacken (und wenn es sich um echte Bandenführer handelte, aus den Einkleidungsmagazinen des Lagers geklaute Mützen des Grenzschutzes oder des NKWD) kontrollierten die Russen den Schwarzmarkt im Kleinen Lager mit dunkler, unanfechtbarer Autorität. Abends belebte bis zum Zapfenstreich in dem stinkenden Riesengebäude der Gemeinschaftslatrinen, in den Kabuffen des Stubendienstes, zwischen den abgelegensten Bettstellen des Invalidenblocks das Kleine Lager geheimnisvoll die fieberhafte und unerbittliche Aktivität des Tauschhandels, der Schuldenbegleichung, der Verteilung starker Getränke, die mit aus der Krankenstation entwendetem neunzigprozentigem Alkohol gebraut worden waren.
Die Russen, die den politischen Problemen so seltsam gleichgültig gegenüberstanden, schienen sich in der Welt von Buchenwald nicht fremd zu fühlen. Man könnte sagen, daß sie die Geheimschlüssel dazu besaßen, als hätte die Welt, aus der sie stammten, sie auf diese Erfahrung vorbereitet. Und sie ließen keine anderen Organisationsformen als jene Banden halbwüchsiger Wilder zu, deren rätselhafte Hierarchie ihre nationale Kohärenz zu bewahren schien. Angesichts dieser Banden von Jugendlichen sah sich die winzige Organisation der sowjetischen KP – die von der Masse der russischen Deportierten mit jener Art des Mißtrauens geduldet wurde, das nicht den vorsichtigen Respekt, ja nicht einmal die Unterwürfigkeit ausschließt, die man im allgemeinen Polizeibehörden in einem Land zugesteht, dessen Zivilbevölkerung nur wenig strukturiert, sondern eher gelatinös ist – unablässig gezwungen, Kompromisse einzugehen, um den Anschein ideologischer Autorität zu wahren.
Dennoch ließen dieselben kleinen Bandenführer, zu Barizons großer Verblüffung, am 12. April 1945, am Tag nach der Befreiung von Buchenwald, Riesenbilder von Stalin an allen von den Russen bewohnten Baracken anbringen.
Verdutzt betrachtete Barizon die Flut der riesenhaften Stalinbilder, die nachts im reinsten Stil des sozialistischen Realismus angefertigt worden waren. Es fehlte kein Haar am Schnurrbart

des Marschalls, kein Knopf an seiner Generalissimusjacke. Nachts hatten die kleinen Bandenführer mit ihren blauen, frostigen Augen, geschniegelt und gebügelt, mit ihren NKVD-Mützen und blitzblanken Stiefeln, diese Flut von Stalinbildern anfertigen lassen, um dem Großen Führer zu huldigen, der sie bald wieder in seine väterliche Hand nehmen und sie in die Arbeitslager des Großen Nordens schicken sollte, um dort ihre in den Nazilagern begonnene Umerziehung zu vollenden.
Aber das konnte Barizon natürlich nicht ahnen. Gewiß, die kleinen Bandenführer auch nicht. Deshalb wußte Barizon, wenn er an die Russen dachte, nicht, was er von ihnen halten sollte.

»Erinnerst du dich noch an die Russen?« sagte Barizon sechzehn Jahre später in Nantua.
Er war gerade aus einem nachdenklichen Schweigen aufgetaucht, das die Heraufbeschwörung Juliettes verursacht hatte. Er trank lange Minuten stumm seinen Cognac. Der Erzähler hatte Nutzen daraus gezogen, um den Bericht der Ereignisse an einen Sonntag von einst, vor sechzehn Jahren, fortzusetzen.
»Erinnerst du dich noch an die Russen, Gérard?« hatte Fernand Barizon gefragt.
Ich war schon vorhin zusammengefahren, als Barizon mich so genannt hatte. Gérard? Es ist lange her, seit man mich nicht mehr Gérard nennt. Man nennt mich bei allen möglichen falschen Namen, die mich nicht zusammenfahren lassen. Aber Gérard ist ein falscher Name, der mich zusammenfahren läßt. Warum? Vielleicht einfach deshalb, weil es ein falscher Name ist, der mehr Wahrheit verbirgt als andere. Einen Teil der wichtigen Wahrheit. Oder im Gegenteil: weil es der falsche Name ist, der mir am fernsten steht.
Jedenfalls hatte Gérard sich einst seinen Vornamen nicht selber ausgesucht. Eines Tages hatte mir der Genosse von der M.O.I., der mein sogenannter Kontaktmann war, dieses Pseudonym angehängt. »Du wirst Gérard heißen«, hatte er zu mir gesagt. Na schön, er würde eben Gérard heißen. Später, in Joigny, als man mir einen falschen Personalausweis ausgestellt hat, hat man zu diesem Vornamen einen Nachnamen hinzufügen müssen. Auch den hatte sich Gérard nicht selber ausgesucht. Sondern Michel Herr. »Sorel«, hatte Michel gesagt, »Gérard Sorel.« Warum

nicht? Deshalb ging ich mit einem falschen Personalausweis auf den Namen Gérard Sorel, Gärtner, in der Gegend spazieren.
Das brachte ihn zum Lachen – Gärtner.
Es kam mir vor, daß ich dank diesem fremden Beruf (denn ich wäre, sogar um die Typen der Gestapo von meinem guten Glauben zu überzeugen, außerstande gewesen, in einem Garten Fuchsien, Petunien, Dahlien oder Begonien voneinander zu unterscheiden; aber letztlich hat das keine Rolle gespielt: in Auxerre, im Garten der Villa der Gestapo, gab es nur Rosen, und Rosen konnte ich erkennen), es kam mir vor, daß ich dank diesem fremden, bukolischen Beruf einer Figur von Giraudoux glich.
Ich radelte mit meiner Gärtnertasche von Joigny nach Auxerre und von Auxerre nach Toucy, und es kam vor, daß ich diesen herumfahrenden Radler für eine Figur von Giraudoux hielt. Eichmeister wäre sicherlich besser gewesen. Aber ich hatte weder das Alter, noch den rührenden Ernst der Eichmeister in den Romanen von Giraudoux. Daher begnügte ich mich damit, Gärtner auf den Herbststraßen zu sein. Ich hatte ein zerlegtes Sten-Maschinengewehr in meiner Gärtnertasche bei mir, und das war wirklich nicht weiter erstaunlich: die Gärtner von Giraudoux haben, wenn man es bedenkt, immer mehrere Tricks in ihrem Beutel gehabt.
In Buchenwald war ich nicht mehr Gérard Sorel gewesen, außer bei den Franzosen, die mich seit den Gefängnissen von Auxerre und Dijon, dem Sammellager Compiègne kannten. Ich war auch kein Gärtner mehr.
Am Abend meiner Ankunft im Lager stand ich schließlich vor einem Kerl, der an einem mit Bleistiften und Formularen bedeckten Schreibtisch saß. Zwei Minuten davor rannte ich splitternackt – mit Hunderten von anderen ebenfalls splitternackten Trotteln – durch die Zementkorridore, über labyrinthische Treppen. Dann gelangte man in die Effektenkammer. Man warf uns verschlissene Klamotten und ein Paar Holzsandalen zu, deren Sohlen über den Zementboden eines neuen Raums klapperten, bis ich vor besagtem Schreibtisch stand.
Der Kerl hatte mir die üblichen Fragen zur Person gestellt, die er auf ein Formular eintrug. Er war höchst zufrieden bei der Feststellung, daß Gérard fließend deutsch sprach. Das erleichterte ihm seine Aufgabe. Ich antwortete mechanisch. Ich wußte

nicht mehr genau, wo ich war, nach dieser langen Reihe von brutalen Einführungszeremonien an jenem Ankunftsabend in Buchenwald: das Ausziehen, die Dusche, das Desinfektionsbad, das Kahlscheren, der lange Lauf im Adamskostüm durch das hohlklingende Labyrinth der Zementkorridore. Ich betrachtete den Kerl, der mich verhörte, und antwortete mechanisch. Schließlich hat mich der Kerl nach meinem Beruf gefragt. Ich habe ihm geantwortet, ich sei Student, da ich kein Gärtner mehr war. Der Kerl hat mit den Achseln gezuckt. »Das ist doch kein Beruf!« hat er ausgerufen. Fast hätte ich erwidert: »Kein Beruf, nur eine Berufung!« Aber ich habe dieses Wortspiel unterdrückt. Erstens weil es nicht ganz stimmte. Student sein ist eher als eine Berufung die Konsequenz einer gewissen soziologischen Schwerkraft. Und zweitens vor allem deshalb, weil ich bei dem Kerl, der mich verhörte, nicht genau wußte, mit wem ich es zu tun hatte. Zweifellos kein SS-Mann, das war deutlich. Aber schließlich war es besser, vorsichtig zu sein.

Ich habe also auf mein frivoles Wortspiel verzichtet und auf meiner Qualifikation als Student bestanden. Dann hat der Kerl sich Zeit gelassen und mir danach erklärt, daß es sich in Buchenwald mehr lohne, ein Handwerk zu haben. Ob ich zum Beispiel nichts von Elektrizität verstehe? Sei es auch nur die Grundbegriffe? Ich schüttelte den Kopf. Und ob ich etwas von Mechanik verstehe? Ich schüttelte weiter den Kopf. Und ob ich nichts von Holzverarbeitung verstehe? Ob ich nicht wenigstens hobeln könnte? Der Kerl wurde fast wütend. Man hatte den Eindruck, daß er um jeden Preis irgendwelche handwerklichen Fähigkeiten bei jenem zwanzigjährigen Studenten entdecken wollte, der wie ein Schwachsinniger dauernd den Kopf schüttelte. Da hat Gérard daran gedacht, daß die einzige handwerkliche Fähigkeit, die er einigermaßen beherrschte, die des Terroristen war. Die Waffen, zumindest die leichten Waffen bis hin zum Maschinengewehr der französischen Armee, kannte ich. Wie man sie auseinandernahm, sie reinigte, sie wieder zusammensetzte. Und Dynamit kannte ich. Sprengstoffe im allgemeinen, mit ihren Auslösern, ihren Bickford-Lunten, alles was nötig war, um Entgleisungen zu verursachen. Und magnetische Minen, um Lkws, Lokomotiven oder Schleusentore in die Luft zu jagen – das kannte ich. Also wirklich, das einzige Handwerk, das ich diesem Kerl, der sich aufzuregen begann, hätte nennen können,

war das eines Terroristen. Aber ich habe nichts darüber gesagt, und der Kerl hat mich verzweifelt als Student eingetragen.
So bin ich nicht mehr Gärtner in Buchenwald, auch nicht mehr Gérard Sorel. Am Tag meiner Verhaftung in Epizy, einem Vorort von Joigny, hatte ich meinen echten spanischen Personalausweis bei mir. Ich sollte am gleichen Abend Paris erreichen, um mich mit ›Paul‹, meinem Ressortchef, zu treffen. Und in Paris wäre mein Personalausweis als Gärtner der Yonne verdächtig gewesen. Ich sah nicht wie ein Gärtner der Yonne aus. Übrigens wirkte mein Personalausweis überhaupt nicht wie ein echter Personalausweis der Yonne. Und es hätte wohl nichts genützt, Giraudoux bei der recht aufmerksamen Polizeikontrolle heraufzubeschwören.
Ich war also zufällig unter meinem echten Namen verhaftet worden. Dennoch nannten mich die Franzosen immer noch Gérard. Man hatte mich so in den Gefängnissen von Auxerre und Dijon, im Sammellager Compiègne, im Transportzug genannt. Wenn der Bursche aus Semur tatsächlich existiert hätte, hätte auch er mich, in dem Waggon der *Großen Reise*, Gérard genannt. Und Fernand Barizon nannte mich in Buchenwald Gérard.
Aber sechzehn Jahre später, in Nantua, läßt es mich zusammenfahren, daß Barizon mich immer noch Gérard nennt. Es ist so, als hätte ich aufgehört, ich zu sein, um die Figur einer Erzählung über mich zu werden. Als hätte ich aufgehört, das Ich dieser Erzählung zu sein, um ein bloßes Spiel, ein Einsatz, ein Er zu werden. Aber welches? Das Er des Erzählers, der die Fäden zusammenhält? Oder das Er einfach der dritten Person der Erzählung? Wie dem auch sei, ich lasse mir natürlich nichts gefallen, denn ich bin der listige Gottvater all dieser Fäden und all dieser Ers. Die Erste Person also durch Eigengesetzlichkeit, sogar wenn sie in der hegelianischen Zahl der Eins, die sich in Drei teilt, versteckt, zur großen Freude des für erzählerische Listen empfänglichen Lesers, wie auch immer seine Meinung über die delikate Frage der Dialektik sein mag.

»Erinnerst du dich wirklich noch daran, Gérard?« fragt Fernand Barizon in Nantua, sechzehn Jahre später.
»Du erinner dich«, sagte Gérard, »daß ich an der schweizerischen Grenze nicht mehr Gérard heiße, sondern Camille: Camille Salagnac.«

Barizon zuckt gereizt mit den Achseln.
»Ich pfeife darauf, wie du heißt! Erstens habe ich nie deinen richtigen Namen gekannt, wenn du überhaupt einen hast! Heute heißt du Salagnac, morgen Tartempion: ich pfeife darauf! Ich nenne dich Gérard, das ist solide, gediegen, bewährt. Aber fürchte dich nicht vor der Grenze, ich bin daran gewöhnt!«
Er blickt zornig drein, er leert sein Glas Cognac.
»Mein richtiger Name ist Sanchez«, sagt Gérard.
»Nun denn«, sagt Barizon. »Meinen kennst du ja: Hinz und Kunz!«
Wir lachten beide, und Gérard fragt ihn, an was man sich wirklich erinnern solle.
»An was soll ich mich wirklich erinnern?«
Barizon starrt sein leeres Glas an.
»Könntest du mir, da du jetzt oben schwimmst«, sagte er, »einen zweiten Cognac auf deine Spesen bezahlen?«
Ich nicke und winke dem Kellner.
»Erinnerst du dich wirklich ans Lager«, sagt Barizon, »wie an etwas, das du tatsächlich erlebt hast? Hast du nicht manchmal den Eindruck, daß du alles nicht nur geträumt hast?«
Ich schaue ihn an.
»Nicht einmal das«, sagt Gérard. »Ja, ich habe zwar den Eindruck, daß es ein Traum ist, aber ich bin nicht sicher, daß ich ihn geträumt habe. Vielleicht ist es ein anderer gewesen.«
Ich sage nicht alles, was ich denke. Ich sage nicht, daß es ein anderer sein könnte, der tot ist.
Barizon trinkt einen großen Schluck vom zweiten Cognac, den man ihm gerade auf den Tisch gestellt hat. Dann beugt er sich vor.
»Das ist es«, sagt er. »Genau das ist es. Aber warum?«
»Vielleicht weil es wahr ist«, sagt Gérard.
Ich zünde mir eine Zigarette an, ich lache kurz.
Vielleicht ist das tatsächlich wahr. Vielleicht bin ich in Buchenwald nur ein zwanzigjähriger Toter, den man Gérard nannte und der auf dem Ettersberg in Rauch aufgegangen ist. Aber so etwas läßt sich nicht leicht sagen. Übrigens habe ich nichts zu Barizon gesagt.
Ich schaue ihn an.
»Ja, ich erinnere mich gut daran«, sagt Gérard.
Die Erinnerung ist die beste Zuflucht, sogar wenn das auf den

ersten Blick paradox erscheint. Die beste Zuflucht vor der Qual des Zurückdenkens, vor der Verlassenheit, vor dem vertrauten und dumpfen Wahn. Dem verbrecherischen Wahn, das Leben eines Toten zu leben.

»Könntest du es wiedererzählen?« fragt Barizon.

Könnte ich es wiedererzählen?

In jenen letzten Monaten in Madrid, Calle Concepción-Bahamonde, hatte ich, während ich Manuel Azaustres verworrenen Geschichten zuhörte, den Eindruck gehabt, es wiedererzählen zu können. Jedenfalls besser als er. Auch heute, in Nantua, habe ich, während ich Fernand Barizon zuhöre, den gleichen Eindruck gehabt. Jedenfalls hätte ich weder Juliette noch Zarah Leander vergessen. Aber man darf sich keine Illusionen machen: man kann nie alles sagen. Ein Leben würde dazu nicht ausreichen. Alle erdenklichen Geschichten wären immer nur verstreute Fragmente einer endlosen, buchstäblich unendlichen Geschichte.

»Ich glaube, ich könnte es«, sagt Gérard.

»Natürlich«, sagt Barizon ein wenig bitter. »Es sind immer die gleichen, die es wiedererzählen.«

»Selbst wenn das stimmt«, sagt Gérard, »ist das nur ein Teil des Problems.«

»Das ist es!« ruft Barizon aus. »Da haben wir's! Du schwimmst oben, aber du hast dich nicht geändert! Deine Haarspalterei ist die gleiche geblieben, und du zerlegst die Probleme immer noch in zwei Teile. Deswegen schwimmst du jetzt übrigens oben. In Für und Wider, Positiv und Negativ, Einerseits und Andererseits. Und was ist der andere Teil des Problems, alter Freund?«

Barizon ist tröstlich. Ich kann nicht umhin, getröstet zu lächeln.

»Der andere Teil des Problems«, sagt Gérard, »ist der: wem kann man es wiedererzählen?«

Barizon schüttelt den Kopf, er streckt den Zeigefinger aus.

»Keinem«, sagt er. »Keiner kann es wirklich verstehen. Hast du es schon versucht?«

»Du könntest es verstehen«, sagt Gérard.

Barizon zuckt offensichtlich resigniert mit den Achseln.

»Natürlich«, sagt er, »aber wozu? Wenn du es mir wiedererzählst, ist es keine Geschichte, sondern ein Wiederkäuen. Und umgekehrt!«

Ich bin gezwungen, ihm beizupflichten. Wenn ich es ihm wiedererzähle, ist es keine Geschichte, sondern ein Wiederkäuen.

Wenn er es mir wiedererzählt, ist es auch ein Wiederkäuen, und dazu ein mieses. Und weil mir das Wiederkäuen zuwider ist, verkehre ich auch nicht mit alten Kämpfern.
»Und Juliette?« sagt Gérard. »Wenn man es Juliette wiedererzählen würde?«
Ich weiß genau, daß Juliette tot ist. Fernand hat es mir vorhin selbst gesagt, ehe er in ein Schweigen der Erinnerung oder des Gedenkens versunken ist. Während des Widerstands war Juliette Verbindungsagentin eines interregionalen Widerstandskämpfers im Südosten Frankreichs. Aber Barizon schien nicht gewillt zu sein, das zu erzählen, was er nach seiner Rückkehr aus Buchenwald über Juliettes Tod erfahren hatte. Vorhin hatte er abgewinkt: ›Na gut‹, hatte er gesagt, ›Juliette ist tot, das ist alles!‹ Da Juliette tot war, hatte Barizon nach seiner Rückkehr aus Buchenwald seine rechtmäßige Frau, seine Lebensgefährtin, die Mutter seiner Kinder wiedergefunden. ›Na gut‹, hatte Barizon abschließend gesagt und dabei abgewinkt, ›so ist das eben!‹
Ich weiß also, daß Juliette tot ist. Aber ich beschwöre in Nantua ihren Geist herauf, während Fernand sein Glas Cognac zwischen seinen Händen anwärmt, ich beschwöre Juliettes Geist herauf, wie man den Geist einer Frau heraufbeschwört, die einen liebt, die man liebt, die einen bei der Rückkehr von dem tödlichen Abenteuer des Lebens erwartet. Wie man Beatrice oder Penelope oder Laura oder Dulzinea heraufbeschwört.
Barizon hat mich richtig verstanden.
»Vielleicht«, sagt er mit dumpfer Stimme. »Vielleicht hätte ich es Juliette erzählen können.«
Und ich, wem hätte ich es erzählen können, du, Gérard, wem hättest du es wiedererzählen können? Gab es eine Juliette in deinem Leben?
Aber Barizon unterbricht diese sehr private Frage. Er schlägt mit der Faust auf den Tisch.
»Da siehst du, wie du bist!« ruft er aus. »Ich wollte dir eine ganz gezielte Frage stellen. Und ich habe sie inzwischen vergessen! Ganz heimlich verwirrst du mich, verhedderst du mich, verwikkelst du mich in diese Metaphysik!«
Ich kann mir diese Gelegenheit nicht entgehen lassen.
»Was ist denn das, Fernand, die Metaphysik?« fragt Gérard.
Barizon schaut mich argwöhnisch an. Er muß eine Falle wittern. Dann gibt er sich, auf gut Glück, selbstsicher.

»Sag mal, alter Freund«, sagt er. »Zu meiner Zeit hat man das im Schulungslager gelernt. Es ist das Gegenteil der Dialektik. Und umgekehrt!«
»Natürlich«, sagt Gérard versöhnlich. »Aber was ist das, die Dialektik?«
Fernand zögert nicht. Er blickt mir fest in die Augen.
»Das ist die Kunst und die Methode, immer auf die Beine zu fallen, alter Freund!«
Seine Augen funkeln, und er hebt sein Glas Cognac, als tränke er auf mein Wohl.
Ich nicke, das ist keine schlechte Definition. Die Kunst und die Methode, den Lauf der Dinge zu rechtfertigen, gewiß.
»Und was war nun deine gezielte Frage?« fragt Gérard.
»Die Russen«, sagt Barizon.

Sechzehn Jahre zuvor, in Buchenwald, mußte man einfach die russische Frage ins Auge fassen und den Versuch machen, sie zu umreißen. Man mußte einfach eine Erklärung finden – möglichst eine dialektische, wie Barizon sagen würde, die also eine wahrscheinliche Hierarchie der negativen und positiven Faktoren umfaßte, wobei letztere natürlich am Ende überwiegen mußten, damit die dialektische Spirale nicht auf den Pessimismus der Negation hinauslief, sondern auf den Optimismus der Negation der Negation –, man mußte einfach den Versuch machen, jene jugendliche und massive russische Barbarei zu rechtfertigen, die auf einem ungeschriebenen, aber unerbittlichen Kodex beruhte, um einen Kern reiner brutaler Macht herum.
Mehrere Theorien waren unter uns ausgearbeitet worden. Nach der einen war das russische Problem im Grunde ein ukrainisches. Alles Übel rühre von der Tatsache her, daß die große Mehrheit der in Buchenwald internierten Sowjetbürger Ukrainer waren. Später habe ich festgestellt, daß Eugen Kogon in seinem Buch *Der SS-Staat – Das System der deutschen Konzentrationslager* diese Erklärung übernahm:
»Die *Russen* zerfielen in zwei scharf getrennte Gruppen: die Kriegsgefangenen zusammen mit russischen Zivilisten und die Ukrainer. Die zweitgenannten stellten die überwiegende Mehrheit. Während die Kriegsgefangenen eine wohldisziplinierte Mannschaft bildeten, die mit viel Geschick und auch mit Recht

auf ihren Kollektivvorteil bedacht war (die Auswahl, die aus den ›Stalag‹ in die KL gebracht wurde, bestand in der Tat aus Kommunisten, die ihre Sache selbstbewußt vertraten), war die Masse der Ukrainer ein reichlich zusammengewürfeltes Volk. Sie wurden anfangs von ihren deutschen Parteigenossen in einer Weise begünstigt, daß es beinahe unmöglich war, gegen einen ›Russen‹ auch nur die kleinste Beschwerde vorzubringen. Die Frechheit, Faulheit und Unkameradschaftlichkeit vieler von ihnen hat dann allerdings einen raschen und gründlichen Wandel herbeigeführt, der es ihnen nicht mehr ermöglichte, in führende Stellungen zu gelangen. Im letzten Jahr haben in Buchenwald die russischen Kriegsgefangenen im Verein mit einigen hervorragenden Komsomolzen aus den Reihen der Ukrainer damit begonnen, wenigstens den brauchbaren Teil dieser Gesellschaft, die überhaupt keine Hemmungen kannte, zu schulen und in das Ganze einzufügen.«

Eugen Kogon ist ein genauer Beobachter des Konzentrationslagersystems der Nazis gewesen. Außerdem hat es ihm sein Arbeitsplatz in Buchenwald ermöglicht, zahlreiche geheime Aspekte des Lagerlebens und des Widerstands gegen die Nazis kennenzulernen. Und schließlich brauchten seine Beobachtungen und Analysen, da er kein Marxist, sondern ein Christdemokrat war, nicht mit den festgelegten Vorschriften der Dialektik übereinzustimmen. Sie konnten also objektiv sein. Das war nicht notwendig, aber immerhin möglich. Es ist jedoch klar, daß seine Erklärung für die seltsame russische Barbarei in Buchenwald nicht befriedigend ist. Warum sollten die Ukrainer schlimmer sein als die anderen Bürger des Vielvölkerstaats Stalins? Wenn man übrigens die Einzelheiten seiner eigenen Argumente untersucht, stellt man fest, daß er selbst die Elemente einer anderen Erklärung liefert, die nicht nationalistisch – und an der Grenze fast rassistisch – wäre, sondern sozial.

Tatsächlich ist das Unterscheidungsmerkmal, aufgrund dessen Kogon die russischen Kriegsgefangenen den ukrainischen Deportierten gegenüberstellt, nicht eigentlich ihre Nationalität. Das hat nur den Anschein. Das Wesentliche ist, daß sie »eine wohldisziplinierte Mannschaft« bildeten, die überdies von »Kommunisten, die ihre Sache selbstbewußt vertraten, bewußt waren« animiert wurden. In Wirklichkeit war es keine Frage des Unterschieds zwischen Russen und Ukrainern, sondern eine Frage der Oppo-

sition zwischen den Kadern (oder Eliten) und der Masse (oder der plebejischen Kollektivität) einer bestimmten sozialen Struktur des stalinistischen Rußlands.
Die zweite unter uns vorherrschende Theorie versuchte, diese soziale Unterscheidung zu berücksichtigen und zu erklären. Nach dieser Theorie – bei der die Dialektik, also, wie Barizon es ausdrückte, die Kunst und die Methode, immer auf die Beine zu fallen, zu ihrem vollen Recht kam – mußte in Betracht gezogen werden, daß die Revolution in Rußland noch nicht die Zeit gehabt hatte, den neuen Menschen zu schaffen, einen Menschen, der die neuen moralischen Werte des Sozialismus verinnerlicht und individualisiert hatte. Man mußte zugeben, daß der neue Mensch noch nicht geboren war. Dagegen hatte die Revolution damit begonnen, neue Sozialstrukturen, neue Produktionsverhältnisse einzuführen, die bisher nur von den Kadern der neuen Gesellschaft verkörpert und personifiziert wurden: von Arbeitsführern, Intellektuellen, Offizieren der Roten Armee und so weiter. Nun war diese Sozialstruktur in den von den Deutschen besetzten Gebieten zerstört worden, und die Masse der russischen Deportierten, die aus ihnen stammten, fiel, sich selbst überlassen, in einen Zustand der Desorganisation zurück, in dem das Alte noch stärker war als das Neue, teilweise wegen ihrer Jugend, was nicht paradox ist, sondern dialektisch.
So fielen wir auf unsere Beine, wie es Barizon ausgedrückt hätte. Was auch immer die beruhigenden Wirkungen dieser Theorie sein mochten, mir scheint nicht, daß sie die eifrigen Eiferer der Marxistischen Lehre befriedigt hätten. Sicherlich hätten sie sie noch zu wenig dialektisch gefunden, da es ihr nicht gelang, die Realität völlig zu rechtfertigen, weil sie vorgab, diese in ihren Widersprüchen zu erklären, ohne sie, Genossen, in der Aufhebung, ja, der Aufhebung besagter Widersprüche zu verherrlichen. Jedenfalls ist diese Erklärung, die wir uns in Buchenwald zusammengebastelt hatten, um zu versuchen, die erschreckende russische Realität verstandesmäßig zu erfassen, später, soviel ich weiß, niemals öffentlich formuliert worden. Wir haben sie für uns behalten, so wie wir all unsere Zweifel und alle Fragwürdigkeiten hinsichtlich der Russen in Buchenwald in unseren Herzen geheimgehalten haben.
Heute werden die dunklen Zeichen natürlich leserlich, sie fügen sich in ein zusammenhängendes Ganzes ein. Sie lassen es zu, sich

durch die Analyse des Verhaltens der Russen in Buchenwald eine reale und nicht dialektische Vorstellung der damaligen russischen Gesellschaft zu machen. Vielleicht waren diese Zeichen schon 1944 in Buchenwald zu entziffern und hätten es erlaubt, sich einen Begriff von der russischen Realität zu machen. Vielleicht. Aber dann hätte man sich von den Vorhaltungen der Dialektik abwenden und in den schlimmen Fehler des rationalistischen und kritischen Empirismus verfallen müssen. *Horribile dictu*! Man hätte diese jungen Russen einfach für das nehmen müssen, was sie waren, für Menschen, rätselhaft, gewiß, aber einer Kommunikation zugänglich, und sie nicht für generische Träger der neuen Produktionsverhältnisse und der neuen Werte des Sozialismus halten dürfen. Man hätte sie fragen müssen, man hätte sich anhören müssen, was sie zu sagen hatten, was sie tatsächlich sagten durch ihre Gebärden, ihre Körper, ihre Kleidung, ihr freches Lächeln, ihre unendlich nostalgischen Akkordeons, ihren Respekt vor der Gewalt, ihre männliche Zärtlichkeit, ihre jugendliche Torheit, die sie ausbrechen ließ, einerlei wo, einerlei wie, einerlei wann, sobald der Ostwind die Ausströmungen der Ströme ihres Landes zu ihnen herübertrug; man hätte ihnen zuhören müssen, statt fertige Antworten auf schlecht formulierte Fragen zu geben.

Heute glaube ich natürlich zu wissen, was die russische Barbarei in Buchenwald bedeutete. Ich glaube zu wissen, was »die Frechheit, Faulheit und Unkameradschaftlichkeit« der jungen Russen und Ukrainer in Buchenwald bedeuteten, wovon Eugen Kogon sprach.

Aber so weit sind wir noch nicht. Wir sind noch im Jahre 1960 in Nantua, und ich hatte beschlossen, diese Geschichte in chronologischer Reihenfolge zu erzählen – vielleicht habe ich vergessen, Ihnen das zu sagen. Ich muß also, um diese Reihenfolge zu beachten, berichten, daß Fernand Barizon 1960 im Hôtel de France in Nantua von der Toilette zurückkommt.

»Sag mal, alter Freund«, sagt er, »wir müssen wohl weiterfahren, wenn du vor Anbruch der Dunkelheit in Genf sein willst!«

Ich bin ganz einverstanden. Daraufhin verläßt man das Hôtel de France in Nantua und fährt weiter.

Zwei Stunden später waren wir in Genf, ja genauer, am Büfett des Bahnhofs Cornavin. Ich wartete auf die Abfahrt meines Zuges nach Zürich.

Wenn ich mein Leben wiedererzählen würde, statt schlichter, auch bescheidener einen Sonntag von einst in Buchenwald zu schildern, so ergab sich hier die erträumte Gelegenheit, eine rührende, vielleicht sogar brillante Abschweifung zur Stadt Genf zu machen. Denn in Genf hat für mich das Exil begonnen, »die schlaflose Nacht des Exils«, wie es Marx, dieser Hundsfott, beiläufig ausdrückte. In Genf hat für mich die schlaflose Nacht des Exils Ende 1936 begonnen. Eine Nacht, die, allem Anschein zum Trotz, noch nicht zu Ende ist. Die sicherlich nie zu Ende gehen wird. Ich spreche selbstverständlich nur für mich.

Vielleicht muß ich genauer sein. Die Genauigkeit schadet der chronologischen Reihenfolge nicht. Vielleicht muß ich sagen, daß das Exil in Wirklichkeit in Bayonne beginnt, mit der Ankunft des baskischen Fischdampfers *Galerna*, der die vor den Truppen Francos fliehenden Flüchtlinge aus Bilbao beförderte, im Hafen von Bayonne. Aber die Erinnerung an Bayonne ist exorziert worden. Seit 1953 bin ich so oft durch Bayonne gekommen, durch dieselben Straßen, über denselben Platz am Kai des Adour, geschmückt mit den gleichen Blumenbeeten, daß die schmerzliche Kindheitserinnerung exorziert worden ist. Ich kam seit 1953 durch Bayonne, um nach Spanien zurückzukehren. Ich überquerte die Brücke über den Adour und dann die zweite Brücke über jenen anderen Fluß, dessen Namen ich nie gewußt habe. Dann führte die Straße an dem großen Platz mit den Blumenbeeten und dem Musikpavillon vorbei. Genau wie früher. Und unter der gleichen Herbstsonne, wenn es Herbst war. Es gab einen Wegweiser, auf dem stand: Spanische Grenze, soundsoviel Kilometer. Ich kehrte also heim. Die Kindheitserinnerung an Bayonne, an den Tag, an dem das Exil begonnen hat, an dem ich entdeckt habe, daß ich ein Rotspanier war, diese Erinnerung war exorziert worden. Ich kehrte heim, ich war immer noch ein Rotspanier, aber Barizon saß nicht am Steuer des Wagens, der mich in mein Land brachte. Er bedauerte das übrigens. Er hat mir an jenem Tag 1960 zwischen Nantua und Genf gesagt, daß er diese Fahrt gern einmal mit mir gemacht hätte.

Nach Bayonne ist da, wenn man genau sein und sich zugleich an die chronologische Reihenfolge halten will, Lestelle-Bétharram gewesen. Dieses kleine Bearneser Dorf war ein Wallfahrtsort. Es gab dort eine Wallfahrtskirche, einen Kalvarienberg, mehrere religiöse Gebäude: Stift, Kloster und so weiter. Und außerdem eine Grotte, in der in der Vergangenheit ein Wunder stattgefunden haben soll. Ich erinnere mich nicht mehr, was für eins, aber in Anbetracht der statistischen Häufigkeit von Erscheinungen der heiligen Jungfrau in den Bearneser Grotten nehme ich an, daß das Wunder, das Lestelle-Bétharram zum Wallfahrtsort gemacht hatte, irgendeine Marienerscheinung war. Aber nicht wegen dieses Wunders ist die zweite Etappe des Exils – die erste, die in Bayonne, war in Wirklichkeit sehr kurz: nur ein Durchreisetag – das Dorf Lestelle-Bétharram gewesen. Weil die Familie Soutou dort ein Haus hatte und die Meinen – will sagen, meine Familie – darin aufnahm. Bei unserer Ankunft im Exil besaßen wir nichts mehr, und die Familie Soutou hat uns aufgenommen. Jean-Marie war der jüngste Sohn der Familie Soutou. Er gehörte der Bewegung »Esprit« an, ebenso wie mein Vater, der ihr Hauptkorrespondent in Spanien war. Zu Beginn des Bürgerkriegs erschien der Bearneser Jean-Marie Soutou in Lekeitio, dem baskischen Dorf, wo die Ereignisse uns während der Sommerferien 1936 überrascht hatten. Er kam, um im Namen der Bewegung »Esprit« Kontakt mit meinem Vater aufzunehmen. Er war ein blutjunger Mann mit singendem und zugleich rauhem Akzent, wie das Gemurmel der Gießbäche, die über die seit Jahrtausenden vom Wasser glattpolierten Kieselsteine von den Bergen zum Adour und zur Garonne hinabstürzen. Den Akzent hat er seitdem verloren, aber nicht das Bearneser Feuer seiner zwanzig Jahre. Wie dem auch sei, als wir völlig besitzlos in Bayonne angekommen und etwas verdutzt beim Anblick des französischen Friedens – des Musikpavillons, der Blumenbeete, der Konditoreiauslagen, der blühenden jungen Mädchen – waren, hatten wir uns an Jean-Marie Soutou gewandt. Er war sofort erschienen, er hatte die Sache in die Hand genommen.

Die Etappe in Lestelle-Bétharram hat ziemlich lange gewährt. Wir, meine Brüder und ich, trieben uns auf den Straßen und Wegen herum, und die Eidechsen wärmten sich auf den Steinmäuerchen in der Herbstsonne. Eines Tages rief uns in einem Hohlweg, der am Sturzbach entlang führte, einer der Patres des Klosters Bétharram. Er habe uns in der Kirche gesehen, sagte er zu uns, zu meinen Brüdern und mir, er erkenne uns wieder. Da er uns in der Kirche gesehen hatte, konnte er sich nicht vorstellen, daß wir etwas anderes als Franquisten seien. Oder nein, damals war »Franquisten« ein Anachronismus, und Anachronismen passen nicht in Geschichten, in denen man die chronologische Reihenfolge beachtet. Erst wesentlich später hat man »Franquisten« gesagt. Damals sagten die Rechten Nationalisten und die Linken einfach Faschisten. Oder Rebellen, denn sie widersetzten sich durch einen bewaffneten Aufstand der rechtmäßigen Regierung der Republikaner oder Loyalisten. Ich erinnere mich sehr gut daran, wie sehr uns all diese Bezeichnungen in Bestürzung oder wenigstens in Verlegenheit versetzten. Die Sprachverwirrung ist eine der ersten Erfahrungen im Exil. Die schlaflose Nacht des Exils ist eine babylonische Nacht.

Aber um auf den Pater des Klosters Bétharram zurückzukommen, auf den, der uns in der Kirche gesehen hatte, so stellte er sich also vor, wir seien Nationalisten. Er hat uns erfreut, stolz in dem Hohlweg gerufen, wo wir, meine Brüder und ich, mit heiterem Sadismus die Eidechsen systematisch steinigten. Er hat uns dazu beglückwünscht, Spanier zu sein, diesem tapferen Volk anzugehören, das sich zur Verteidigung des Glaubens aufgelehnt habe und in einen Kreuzzug gegen die marxistischen Ungläubigen gezogen sei. Seine sehr blauen Augen funkelten in gerechtem Zorn, in göttlicher und barmherziger Liebe zu den verirrten Schafen, die man mit Feuer und Schwert wieder in den Schoß der Kirche zurücktreiben müsse. Wir hörten uns seine Schmährede mit gesenktem Kopf an. Er jagte uns Angst ein, wir wagten ihm nichts zu erwidern. Wir wagten es nicht, ihn eines Besseren zu belehren, aus Angst vor den heiligen Blitzen seiner visionären Augen. Später haben wir uns das übelgenommen. Wir haben uns unserer kindlichen Angst angesichts dieser prophetischen Gestalt geschämt, die in dem Hohlweg neben dem Sturzbach von Pau das verbale und vertilgende Schwert des Glaubens schwang.

Aber wenn ich dabei wäre, mein Leben wiederzuerzählen, statt einen Sonntag in Buchenwald zu schildern, etwa acht Jahre nach dieser Begegnung mit dem Pater des Klosters Bétharram, müßte ich eingestehen, daß das Wichtigste während meines Aufenthalts in Lestelle-Bétharram nicht diese Begegnung gewesen ist. Es ist die Lektüre von Joseph Kessels *Belle de jour* gewesen. Ich weiß sehr gut, daß eine erbauliche Geschichte jede Anspielung auf jene zweideutige Episode hätte vermeiden müssen. Ich weiß sehr gut, daß ich diese Episode hätte verschweigen und mich an das rührende Bild des Kindes, das die Qualen des politischen Exils, die Grauen der Entwurzelung entdeckte, hätte halten müssen. Aber eben dieses Kind hatte die Schwierigkeiten der ersten Adoleszenz. Dieses Kind wurde bald dreizehn, und zur gleichen Zeit, wie es – vielleicht für immer – die Zeichen seiner Identifizierung mit einem Vaterland, mit einer Familie, mit einer Kulturwelt verlor, entdeckte es durch die Ansprüche des Körpers seine Identität, seine Männlichkeit, einen verwirrenden und leidenschaftlichen Ausdruck seines echten Ichs. Es wurde es selbst, ein Ich, ein Subjekt, ein Ich-bin bei der faszinierenden Entdeckung seines geschlechtsreif gewordenen Körpers, in der Autonomie einer noch nicht objektivierten Begierde, in dem Augenblick, in dem die Gewalt der Geschichte die Wurzeln derselben möglichen Identität ausriß. Das Kind also hatte, sich dessen selbstverständlich unbewußt, aber dennoch von einschneidenden, einschnürenden Bildern, von erstickenden Träumen, von unzähligen körperlichen Qualen durchdrungen, in der Bibliothek der Familie Soutou in Lestelle-Bétharram ein Exemplar von *Belle de jour* entdeckt, das es periodisch für Augenblicke leidenschaftlicher und erzieherischer Lektüre in der relativen Ruhe der Studierzimmer entwendete.

Sicherlich ist das nicht gerade schicklich. Übrigens hat der später aus dem Kind von Lestelle-Bétharram gewordene Erzähler dieser Geschichte und anderer Geschichten, die sich gleich den Karussells in den Lunaparks des Gedächtnisses wie besessen um die gleichen Themen drehen, aus dem ersten Impuls heraus die Versuchung gehabt, diese Episode zu vergessen, ein weiteres Mal die Erinnerung an die Lektüre von *Belle de jour* zu streichen. Der Erzähler hat manchmal auf Fragen in bezug auf seine Kindheit, sein Erlernen der Sprache Claudels und des Paters des Klosters Bétharram geantwortet, daß die ersten Bücher, die er auf Französisch gelesen habe, *Les Enfants terribles* von Cocteau und *Fils du peuple*, das Maurice Thorez zugeschrieben wird, gewesen seien. Allerdings stimmt das nicht ganz. Die Lektüre der beiden oben genannten Bücher, so real sie auch sein mag, ist erst später erfolgt, einige Monate später. Es war schon in Den Haag, einer weiteren Etappe des Exils, als die Magnolien im Garten der Botschaft der spanischen Republik 1937 blühten. Aber es gibt eine Verbindung zwischen diesen Lektüren, der von *Belle de jour* und der von *Fils du peuple* und der von *Les Enfants terribles.* Diese Verbindung ist Jean-Marie Soutou. Eine indirekte, ja sogar unfreiwillige, der Verbindungsperson unbekannte Verbindung, gewiß. Denn wenn es auch Jean-Marie Soutou ist, der mich die beiden zuletzt genannten Bücher in Den Haag hat lesen lassen, so ist er dagegen für *Belle de jour* nicht verantwortlich: ich hatte dieses Buch auf gut Glück, aber mit bemerkenswertem Vorherwissen aus der Bibliothek der Familie Soutou in Lestelle-Bétharram entwendet.

Aber ich bin 1960 in Genf und erzähle nicht mein Leben, das heißt, das Leben dieses dreizehnjährigen Kindes, das ich schließlich geworden bin, indem ich die aufregende und ungeheuer wuchernde Erinnerung an den Roman von Kessel wiedergefunden habe. Ich schildere einen Sonntag 1944 in Buchenwald und zusätzlich eine Reise von Paris nach Prag 1960 über Nantua, Genf und Zürich mit mehreren Aufenthalten, in meiner Erinnerung von unbestimmter Länge. Oder vielmehr der Erinnerung dieses Sorel, Artigas, Salagnac oder Sanchez, der ich schließlich, genauso vielfältig wie eindeutig, geworden bin.

Ich finde gerade Fernand Barizon am Büfett des Bahnhofs Cornavin wieder.

Er trinkt ein Bier, er betrachtet mich mit gerunzelter Stirn.

»Und wie heißt du jetzt?« sagt er.

»Ich heiße Barreto«, sage ich zu ihm, »Ramon Barreto. Und ich bin Uruguayer.«

Er lacht kurz, sarkastisch.

»Kannst du mir erklären, was ich, Barizon, der Prolet aus La Courneuve, mit einem distinguierten Uruguayer in dieser Hurenstadt Genf machen soll?«

Ich zuckte die Schultern.

»Die Frage wird nicht gestellt«, sage ich zu ihm.

»Sicher nicht«, sagt Fernand. »Niemand interessiert sich im Grunde für uns. Aber du, alter Freund, du kannst, bei all diesen Identitätswechseln, eigentlich nicht mehr wissen, wer du bist!«

Ich habe Lust, Fernand zu sagen, daß ich manchmal nicht weiß, wer ich bin, sogar wenn ich die Identität nicht wechsele. Ist es in Wirklichkeit, wenn ich die meine wiederfinde, nicht die eines anderen? Aber ich sage nichts. Er würde mich sonst nochmals der metaphysischen Komplikation bezichtigen. Nicht ganz unbegründet.

Also habe ich mich in Genf, im Augenblick des Abschieds von Barizon, ehe ich den Zug nach Zürich nehme, weder an Lestelle-Bétharram, noch an Bayonne erinnert. Ich habe mich darauf beschränkt, auf die Toilette zu gehen, meinen französischen Personalausweis auf den Namen Michel Salagnac in den doppelten Boden eines Reisenecessaires zu stecken und daraus einen uruguayischen Paß auf den Namen Barreto herauszuholen. Was das Lästige an diesen südamerikanischen Pässen ist, ist die Unterschrift. Die rechtmäßigen und ursprünglichen Besitzer dieser Pässe haben oft komplizierte Unterschriften, die sich nur schwer imitieren lassen, wenn man polizeiliche Formulare an Flughäfen und in Hotels ausfüllen muß. Der Schnörkel ist eine hispanische eitle Angewohnheit, die völlig unnötig das Leben der Illegalen kompliziert.
Daran dachte ich vage auf der Toilette des Bahnhofs Cornavin, während ich den doppelten Boden meines Reisenecessaires wieder zumachte. Ich dachte überhaupt nicht an Bayonne oder an Lestelle-Bétharram, wie man feststellen konnte. Ich dachte einfach daran, daß ich wieder in Genf war und daß Genf für mich einst der echte Anfang des Exils, das Ende der Kindheit gewesen war.
Aber 1960 war ich in der Toilette des Bahnhofs Cornavin nicht traurig, während ich meinen Personalausweis auf den Namen Michel Salagnac im doppelten Boden meines Reisenecessaires versteckte. Warum sollte ich traurig gewesen sein? Die Fahrt mit Barizon war angenehm gewesen. Ich machte im Leben das, was ich gewählt hatte. Niemand hatte mich gezwungen, das zu sein, was ich war. Ich hatte es selbst gesucht, ganz allein. Ich hatte freiwillig beschlossen, meine individuelle Freiheit im Dienst der illegalen Gemeinschaft der KPS aufzugeben. Und 1960 glaubte ich noch, daß das russische politische System zu reformieren sei und wir bald das Franco-Regime stürzen würden. Auch dachte ich eher an das Ende des Exils als an seinen Beginn vor vierundzwanzig Jahren. Ich hatte *Belle de jour*, die ferne Qual meiner Selbstentdeckung vergessen. Ich war also weder traurig, noch mutlos, *desanimado*, wie ich auf Spanisch gesagt hätte, das heißt ohne Animation oder ohne *anima:* kurzum ohne Lebensmut. Nein, 1960 war ich noch nicht desanimiert.
»Wie würdest du es wiedererzählen?« sagt Barizon auf einmal.
Ich sehe ihn an.

Ich hatte mir die Frage schon vor einigen Monaten in Madrid gestellt, als ich Manuel Azaustres weitschweifigen und sich wiederholenden Geschichten zuhörte.
»Ich würde einen Sonntag in Buchenwald schildern«, sage ich zu ihm.
»Einen Sonntag?«
»Aber ja! Das war der beschissenste Tag, erinnerst du dich. Ich würde einen Sonntag wie alle anderen, ohne besondere Vorkommnisse, schildern. Das Wecken, die Arbeit, die Sonntagsnudelsuppe, den Sonntagnachmittag mit seinen vielen Stunden, die Gespräche mit den Kumpeln. Du, ich würde einen Wintersonntag schildern, an dem wir beide uns lange unterhalten haben.«
»Was?« sagt Barizon. »Du würdest mich in deiner Geschichte vorkommen lassen?«
Ich nicke.
»Natürlich! An diesem Sonntag, erinnere ich mich, war man um fünf Uhr morgens, kurz vor dem Appell, zusammen vor Block 40. Es schneite, und die Schneeflocken wirbelten im Licht der Scheinwerfer herum. Ein tanzendes und frostiges Licht. Du hast gerufen: ›Was für ein schöner Sonntag, Kumpel!‹ oder so etwas Ähnliches, bevor du zum Appell losgerannt bist. Aber nur keine Bange, ich würde deinen Namen ändern: dadurch könntest du, wenn du dich in meiner Geschichte nicht wiedererkennst, immer sagen, daß du darin nicht vorkämst.«
»Wie würdest du mich denn nennen?« fragt er mißtrauisch.
»Ich würde dich Barizon nennen«, sage ich zu ihm. »Aber ich würde deinen richtigen Vornamen beibehalten: Fernand Barizon.«
Er denkt eine Sekunde nach. Er nickt.
»Ja«, sagt er, »nicht übel.«
Ein Lautsprecher hat gerade angesagt, daß der Schnellzug nach Zürich auf Gleis 2 eingefahren ist. Aber Barizon fährt nicht nach Zürich. Er hört übrigens nicht den Lautsprecher des Bahnhofs Cornavin, sondern den in Buchenwald, der das Ende des Appells ansagt. Er hört die Stimme des Rapportführers aus dem Lautsprecher des Wachtturms, und heute, an jenem Sonntag von einst, denkt Barizon beim Appell nicht besonders an die Russen, nicht mehr als er sich an die Ufer der Marne erinnert. Man hatte das feststellen können.
Das, was ihn heute wurmt, die abgeschmackte Evidenz, deren er

sich mit einer jähen und heimtückischen Unruhe oder zumindest einem gewissen Unbehagen bewußt wird, ist andersgeartet. Er hat gerade in der hellen Starrheit des Appells, die anhält, entdeckt, daß die Tatsache, in Buchenwald Kommunist zu sein, einem ohne weiteres eine privilegierte Stellung verschaffte. Im Herzen Nazideutschlands, vor den Augen der SS, verschaffte einem die Tatsache, Parteimitglied zu sein, eine privilegierte Stellung. Selbstverständlich brachte das gewisse Risiken mit sich. Aber das ist banal: jede privilegierte Stellung bringt in dem Maße, wie sie eine soziale Funktion ausdrückt, Verpflichtungen und Risiken mit sich. Alles hat seinen Preis. Aber immerhin war die Tatsache, in einem Nazilager als Kommunist ein Privilegierter zu sein, auf den ersten Blick paradox.
Barizon ist gerade auf diese Evidenz gestoßen.
Denn es ist das erste Mal, daß die Tatsache, Kommunist zu sein, ihn in eine solche Lage versetzt. Er erinnert sich plötzlich an Spanien.
Während der Schlacht von Jarama, als die Front unter den Attacken der maurischen Kavallerie zurückgewichen war, an dem Tag, an dem sich der Ring um die Linien der republikanischen Armee, die Madrid hielt, fast ganz geschlossen hatte, hatte der politische Kommissar fuchsteufelswild gebrüllt und dabei den wütenden Lärm der Maschinengewehrsalven übertönt: »Kommunisten in die erste Reihe!« Und die Kommunisten, die sich bisher in Granattrichtern vergraben hatten, waren mit zusammengebissenen Zähnen und zusammengekniffenen Hinterbacken von einem Ende bis zum anderen Ende der mit Pulverrauch, Nebel und Leichen bedeckten Landschaft hervorgekommen; die Kommunisten waren gegen die maurischen Reiter und die italienischen Panzerwagen, aufrecht im Winternebel, vorgerückt und hatten sich zwischen die maurischen Reiter und italienischen Panzerwagen gedrängt, bis sie Leib an Leib vor der feindlichen Infanterie standen, die Münder aufgesperrt in einem Schrei, den niemand mehr hören konnte, nicht einmal sie selbst; die Kommunisten schlugen eine Bresche unter Kugelhagel und mit blanker Waffe im Tal von Jarama. Die Kommunisten in der ersten Reihe.
Na gut, das war normal, dazu waren sie da.
Aber wo befindet sich die erste Reihe heute? In der *Gustloff*, schön im Warmen, um in aller Ruhe die Teile des automatischen

Karabiners G-43 schludrig zusammenzusetzen? Oder in den härteren Außenkommandos, zum Beispiel *Dora*, S-III, wo die Häftlinge aus dem Hauptlager von Buchenwald oft ihrem Schicksal überlassen waren und direkt den grünen Kapos und den Unteroffizieren der SS unterstanden, eben weil die illegale kommunistische Organisation, die die Verwaltung der Arbeitskräfte in Buchenwald kontrollierte, es so deichselte, daß die Parteimitglieder, die echten Widerstandskämpfer, nicht dahin geschickt wurden, es sei denn, aus unvorhersehbarem Zufall?
Barizon schüttelte den Kopf. Diese Geschichte ist nicht klar, sie muß geklärt werden. Er muß mit dem Spanier darüber sprechen.
Aber die Stimme des Rapportführers hat gerade aus den Lautsprechern des Wachtturms kommandiert: »Das Ganze, stand!«
Mechanisch korrigierte Barizon seine Haltung. Mechanisch korrigierten dreißigtausend zum Appell versammelte Häftlinge ihre Haltung. Das Strammstehen ist tadellos. »Mützen ab!« Dreißigtausend Häftlinge entblößen mit exakter Bewegung den Kopf, um den Tag, der anfängt, zu grüßen. »Mützen auf!« Dreißigtausend Häftlinge setzen, nachdem sie ihren eigenen Tod gegrüßt und den Kopf vor ihren künftigen Kadavern entblößt haben, ihre Mützen wieder auf.
Der Appell ist zu Ende.
Da bricht die Musik los. Das schmettert, das klirrt, das klingelt, das trommelt, das posaunt, das trompetet: es ist der reinste Zirkus.
Die Formationen der Blocks lösen sich in einer Art Wirbelwind auf.
Fernand Barizon eilt zu dem Platz, wo sich das Arbeitskommando der *Gustloff* aufstellt: es ist eines der ersten, die die Umzäunung des Lagers verlassen. Die Musikanten stehen neben dem Eingangstor, unter dem Wachtturm. Sie tragen rote Puffhosen mit grünen Litzen, Jacken mit Tressen. Sie blasen ihre Blechinstrumente, sie schlagen ihre Trommeln, sie schmettern ihre Becken. Es ist verdammt viel besser als im *Médrano*! Juliette mochte zwar den Zirkus nicht. Miteinander schlafen, das tat sie nur allzu gern, aber die Clowns brachten sie zum Weinen, die Tiger flößten ihr Angst ein. Von den Seiltänzern ganz zu schweigen: sie schloß dabei die Augen. Nun gut, Juliette hätte die Drolligkeit der Situation nicht zu schätzen gewußt.
Trotzdem ist es ein Scheißsonntag.

DREI

Ich hatte beschlossen, diese Geschichte in chronologischer Reihenfolge zu erzählen. Keineswegs aus Hang zur Einfachheit, nichts ist komplizierter als die chronologische Reihenfolge. Keineswegs aus Sorge um den Realismus, nichts ist irrealer als die chronologische Reihenfolge. Sie ist eine Abstraktion, eine kulturelle Konvention, eine geometrische Eroberung des Geistes. Man hat das schließlich natürlich gefunden, wie die Monogamie.

Die chronologische Reihenfolge ist für denjenigen, der schreibt, eine Form, seinen Einfluß auf die Unordnung der Welt auszudrücken, ihr seinen Stempel aufzusetzen. Man tut so, als wäre man Gott. Erinnern Sie sich: am ersten Tag schuf Er dies, am zweiten Tag schuf Er das und so weiter. Es ist Jehova, der die chronologische Reihenfolge erfunden hat.

Ich hatte beschlossen, diese Geschichte in chronologischer Reihenfolge zu erzählen – alle Stunden eines Sonntags, die eine nach der anderen –, eben weil das kompliziert ist. Und irreal. Das ist der Kunstgriff oder das verbale Feuerwerk, die mich angezogen hatten. Diese Idee gefiel mir: der Kunstgriff der chronologischen Reihenfolge, das zum verbalen Feuerwerk wird.

Kurzum, ich hatte aus Stolz beschlossen, diese Geschichte in chronologischer Reihenfolge zu erzählen, und es ist an diesem Dezembersonntag 1944 neun Uhr morgens, als ich mich mit Henk Spoenay beim Wachtturm melde.

Henk ist zwanzig, genau wie ich. Er ist Holländer. Er ist immer gutgelaunt, immer ruhig. Bei der Arbeitsstatistik bekleidet er einen der heikelsten Posten: er sichert die Verbindungen zwischen unseren Diensten und denen des Arbeitseinsatzes der SS, das heißt, mit dem Büro der SS, das unsere Arbeit kontrolliert und überprüft. Kurzum, Henk sichert die Verbindung zwischen Seifert, der unser Kapo ist, und Schwartz, der SS-Arbeitseinsatzführer ist.

Henk und ich, wir verstehen uns gut.

Es ist neun Uhr morgens, die Kälte ist beißend. Aber die Sonne scheint jetzt auf die Landschaft. Der Ostwind hat den Himmel blankgefegt. Henk und ich, wir melden uns bei dem diensthabenden SS-Offizier im Wachtturm.

Es ist Viertel nach neun, ich saß an meinem Platz, an dem Tisch der zentralen Kartei. Es war ein ruhiger Tag, keine Transporte in Sicht, weder abfahrende noch ankommende. Auch nicht zu viele Leichen zur Eintragung, ein redlicher Durchschnitt. Ich hatte die Ausfüllung meiner kleinen Formulare mit den Tagesberichten der verschiedenen Arbeitskommandos wie auch der aus dem Lazarett und dem Krematorium beendet. Ich träumte vor mich hin, ein Sonnenstrahl fiel durch die Scheibe zu meiner Linken.
»Über was sinnierst du denn?«
Henk steht hinter mir, ich drehe mich halb um.
»Über nichts«, sage ich zu ihm. »Heute gibt es nichts, worüber man sinnieren kann.«
Er zeigt auf die Sonne draußen.
»Willst du einen Rundgang machen?« sagt er. »Ich muß etwas in der *Mibau* in Ordnung bringen.«
»Muß ich mich bei Seifert abmelden?« sage ich.
Er schüttelt den Kopf.
»Schon geschehen«, sagt Henk. »Wenn du über nichts zu sinnieren brauchst, verduften wir!«
Man verduftet.
Ich sage zu Walter, daß ich Spoenay begleite. Walter arbeitet in der Kartei, wie ich. Er macht eine vage Geste, ihm ist es egal. Er ist gerade dabei, die Sonntagsausgabe des *Völkischen Beobachters* zu lesen.
Draußen gingen wir um die Baracke herum, wir landeten auf dem verlassenen Appellplatz. Die Stille ist etwas Seltenes, dicht und zugleich zerbrechlich. Die Dichte der Stille ist so beschaffen, daß das geringste Geräusch sich deutlich davon abhebt. Die Holzbaracken um den Platz herum sind heiter und schick grüngestrichen. Der Rauch aus dem Krematorium ist mattgrau. Sie haben im Krematorium wohl nicht viel zu tun, wenn sie nur einen so dünnen Rauch erzeugen. Oder die Toten verbrennen gut. Die ausgetrockneten Toten, die Leichen der Kumpel wie Weinranken. Sie schaffen uns diese letzte Blüte mattgrauen und dünnen Rauchs. Ein freundschaftlicher Rauch, ein sonntäglicher Rauch, gewiß.
»Das ist nicht wahr«, sage ich.
Henk schaut mich an, er lächelt.
»Nein, das ist nicht wahr«, sagt er, »das ist ein Traum.«
Wir gehen über den Appellplatz, in diesem Traum.

»Was?«
»Wie?«
Er hat mir das Gesicht zugekehrt, wir gehen.
»Was ist ein Traum?« frage ich ihn. »Das? Oder der Rest?«
»Welcher Rest?« fragt Henk.
»Der draußen.«
Henk lacht.
»Wenn alles ein Traum wäre?« sagt er. »Das, das Draußen, das Leben?«
»Nicht unmöglich«, sage ich zu ihm.
»Zerbrich dir nicht den Kopf darüber«, sagt er zu mir. »Das ist zu anstrengend.«
Wir sind in der Nähe des Eingangstors. Die SS-Wache sieht uns herankommen.
»Der Tod vielleicht auch.«
»Wieso?«
»Auch ein Traum«, sage ich zu ihm.
»Das wird man bald wissen«, sagt Henk.
Aber es ist an der Zeit, diese Betrachtungen zu unterbrechen.
Wir haben uns der SS-Wache bis auf drei Meter genähert. Das ist der vorgeschriebenc Abstand. Wir schlagen die Hacken zusammen, wir stehen stramm, wir nehmen unsere Mützen ab, wir melden uns. Oder genauer, wir schreien unsere Eintragungsnummern, eine andere Meldung gibt es nicht.
Der Offizier der Wache ist aus dem mit Scheiben versehenen Kabuff unter dem Torbogen gekommen. Er hat das Rapportheft in der Hand.
Der SS-Offizier kennt Henk natürlich. Er sieht ihn täglich, mehrmals täglich. Er fragt ihn, wohin er geht, er spielt heiter auf die Rückkehr des schönen Wetters an. Beim Reden trägt er Henks Nummer in das Rapportheft ein. Dann wendet er sich mir zu.
»Vierundvierzigtausendneunhundertundvier«, sagt er mit lauter Stimme, die auf meine Brust genähte Nummer ablesend.
Henk schaltet sich ein, um zu sagen, daß ich in der Arbeitsstatistik arbeite und ihn zur *Mibau* begleite.
Der Blick des SS-Offiziers bleibt auf meine Brust fixiert, auf das S in dem roten Dreieck auf meiner Brust.
»Ein Spanier?« sagt er verblüfft. »In der Arbeitsstatistik?«
Er mustert mich, er sieht verdutzt aus.

»Ich bin doch auch Holländer«, sagt Henk leise.
Der SS-Offizier zuckt die Schultern. Er scheint andeuten zu wollen, daß es überhaupt nicht das gleiche sei, Spanier oder Holländer zu sein.
Henk wendet sich rasch mir zu. Er zwinkert verschwörerisch.
»Wissen Sie, die Spanier sind nicht irgendwer«, sagt Henk. »Sie haben Europa beherrscht. Sie haben sogar lange Zeit mein Land besetzt.«
Der SS-Offizier betrachtet ihn keineswegs überzeugt.
»Wissen Sie, wie die holländische Nationalhymne anfängt«, fährt Henk fort.
Der SS-Offizier weiß es offenbar nicht.
Ich stehe immer noch stramm, ich habe Lust zu lachen. Diese Geschichte der Nationalhymne ist ein Spaß zwischen Henk und mir.

»Een prinse van Oranje ben ik altijd geweest –
De koning van Hispanje heb ik altijd geeerd«,

trägt Henk vor.
Und das heißt: Ein Prinz von Oranien bin ich immer gewesen, den König von Spanien habe ich immer geehrt. Was übrigens historisch falsch ist, wenigstens was die zweite Behauptung angeht.
Aber das war ein Spaß zwischen uns. Ich sagte zu Henk, daß er als guter Holländer mich ehren müßte, sogar wenn ich nicht der König von Spanien wäre. Henk erwiderte, er pfeife genauso auf das Haus Oranien wie auf die Könige meines Landes.
Der SS-Offizier hat keinerlei Grund, über unseren internen Spaß auf dem laufenden zu sein. Er wirkt verwirrt.
»Es hat sogar einen Spanier gegeben, der Kaiser von Deutschland gewesen ist«, fügt Henk gelassen hinzu.
»Kaiser von Deutschland? Das glaube ich nicht!«
Der SS-Offizier hat seine Empörung nicht zurückhalten können.
»Und Karl V.?« sagt Henk.
Der SS-Offizier ist nicht überzeugt. Aber Henk wechselt das Thema. Es gibt Grenzen, die man nicht überschreiten darf.
In neutralem Ton erklärt er dem SS-Offizier, daß ich ein vorbildlicher Beamter sei, daß ich mehrere Sprachen könne, auch Deutsch, was mich für die Arbeitsstatistik sehr nützlich mache, wo wir mit Häftlingen verschiedenster Nationalitäten zu tun hätten.

Der SS-Offizier wendet sich mir zu und fragt mich, ob ich tatsächlich deutsch spräche.
Ich korrigiere die Haltung und antworte ihm in fehlerfreiem Deutsch, daß ich fließend deutsch spräche.
Er wirkt beruhigt. Er nickt, er sagt uns, wir könnten weitergehen.
Wir durchquerten das Torgitter, wir sind auf der anderen Seite.
Wir gehen durch die lange verschneite Allee. Außer Sicht säumen die hohen von Hitler- oder einfach Hoheits-Adlern gekrönten Granitsäulen die verschneite Allee.
»Er war kein Spanier«, sage ich.
»Wer?«
»Karl V.«, sage ich. »Er war Flame.«
»Scheiße!« sagt Henk. »Das stimmt!«
Er lacht, wir lachen.
Wir gehen durch die lange Allee, die Luft ist frisch.

Ich bin allein zurückgekommen, Henk ist in der *Mibau* geblieben. Die Sache, um die er sich hatte kümmern müssen, hat sich nicht so schnell in Ordnung bringen lassen wie geplant. Ich habe allein zurückgehen müssen, ohne auf ihn zu warten.
Die Allee ist verlassen, ich gehe langsam, blicke um mich.
Vorhin auf dem Hinweg hatte auch Henk um sich geblickt.
»Wenn man verduften würde?« hatte er gesagt.
Wir hatten den Buchenwald um uns herum betrachtet. Wir hatten die massiven Gebäude der SS-Kasernen betrachtet, etwas weiter weg, am Ende einer Querstraße. Wir hatten den Schnee betrachtet, der die Bäume und die Kasernen, die ganze Landschaft bedeckte. Der Schnee, der Europa bis zu den russischen Ebenen im Osten, bis zu den Ardennen im Westen bedeckte.
»Bescheiden!« hatte ich zu ihm gesagt.
Henk hatte die Schultern gezuckt.
»Keine Chance, rauszukommen«, hatte er gesagt.
Wir waren außerhalb der unter Strom stehenden Umzäunung des eigentlichen Lagers, aber der ganze Komplex der Fabriken, Depots, Kasernen, Verwaltungsgebäude – Basisstützpunkt der SS-Division *Totenkopf* – war von einem zweiten Stacheldrahtzaun umgeben. Und zudem war die Landschaft noch von den Streifenwagen der Aufseher durchfurcht.

Ich betrachtete den Schnee, der Europa bedeckte.
»Die Russen verduften trotzdem«, hatte ich gesagt.
Henk hatte wieder die Schultern gezuckt.
»Die Russen verduften im Frühling«, hatte er gemurmelt. »Und außerdem sind die Russen verrückt.«
Die Russen verdufteten im Frühling, das stimmt. Die Russen waren verrückt, das stimmt auch.
Sobald die schönen Tage wiederkehrten, verdufteten die Russen, die im Freien an der Ausbesserung der Straßen oder der Eisenbahnschienen, der Planierung, im Steinbruch, einfach irgendwo draußen arbeiteten.
Der Frühling kehrte wieder, es war April.
Goethe hätte seine Kalesche kommen lassen, er hätte Eckermann auf eine Rundfahrt über die Straßen des Ettersberges durch den Hochwald mitgenommen. Goethe hätte Bemerkungen über die Schönheiten der Landschaft, über die geringsten Ereignisse in der Vogelwelt gemacht, er hätte in diese Bemerkungen tiefsinnige und pikante Betrachtungen eingestreut, Erinnerungen an Schiller oder Hegel, vielleicht sogar an Napoleon. Eckermann hätte ihm mit aufgesperrtem Mund selig zugehört und jedes Wort seinem Gedächtnis eingeprägt, denn er weilte nur auf Erden, um Goethes Abschweifungen niederzuschreiben. Es wäre Frühling in unserem schönen Thüringer Wald!
Wenn der Frühling wiederkehrte, bei der ersten Schwalbe dieses noch anfälligen Frühlings, verdufteten die Russen plötzlich. Sie hatten keinen ausgeheckten Plan, sie hatten ihre Flucht nicht vorbereitet. Sie verdufteten einfach.
Das spielte sich immer auf die gleiche Art ab. Plötzlich hörte ein Russe auf zu arbeiten. Er stützte sich auf seinen Spaten oder seine Hacke, in der Lauheit des Frühlings, im Duft des Frühlings, der wie ein Brodem heranwehte. Das stieg ihm zu Kopf, berauschte ihn. Ein spritziges Schwindelgefühl. Der Russe richtete sich auf, er betrachtete die Landschaft. Er ließ seinen Spaten fallen, er verduftete.
Das war keine Flucht, das war ein Pulsschlag. Solchen Pulsschlägen widersteht man nicht.
Da war dieser duftige Brodem gewesen. Der Russe hatte die Augen gehoben. Die Hecke da drüben war grün, der Hain schmückte sich mit zarten Knospen. Der Russe konnte nicht dableiben, um die Erde mit seinem Spaten umzugraben, das war

zu idiotisch. Er warf seinen Spaten hin, er stürzte den Hang hinunter, er rannte zu der Hecke, dem Hain, dem sprießenden Getreide, den ersten Knospen, den murmelnden Bächen, dem Leben draußen. Er rannte wie verrückt zu den endlosen und fernen Ebenen seines Landes, in der Frühlingssonne.
Manchmal wurde der Russe sofort von einer Kugel in den Rücken niedergestreckt. Aber der Tod war sanft gewesen, er hatte in jenem letzten Augenblick nach Frühling geduftet, ehe das Gesicht sich im Gras vergrub. Manchmal wurde der Flüchtling nach einigen Stunden wäldlicher Freiheit geschnappt und auf seinem Gesicht lag noch der Abglanz kindlicher unbändiger Freude, wenn er auf dem Appellplatz gehenkt wurde.
Sobald die schönen Tage wiederkehrten, verdufteten die Russen, das war bekannt.
»Die Russen sind verrückt«, hatte Henk gesagt.
Sicherlich waren sie verrückt. Diese russische Verrücktheit ließ mein Herz pochen.

Jahre später las ich *Kolyma – Insel im Archipel* von Warlam Schalamow, und plötzlich kehrte mein Blut in seiner Bahn um. Ich hatte den Eindruck, daß mein Blut zurückgeflossen wäre, daß ich wie ein Phantom in dem Gedächtnis eines anderen schwämme. Oder daß Schalamow wie ein Phantom in meinem Gedächtnis schwämme. Jedenfalls war es dasselbe Doppelgedächtnis.
Auch von Kolyma erzählt Schalamow, daß die russischen Bauern, wenn der Frühling wiederkehrte, verdufteten. Sie hatten freilich keinerlei Chance davonzukommen. Hunderte von Kilometern der Taiga galt es zu durchqueren, mit den Jagdkommandos auf den Fersen. Aber die russischen Bauern verdufteten trotzdem, sobald der kurze Frühling des Hohen Nordens wiederkehrte. Die Jagdkommandos der Spezialabteilungen des Innenministeriums erwischten sie, sie schnitten den Flüchtlingen die Köpfe ab, die sie säuberlich eingewickelt zurückbrachten, um zu beweisen, daß sie die Flüchtlinge tatsächlich geschnappt hatten, und um die Prämien einzukassieren.
Die abgeschnittenen Köpfe der russischen Bauern, erzählt Schalamow, wurden vor der Baracke der *Kommandatura* in Kolyma aufgereiht. Die Augen dem Tod geöffnet. Irre Augen von einem Mattblau, einem eisigen Grau: kleine Seen, in denen sich die jähe

und vergängliche Leidenschaftlichkeit des Frühlings widerspiegelte. Irre Augen des russischen Wahnsinns. Der gleichen Tollheit wie in Buchenwald. Der gleichen Lebenstollheit der russischen Bauern in den Lagern Stalins.
Für mich gibt es kein unschuldiges Gedächtnis mehr.

Ich war in London, ich las *Kolyma – Insel im Archipel* von Warlam Schalamow. Es war gegen Frühlingsende, im Jahr 1969. Sicherlich könnte ich das genaue Datum nennen, wenn ich das geringste Interesse daran hätte. Es gibt Jahre, die im Gedächtnis – will sagen in meinem – fast völlig verblassen und die man, manchmal mühsam, auf Grund verschiedener Ereignisse rekonstruieren muß, die nachprüfbare, in Dokumenten festgehaltene Spuren zurückgelassen haben. Aber dieses Jahr ist mir ganz und gar überschaubar in all seinen Einzelheiten und Verschlingungen im Gedächtnis geblieben.
Wie dem auch sei, ich war in London, es war Ende Mai 1969. Und ich las *Kolyma – Insel im Archipel.*
Ich hatte jeden Morgen Arbeitstermine im Büro einer Filmproduktionsgesellschaft in der Dean Street. Von meinem Hotel aus ging ich, über die Piccadilly und die Shaftesbury Avenue zu Fuß hin. Beim Einbiegen in die Straße hatte ich, von der Ecke Old Compton an, die Wahl zwischen der Reihe von *Pubs*, mit ihrem Geruch von Bohnerwachs, Sägemehl und den englischen herben, stärkenden und bekömmlichen Bieren, und der Reihe der kleinen italienischen Cafés in diesem traditionsgemäß von Emigranten bewohnten Viertel von Soho, mit ihren wirklich genießbaren *Espressi.*
Morgens wählte ich selbstverständlich die Reihe der italienischen Cafés, die übrigens von Spaniern beiderlei Geschlechts geführt wurden, da die Italiener bei ihrem sozialen Aufstieg bereits ein paar Stufen mehr erklommen hatten.
Diese morgendlichen Ruhepausen waren für mich von doppeltem Interesse. Erstens die Freude am Genuß eines oder mehrerer echter Kaffees, unentbehrlich vor den bevorstehenden langen Diskussionen über ein Filmprojekt, das mich mit Unterbrechungen ein ganzes Jahr beschäftigt hat und das nie verwirklicht werden sollte, aber aus dem mir verschiedene Nebenvorteile entstanden sind, angefangen mit dem meiner zahlreichen Aufent-

halte in London. Das Espresso-Trinken war für mich um so notwendiger, als es mir danach, in den Büros der vermeintlichen Produzenten, nie gelang, etwas anderes zu bekommen als ein blasses und laues, sozusagen völlig aroma- und koffeinfreies Gesöff. Das andere Interesse oder der andere Vorteil dieser morgendlichen Ruhepause war, daß ich mit den meisten, ja fast mit allen Serviererinnen und Kellnern besagter Bistros spanisch sprechen konnte. Die Kommunikation, sogar unter den beschränktesten und sachlichsten Aspekten, nämlich der Übermittlung einer Bestellung oder eines Wunsches – eben einen Kaffee zu trinken – wurde dadurch sehr erleichtert. Aber es gab nicht nur diesen rein vermittelnden Aspekt. Es gab auch den Geschmack der spanischen Wörter und Akzente, der begonnenen oder erratenen Geschichtsfetzen, die Möglichkeit, irgendein Ereignis des spanischen Lebens zu kommentieren, und besonders sportliche Ereignisse.
Ich stützte mich also auf die Theke eines Londoner *Coffee-Houses* auf und beobachtete die exakten Bewegungen eines Kellners, der nicht das geringste Erstaunen gezeigt hat, als er mich soeben einen sehr starken Kaffee bei ihm auf Spanisch bestellen hörte, denn er gehörte sicherlich jener neuen Generation von Spaniern an, die sich über nichts mehr wundern, nachdem sie ein für allemal mit dem provinziellen und altmodischen Horizont im Alltag ihres Landes gebrochen haben. Und dann, in dem Augenblick, in dem der Kellner die Tasse Kaffee hinstellte und mir eine spanische Zeitung reichte, um genau zu sein *Marca*, ein Sportblatt, in dem Augenblick, in dem ich dieses Angebot annahm – das der Zeitung natürlich, denn den Kaffee konnte er mir keinesfalls anbieten –, erinnerte ich mich an die Tage von einst in Madrid.
Früher, in Madrid, saß ich stundenlang in den Cafés. Das war Anfang der fünfziger Jahre. Ich hatte noch keine echten illegalen Unterkünfte. Ich will damit sagen, daß ich natürlich unter falschen Namen lebte, aber mal hier, mal dort, meistens als Untermieter in einem Zimmer mit Waschraum oder Benutzung des Badezimmers, bei Witwen von Beamten oder von für das Vaterland gefallenen Berufsoffizieren – man stirbt immer für das Vaterland, sogar in seinem Bett, wenn man Offizier der spanischen Armee ist –, die durch die Untervermietung einiger Zimmer ihrer gewöhnlich großen und heruntergekommenen

Wohnung ihre spärliche Witwenpension aufbesserten. Ich hatte tadellose falsche Papiere, deren Name und Vorname regelmäßig wechselten, wenn ich das Zimmer und das Viertel wechselte, die aber aus mir immer jemanden machten, der aus der Provinz Santander stammte, die ich gut genug kannte, da ich meine ganze Kindheit dort verbracht hatte, das heißt, die langen Kindheitsmonate der großen Ferien, um interessierte und manchmal sogar indiskrete, aber keineswegs böswillige, sondern aus reiner Neugier gestellte Fragen einer alleinstehenden Frau, die womöglich die Wohnungsbesitzerinnen an mich richteten, beantworten zu können. Als einer, der aus der fernen kantabrischen Provinz Santander stammte, erklärte ich all diesen braven Damen in den Wechseljahren meine Anwesenheit in Madrid mit meiner Absicht, mich dort auf eine baldige Ausschreibung vorzubereiten, um den Posten eines Soziologieprofessors zu erhalten. Die Soziologie beeindruckte die Witwen der Militärs und der Beamten des Ministeriums für Bauarbeiten günstig, ich weiß nicht warum, aber ich kann es bezeugen. Die hypothetische Vorbereitung für besagte Ausschreibung zwang mich – oder eher, zwang die Person, die ich zu sein vorgab und deren Rolle ich auf überzeugende Art zu spielen hatte – allerdings, stundenlang in den Bibliotheken und Seminaren der Universität zu arbeiten. Das war schwierig für mich, denn es hätte Verdacht erregen können, daß ich mehrmals am Tage das Haus verließ und dorthin zurückkehrte, jedesmal wenn ich eines meiner zahlreichen illegalen Treffen organisieren mußte. Deshalb legte ich diese Treffen möglichst zusammen, um den Anschein zu erwecken, den Stundenplan eines künftigen Soziologieprofessors strikt zu beachten. Aber es war undenkbar, die leeren Stunden, die Wartezeiten, die verlorenen Augenblicke zwischen einem Treffen und dem nächsten auszuschließen. Daher, und ich komme auf meinen Ausgangspunkt zurück, war ich damals, Anfang der fünfziger Jahre, gezwungen, lange Stunden in den Madrider Cafés zu verbringen.

Denjenigen, die mich damals nicht gekannt haben, wird es schwer fallen, mir zu glauben, aber Tatsache ist, daß ich mich in den fernen fünfziger Jahren überhaupt nicht für Fußball interessierte. Ich interessierte mich so wenig dafür, daß meine Unwissenheit unweigerlich wenn auch keinen offenen Verdacht, so doch wenigstens ein bekümmertes und irgendwie argwöhnisches

Erstaunen hervorrief in den verschiedenen Bistros, in denen ich, vor einer Tasse Kaffee mit einem Schuß Milch auf die Theke gestützt, lange Augenblicke verbringen mußte. Man kann, man konnte, jedenfalls zu der Zeit, von der ich spreche, tatsächlich nur einige Minuten in einem Madrider Café bleiben – es sei denn, man saß an einem Tisch und war ostentativ und vielleicht sogar feindselig in eine einsame Lektüre oder in die mühsame Abfassung eines Briefes oder einer Bittschrift an irgendeine Behörde vertieft – man konnte dort nicht bleiben, ohne mit der überströmenden Herzlichkeit, mit dem angeborenen Bedürfnis der Madrider nach Kommunikation und Kommunität konfrontiert zu werden. Nun drehte sich aber jedes Gespräch zwangsläufig um das Thema Fußball. Damals begann die europäische Karriere von Real Madrid, damals kommentierten jeden Sonntag im Radio und montags und dienstags in der Presse Sportjournalisten weitschweifig die Heldentaten von Di Stefano, dem argentinischen Mittelstürmer, der *la saeta rubia* – der blonde Pfeil – genannt wurde und je nachdem die Wonne oder die Verzweiflung der fanatischen spanischen Anhänger war (oh diese Körpertäuschungen, um sich in bessere Schußposition zu bringen! diese unerwarteten Sprints, die in der gegnerischen Abwehr Panik verursachten, sogar wenn er den Ball nicht am Fuß hatte! diese mit einem graziösen Hackentrick erzielten Tore – seine Wendigkeit ließ sich nur mit der eines Spitzentänzers vergleichen!). An dem Tag, an dem ich an der Theke des *Café Inglés* auf der Plaza San Bernando so unvorsichtig gewesen bin, einem Nachbarn nicht nur anzuvertrauen, daß ich die letzten Ergebnisse der Fußballmeisterschaft nicht kannte, sondern auch, daß der Name Di Stefano mir nicht viel sagte, habe ich gespürt, wie eine eisige Stille sich um mich herum ausbreitete und sich wie eine Mayonnaise verdickte, die ihren Konsistenzhöhepunkt erreicht. Ich habe plötzlich den Eindruck gehabt, ein Marsmensch mit subversivem Auftrag auf unserem Planeten zu sein, den die Erdenbewohner auf Grund seiner Unempfindlichkeit einem Aspekt des täglichen Lebens gegenüber entlarvten. Aber es war sehr gefährlich, daß ich ein Marsmensch zu sein schien, daß ich in meiner Eigenheit entlarvt wurde. Ich mußte mich, ganz im Gegenteil, unauffällig verhalten und in der Menge untergehen, anonym und gewöhnlich werden: ich mußte, wie ich blitzschnell begriffen habe, endlos und brillant über die Dribblings von Gento, die Finessen von Di Stefano,

über die tadellose, wenn auch nicht sehr einfallsreiche Technik von Luis Suarez und so weiter reden können.
Es ist also die Politik, wie Sie haben feststellen können, und so paradox das auch in einer Zeit erscheinen mag, in der die Fußballeidenschaft in Spanien, nach Meinung erlauchter Geister, ein Element der Demobilisierung, der Entpolitisierung der Massen war, es ist die Politik, die mich dazu getrieben hat, mich für Fußball zu interessieren. Heute habe ich diesen in meinen Augen völlig ehrenwerten Vorwand natürlich nicht mehr nötig. Ich interessiere mich ohne jeglichen Vorwand, ohne jegliche Rechtfertigung dafür: aus reiner Freude am Schauspiel.
Wie dem auch sei, ich war, gegen Frühlingsende 1969, in einem kleinen Bistro der Dean Street oder irgendeiner benachbarten Straße in London, und der Kellner hat mir *Marca*, ein Sportblatt meines Landes, gereicht. Er hat kurz, aber sachkundig die letzten Ergebnisse der Oberliga der spanischen Fußballmeisterschaft kommentiert, und zwar auf eine Art, die seine Vorliebe und seine Herkunft deutlich verriet: er war Baske, das stand außer Zweifel, und an diesem Morgen bekümmerte ihn ein kürzlicher Rückschlag der *Real Sociedad*, des Klubs von San Sebastian.
Ich trank den bitteren und heißen Kaffee in kleinen Schlücken, ich sprach mit dem Kellner, der aus Pasajes stammte, und ich fühlte mich heimisch in diesem winzigen, sicherlich inkonsequenten und episodischen maskulinen Vaterland, aber voller Sehnsucht nach den strahlenden Tagen von einst, in Madrid.

Aber ich war in London und las *Kolyma – Insel im Archipel* von Warlam Schalamow.
Auch in Buchenwald flohen die Russen im Frühling. Eigentlich flohen sie nicht einmal: sie verdufteten. Sie hörten plötzlich auf, mit dem Spaten oder der Hacke zu hantieren. Sie richteten sich auf. Vielleicht hatte ein lauer, nach allen Säften des Frühlings duftender Wind das nahe Laub rascheln lassen. Vielleicht hatte man Vögel zwitschern hören. In Buchenwald, immerhin umgeben von der dunklen und stolzen Masse eines üppigen Buchenwaldes, hörte man niemals Vogelgesang. Man sah niemals Vögel. Es gab keine Vögel auf dem Ettersberg. Vielleicht ertrugen die Vögel nicht den Gestank verbrannten Fleisches, der in dichten Rauchwolken aus dem Krematorium über die Landschaft ge-

spieen wurde. Vielleicht ertrugen sie nicht das Gebell der Wolfshunde der SS-Abteilungen. Aber wie dem auch sei, im Frühling hatte vielleicht in irgendeinem Planierungskommando, das außerhalb der eigentlichen Umzäunung arbeitete, ein unerwarteter Vogelgesang, eine triumphierende Folge von Trillern, die seltsame und stechende Nostalgie hervorgerufen und jenen zwanzigjährigen Russen sich aufrichten lassen. Er hatte wohl den Vogelgesang einen kurzen Augenblick der stillstehenden Ewigkeit lang gehört. Lächelnd hatte er wohl zugehört. Und dann hatte er wohl jäh seinen Spaten oder seine Hacke weit weg geschmissen und war losgerannt, mit einem durchdringenden Schrei überdies, dem Schrei der Sioux auf dem Kriegspfad, dem Schrei wilder Freude, was nun der Gipfel war, wenn man lieber hätte versuchen sollen, unbemerkt zu verduften.

Aber ich erzähle Ihnen diese Frühlingsausbrüche der Russen so, als wäre ich selbst dabei gewesen. Nun bin ich nicht dabei gewesen, ich habe nie einen dieser Ausbrüche miterlebt. Sebastian Manglano hat einmal einen miterlebt. Er hat mir davon erzählt. Und er erzählte sehr gut.

Sebastian Manglano wurde in einem der volkstümlichsten Viertel von Madrid, bei der Cava Baja, geboren. Er hatte den schleppenden lässigen Akzent, die Geckenhaftigkeit und die männliche Prahlerei eines jungen Madrider Gockels. Aber er hatte, fast noch ein Kind, den Bürgerkrieg in einer Einheit des V. Korps der republikanischen Armee mitgemacht, eines ruhmreichen Elitekorps unter dem Befehl von Kommunisten und Propagandaliebling der KPS. Die Mischung dieser zwei biographischen Elemente erwies sich eher positiv in dem Maße, in dem es der kommunistischen Erziehung nicht gelungen war, die Spontaneität zu ersticken, die dem Volk eigen ist – und die gelegentlich ins Pöbelhafte umschlägt, dabei aber immer noch seiner Auffassung von Ungerechtigkeit und Machtmißbrauch zufolge gerecht bleibt – eben diese Spontaneität, die Sebastian Manglano besaß.

Mit einem Wort, Manglano war kein schlechter Gefährte im Unglück. Das einzige, was ich ihm vorwerfen kann, ist, daß er Flöhe mitgebracht hatte, sicherlich von der *Gustloff*, der er nach der Quarantänezeit zugeteilt worden war. Da wir auf der Bettstelle von Block 40 Schlafnachbarn geworden waren, sind wir alle beide zur Desinfektion geschickt worden, den hygienischen Vorschriften entsprechend. Er, weil er einen Floh in seiner

Kleidung entdeckt hatte, und ich, weil ich sein Schlafnachbar war. Bedenken Sie, daß wir in diesem Block 40, in dem ein großer Teil der Crème, der Aristokratie der Häftlinge vereint war, andere Schlafnachbarn hatten, die nicht zur Desinfektion geschickt worden sind. Aber nur deshalb nicht, weil sie Deutsche waren. Sie kamen nicht aus so fernen, zweifelhaften und schmutzigen Mittelmeergegenden, aus denen wir stammten, Manglano und ich. Ein Floh auf Spaniern läßt sich, was die voraussichtlichen Konsequenzen betrifft, überhaupt nicht mit einem Floh auf der glatten und rosigen, gutgepflegten und gutgenährten, kurzum arischen Haut eines deutschen Häftlings vergleichen. Man hat also nur die lästigen Ausländer der Bettstelle zur Desinfektion geschickt, diejenigen, deren Blut nicht rein genug war, um jede Ansteckung sofort zurückzudrängen. Und wenn ich »man« sage, spreche ich natürlich nicht von den SS-Männern: sie griffen nicht unbedingt bei einem so banalen Detail des täglichen Lebens ein. Ich spreche vom Blockführer und seinen Adjutanten.
Wir sind also zur Desinfektion geschickt worden, Manglano und ich. Die Tatsache, daß ich bei der Arbeitsstatistik arbeitete, ein deutliches Anzeichen dafür, daß ich der führenden politischen Bürokratie angehörte, hat mir die Desinfektion nicht erspart, bei der man erneut kahlgeschoren wurde, wie bei der Ankunft im Lager, und mit fester Hand in ein schauderhaftes grünliches Kresylbad getaucht wurde, von jungen Russen, denen es offensichtlich Spaß machte, unseren Kopf möglichst lange unter Wasser zu halten. Es genügte also nicht, ein »Drückeberger« zu sein, um sich der plebejischen Desinfektion zu entziehen: man mußte außerdem Deutscher sein. Vielleicht hätte es genügt, Tscheche zu sein.
Aber ich bedauere diese Episode überhaupt nicht. Erstens war ich damals noch neugierig auf alles und fast unempfindlich gegen körperliche Schmerzen. Und dann konnte mich nichts Äußeres und Objektives demütigen: diese idiotischen und rohen Russen, die sich schäbig, aber irgendwie verständlich an uns für das Schicksal, das gewöhnlich ihren Landsleuten in den Lagern der Nazis zuteil wurde, rächten, konnten mich wirklich nicht beeindrucken, nicht demütigen. Nur ich allein konnte mich demütigen. Ich will damit sagen: das einzige, was mich demütigen konnte, wäre die Erinnerung an eine schändliche Tat gewesen, die ich selbst hätte begehen können. Aber ich tauchte

niemandes Kopf in das grünliche und stinkende Wasser des Desinfektionsbads. Das einzig Demütigende wäre gewesen, mich auf die Seite der Schinder, der Schieber, der Schmarotzer zu schlagen. Und dort stand ich bestimmt nicht.

Wie dem auch sei, das Desinfektionsgebäude befindet sich am Westrand des Lagers Buchenwald, direkt an der Umzäunung der DAW, der *Deutschen Ausrüstungswerke*, ungefähr auf gleicher Höhe mit Block 40. Es liegt hinter den Wasch- und Duschbaracken und der Effektenkammer, wo man eingekleidet wurde. Manglano und ich, wir meldeten uns zur vorgeschriebenen Zeit, und man ließ uns vor der Tür warten. Es war mitten im Winter, im letzten Winter dieses alten Krieges. Es fror Stein und Bein, und wir wären sicherlich erfroren, wenn uns Manglano nicht gewärmt hätte, indem er mit seiner üblichen Begeisterung und Phantasie Geschichten aus seinem jungen abenteuerlichen Leben erzählte. Beim Warten auf die Desinfektion hat mir Manglano die sinnlose Flucht eines jungen Russen erzählt, die er im vorigen Frühling miterlebt hatte, als er noch einem Planierungskommando zugeteilt gewesen war.

»An diesem Tag war ich eigentlich ganz gut gelaunt«, sagte Manglano zu mir. »Am Vorabend hast du mich im Quarantäneblock besucht, erinnerst du dich noch? Du hast mir etwas Tabak mitgebracht, im Namen der Familie.«

Die Familie ist natürlich die Partei. *La familia.* Aus vielen, mitunter klaren, historisch bestimmten, dadurch also leicht erkennbaren und mitunter wesentlich dunkleren Gründen haben die spanischen Kommunisten es sehr lange vermieden, die Partei beim Namen zu nennen, eben Partei zu sagen, sogar unter sich, in Privatgesprächen fern jeglichen indiskreten und möglicherweise böswilligen Ohrs: kurzum des Feindesohrs. *Es de la familia* oder: *Es de casa*, sagte man in stillschweigendem oder eher beredtem Einverständnis, wenn man von einem Genossen sprach. »Er ist von der Familie« oder noch bündiger, noch aufschlußreicher: »Er gehört zu uns.« Und gewiß hatte diese eingewurzelte Gewohnheit historische Ursprünge. Erst einmal ist die KPS fast während der ganzen Zeit ihres Bestehens illegal gewesen. Diese semantische Umschreibung konnte für eine verschwörerische Vorsichtsmaßnahme gehalten werden, und das war sie auch irgendwie in erster Linie. Später, während des Bürgerkrieges, hat die KPS eine politische Rolle gespielt, deren

Bedeutung in keinem Verhältnis zu ihrer tatsächlichen Verwurzelung in der Gesellschaft stand und die von einer ganzen Reihe von äußeren Faktoren abhing, unter ihnen vor allem: die sowjetische Militärhilfe und die eben durch diese Hilfe erleichterte kommunistische Besetzung in den Staatsapparaten. Damals hat die KPS frenetisch die Taktik der Zellenbildung, der Einschleusung, der Infiltration in allen Organisationen, Institutionen und besonders in den Militär- und Polizeiapparaten praktiziert. Kurzum, die KPS hat auf einer gewissen Ebene die gleiche Taktik benutzt wie die stalinistischen Geheimdienste, die seit dem Bürgerkrieg die verschiedensten spanischen Organisationen durchsetzt haben, natürlich bei der kommunistischen Partei selbst angefangen. All das hat die Angewohnheit einer metaphorischen Benennung und Umschreibung der Parteizugehörigkeit verstärkt, die aus Gründen der Taktik und Tarnung nicht publik gemacht werden konnte.

Aber dieser Hang zur Geheimtuerei hatte natürlich nicht nur historisch bedingte Gründe und Wurzeln. Er enthüllte etwas wesentlich Tieferes. Er unterstrich das Verhältnis zwischen Geheimnis und Heiligem. Die Partei war im Grunde die strahlende Wesenheit, deren *Namen* man nicht unnötig nennen durfte, sondern nur mit Vorbedacht, wenn keine Rede davon sein konnte, ihre Existenz Uneingeweihten zu entschleiern. Daher hatte man sich, bei Gelegenheiten, bei denen es unumgänglich zu sein schien, sie zu nennen, angewöhnt, es durch diese bedeutungsvollen Umschreibungen zu tun.

Aber Manglano erzählte mir, warum er, an jenem Tag im letzten Frühling, Gründe gehabt hatte, um ganz gut gelaunt zu sein. Nicht nur, weil ich ihm am Vorabend die Tabakration der kommunistischen Solidarität gebracht hatte. Sondern auch, weil er an jenem Morgen, gerade als die schrillen Weckpfiffe ertönten, in seiner Baracke im Kleinen Lager mit verwunderter Rührung hatte feststellen können, daß seine Männlichkeit sich nicht für immer verflüchtigt hatte, wie er es seit Wochen befürchtet hatte.

»Verstehst du«, sagte Manglano zu mir, »wahnsinnig lange hatte ich nichts, was ich in die Hand nehmen konnte! Als wäre der Uhu tot, für immer entschlafen. Keine Erektion beim Aufwachen, und dabei war ich, ohne mich damit brüsten zu wollen, Erektionen wie ein Esel gewohnt. Seit Wochen und Wochen einfach nichts. Es nützte nichts, den Schwanz zu kitzeln, zu streicheln, zu reiben, zu kneten, sobald ich eine günstige Gelegenheit hatte, nichts rührte sich, alter Freund, das kann ich dir sagen! Und dann, heute morgen beim Wecken, richtete sich der Uhu ohne Vorwarnung mir nichts, dir nichts auf! Wie ein Schwengel aus Bronze, bimbam!«

Ich habe mich, wie man wohl gemerkt hat, bemüht, das einfallsreiche, deftige Spanisch voller typisch Madrider Redewendungen wiederzugeben, das Manglano an diesem Tag benutzt hatte.

Wir standen vor der Tür der Desinfektionsbaracke, und das bildhafte Feuer von Manglanos Schilderung half uns, die eisige Kälte zu vergessen, die uns umgab. Ich sah einige Dutzende von Metern entfernt, am Ende des Vorplatzes, der sich vor uns zwischen der Effektenkammer und dem Wasch- und Duschgebäude ausbreitete, den Goethe-Baum. Oder eher den verkohlten Stumpf, der davon übriggeblieben war. Denn obwohl die SS-Männer ihn bei der Errichtung von Buchenwald verschont hatten, hatte eine amerikanische Phosphorbombe ihn bei dem Luftangriff im August 1944 in Brand gesteckt. In die Rinde dieses Baums sollen Goethe und Eckermann ihre Initialen mit dem Messer eingeritzt haben. Ich glaube es gern.

Ich begann in der Kälte dieses Wintermorgens zu erstarren, und Manglanos Erzählung, die Erzählung von jenem sinnlosen Frühlingsausbruch eines zwanzigjährigen Russen, den er miterlebt hatte, wurde unzusammenhängend, denn er wiederholte sich. Schon zum drittenmal in Manglanos Erzählung hatte sich der Russe aufgerichtet, mit lauernden Augen, lächelnd – glücklich lächelnd, sagte Manglano zum drittenmal –, kurz bevor er die Hacke weit von sich schmiß und auf einen kleinen Wald zu rannte, wobei er ein Geschrei von Sioux-Indianern auf dem Kriegspfad ausstieß.

»Warum ausgerechnet Sioux?« fragte ich unüberhörbar ungläubig.

»Was?« sagte Manglano, der in seinem Elan unterbrochen worden war.

»Warum der Sioux und nicht der Navajos oder der Komantschen oder der Apachen, einfach so?«

Manglano runzelte die Stirn.

»Warum denn nicht der Sioux?« sagte er mürrisch.

»Ach, Scheiße!« rief ich, »kennst du denn den Unterschied

zwischen dem Kriegsgeschrei der Sioux, der Apachen, der Navajos, der Komantschen oder Gott-scheiß-von-welchem Stamm?«
Aber wir haben diese interessante Klarstellung nicht beenden können. Die Tür der Desinfektionsbaracke hat sich geöffnet, und ein fetter Kerl mit gerötetem Gesicht befahl uns brüllend reinzukommen.
Dadurch und trotz der letzten und völlig überflüssigen Meinungsverschiedenheit in bezug auf die genaue, allerdings absurde Herkunft des indianischen Kriegsgeschreis, das ein namenloser junger Russe im Augenblick seiner improvisierten Flucht ausstieß, besaß ich einen Augenzeugenbericht aus erster Hand über die Frühlingsausbrüche der Landsleute von Warlam Schalamow in Buchenwald.

Aber nicht alle Russen flohen im Frühling Hals über Kopf. Wie in Kolyma gab es auch in Buchenwald lange vorbereitete, reiflich überlegte Fluchten.
Ich war in London, ich las in *Kolyma – Insel im Archipel* die von der Flucht des Oberstleutnants Janowsky und seiner Gruppe, und ich erinnerte mich plötzlich an Pjotr. Wir nannten ihn in Buchenwald Pedro. Er war jedoch Russe, hatte aber in den Panzerwagen in Spanien gekämpft. Er sprach fließend Spanisch. Pjotr hatte beschlossen, daß es wirklich zu blöde sei, in einem Konzentrationslager zu verschimmeln. Vor allem als Russe konnte auf ihn irgendein schäbiger und gehässiger Unteroffizier der SS einen Pik haben, so daß er Gefahr lief, in der Verbrennungsanlage zu enden. Nun fand Pjotr die Vorstellung, in Rauch aufzugehen, während das Kriegsende nur noch eine Frage von Monaten war, besonders dumm. Daher sein Entschluß, aus Buchenwald zu fliehen. Ich sage bewußt ›fliehen‹ und nicht ›einfach verduften, einerlei wann, einerlei wie‹, beim ersten süßherben Hauch des Frühlings.
Eine echte Flucht will vorbereitet sein.
Erst einmal galt es, sein Glück in Buchenwald nicht herauszufordern. Es war praktisch unmöglich, aus der Umzäunung des Lagers selbst oder aus einer der nahen Arbeitskommandos, deren Häftlinge allabendlich zum Appell ins Lager zurückkehrten, zu fliehen. Pjotr hatte also einen Gruppenfluchtplan aus einem

Außenkommando ausgearbeitet, der ein Maximum an günstigen Umständen in sich vereinte.
Aus diesem Grund hatte er mich aufgesucht. Mein Posten bei der Arbeitsstatistik erlaubte es mir, ihm dabei zu helfen, die mehr oder weniger ideale Stelle ausfindig zu machen.
Pjotrs Wahl war schließlich auf ein bewegliches Arbeitskommando gefallen, das die von den Alliierten bombardierten Eisenbahnschienen reparierte und eben diese Schienen in einem Sonderzug, Gefängnis und Werkstatt zugleich, entlang fuhr, also auf eine Eisenbahnbaubrigade. Er hatte sich mit einem guten Dutzend junger russischer Freiwilliger, die er zusammengetrommelt hatte, dafür eintragen lassen. Es war noch nicht Frühling. Es war Spätherbst. Der Winter setzte bald ein, der längste und kälteste Winter, der letzte Winter dieses Krieges. Einige Wochen später hat eine Meldung die Arbeitsstatistik erreicht. Eine Massenflucht hatte in der Eisenbahnbaubrigade stattgefunden: Pjotr und all seine Jungens hatten das Weite gesucht. Einige Tage danach wurden zwei der Flüchtlinge wieder geschnappt. Im SS-Bericht stand in derselben Zeile, daß die beiden jungen Russen wieder eingefangen und sogleich ›entlassen‹ worden seien. Das war die übliche verwaltungstechnische Formulierung dafür, daß sie hingerichtet, aus ihrem schweren und elenden Erdendasein entlassen worden waren und sie von allen Listen in Buchenwald als Arbeitskräfte gestrichen werden mußten.
Im Laufe der Tage und Wochen haben uns andere Meldungen dieser Art erreicht. Ein Flüchtling aus Pjotrs Gruppe war hier oder dort wieder gefaßt und sogleich hingerichtet, ›entlassen‹ worden. Da die Berichte sehr genau die Stellen bezeichneten, wo die Russen wieder geschnappt worden waren, konnte man den Weg von Pjotrs Gruppe durch Europa, nach Osten, zur Roten Armee verfolgen. Ein letzter Bericht ortete die Gruppe in der Slowakei, nahe der ungarischen Grenze. Danach hat sich das Schweigen auf diese Angelegenheit gesenkt. Um Pjotr blieben noch vier oder fünf Burschen in Freiheit. Marschierten sie nachts durch Europa weiter? War es ihnen gelungen, die Linien der Roten Armee zu erreichen?
Später hatte ich über diese Flucht von Pjotr, über Pjotr selbst viel fabuliert. In meiner persönlichen Mythologie war Pjotr zu einer Art lebender Verkörperung des Sowjetmenschen geworden: des neuen Menschen, des wahren Menschen.

So wie Suzanne sich auf ihrer Pazifikinsel in ihrer Einsamkeit tröstete, indem sie die Marne heraufbeschwor – und ich konnte diese Seiten von Giraudoux auswendig, ich hätte sie 1969, auf die Theke jenes kleinen Cafés in der Dean Street gestützt, zitieren, ich hätte sie in der Nacht in Buchenwald 1944 herausschreien können, sogar auf das Risiko hin, Fernand Barizon aus der Fassung zu bringen, ich kann sie sogar hier, in diesem Augenblick, wiederholen: »Unter allen Zeilen des *Petit Eclaireur* floß allein schon der Name Marne wie ein Bach unter den durchbrochenen Planken einer Brücke hindurch. So klar, daß ich ganz mechanisch laut sagte, um mir möglichst Trost zu spenden: ›Sie ist allein auf ihrer Insel, aber es gibt die Marne ...«, und plötzlich verhieß mir der Name Marne tatsächlich meine Rückkehr, so deutlich sah ich an ihrer Mündung in Charenton diesen begeisterten Angler vor mir ...« –, so wie Suzanne die Marne heraufbeschwor, beschwor ich die Erinnerung an Pjotr herauf: seine Fröhlichkeit, seinen Mut, seinen Sinn für Brüderlichkeit. Später, in manchen schweren Augenblicken des Kalten Krieges – Klasse gegen Klasse, Wissen gegen Wissen, ihre Moral und die unsrige – versuchte ich, mich durch die Erinnerung an Pjotr zu ermutigen, zu trösten. Natürlich war das Bild von Fougeron nichts Besonderes, ich möchte sogar, unter uns, behaupten, daß es abstoßend war, und ich wußte es genau, ich ließ mir nichts vormachen, aber es gab Pjotr, den Sowjetmenschen, den schlichten wahren Menschen. Natürlich war der Text des Kreises kommunistischer Philosophen, der 1950 in der Novemberausgabe der »Nouvelle Critique« erschien, völlig abwegig: man charakterisierte darin ausführlich die »Rückkehr zu Hegel« als »letztes Wort des universitären Revisionismus«, und er schloß mit den geschwollenen und abfälligen Worten: *Diese Große Rückkehr zu Hegel ist nur ein verzweifelter Rekurs gegen Marx in der typischen Form, derer sich der Revisionismus in der Endkrise des Imperialismus bedient: ein Revisionismus faschistischer Prägung.* – und bestimmt fand ich diese Einschätzung, im Schweigen meiner schizophrenen Intimität, völlig abwegig, bestimmt wollte ich nichts damit zu tun haben, aber es gab Pjotr, die Erinnerung an Pjotr, um mir Hoffnung zu geben. Man kämpfte nicht darum, zumindest kämpfte ich – o unglücklicher Idiot! – nicht darum, die Frage der Verhältnisse zwischen dem Marxismus und Hegel klarzustellen oder die jeweiligen Verdienste von Fougeron und von Braque rigoros abzuwägen – welch hübscher Ausdruck! –: man kämpfte darum, ich kämpfte darum, daß Pjotr der Mensch von Morgen sei, mit seiner unbändigen Fröhlichkeit, seinem besonderen Mut, seinem Sinn für brüderliche Gerechtigkeit.

Aber 1969 in London, in diesem kleinen Bistro in der Dean Street, hatte ich diese Fabel, dieses Fabulieren nicht mehr nötig. Ich wußte fortan, daß der Mythos des neuen Menschen einer der blutigsten in der blutrünstigen Geschichte der historischen Mythen war. Ich hatte einen zweiten Kaffee bestellt. Ich sprach mit dem Kellner, einem aus Pasajes. Wir unterhielten uns nicht mehr über Fußball. Die Kommentare über die kürzliche Niederlage der *Real Sociedad*, der Mannschaft von San Sebastián, hatten uns rasch und lebhaft auf den Kern des Themas gebracht. Das war natürlich die Politik, die Geschichte unseres Landes. Unserer Länder, müßte ich eher sagen, um genau zu sein.

Ich las *Kolyma – Insel im Archipel* in London mit zugeschnürter Kehle. Ich wußte fortan, welches Schicksal Pjotr erwartete. Gewiß ein exemplarisches Schicksal, aber nicht in dem Sinn, wie ich es damals verstand, als ich die schöne und rührende Geschichte von Pjotrs Flucht, von Pjotrs langem Marsch durch Europa, die Nacht Europas, die Gebirge und Wälder Europas gelegentlich erzählte. Ein exemplarisches Schicksal, weil Pjotr selbstverständlich in einem Lager des Gulag enden mußte. Vielleicht war er Warlam Schalamow in Kolyma begegnet? Alle Umstände, jedenfalls die schlimmsten, meine ich, waren zusammengekommen, um Pjotr zu einem Idealkandidaten für ein stalinistisches Lager zu machen. Hatte er nicht in Spanien gekämpft? War er nicht aus einem Nazilager geflohen? Alle Umstände zweifellos. Hatte Pjotr nochmals versucht, aus einem der Lager von Kolyma zu fliehen wie Oberstleutnant Janowsky, von dem Schalamow erzählt? War er jener aus einem Nazilager geflüchtete, danach nach Kolyma geschickte sowjetische Offizier, dessen heroisches Ende Schalamow in einer Geschichte heraufbeschwört, die ich nicht habe lesen können, weil sie nicht aus dem Russischen übersetzt worden ist: *Der letzte Kampf des Majors Pugatschow*, aber von dem Michail Heller in seinem unentbehrlichen Essay *Sowjetliteratur und KZ-Welt* bewegt spricht? Oder war er, der vom Kommunismus gebrochene Kommunist, erschöpft durch die Kälte, den Hunger, die unmenschliche Arbeit, gestorben,

ohne zu begreifen, warum, und danach fragend, welchen Fehler er begangen hatte, wann, wieso, wo es schiefgelaufen war? Oder war er, was nicht undenkbar war, wenn es auch schmerzte, daran zu denken, war er der wahre neue Mensch, der wirklich treue, vorbildliche Kommunist, ein Stachanowist der Zwangsarbeit, ein unerbittlicher Brigadier, ein brüllender und gehässiger Roboter des Richtigen Denkens, ein Schinder seiner Deportationsgefährten geworden?
Wie dem auch sei, das tröstete mich 1969 überhaupt nicht mehr, ich meine, meine Erinnerung an Pjotr, den wir Pedro nannten, weil er in Spanien gekämpft hatte.
Das hätte mich eher verdrossen.

Aber ich befand mich in der Dean Street vor dem Eingang eines Gebäudes, in dem die schon mehrmals erwähnte Filmgesellschaft ihre Büros hatte. Ich war im Begriff hineinzugehen, ich drehte den Kopf noch einmal um, um das Treiben auf der Straße zu beobachten. An einem Haus gegenüber, auf der Seite der geraden Nummern, erblickte ich plötzlich eine Gedenktafel, die daran erinnerte, daß Marx eben dort gewohnt hatte.
Und sicherlich war das ein Zufall, der nicht eines Sinnes entbehrte.
Vor fünfundzwanzig Jahren hatte ich in Buchenwald manchmal geträumt, daß Goethe, unsterblich und olympisch, mit einem Wort goethisch, weiterhin auf dem Ettersberg spazierenging, in Begleitung von Eckermann, diesem distinguierten Trottel. Es hatte mir, nicht ohne eine gewisse intellektuelle Perversität, gefallen, die Gespräche zwischen Goethe und Eckermann über das Konzentrationslager Buchenwald auszumalen. Was hätte Goethe zum Beispiel an einem Dezembersonntag gesagt, wenn er auf seinem Spaziergang durch die Allee der Adler die in das riesige Eisentor des Lagers geschmiedete Inschrift entdeckt hätte: *Jedem das Seine*? 1944 wußte ich natürlich nicht, daß Warlam Schalamow, eines nicht fernen Tages, irgendwo in der Konzentrationszone von Kolyma von dieser Inschrift hören sollte. Irgend jemand von den zahlreichen Russen aus Buchenwald, die danach in den Hohen Norden deportiert worden waren, – Pjotr, wer weiß? – mußte bei seiner Ankunft in Magadan von dieser Inschrift erzählt haben. Und wie so oft, fast unvermeidlich hatte

sich in den Erzählungen von Mund zu Mund der ursprüngliche Sinn der Inschrift allmählich verändert. So schreibt Schalamow: »Es heißt, daß über den deutschen Konzentrationslagern ein Nietzsche-Zitat stand: JEDER FÜR SICH.«

Und in den sicherlich von den Russen, die in einer Baracke von Kolyma ihre Erfahrungen von Buchenwald heraufbeschworen haben, kolportierten Erzählungen, war schließlich aus *Jedem das Seine Jeder für sich* geworden. Was in überhaupt keinem Verhältnis zueinander steht und keinerlei Hinweises bedarf. Das einzig etwas Erstaunliche an dieser Geschichte ist, daß Schalamow diesen banalen Ausdruck des uralten Egoismus, der das charakterisiert, was man »die Weisheit der Nationen« nennt, *Jeder für sich*, für ein Wort von Nietzsche hatte halten können. Warum von Nietzsche? Das frage ich mich immer noch.

Wie dem auch sei, 1944, als ich mir mit perversem Vergnügen Goethes Ergüsse über diese Inschrift in Buchenwald, *Jedem das Seine*, – einen gleichmacherischen zynischen Ausspruch – ausmalte, habe ich nicht gewußt, daß Warlam Schalamow ein überaus wertvoller Gesprächspartner in den imaginären Dialogen über den Ettersberg sein sollte. Ich wußte nichts von Warlam Schalamow. Ich wußte nichts von Kolyma.

Um es deutlicher zu sagen: sogar wenn ich etwas gewußt hätte, hätte ich es nicht wissen wollen.

Aber an jenem Tag im Jahre 1969, als ich diese Gedenktafel an einer Häuserfassade in der Dean Street, die daran erinnerte, daß Karl Marx dort gewohnt hatte, entdeckte – und von dort aus machte er seine heiteren, lärmenden und braven Familienausflüge zu den grünen kleinen Tälern von Hampstead Green, wenn man Liebknechts Zeugenaussage glaubt; hier in der Dean Street 28, wo Marx von 1850 bis 1856 gelebt hatte, wo er *Den achtzehnten Brumaire des Louis Bonaparte* und Hunderte von politischen Artikeln und Aufsätzen schrieb – an diesem Tag wußte ich genug, um meine Zeit nicht mehr damit zu vergeuden, Goethe zu befragen, um den bürgerlichen Humanismus nicht mehr in die Falle seiner historischen Heucheleien zu locken – wahrscheinlich ein fast zu leichtes, problemloses Unterfangen, aber doch immer heilsam. An diesem Tag träumte ich, Marx aus einer Wohnung in der Dean Street 28 in seinem abgetragenen Redingote kommen zu sehen. Was hätte er zu Warlam Schalamow zu sagen gehabt?

Am Vorabend hatte ich in meinem Hotel die Lektüre von *Kolyma – Insel im Archipel* wieder aufgenommen. Ich war erst auf Seite 87, und ich las einen kurzen Text unter dem Titel: »Wie alles angefangen hat«.
Plötzlich hat am Anfang eines Satzes mein Blut eine Kehrtwendung gemacht, einen Umweg, es ist in mein Gesicht, in meine Hände zurückgeströmt, es ist in meinem Herzen erstarrt, gefroren, das wie wild hämmerte. Ich hatte folgendes gelesen: *In den Lichtkegeln der Scheinwerfer, die die dunkle Mine beleuchteten, tanzten Flocken wie Staubkörner in einem Sonnenstrahl . . .*
Die Schneeflocken im Licht der Scheinwerfer!
Wir sind noch einige Tausende ehemalige Deportierte (ich mag diesen Ausdruck natürlich nicht besonders. Alte Deportierte, wie alte Kämpfer? Aber wie soll man es anders ausdrücken? Den Lagern des Todes Entronnene? Abgesehen von der lächerlichen Geschwollenheit des Ausdrucks bezieht sich das Wort ›entronnen‹ eher auf eine Naturkatastrophe: man ist einem Erdbeben, einer Überschwemmung entronnen. Also? Überlebende? Das ist ein Wort, das nichts sagt. Jedenfalls nichts Genaues. Nichts Richtiges. Was sollte man überlebt haben? Den Tod? Das wäre komisch: man überlebt doch nie seinen eigenen Tod. Er ist immer da, zusammengekuschelt, zusammengerollt wie eine geduldige Katze, und wartet auf seine Stunde. Überlebt man den Tod anderer? Das ist banal: man braucht Lager, um zu wissen, daß es immer die anderen sind, die sterben. Die Erfahrung des Todes ist sozial, sie ist eine Rache oder ein Sieg der Spezies, so sagte ungefähr Dr. Marx, dessen Gedenktafel an einer Fassade in der Dean Street an seinen Londoner Aufenthalt erinnerte), nun denn, wir sind noch einige Tausende von Männern und Frauen im Westen, einige Hunderttausende im Osten – ich lege, wenn ich Zahlen nenne, keinen Wert auf wissenschaftliche Genauigkeit: ich gebe einfach eine Größenordnung, ein relatives Verhältnis –, die sich nicht an im Licht der Scheinwerfer herumwirbelnde Schneeflocken erinnern können, ohne daß ihnen das Blut, das Herz, das Gedächtnis stockt.
Das ist mir im April 1963 an der Gare de Lyon passiert.
Gare de Lyon?
Aber ich kam nicht von einer illegalen Reise zurück. Wahrscheinlich sollte ich nie mehr von einer illegalen Reise zurückkommen. Ich kam jedenfalls nicht aus Spanien zurück. Übrigens kommt

man von Spanien nicht an der Gare de Lyon an, man fährt auch nicht von dort nach Spanien ab. Seit Dezember 1962 hatte ich aufgehört, illegal in Spanien zu arbeiten. Ich hatte ganz einfach Schluß mit der Illegalität gemacht. Ich hatte meine Identität wiedergefunden, ich meine damit, die Identität, die mir die offiziellen Papiere, die Dokumente über Abstammung und Herkunft zuzuschreiben schienen.

Ich dachte an nichts Besonderes, glaube ich mich zu erinnern. Ich dachte nur daran, der gehetzten, drängelnden Menge der Reisenden zu entkommen und mit großen Schritten den Ausgang des Bahnhofs zu erreichen. Ich war am unüberdachten Teil des Bahnsteigs ausgestiegen, als ich von dem Flockenwirbel eines unerwarteten Schneegestöbers überrascht wurde. Eine krächzende Stimme hat irgend etwas im Lautsprecher angesagt, bestimmt die Abfahrt oder die Ankunft eines Zuges. Ich habe jäh den Kopf gehoben. Pochenden Herzens, noch ehe ich gewußt habe warum. Da habe ich diesen Schneeflockenwirbel gesehen, der seitlich vom Strahlenbündel der Scheinwerfer, von diesem Aufblitzen tanzenden und frostigen Lichts beleuchtet wurde.

Ich bin erstarrt, wie angewurzelt stehengeblieben, am ganzen Leibe zitternd.

Ein tanzendes und frostiges Licht, ein tanzendes Licht, ein Licht ...

Erstarrt, aufrecht in diesem Kommen und Gehen, diesem Tohuwabohu, diesem Durcheinander der Wiedervereinten betrachtete ich jene Schneeflocken, die im Licht der Scheinwerfer tanzten. *Ein tanzendes und frostiges Licht.* Wer sagte diese Worte in mir? Woher stammten sie? Wer sagte sie, wer flüsterte sie, wenn nicht ich selbst? Woher stammten sie, wenn nicht aus meinem fernsten Selbst?

Sicherlich hätte ich mich wieder fassen, mich mit leiser Stimme tadeln können. Ich hätte mir sagen können, daß es nichts gab, um soviel Aufhebens davon zu machen. Es war schon öfter vorgekommen, daß mich plötzlich aus irgendeinem Anlaß oder auch ohne Anlaß eine stechende Erinnerung an Buchenwald durchbohrte. Der Schnee, die Scheinwerfer: na gut, es gab nichts, um daraus so einen Käse zu machen. Na gut, eine nicht mitteilsame Erinnerung. Ich war daran gewöhnt.

Aber an diesem Tag im April 1963 erinnerte ich mich nicht an Buchenwald, das war das Problem.

Ich erinnerte mich an einen Ort, an dem ich nie gewesen war. Ich hatte, an der Gare de Lyon, den Schneeflockenwirbel gesehen, und ich erinnerte mich an ein Lager, in dem ich nie eingesperrt gewesen war. Eben darum konnte ich diese Erinnerung nicht mit einer Handbewegung, einem Wort wegfegen, wie ich es schon oft getan hatte. Eine Handbewegung, ein Wort hätten genügt, um eine Erinnerung an Buchenwald zu exorzieren, so brutal oder stechend sie auch sein mochte. Eine Handbewegung, ein Wort, um ihr ihren Platz in der Wüste eines unerschöpflich und verhängnisvoll reichen Gedächtnisses zuzuweisen, von dem man jedoch nur Krümel mit anderen teilen konnte. Ich erinnerte mich aber nicht an Buchenwald. Ich erinnerte mich an ein mir unbekanntes Lager, dessen Namen ich nicht wußte: an ein Straflager, in dem – schon immer schien es mir, vielleicht bis zum Ende aller Zeiten – Iwan Denissowitsch Schuchow eingesperrt ist.

Ich hatte Solschenizyns Erzählung vor ein paar Tagen gelesen und lebte noch in der Zwangswelt dieser Lektüre. Deshalb hatte ich mich, als ich den wirbelnden Schnee im Laternenlicht der Gare de Lyon, den Schnee dieses plötzlichen Frühlingsgestöbers gesehen hatte, nicht an Buchenwald, um fünf Uhr morgens, an irgendeinem Wintertag, vielleicht sogar einem Sonntag, erinnert. Ich hatte mich an Iwan Denissowitsch bei seinem Tagesbeginn, auf dem Weg zur Krankenstation, während *der Himmel immer so schwarz ist*, während *die beiden Scheinwerfer immer das Lagergelände mit ihren breiten Strahlenbündeln schraffieren*, erinnert. Ich war nicht an Gérards Stelle in einer fernen Erinnerung an Buchenwald. Ich war in der an Schuchow – oder, noch trauriger, in der an Senka Klewschin, den ich vielleicht gekannt hatte – in der Gegenwart eines Straflagers, irgendwo in der UdSSR.
Aufrecht, erstarrt in dem Tohuwabohu, dem Kommen und Gehen, wurde ich erneut von dem Gefühl einer schon erlebten Irrealität durchdrungen.
Aber daß wir uns richtig verstehen: Es ist nicht die Gare de Lyon, die Menge, der wirbelnde Schnee dieses plötzlichen Frühlingsgestöbers, kurzum nicht meine Umwelt, die mir irreal vorkam. Allem Anschein nach war es ich selbst. Es ist mein Gedächtnis, das mich in der Irrealität eines Traumes verankerte.

Das Leben ist kein Traum, oh nein, ich war einer. Und zudem: der Traum von irgend jemandem, der seit langem tot sein sollte. Ich habe bereits, trotz seiner unbeschreiblichen Anstößigkeit, jenes Gefühl erwähnt, das mich im Laufe der Jahre mitunter befällt. Die ruhige und völlig verzweifelte Gewißheit, nur ein Traumgespinst eines jungen Toten von einst zu sein.
An diesem Abend auf der Gare de Lyon, während das tanzende und frostige Licht des in den Strahlenbündeln der Scheinwerfer wirbelnden Schnees mich an die kürzliche Lektüre von Solschenizyns Erzählung erinnerte, sollte ich eine neue Schwelle überschreiten, einen neuen Schritt in den Tunnel machen, der mich, vielleicht unerbittlich, zu dem einsamen Wahn, zu der flackernden Flamme meiner eigenen Unvernunft führte, der jedoch nur der Widerschein des barbarischen Brandes sein mochte, der dieses Jahrhundert verwüstet. Ich sollte plötzlich aufhören, das Gedächtnis eines Toten zu sein, der verzweifelte und hellseherische Traum eines jungen Toten von einst, der ich freilich selbst gewesen wäre, der ich selbst hätte sein können, unter irgendeinem Namen, einschließlich eines angenommenen Namens, einschließlich dessen von Gérard Sorel, Gärtner; ich sollte mein Sein, sogar mein irreales, aufgeben, um damit anzufangen, ein anderes Leben in einem anderen Gedächtnis zu bewohnen oder eher von ihm bewohnt zu werden: dem Iwan Denissowitschs erst einmal und dann, im Laufe der Jahre, wobei die Lektüre mithalf, dem aller *zeks* in den Gulag-Lagern, deren Gedächtnis und deren Namen uns in den zahlreichen Erzählungen und Zeugenaussagen bewahrt geblieben waren, und schließlich, vielleicht an der Grenze des Todes oder des Wahnsinns selbst, von der ungeheuerlichen Arbeit eines anonymen und stummen Gedächtnisses heimgesucht werden, des geistlosen und verwüsteten Gedächtnisses, fortan bar des winzigsten Hoffnungsfunkens, der winzigsten Möglichkeit des Mitleids, des schlammigen und trüben Gedächtnisses eines unbekannten, von allen vergessenen, an sämtlichen Erinnerungen dieser Welt klebenden *zek*.
Vielleicht, warum nicht?
Und sicherlich gab es eine Methode, um den Kern dieser Qual aufzuschneiden. Sicherlich gab es eine Methode, den Traum auszulöschen, indem der Träumer, wer immer er sein mochte, ausgelöscht wurde. Auch das Schuldgefühl auszulöschen, das ich empfand, in der scheinheiligen Unschuld der Erinnerung an

Buchenwald gelebt zu haben, in der unschuldigen Erinnerung, zweifellos dem Lager der Gerechten angehört zu haben, während die Ideen, für die ich zu kämpfen glaubte, zur gleichen Zeit dazu dienten, die radikalste Ungerechtigkeit, das vollkommenste Übel zu rechtfertigen: das Lager der Gerechten hatte die Lager von Kolyma geschaffen und gelenkt. Sicher kann man immer Selbstmord begehen. So hatte Fadejew Selbstmord begangen. Nur mit Blut kann man Blut auslöschen.
Gab es Blut in meinem Gedächtnis?
Die Tage nach meiner Lektüre von Solschenizyns Erzählung habe ich einer Erforschung meines Gedächtnisses gewidmet. Gewiß habe ich weiter so getan, als lebte ich. Gewiß habe ich an mich gestellte Fragen beantwortet. Vielleicht habe ich auf den Treppen der Metro alten Damen die Tür aufgehalten. Ich habe Salz und Brot gereicht, wenn man mich bei Tisch um Salz und Brot bat. Es ist bestimmt vorgekommen, daß ich geistreiche Bemerkungen gemacht, daß ich mit spöttischer Schärfe diesen Film oder jenes Buch kommentiert habe. Aber das war oberflächlich: Luftblasen auf der Oberfläche des Lebens. Auf dem Untergrund meiner selbst habe ich mit besessener Pedanterie, die für Augenblicke des In-Frage-Stellens typisch ist, mein Gedächtnis weiter analysiert. Es gab kein Blut in meinem Gedächtnis.
Wir wollen uns richtig verstehen: mein Gedächtnis war voller Blut. In dem Maße, wie mein Gedächtnis die Geschichte dieses Jahrhunderts überprüfte, war es voller Blut. Das Jahrhundert ist blutgetränkt, wie alle anderen Jahrhunderte der Geschichte. Vielleicht sogar mehr als die anderen Jahrhunderte dieser langen blutigen Geschichte. Aber es war ein Blut, das ich auf mich nehmen konnte. Das ich auch von mir weisen konnte, indem ich mich fortan weigerte, an den Kämpfen dieses Jahrhunderts teilzunehmen. Ich möchte nicht von jenem Blut sprechen, dem rinnenden Blut einer blutgetränkten Geschichte. Ich spreche vom Blut, das man unauslöschlich und sogar an den Händen haben kann, wenn man in den Reihen des Kommunismus zur Zeit Stalins militant gewesen ist. Und ich spreche nicht nur von der Zeit Stalins in der Illusion, daß vor dem Georgier und nach ihm kein Blut geflossen wäre. Nein, ich erwähne gerade die Zeit Stalins, weil es diejenige ist, in der ich genau genommen Kommunist geworden bin, auch wenn ich erst nach Stalins Tod ein führendes Mitglied der KPS geworden bin.

Ich spreche vom Blut der Linken, von allem unschuldigen Blut, das vergossen wurde – unmittelbar oder auf subtilere Art, durch die scheinbar logischen Überlegungen einer terroristischen und ihrer selbst und ihrer unsinnigen, tugendhaften Wahrheit gewissen Ideologie –, genau genommen, weil man ein führender Kommunist war, weil man als führender Kommunist über eine Parzelle, sei es auch nur eine Parzelle, der absoluten Macht verfügte. Der Macht über Leben und Tod, wie man ganz zu Recht sagt.
Aber jenes Blut gab es nicht in meinem Gedächtnis.
Es gab darin viele unangenehme und lächerliche Dinge, schändliche Verästelungen, viel widerliche und ausweichende Böswilligkeit, schizoide Ideologie, terroristische und hohle Härte: viele Dinge, die es geduldig auszumerzen galt. Man mußte gewiß das Gestrüpp meines Gedächtnisses in Brand stecken müssen, aber es gab darin kein Blut, das man mit Blut hätte auslöschen müssen. Es gab darin übrigens nichts, auf das man besonders stolz sein konnte. Vielleicht war das nur eine Frage des Alters. Vielleicht fehlten mir einfach die fünf oder zehn Jahre, die man älter sein mußte, um im Gedächtnis und an den Händen Blut zu haben. Vielleicht ist die Unschuld nur eine Frage des Alters. Vielleicht hätte ich, fünf oder zehn Jahre älter, das Blut des POUM*, das Blut Gabriel Leon Trillas, das Blut unschuldiger Revolutionäre im Gedächtnis gehabt. Könnte ich das Gegenteil beschwören?
Wie dem dem auch sei, sogar wenn das nur ein biographischer Zufall war, gab es in meinem Gedächtnis kein Blut, das zum Auswischen Blut gefordert hätte. Ich konnte dieses Leben, das mir gegeben worden, das wirklich das meine oder das eines anderen, der vor zwanzig Jahren in Buchenwald starb, war, weiter leben. Ich konnte dieses Leben, das sich auf unsichtbare, aber grundlegende Art durch die Lektüre von *Ein Tag im Leben des Iwan Denissowitsch* geändert hatte, weiter leben.
So hatte alles im April 1963 an der Gare de Lyon beim Anblick des im Licht der Scheinwerfer wirbelnden Schnees angefangen.

Aber ich stand einige Jahre später in London vor dem Haus, in dem Karl Marx gelebt hatte.
Von der ersten Zeile seines *Achtzehnten Brumaire* an, zweifellos

* Partido Obrero de Unificación Marxista (Vereinigte Marx. Arbeiterpartei)

des wichtigsten Werks, das er in der Dean Street 28 geschrieben hatte, macht Marx Anspielungen auf Hegel. Anspielungen in Form eines harmlosen Scherzes, trotz des Schicksals, das ihm Generationen und Generationen distinguierter Marxisten bereitet haben. Eines Scherzes oder *private joke* zwischen Engels und Marx. Denn tatsächlich ist dieser berühmte Ausspruch von Marx über die historischen Personen und Ereignisse, die sich, laut Hegel zweimal wiederholen, der vergessen hat, hinzuzufügen, daß sie das erste Mal in Form einer Tragödie und das zweite Mal in der einer Posse auftreten, tatsächlich ist dieser berühmte kurze Ausspruch wörtlich von Engels geklaut. In einem Brief vom 3. Dezember 1851, am Tag nach dem Staatsstreich von Louis Bonaparte, schrieb Engels seinem Freund, um dieses Ereignis zu kommentieren. An diesem Tag war der brave Engels in Schwung. Sein Brief ist schmissig, brillant, bissig. Übrigens völlig unrichtig. Ich meine damit, daß der Brief, was den Hintergrund, die Bewertung des kaiserlichen Staatsstreichs im historischen Sinn betrifft, von großer Blindheit zeugt. Wie dem auch sei, in diesem Brief formuliert Engels mit sarkastischer Kraft und Präzision diese Idee der historischen Wiederholung, die Marx wörtlich übernimmt, er verwässert ihre literarische Form, verleiht ihr aber eine Tragweite, an die Engels sicherlich nicht dachte.

Aber nicht Engels interessiert mich jetzt, sondern Hegel. Der alte Hegel, auf dessen Kosten die Scherze, die brillanten Improvisationen oder raffinierten Analysen von Marx und Engels in ihrer Privatkorrespondenz gehen; Hegel, in den Augen der kleinen Meister seiner Epoche, wie in denen der Anhänger Althussers von heute ein »Hundsfott«, war vor ungefähr zwei Jahrhunderten – sieh an! fast zur Zeit des ersten, echten 18. Brumaire, dem im November 1799 – noch ein junger Mann, als er in einigen Zeilen das Wesen des künftigen Systems der Konzentrationslager charakterisierte.

In einem Fragment von Anmerkungen zu einem Buch des Juristen Carmer, die er in Bern und Frankfurt redigierte, analysierte Hegel das Gefängniswesen. Und er kommt zu folgendem Schluß: *Mit kaltem Verstande die Menschen bald als arbeitende und produzierende Wesen, bald als zu bessernde Wesen zu betrachten und zu befehligen, wird die ärgste Tyrannei, weil das Beste des Ganzen als Zweck ihnen fremd ist, wenn es nicht gerecht ist.*

Kann man mit weniger Worten die gemeinsame Essenz der Terrorsysteme der Nazis und der Sowjets formulieren? Durch Zwangsarbeit arbeiten zu lassen und zu bessern, umzuerziehen, findet man darin nicht die tiefe Identität zwischen den beiden Systemen, was auch immer die historisch oder sogar geographisch bedingten Unterschiede sein mögen?

1934, als das Innenministerium Hitlers die Normen der administrativen Internierung in den Konzentrationslagern aufstellte, funktionierte das System in der UdSSR schon seit fünfzehn Jahren. Auf der 8. Sitzung des panrussischen exekutiven Zentralkomitees im Februar 1919 hat Dscherschinski erklärt: »Ich schlage vor, die Konzentrationslager beizubehalten, um die Arbeit der Häftlinge, der Individuen ohne regelmäßige Beschäftigung, zu nutzen, also all derjenigen, die nicht ohne einen gewissen Zwang arbeiten können ...« (oh welch bewundernswerter Ausspruch! Wer hat nicht je mehr oder weniger unter einem gewissen Zwang gearbeitet? Welcher Proletarier hat nicht ohne einen gewissen ökonomischen oder außer-ökonomischen Zwang in einer Fabrik gearbeitet, der ihn eben zwingt, seine Arbeitskraft frei zu verkaufen? Abgesehen davon, daß sie der totalen Willkür freie Hand läßt, verdunkelt diese Formulierung von Dscherschinski die dialektische Heuchelei, die fortan die Ideologie der Arbeit beherrscht. Diejenige, die seit dem Sieg der bolschewistischen Revolution als eine Ehrensache des Arbeiters betrachtet wird, als die Art und Weise, seine Zustimmung zur Revolution auszudrücken. Aller Unwillen gegenüber der Arbeit kann also als Vergehen oder wenigstens als Beweis für mangelnden guten Willen gewertet werden. Ein halbes Jahrhundert später drückt in Kuba das Gesetz gegen die Faulheit von Fidel Castro ideologisch genau dasselbe aus. Der Schwiegersohn von Marx, der in Kuba geborene Paul Lafargue, Autor des respektlosen Pamphlets über *Das Recht auf Faulheit*, muß sich in seinem Grab umgedreht haben). Und Dscherschinski fährt fort: »Wenn wir die Verwaltung in Betracht ziehen, würde diese Maßnahme« – das heißt, die Beibehaltung der Lager – »den Mangel an Eifer, die Trödelei u.s.w. rechtfertigen. Wir schlagen deshalb vor, eine Arbeitsschule zu schaffen.«

Schule, das Wort ist gefallen! Der alte Hegel hatte also völlig recht: im Grunde ist es dieser erzieherische Terror, den er schon gegen Ende des 18. Jahrhunderts vorausgesagt hatte und dessen

Essenz daraus besteht, die Menschen *bald als arbeitende und produzierende Wesen, bald als zu bessernde Wesen* zu betrachten, das Mittel einer produktiven und umerziehenden Zwangsarbeit, von dem sich Lenin und Dscherschinski versprechen, die Schmarotzer, Nichtstuer, schädlichen Insekten – auch die Hysteriker zu bessern: hier ein Wort von Lenin, das er unaufhörlich im Munde und in der Feder führt, sobald er seine politischen Gegner bezeichnet; die Kranken also, die man energisch kurieren muß, wovon auch seine Nachfolger nicht frei sind – denn sie belasten die entstehende sowjetische Gesellschaft.

Also wiederholt sich 1934, als das Innenministerium Hitlers verkündet, daß *zur Anordnung der Schutzhaft ausschließlich das Geheime Staatspolizeiamt zuständig ist*, fast Wort für Wort ein in der bereits zitierten Rede Dscherschinskis gefallener Ausspruch: »Das Recht der Internierung in den Konzentrationslagern steht der Tscheka zu«, 1934, es ist schon lange her, daß Gorki – ein heftiger Gegner der bolschewistischen Revolution in ihren Anfängen und oft ein hellsichtiger Kritiker ihrer diktatorischen Aspekte – Loblieder auf das neue Repressionssystem gesungen hat: »Mir scheint die Schlußfolgerung klar zu sein: die Lager wie die Solowki sind unentbehrlich«, verkündet er 1929. Und er fügt, ohne den Ausspruch Dscherschinskis zu kennen, hinzu, daß die Solowki »wie eine Umerziehungsanstalt« betrachtet werden müssen. Ist es nötig, zu präzisieren, daß Warlam Schalamow, der die Solowki vor Kolyma kennengelernt hat, diese Meinung nicht teilt? Aber Schalamow ist zweifellos ein realistisch-sozialistischer Autor. Er ist kein Seelsorger. Vielleicht muß er begreifen, daß die Solowki eine »Umerziehungsanstalt« zur Hölle von Kolyma wurden? Eine harte Umerziehung, bei der es viele Berufene und nur wenig Erwählte gab?

Jedenfalls erreicht 1937, als die Häftlinge aus verschiedenen anderen Lagern Deutschlands mit der Errichtung von Buchenwald auf den Höhen des Ettersberges beginnen, das Konzentrationslagersystem der Gulag seinen Höhepunkt.

Aber ist die Anwendung des Wortes ›Gulag‹ zulässig? Manche Marxisten, und sicherlich die dümmsten, die heuchlerischsten und finstersten aller Marxisten: natürlich die der KPF, wollten uns verbieten, das Wort ›Gulag‹ zu benutzen. Sie haben eine erbärmliche Broschüre fabriziert, *Die UdSSR und wir*, die die führenden Mitglieder der KPF in den Himmel gehoben haben in

einer bereits der Vergangenheit angehörenden Epoche, als es zum guten Ton gehörte, von dem »realen Sozialismus« Abstand zu nehmen, der inzwischen wieder »umfassend positiv« geworden ist. In jenem Buch also haben Intellektuelle, deren Namen ich lieber vergesse, folgendes geschrieben: »Die Benutzung des Wortes ›Gulag‹ ruft Überlegungen gleicher Ordnung hervor« – sie haben soeben gesagt, warum sie sich weigern, die Bezeichnung *stalinistisch* anzuwenden – »Das Wort ist eine Abkürzung. Sie setzt sich aus den russischen Anfangsbuchstaben ›der staatlichen Straf- und Umschulungslager‹ zusammen« – nochmals bravo, alter Hegel! – »und war 1956 eine Bezeichnung für die Lager. *Solschenizyn hat den Gefühlswert begriffen, den diese beiden seltsamen und beunruhigenden Silben enthalten können; die Massenmedien haben darum herum eine kolossale beklemmende Orchestrierung arrangiert.* Das Wort hat sich zwischen den Durchschnittswestler« – was ist das für eine neue Spezies? Um welche Hybride handelt es sich? – »und die ganze rationale und differenzierte Vision der sozialistischen Welt, ihrer Evolution und Realität gestellt.«
Natürlich stammt die Hervorhebung von mir.
Wie soll man, ohne Leidenschaft, aber mit Schärfe, die Intellektuellen – denn, ich wiederhole, es sind Intellektuelle – qualifizieren, die imstande sind, so einen Text zu verfassen? Sind es Zyniker, Geistesgestörte, Idioten? Oder halten sie uns vielmehr für Idioten, Geistesgestörte oder Zyniker? Das Wort Gulag ist tatsächlich eine Abkürzung. Das ist es immer gewesen, bei Solschenizyn ebenso wie bei Gustav Herling oder David Rousset. Eine Abkürzung wie Snecma, Urssaf oder Inserm. Was den ›Gefühlswert‹ betrifft, den diese beiden Silben enthalten können, so ist er nicht vom metaphysischen Himmel gefallen, es ist keine semantische Fatalität. Damit diese beiden Silben nicht ›seltsam und beunruhigend‹ wären, hätte es genügt, daß es keine Lager in der UdSSR gäbe, so einfach ist das! Der ›Gefühlswert‹ stammt also von der Tatsache her, daß man fortan weiß, was Gulag besagt. Nicht nur dank Solschenizyn, aber letztlich ist sein Beitrag zur Wahrheit und zur Kenntnis darüber entscheidend, qualitativ neu. Und bevor Solschenizyn ›den Gefühlswert begriffen‹ hat, den diese beiden Silben enthalten – wie die Intellektuellen der KPF es mit ekelhafter Heuchelei ausdrücken –, hat er ihn erlitten. Er hat den ›Gefühlswert‹ des Gulag acht Jahre lang

erlitten. Warlam Schalamow hat diesen ›Gefühlswert‹ zwanzig Jahre lang erlitten. Die zwei Silben des Wortes Gulag sind deshalb bedeutungsvoll, weil sie mehr oder weniger deutlich auf eine historische Erfahrung verweisen. Das Problem liegt nicht auf phonetischer Ebene. Man weiß fortan zumindest weitgehend, daß es der Gehalt dieser Erfahrung ist. Und wenn die Medien dazu beigetragen haben, dieses Wissen zu verbreiten: ein Hoch auf die Medien! Aber meiner Ansicht nach ist dieses Wissen noch nicht gefestigt, noch weit davon entfernt, genügend etabliert, genügend verbreitet zu sein. Es hat eher die Tendenz, zu verschwimmen, zum Gemeinplatz zu werden (vielleicht durch eben diese Medien. In diesem Fall: nieder mit den Medien! Ich kann dialektisch sein, zweifeln Sie nicht daran), denn die soziologischen und politischen Wurzeln der westlichen Taubheit den östlichen Realitäten gegenüber sind immer sehr stark.

Was hätten diese Intellektuellen der KPF bei der Ausstrahlung von *Holocaust* auf den europäischen oder durchschnittseuropäischen Bildschirmen zu einer Veröffentlichung eines Textes folgender Art gesagt: »Nachdem die Juden – eine Variante könnte sagen: die Zionisten – den Gefühlswert begriffen, den die Wörter *Gaskammer* und *Verbrennungsofen* enthalten, haben sie daraus mit Hilfe der Massenmedien eine kolossale und beklemmende Orchestrierung arrangiert.« Sie hätten sicher einen Skandal gemacht. (Man kann das doch noch hoffen!) Aber sie machen genau das gleiche. Ihr Vorgehen ist, was die Schändlichkeit angeht, damit identisch.

Also diese Historiker, diese Wirtschaftswissenschaftler, diese Kritiker – ja, das alles sind sie leider! – der KPF wollten uns die Benutzung des Wortes Gulag untersagen. Jedenfalls untersagen sie es sich selbst. Vielleicht glauben sie, die Sache, die Realität der Straflager oder zumindest die Auswirkungen dieser Realität abzuschaffen, indem sie das Wort, das sie benennt, streichen. Das wäre für Marxisten, die stolz darauf sind, es zu sein, ein besonderer Beweis von Idealismus. Wie dem auch sei, das Argument, das sie anführen, ist, daß dieses Wort Gulag Schlagzeilen macht, daß es sich zwischen »den Durchschnittswestler und die ganze rationale und differenzierte Vision der sozialistischen Welt« stellt. Mir scheint, daß sie ein immerhin nützliches Adjektiv vergessen haben. Sie haben das Adjektiv »dialektisch« vergessen. Eine rationale, differenzierte und dialektische Vision:

das brauchen wir! Lassen Sie uns jedenfalls aus dieser gelehrten Formulierung ableiten, daß es schlichtweg eine »sozialistische Welt« für unsere intellektuellen Wachhunde gibt. Und diesmal wird diese Welt da, diese schöne Welt nicht einmal abfällig qualifiziert. Sie wird nicht als »real«, »primitiv« oder »unvollkommen« qualifiziert. Diese Welt ist sozialistisch, nicht mehr und nicht weniger. Nun gut, wir gehören dieser Welt da nicht an. Wir gehören nicht derselben Welt an.

1937, als sich die ersten deutschen Häftlinge auf dem Ettersberg einfanden, um den Buchenwald zu roden, entfesselt in der UdSSR das Zwangssystem der Straf- und Umerziehungslager, kurzum der Gulag, den fürchterlichen Wirbelsturm dieses schrecklichen Jahres.
Die Geschichte des Terrors in der UdSSR hat verschiedene Etappen durchlaufen. Schwellen sind überschritten worden, ehe der Gipfel des stalinistischen Terrors erreicht wird. Das Jahr 1937 ist sicherlich eine dieser Schwellen.
Schalamows Text, den ich gestern las – ich meine damit den Vorabend jenes Tages, den ich jetzt schriftlich rekonstruiere, jenen Tag 1969 in London, an dem ich mich plötzlich der Gedenktafel an Karl Marx gegenüber befand, die diese scheinbare Abschweifung hervorgerufen hat –, also das Kapitel aus *Kolyma – Insel im Archipel*, das ich gestern las und dessen Titel »Wie alles angefangen hat« war, behandelt genau die 1937 in der historischen Welt des Terrors, in der Geschichte des Gulag selbst überschrittene Schwelle.
»Im ganzen Jahr 1937«, sagt Warlam Schalamow, »fanden von zwei- oder dreitausend offiziellen Arbeitskräften zwei Männer in der Mine *Partisan* (eine der Minen in dem Gebiet von Kolyma) den Tod: ein Deportierter und ein freier Mann. Man begrub sie, Seite an Seite. Zwei undeutliche Steine – ein etwas kleinerer für den Deportierten – standen auf den beiden Gräbern. 1938 ist eine ganze Brigade unentwegt damit beschäftigt, Gräber auszuheben.« Denn der Tornado ist Ende 1937 in den Straflagern von Kolyma, wie in der ganzen sowjetischen Gesellschaft, entfesselt worden. Unter dem Befehl von Oberst Garanin, der schließlich als »japanischer Spion« genauso wie sein Lehrmeister Jeschow, der Jagoda an der Spitze des NKWD ersetzt hat, der wiederum

von Berija ersetzt wird, der seinerseits ... erschossen wurde – also Oberst Garanin hat den Tornado des Wahnsinns im Jahre 1937 über dem Dalstroi, über dem Konzentrationsgebiet von Kolyma entfesselt.
Unter dem Befehl von Oberst Garanin hat man in den Lagern des Hohen Nordens die Deportierten zu Tausenden erschossen. Man hat sie wegen »kontrarevolutionärer Agitation« erschossen. Woraus besteht die kontrarevolutionäre Agitation in einem Lager des Gulag? Warlam Schalamow antwortet darauf: »Laut zu bestätigen, daß die Arbeit mühsam war, die harmloseste Bemerkung über Stalin zu flüstern, zu schweigen, wenn die Menge der Deportierten brüllte: ›Es lebe Stalin! ...‹ Erschießung! Schweigen ist Agitation.« Man hat wegen »Beleidigung gegen ein Mitglied der Wache« erschossen. Man hat wegen »Arbeitsverweigerung« erschossen. Man hat wegen »Diebstahl von Metall« erschossen. »Aber«, sagt Schalamow, »die letzte, größte Rubrik, unter der die Deportierten massenweise erschossen wurden, lautet auf Nichteinhaltung der Normen. Dieses Vergehen führte ganze Brigaden ins Massengrab. Die Behörden legten dieser Härte eine theoretische Basis zugrunde: im ganzen Land legte man den Fünfjahresplan in genauen Zahlen für jede Fabrik, für jedes Unternehmen fest. In Kolyma wurde das Soll für jeden Spaten, jeden Schubkarren, jede Hacke festgelegt. Der Fünfjahresplan ist das Gesetz! Wer den Plan nicht einhält, ist ein kontrarevolutionärer Verbrecher! Nieder mit den Schweinen, die den Plan nicht einhalten!«
Der Fünfjahresplan also, wie es heißt, der faßbare Beweis für die Überlegenheit der sowjetischen Gesellschaft, der Fünfjahresplan, der es erlaubte, die Krisen und die Anarchie der kapitalistischen Produktion zu vermeiden, der Fünfjahresplan also, ein fast mystischer Begriff, war nicht nur für die Zivilgesellschaft, wie es heißt, verantwortlich, sondern auch in diesem völlig inzivilen Fall eines heftigen unternehmerischen Despotismus – denn er schmiedete den Arbeiter an seine Fabrik wie den Gefangenen an sein Gefängnis –, der Fünfjahresplan war zugleich die Ursache für eine raffinierte Verdoppelung des Terrors innerhalb der Lager des Gulag selbst. Der Fünfjahresplan war genauso mordlustig wie Oberst Garanin. Übrigens kam der eine nicht ohne den anderen aus.
»Aber«, erzählt Schalamow, »der Stein und die ewig gefrorene

Erde der *merzlota* lehnen die Leichen ab. Man muß den Felsen sprengen, zerhacken, zertrümmern. Gräber auszuheben, nach Gold zu graben erforderte die gleichen Prozeduren, die gleichen Instrumente, das gleiche Material, die gleichen Ausführenden. Eine ganze Brigade verbrachte ihre Tage damit, Gräber oder vielmehr Gruben auszuheben, in denen die namenlosen Leichen brüderlich aufeinander geschichtet wurden. Man schichtete alle splitternackten Leichen aufeinander, nachdem man ihnen ihre auf dem Begräbnisprotokoll eingetragenen Goldzähne herausgebrochen hatte, man schüttete Leichen und Steine durcheinander in den Graben, aber die Erde lehnte die unverweslichen und zur Ewigkeit in dem ständig gefrorenen Boden des Hohen Nordens verdammten Toten ab . . .«

Gestern, nach der Lektüre dieser Zeilen – das heißt, nicht gestern, sondern am Vorabend jenes Frühlingstages in London, dessen Verlauf ich zehn Jahre später in der Erinnerung rekonstruiere – gestern, nach der Lektüre dieser Zeilen, hat dieses Bild in meinen Augen gelodert: das Bild dieser Tausende von nackten, intakten, vom Frost der Ewigkeit eingeschlossenen Leichen in den Massengräbern des Hohen Nordens. In Massengräbern, die Massengräber des neuen Menschen waren, das dürfen wir nicht vergessen!

In dem Mausoleum auf dem Roten Platz in Moskau defilieren unglaubliche und gläubige Mengen weiterhin vor Lenins unverweslicher Leiche. Ich selbst habe das Mausoleum 1958 besucht. Damals leistete Stalins Mumie der von Vladimir Ilitsch Gesellschaft. Zwei Jahre davor hatte Nikita Sergejewitsch Chruschtschow auf einer geschlossenen Sitzung des XX. Parteitags der russischen KP dieses Idol verbrannt, das er wie alle seinesgleichen verehrt und beweihräuchert hatte. Zwei Jahre danach schlug Chruschtschow in Bukarest Peng Zhen vor, die blutbefleckte Mumie Stalins nach China zu überführen, die nach dem XXII. Parteitag der russischen KP schließlich aus dem Mausoleum entfernt werden sollte. Aber im Sommer 1958 lag Stalin noch in seinem Grab aus rotem Marmor neben Lenin, das kann ich bezeugen. Ich habe beide dort gesehen. Friedlich, intakt, unverweslich: es fehlte ihnen nur die Sprache. Aber zum Glück fehlte ihnen die Sprache. Beide ausgestreckt, ruhig, in einer Art Aquariumlicht, beschützt von den Wachen eines Garderegiments, unbeweglich wie Bronzestatuen.

Zehn Jahre später habe ich mich in London, nach der Lektüre jener Zeilen von Warlam Schalamow, an dieses Grab auf dem Roten Platz erinnert. Ich habe gedacht, daß das echte Mausoleum der Revolution sich im Hohen Norden, in Kolyma befinde. Man hätte Gänge mitten in den Massengräbern – den Werkstätten – des Sozialismus errichten können. Man würde vor den Tausenden von nackten, unverweslichen Leichen der im Eis des ewigen Todes eingeschlossenen Deportierten defilieren. Es gäbe keine Wachen, diese Toten hätten es nicht nötig, bewacht zu werden. Es wären auch keine Musik, keine feierlichen Trauermärsche gedämpft erklungen. Es gäbe nur das Schweigen. Am Ende des Labyrinths der Gänge, in einem unterirdischen, in das Eis eines Massengrabes gehauenen Amphitheater, allseits umgeben vom blinden Blick der Opfer, hätte man gelehrte Zusammenkünfte über die Folgen der »stalinistischen Abweichung« mit einer repräsentativen Riege distinguierter westlicher Marxisten abhalten können.

Allerdings sind die russischen Lager nicht *marxistisch*, so wie die deutschen Lager *hitlerisch* sind. Es besteht eine historische Unmittelbarkeit, eine totale Transparenz zwischen der Nazitheorie und ihrer Terrorpraxis. Hitler hat in der Tat durch eine ideologische Mobilisierung der Massen und aufgrund von allgemeinen Wahlen im Namen einer laut verkündeten, unzweideutigen Theorie die Macht ergriffen. Er selbst hat seine Ideen in die Praxis umgesetzt, indem er auf ihrer Grundlage die deutsche Realität rekonstruierte. Karl Marxens Situation unterscheidet sich, verglichen mit der Geschichte des 20. Jahrhunderts, sogar mit der, die in seinem Namen gemacht worden ist, grundlegend davon, das ist unverkennbar. Tatsächlich beanspruchten die Gegner der Bolschewiken, zumindest ein großer Teil davon, während der Oktoberrevolution Marx ebenso für sich wie die Bolschewiken selbst: im Namen des Marxismus kritisierten nicht nur die Menschewiken, sondern auch die Theoretiker der deutschen Ultralinken den Autoritarismus und den Terror, den ideologischen Monolithismus und die soziale Ungleichheit, die sich in der UdSSR seit dem Oktobersieg ausbreiteten.

Die russischen Lager sind also nicht unmittelbar und eindeutig *marxistische* Lager. Sie sind auch nicht einfach *stalinistische*. Es sind *bolschewistische* Lager. Der Gulag ist das unzweideutige, unmittelbare Produkt des Bolschewismus.

Allerdings kann man noch einen Schritt weiter gehen. Man kann den Bruch in Marxens Theorie feststellen, durch den später die barbarische Maßlosigkeit des Richtigen Denkens eindringt – aus dem die Straflager hervorgehen – der Wahnsinn der Einmaligkeit, die tödliche und eisige Dialektik der großen Steuermänner.
Am 5. März 1852 schreibt Karl Marx an Joseph Weydemeyer. Letzterer gibt in New York *Die Revolution* heraus, eine Zeitschrift, die in unregelmäßigen Abständen erscheint, wie das bei den meisten sozialistischen Zeitschriften der Zeit aus finanziellen Gründen der Fall ist. Marx ist wegen dieser Veröffentlichung von Weydemeyer dabei, in jenen regnerischen Tagen des Londoner Winterendes seine Artikel über den *Achtzehnten Brumaire* zu beenden, die schließlich unter dem von Weydemeyer abgewandelten Titel in einem Heft der *Revolution* erscheinen sollte: *Der achtzehnte Brumaire des Louis Napoleon*, statt Bonaparte, versehen mit dem Firmenzeichen *Deutsche Vereins-Buchhandlung von Schmidt und Helmich*, William Street Nummer 191.
An jenem Märztag des Jahres 1852 hat also Karl Marx an Weydemeyer geschrieben. Zwei Tage davor hat er fünf Pfund Sterling erhalten, die Friedrich Engels ihm aus Manchester geschickt hat. Die Familie Marx hat in dieser Woche fast am Hungertuch nagen müssen, nach Begleichung der dringendsten Schulden beim Krämer und beim Arzt. Nun hat Karl Marx einen Blick aus dem Fenster seiner Wohnung geworfen. Er hat das immer rege Treiben auf der Straße beobachtet. Sein Blick ist über den schmalen Türrahmen des Gebäudes gegenüber geglitten. Er hat nichts Besonderes gesehen. Es stimmt, daß es, aus gutem Grunde, noch keine Filmgesellschaft in besagtem Gebäude gibt. In seiner fast unleserlichen Handschrift hat er, rechts oben auf der Seite, das Datum geschrieben. Unter dieses Datum hat er seine Adresse hinzugefügt: Dean Street 28, Soho, London.
Wie man sich sicherlich erinnert, hat Marx in diesem Brief an Joseph Weydemeyer sein persönliches Engagement für die Klassentheorie und den Klassenkampf präzisiert. Nachdem er betonte, daß die bürgerlichen Historiker, längst vor ihm, schon die geschichtliche Entwicklung dieses Kampfes und die bürgerlichen Wirtschaftswissenschaftler auch dessen wirtschaftliche Anatomie dargelegt hatten, hat Marx sein neues Engagement präzisiert: »Was ich neu tat, war 1. nachzuweisen, daß die *Existenz der Klassen bloß an bestimmte historische Entwicklungsphasen der*

Produktion gebunden ist; 2. daß der Klassenkampf notwendig zur *Diktatur des Proletariats* führt; 3. daß diese Diktatur selbst nur den Übergang zur *Aufhebung aller Klassen* und zu einer *klassenlosen Gesellschaft* bildet.«

Es handelt sich um einen erzbekannten Text, zu dem alle ihren Senf gegeben, den Generationen von gelehrten Kommentatoren analysiert, den sich brillante und schlagkräftige Polemiker seit mehr als einem Jahrhundert gegenseitig an den Kopf geworfen haben. Dennoch kann man darauf zurückkommen. Man kann darüber nachdenken. Man kann darin »etwas Neues« finden.

Was ist denn nun der Beitrag, den Marx in seiner Theorie zu der konkreten Ebene der Geschichte und zu den Klassenkämpfen, die Geschichte machen, geleistet zu haben behauptet? Sein Beitrag besteht darin, eine gewisse Anzahl von Punkten gezeigt oder bewiesen zu haben. Marx benutzt das Verb »nachweisen«, das man auf zweierlei Weise interpretieren kann, das aber in seinen beiden Bedeutungsvarianten von Marx verkehrt benutzt worden ist, der eine gewisse Zahl von Punkten, die er ankündigt, wie wir sehen werden, niemals gezeigt oder bewiesen hat.

Lassen wir die erste Bedeutung beiseite, diejenige, welche die historische Wahrheit der Klassenexistenz selbst betrifft. Diese Frage rührt von einer Geschichtsphilosophie her, auf die ich an dieser Stelle nicht eingehen möchte. Daß die Menschheit dazu bestimmt sei, von einer klassenlosen Gesellschaft, der des Urkommunismus, zu einer anderen Gesellschaft der gleichen Art, aber einer entwickelten, im Fett des Überflusses schwimmenden, entwickelt durch ein langes geschichtliches Fegefeuer erbitterter, unentschiedener Klassenkämpfe, zu gelangen – was übrigens immer reale Auswirkungen hat, die sich von denen unterscheiden, die die marxistischen Theoretiker, in diesem Fall bei Marx selbst angefangen, vorausgesagt hatten – dies ist eine Idee, die mich völlig kalt läßt. Die Idee, daß es im Untergrund der Geschichte ideale und idyllische Gesellschaften, Gemeinschaften ohne Staat gegeben hat und demnach auch geben wird, fesselt keinen mehr. Ich weiß genau, daß die Trennung dieser Idee, wie sie sich darstellt, von der knappen und bündigen Art in Marxens erstem Punkt etwas willkürlich ist. Ich weiß genau, und ich werde darauf zurückkommen, daß die insgeheim hegelianische Geschichtsphilosophie, die die Idee in Marxens erstem Punkt enthält, ebenfalls zwei andere Punkte umfaßt. Trotzdem kann

man, aus Gründen reiner Methodik, diesen ersten Punkt von unserer jetzigen Analyse trennen, ihn provisorisch zwischen Klammern setzen.
Wie dem auch sei, aus der Frage der geschichtlichen Wahrheit, aus der Relativität der Klassenexistenz ist leicht zu ersehen, daß die von Marx aufgezählten zwei weiteren Punkte nicht von der Geschichtswissenschaft – insofern sie Wissenschaft ist – herrührt, sondern von der Voraussage. Oder Voraussehung. Oder sogar Prophezeiung. Daß der Klassenkampf notwendig zur Diktatur des Proletariats führt, ist bloß eine Hypothese, vielleicht ein frommer Wunsch. Aber weder Hypothese noch frommer Wunsch sind von der realen Geschichte bestätigt beziehungsweise erfüllt worden. Es hat niemals irgendwo die Diktatur des Proletariats im Marxschen Sinne des Begriffs gegeben. Ein Jahrhundert nach dem Brief von Marx an Weydemeyer kann man diese Feststellung machen.
Hier hört man natürlich das empörte Geschrei der distinguierten Marxisten aus dem Hintergrund des Saales. (Man stellt sich immer mehr oder weniger zur Schau, wenn man schreibt. Es gibt nur zwei oder drei Dummköpfe auf der Welt, die das immer noch nicht wissen. Und wenn man sich zur Schau stellt, kann man sich den Saal ausmalen, wo man das tut.)
Die Marxisten schreien alle auf einmal.
Ich höre die lauten Schreie der Pariser Kommune, man mußte darauf gefaßt sein. Ich höre eine unduldsame Stimme den Ausspruch von Friedrich Engels zitieren: »Nun gut, ihr Herren, wollt ihr wissen, wie diese Diktatur aussieht? Seht euch die Pariser Kommune an. Das war die Diktatur des Proletariats.« Nun gut, ihr Herren, sehen Sie sich die Pariser Kommune an, aber sehen Sie sie sich gut an. Sie werden dabei mitreißende, ja lehrreiche Dinge entdecken. Aber Sie werden niemals dabei die Diktatur des Proletariats entdecken. Vergessen Sie Engels und seinen schwülstigen Ausspruch, der prunkvoll seine Einleitung zu Marxens *Der Bürgerkrieg in Frankreich* beendet, zwanzig Jahre nach den Ereignissen, vergessen Sie die Engelssche Literatur und kehren Sie zu den harten Wahrheiten der Geschichte zurück, dann werden Sie keine Diktatur des Proletariats finden. Lesen Sie die Texte aus dieser Epoche, natürlich angefangen bei den Sitzungsprotokollen der Kommune selbst, dann werden Sie begreifen, daß der grandiose und lächerliche, heroische und pedan-

tische Versuch der Pariser *Communards*, erfüllt von einer gerechten Vision der Gesellschaft und durchdrungen von den wirrsten Ideologien, nichts mit einer Diktatur des Proletariats zu tun hat. Aber man läßt mich meine Beweisführung nicht fortsetzen (›Nachweisung‹, würde Marx sagen; ich habe jedoch ihm gegenüber den Vorteil, rückblickend von der Geschichte zu sprechen, sie zu explizieren zu versuchen, ich habe es gar nicht nötig, sie mir auszumalen; ich kann also das beweisen, will sagen aufzeigen, was die Geschichte beweist). Von überall gleichzeitig hervorsprudelnde Stimmen unterbrechen mich.
Nun gut, ich werde zu einem anderen Zeitpunkt, vielleicht an einem anderen Ort fortfahren. Aber wie auch immer das Tohuwabohu marxistischer Stimmen aller Art sein mag, ich will noch, sogar wenn ich dabei den Ton verstärken muß, zwei Worte zu Marxens drittem Punkt sagen: dem, der die Diktatur des Proletariats als einen einfachen Übergang – ein Staat, der schon Anti-Staat sein sollte – zu der klassenlosen Gesellschaft, zu der Abschaffung aller Klassen betrachtet.
Hier stehen wir ebenfalls einem einfachen Postulat gegenüber: einer petitio principii. Die reale Geschichte hat genau das Gegenteil ›nachgewiesen‹. Sie hat das ständige und unerbittliche Erstarken des Staates, die brutale Heftigkeit des Klassenkampfes aufgezeigt, des Kampfs der Klassen, die nicht nur nicht abgeschafft worden sind, sondern sich ganz im Gegenteil, in ihrer Polarisierung noch mehr kristallisiert haben. Verglichen mit dem echten gegen die Bauernschaft entfesselten Bürgerkrieg in der UdSSR zu Beginn der dreißiger Jahre sind die Klassenkämpfe im Westen Galadiners. Verglichen mit der Staffelung der sozialen Privilegien in der UdSSR – gewiß funktioneller Privilegien, die an den Status und nicht oder nicht unbedingt an die Person gebunden sind – ist die reale soziale Ungleichheit, das heißt die in bezug auf das Bruttosozialprodukt und dessen Verteilung, im Westen nur ein Ammenmärchen.
Mit einem Wort: was Marx an Neuem zur Theorie der Klassen und ihrer Kämpfe beigetragen zu haben behauptet, ist überhaupt nichts Theoretisches, ist kurzum nichts, was das Reale erhellt und was erlaubt, darauf einzuwirken. Es ist nur ein *wishful thinking* oder Wunschdenken – ein Ausdruck, den man in der Dean Street 28 im Londoner Soho oft benutzt haben mußte.
Und eben hier, genau bei diesem Punkt der Marxschen Theorie

über die Diktatur des Proletariats als unweigerlicher Übergang zur klassenlosen Gesellschaft, artikuliert sich der mörderische Wahn des Bolschewismus. In diesem theoretischen Punkt wurzelt der Terror und nährt sich davon. Auf Grund dieser paar Punkte, die Marx an einem Märztag 1852 nüchtern und übrigens wie selbstverständlich aufgezählt hat, haben alle großen Steuermänner sich daran gemacht, in den Köpfen der Proletarier zu denken – ja schlimmer noch, nachts darin zu träumen. Im Namen dieser historischen Mission des Proletariats haben sie Millionen von Proletariern durch die freiwillige oder erzwungene, aber immer der Besserung dienenden Arbeit zermalmt, deportiert, auseinandergerissen.

Eine Idee birgt tatsächlich diese Punkte – diese theoretischen Neuheiten –, die Marx notariell aufzählt: die Idee vom Vorhandensein einer universalen Klasse als Auflösung aller Klassen; einer Klasse, die sich nicht emanzipieren kann, ohne sich von allen anderen Klassen der Gesellschaft zu emanzipieren und ohne, folglich, sie alle zu emanzipieren. Man erkennt die bebende Stimme des jungen Marx wieder, der seit 1843 in einem Text, den er nicht in der Dean Street, sondern in der Rue Vaneau in Paris geschrieben hat, *Zur Kritik der Hegelschen Rechtsphilosophie*, die Epiphanie des Proletariats verkündet. Aber diese universale Klasse existiert nicht. Dieses Jahrhundert, das uns von Marx trennt, lehrt uns zumindest, daß das moderne Proletariat nicht diese Klasse ist. Die Aufrechterhaltung dieser theoretischen Fiktion hat ungeheuere praktische Konsequenzen, denn dadurch wird das Terrain den Parteien *des* Proletariats, den Diktaturen *des* Proletariats, den Führern *des* Proletariats, den korrektiven Arbeitslagern *des* Proletariats überlassen; das heißt, das Terrain ist denjenigen überlassen, die in dem Schweigen des geknebelten Proletariats in seinem Namen, im Namen seiner angeblichen universalen Mission sprechen, und zwar laut, kräftig oft schneidend (um es milde auszudrücken!).

So wäre es die erste Aufgabe einer neuen revolutionären Partei, die nicht mehr im Namen des Proletariats sprechen würde, sondern sich nur als Übergangsstruktur – ständig destruiert und aus Verständnis und Bewußtwerdung rekonstruiert – betrachten und der Stimme des Proletariats ein organisches Gewicht, eine materielle Kraft verleihen würde, es wäre also die erste Aufgabe, die theoretische Wahrheit über das Nichtvorhandensein einer

universalen Klasse wiederherzustellen, mit allen Konsequenzen, die das nach sich zieht.
Aber jener blinde Punkt in der Theorie von Marx, wodurch sie sich wieder mit den abweichenden Realitäten des 20. Jahrhunderts verbindet, ist auch sein verblendender Punkt. Ich meine damit den Brennpunkt, in dem die ganze grandiose Illusion der Revolution erstrahlt. Ohne jene falsche Vorstellung von der universalen Klasse wäre der Marxismus nicht zu der materiellen Macht geworden, die er gewesen ist, die er teilweise noch immer ist, indem er die Welt grundlegend umwandelt, sei es auch, um sie noch weniger lebenswert zu machen. Ohne jene Verblendung wären wir keine Marxisten geworden. Nur um die Produktionsmechanismen des Mehrwerts abzubauen, nur um die Fetischismen der Unternehmergesellschaft zu enthüllen, ein Gebiet, auf dem der Marxismus unersetzlich ist, wären wir keine Marxisten geworden. Wir wären Professoren geworden. Der tiefe Un-Sinn des Marxismus, der konzipiert wurde als Theorie einer universalen revolutionären Praxis, ist unser Lebenssinn gewesen. Meiner jedenfalls. Ich habe also keinen Lebenssinn mehr. Ich lebe ohne Sinn.
Aber das ist wohl normal. Ist das eigentlich nicht Dialektik?

»Die Dialektik, alter Freund, ist die Kunst und die Methode, immer auf die Beine zu fallen!«
Neun Jahre zuvor, in Nantua, hatte mir Fernand Barizon in die Augen geschaut. Er hatte sein Glas Cognac erhoben.
Deshalb habe ich mich an jenem Tag in London wegen der Dialektik an Barizon erinnert.
Sicherlich hatte ich mich an jenen letzten Tagen mehrmals an Fernand erinnert. Ich meine damit jene Tage am Frühlingsende 1969, als ich *Kolyma – Insel im Archipel* las. Das läßt sich leicht verstehen. Aber diese Erinnerungen an Barizon waren etwas vage, etwas verschwommen im Bildhintergrund meines Gedächtnisses geblieben. Im Vordergrund gab es immer Schnee. Den Schnee auf die Sonntage des Ettersberges, den Schnee auf Magadan oder Kargopol.
Aber diesmal war, wegen der Dialektik, die Erinnerung an Barizon deutlicher. Sogar ganz deutlich.
Ich habe mich an die Fahrt mit Fernand 1960 von Paris nach Prag

erinnert – also ich fuhr nach Prag, nicht Barizon – mit den Aufenthalten in Nantua und in Genf. Auch in Zürich, aber soweit sind wir noch nicht. Das kommt noch.

Wir waren jedenfalls in Genf an dem Büfett der Gare de Cornavin. Wir sagten nichts mehr, wir waren im Begriff, uns zu trennen. Ein Lautsprecher hatte gerade angesagt, daß der D-Zug nach Zürich auf Bahnsteig 2 zusammengestellt worden sei, und Barizon schwieg.

»Sag mal, alter Freund«, sagt er plötzlich.

Ich schau ihn an.

»Was würdest du dazu sagen, wenn ich dich nach Zürich begleitete?« sagt Barizon.

»Nach Zürich?« sage ich zu ihm etwas verdutzt. »Du willst mit mir im Zug fahren?«

Er zuckt mit den Achseln.

»Im Zug? Wozu den Zug? Wir fahren mit der alten Kiste weiter. Hast du mir nicht gesagt, daß dein Flugzeug morgen nachmittag abfliegt? Wir haben reichlich Zeit.«

Tatsächlich hatten wir reichlich Zeit.

Ich schaue Barizon an, ich bin etwas fassungslos. Ich reise gern allein. Das heißt, ich nehme gern den Zug oder das Flugzeug ganz allein. Dabei ruhe ich mich aus. Das bringt mich auch auf Ideen. Das funktioniert gut bei der vorübergehenden Verlassenheit einer einsamen Reise. Aber die Vorstellung, die Unterhaltung mit ihm fortzusetzen, mißfällt mir keineswegs.

Es gibt Reisegefährten auf solchen Reisen, mit denen zu sprechen man keine Lust hat. Übrigens hat man ihnen nichts zu sagen. Vor vierzehn Tagen hatte ich mit einem französischen Parteimitglied aus Bayonne oder aus Saint-Jean-de-Luz – daran erinnere ich mich nicht mehr – eine kurze Reise nach San Sebastian und Vitoria gemacht. Jegliche Unterhaltung war mit ihm unmöglich. Er war streitsüchtig und schulmeisterlich. Dazu noch Vegetarier. Er hörte gar nicht mehr damit auf, sich über die Ernährung zu beklagen, während – mein Gott! – die baskische Küche phantastisch ist. Auf dem Rückweg, als wir unsere Abrechnung gemacht haben, hat er von mir verlangt, ihm den Benzinpreis zurückzuerstatten, was völlig normal und vorgesehen war, aber auch ich weiß nicht wie viele Centimes pro Kilometer für die Amortisierung seines Wagens. Mir sind die Arme gesunken, aber er scherzte nicht. Er hat mir erklärt, daß er bei allen ähnlichen

Fahrten, die er für uns gemacht habe, für den illegalen Apparat der KPS, immer eine gewisse Summe von Centimes als Amortisierungspreis für seinen kleinen Privatwagen berechnet habe. Da habe ich seine Frau, die ihn zwei oder drei Monate vorher verlassen hatte, begriffen und ihr innerlich zugestimmt. Er hatte mir diese Neuigkeit in Vitoria verkündet, an einem Abend, als er gegen das Olivenöl im besonderen und gegen das unanständige Verhalten der Frauen im allgemeinen stänkerte.

Aber bei Barizon verhielt es sich nicht so.

»Tatsächlich«, sagte ich zu ihm, »haben wir reichlich Zeit. Laß uns mit dem Wagen nach Zürich fahren, wenn du willst.«

Er hat Lust dazu, nickt, allem Anschein nach ganz glücklich.

»Ich muß nur noch vor der Abfahrt meinen französischen Personalausweis wieder holen«, sage ich ihm.

Er schaut mich an. Er scheint eine Erklärung zu erwarten.

»Also hör mal«, sage ich zu ihm. »Du hast es vorhin selbst bemerkt. Salagnac und Barizon, zwei Franzosen zusammen, das geht reibungslos. Aber ein Uruguayer mit einem Franzosen zusammen, das kann irgendeinen kleinen Schlaukopf beim geringsten Zwischenfall neugierig machen. Zum Beispiel im Hotel in Zürich. Es ist ein minimales Risiko, aber wozu soll man es eingehen, wenn man es vermeiden kann?«

Er schaut mich an und pfeift durch die Zähne.

»Du denkst an alles, Gérard«, sagt er leicht ironisch. »Ich verstehe jetzt, warum du oben schwimmst!«

Ich schüttle den Kopf.

»Nein«, sage ich zu ihm. »Du verstehst, warum ich nicht, nach so vielen Jahren, im Knast bin.«

Fernand schaut mich an.

»Mach weiter so, alter Freund!« sagt er trocken.

Ich trinke einen Schluck Bier, ich hebe mein Glas.

»Keine Bange, Fernand! Ich bin unsterblich!«

Am nächsten Morgen saßen wir auf dem Deck eines der Schiffe, die eine Rundfahrt auf dem Zürichsee machen. Die Herbstsonne strahlte. Wir betrachteten die Landschaft: das von weißem Schaum gesprenkelte blaue Wasser des Sees, die grünen Wiesen, die friedlichen Dörfer, die im herbstlichen Licht rötlichen Berge. Diese Seerundfahrten vor dem Abflug nach Prag waren fast schon Tradition. Manchmal machte ich sie allein, manchmal in Gesellschaft meiner Reisegefährten, wenn ich welche hatte.

Heute mache ich die Seerundfahrt mit Fernand Barizon, aber es ist auch vorgekommen, daß ich sie mit Carrillo gemacht habe, daß ich mit ihm über Zürich nach Osten gereist bin. Es war nicht Fernand, der damals den Wagen fuhr, sondern René. Wie dem auch sei, wir haben schon die Seerundfahrt gemacht, Carrillo und ich. Auf Reisen war er entspannt, er beschwor Erinnerungen herauf, an mehr oder weniger bekannte Episoden seines Lebens oder an die Geschichte der kommunistischen Bewegung. War es dort auf dem Deck eines Schiffes, das die Rundfahrt auf dem Zürichsee machte, daß er mir erzählt hat, wie Chruschtschow und die anderen Mitglieder des Präsidiums der russischen KP, einige Zeit nach Stalins Tod, Berija liquidiert hatten? Ich bin mir dessen nicht sicher. Jedenfalls hat er mir auf einer Reise diese Episode erzählt. Reisen bilden, wie man weiß, die Jugend und lösen zuweilen die Zunge der Reisenden. Ich weiß nicht, warum das so ist, aber so ist es nun einmal. Reisen lösen sogar alten Kommunisten die Zunge. Wenigstens etwas. Was nicht wenig besagt.

Tatsache ist, daß Chruschtschow in einem der Prunksäle des Kremls eine Reihe von Delegierten der 1957 in Moskau abgehaltenen Konferenz kommunistischer Parteien zum Abendessen eingeladen hatte. Carrillo befand sich unter den Geladenen. Beim Nachtisch erzählte Chruschtschow von Berijas Tod. Er hat all diesen versteinerten europäischen Kommunisten erzählt, wie es ihnen gelungen war, nach Stalins Tod bei einer Sitzung des Präsidiums Berija loszuwerden. Sie hatten sich heimlich zusammengetan, um Berija zu eliminieren, ihn körperlich zu liquidieren. Das war nicht leicht, denn alle Mitglieder des Präsidiums wurden von Leuten des KGB laut Anweisung des noch lebenden Stalins vor Betreten des Sitzungssaales durchsucht. Im Grunde war es unmöglich, Waffen in den für Sitzungen des Präsidiums vorbehaltenen Saal des Kremls zu schmuggeln. Diese Schwierigkeit hatten sie trotzdem umgangen. Denn die Stabsoffiziere der Armee wurden in der Zone des Kremls nicht durchsucht. So hatte Bulganin, der den Marschallsrang hatte, mit Hilfe eines anderen hohen Offiziers einige Maschinenpistolen einschmuggeln können. Ein Teil der hohen Armeeführer war tatsächlich in die Verschwörung gegen Berija eingeweiht, und gewisse Militäreinheiten waren für die bevorstehende Operation in Alarmbereitschaft versetzt worden. So schmuggelte Bulganin einige Kurzwaffen in den Saal des Kremls ein, in dem gewöhnlich die Sitzungen der Erben Stalins stattfanden. Kaum hatte die Sitzung begonnen, da stürzten sich die Verschwörer auf die Waffen und knallten Berija ab. Man wickelte Berijas Leiche in einen Teppich, um ihn aus dem Kreml hinauszubringen, damit niemand ahnte, was passiert war. Danach verhafteten die militärischen Eliteeinheiten, denen durch einen Telefonanruf grünes Licht gegeben worden war, die wichtigsten Mitarbeiter Berijas und die Kommandeure der Geheimdienste des Innenministeriums, von denen man annahm, daß sie unbedingte Anhänger des letzten Chefs der Polizei Stalins waren.

In dem großen von Vergoldungen und Lüstern überladenen Luxussaaal des Kremls, in dem das Bankett der brüderlichen Delegierten stattfindet, hat Chruschtschow mit seinem üblichen Elan zu Ende erzählt, wie es ihnen gelungen ist, Lawrenti Berija loszuwerden. Vielleicht hat er seine Geschichte etwas ausgeschmückt, das ist nicht ausgeschlossen. Vielleicht war es in Wahrheit komplizierter, schmutziger. Aber ein eisiges Schweigen hat sich unter den Geladenen ausgebreitet. Eine Todesstille, hier ist das Wort angebracht. Die brüderlichen Geladenen wagen sich nicht einmal gegenseitig anzusehen. Da beugt sich der alte Gollan, der Sekretär der kommunistischen Partei von Großbritannien, zu seinem Nachbarn und murmelt: *»A gentlemen's affair, indeed!«*

Carrillo hatte mir diese Episode erzählt. Er hatte ganz nah bei Gollan an der brüderlichen Tafel des Kremls gesessen. Und ich glaube, daß Carrillo mir diese Geschichte in Zürich auf dem Deck eines der Schiffe erzählt hat, die eine Seerundfahrt machen. Ich bin mir dessen nicht ganz sicher, aber ich glaube, es war dort.

Heute jedoch mache ich die Rundfahrt über den Zürichsee nicht mit Santiago Carrillo. Fernand Barizon begleitet mich dabei.

Wir befinden uns auf dem blauen Wasser, in der Herbstsonne, mit Blick auf das Dorf Wädenswil.

»Hast du den Kerl am Kai bei der Einschiffung bemerkt?« sage ich zu Barizon.

»Welchen Kerl?« fragt er und runzelt die Stirn.

»So ein kleiner untersetzter mit einem Spitzbart und einer Melone.«

Durch die Melone scheint sich etwas in seinem Gedächtnis zu regen.

»Eine Melone? Tatsächlich habe ich eine Melone bemerkt«, ruft Barizon aus. »Aber nicht den Kerl unter der Melone.«
»Das war Lenin«, sage ich zu ihm.
Barizon schluckt seinen Zigarettenrauch hinunter. Er hustet und würgt.
Ich klopfe ihm mehrmals auf den Rücken. Aber die reine Luft der deutschen Schweiz verhilft ihm wieder rasch zu einer normalen Atmung.
»Und ich bin Napoleon«, sagt Fernand, sobald er wieder zu Puste kommt.
»Sieh an!« sage ich zu ihm. »Welche historische Begegnung! Die hätte ich gern mitgemacht! Eine Diskussion zwischen Lenin und Napoleon über die Strategie. ›Man läßt sich darauf ein und sieht dann weiter.‹ Man hat es in beiden Fällen gesehen, ja man hat es gesehen.«
Aber Barizon hört sich mißtrauisch meine Hirngespinste an.
»Sah er Lenin wirklich ähnlich, dieser Kerl da?« fragt er. »Ich habe nicht darauf geachtet.«
Ich nicke.
»Es war Lenin, ich sag's dir. Übrigens ist es nicht verwunderlich, daß er die Orte heimsucht, an denen er glücklich war.«
Barizon dreht sich um und betrachtet die Stadt Zürich, die sich in der Ferne auf dem Hügel ausdehnt.
»Ist Lenin in Zürich glücklich gewesen?« fragt er.
Ich nicke.
»Natürlich«, antworte ich. »Es gab Inessa. Außerdem hat er seine Zeit in Bibliotheken verbracht, um philosophische und volkswirtschaftliche Bücher zu lesen. Das sind die schönsten Augenblicke für Revolutionäre, die in der Bibliothek.«
Barizon wendet sich, offensichtlich unzufrieden, mir zu.
»Aber nein doch!« sagt er. »Die schönsten Augenblicke für Revolutionäre sind die, Revolution zu machen!«
»Du hast gut reden!« sage ich zu ihm. »Erst einmal sind diese Augenblicke ziemlich selten, das mußt du zugeben. Und dann geht das oft schief. Es geht jedenfalls anders als geplant.«
Barizon betrachtet die Seelandschaft. Dann wendet er sich wieder mir zu:
»Sag mal, Gérard, jetzt kannst du mir, da du ein großes Tier bist und herumreist, vielleicht etwas beantworten. Wie sind die Russen eigentlich?«

»Die Russen sind verrückt!« hatte Henk Spoenay vor sechzehn Jahren gesagt.
Wir marschierten im Schnee durch die Allee der Adler. Wir hatten von den Russen gesprochen, von ihrer Flucht oder ihrem Verduften im Frühling. Ohne mir dessen bewußt zu werden, war ich stehengeblieben. Ich betrachtete die verschneite Landschaft, vielleicht ohne sie zu sehen.
Ich träumte.
Jedenfalls war es nicht Frühling. Wir waren im Dezember, jawohl. An einem Sonntag Ende Dezember 1944.
Ich hatte an Pjotr gedacht, den wir Pedro nannten. Er setzte seinen langen Marsch durch Europa fort, zum Osten, zur Roten Armee. Es gab einen zweiten Pedro unter uns in Buchenwald. Und der war auch kein Spanier. Er war Slowake. Die beiden Pedros hatten in Spanien gekämpft. Der Slowake in den Internationalen Brigaden und der Russe mit sowjetischen Militärexperten in den Panzerwagen. Sie sprachen beide fließend spanisch.
Ich habe den Familiennamen von Pjotr, dem russischen Panzerwagenfahrer, vergessen, wenn ich ihn je gekannt habe. Dagegen erinnere ich mich sehr gut an den Nachnamen des anderen Pedro, des slowakischen Infanteristen. Er hieß Kaliarik. Aber das war nur ein falscher Name, wie ich viel später erfahren habe. Er hieß in der Tat weder Pedro noch Kaliarik. Er hieß Ladislaw Holdos. Aber das habe ich erst zwanzig Jahre später erfahren. Im April 1945, als ich Pedro den Slowaken mit Nachnamen Kaliarik verlassen habe, wußte ich nicht, daß er wieder Holdos werden sollte. Wir haben uns kurz verabschiedet: *»Salud, suerte, hasta la vista!«*, ohne zu ahnen, daß wir uns in zwanzig Jahren wiedertreffen sollten. Wir haben unsere Namen, unsere Adressen nicht ausgetauscht, wozu auch? Erst einmal hatte keiner von uns beiden eine Adresse. Wir haben nur unsere Stiefel ausgetauscht, wie ich mich erinnere.
Wir waren am 11. April 1945 und an den folgenden Tagen in den Kampfgruppen des geheimen Widerstands in Buchenwald zusammen gewesen. Kaliarik hatte natürlich eine größere Verantwortung im illegalen Militärapparat. Erstens war er älter als ich, mindestens zehn Jahre. Und dann hatte er in Spanien gekämpft, in der französischen Widerstandsbewegung, er war ein Veteran. Er hatte jene Kriegserfahrung, die die gemeinsame Basis, den unbestrittenen Fundus so vieler kommunistischer Generationen

bildet. Im 20. Jahrhundert sind, wenn man es auch nur ein wenig bedenkt, die Kommunisten auf dem Gebiet des Bürger- oder eines anderen Krieges am tüchtigsten gewesen. Sie haben da sogar zuweilen auftrumpfen können. Als wäre der militärische Geist wesensgleich mit dem Kommunismus des 20. Jahrhunderts. So weit, daß über dem Umweg des Krieges, des Militärgeistes – und bald militaristischen Geistes – die sehr vom ursprünglichen Marxismus entfernten und ihm sogar heftig entgegengesetzten Bewegungen, wie der Castroismus und seine sämtlichen lateinamerikanischen Ableger, sich schließlich im Schoß der Heiligen Kommunistischen Kirche, in den festen und martialischen Reihen der Erben des verstorbenen Marschalls Stalin wiedergefunden haben. Der Kommunismus des 20. Jahrhunderts hat bei allen Revolutionen versagt, die er inspiriert oder nach ihrem Abschluß kontrolliert hat, aber er ist bei mehreren entscheidenden Kriegen überaus erfolgreich gewesen. Und damit ist noch nicht Schluß: eine nahe Zukunft wird diese Voraussage bestätigen. Eine sehr durchsichtige Gegenwart bestätigt das dem, der sehen kann, Tag für Tag. Das ist übrigens leicht verständlich: das Versagen der Revolution, das heißt, das Versagen auf dem Gebiet des sozialen Wiederaufbaus führt unweigerlich zur bewaffneten Expansion, sei es durch afro-kubanische, arabische oder gelbe Soldaten.

Wie dem auch sei, Kaliarik befehligte einen der Stoßtrupps, die mit Stück für Stück aus der Fabrik der *Gustloff* entwendeten Maschinengewehren ausgerüstet waren und am 11. April 1945 den Wachturm von Buchenwald bei der Auflösung der SS besetzt haben. »Die erste Angriffswelle gegen den berüchtigten Turm wurde unter dem Befehl eines Tschechen namens Pedro unternommen«, sagt Olga Wormser-Migot in ihrem Buch *Quand les Alliés ouvraient les portes . . .* Als die Alliierten die Tore öffneten. Abgesehen davon, daß er Slowake war, was ihm später das Leben sehr erschwerte, war dieser Pedro der meine: mein *Kumpel* Kaliarik. Ich selbst habe nur an der zweiten Welle, der Reserve teilgenommen, die man am Lagertor mit Panzerfäusten und anderen von den Wachtposten der SS eroberten Waffen ausgerüstet hat. So haben wir, Kaliarik und ich, uns auf der Straße nach Weimar in dem Goethe so teuren Buchenwald in jener berühmten Nacht des 11. Aprils wiedergetroffen. Man sprach in dieser Nacht viel spanisch im Unterholz um Weimar herum.

Aber beim Abschied ein paar Tage später haben wir nicht viel

Worte gewechselt, wir haben auch nicht unsere Adressen ausgetauscht, denn wir hatten keine. Wir haben nur unsere Stiefel ausgetauscht. Es stellte sich heraus, daß die Lederstiefel, die ich im Magazin der SS-Kasernen aufgetrieben hatte, ihm besser paßten als mir. Und andererseits paßten mir diejenigen besser, die er aufgetrieben hatte. Wir haben diese wichtige Entdeckung an einem Tag Mitte April gemacht, als wir vor Block 40 einige Tage nach dem Ende dieses Krieges in der Sonne saßen. Selbstverständlich haben wir dann unsere Stiefel ausgetauscht. So trug ich am 1. Mai 1945, als ich gerade noch rechtzeitig zur Maiparade in Paris eingetroffen bin, an meinen Füßen Kaliariks Stiefel. Ich habe übrigens an ihn gedacht. Nicht nur, weil er diese weichen Stiefel gegen meine getauscht hatte. Sondern auch wegen des leichten Schneetreibens an jenem Tag, am 1. Mai, als sich die Maiparade bei der Place de la Nation auflöste. Ich habe die Schneeflocken betrachtet und natürlich an meine Kumpel gedacht.

Aber erst zwanzig Jahre später, 1964, habe ich Kaliarik wiedergesehen und seinen richtigen Namen erfahren: Ladislaw Holdos.

Ich hatte mich bei Freunden, am Boulevard Voltaire, verabredet, um die Londons zu treffen, die ich nicht kannte. Das heißt, ich war 1945, nach meiner Rückkehr aus Buchenwald, einmal Artur London beim Verlassen einer Versammlung in Paris begegnet. Ich war mit Michel Herr zusammen, aber ich erinnere mich nicht mehr, ob er uns einander vorgestellt hat oder ob er sich darauf beschränkt hat, mir zu sagen, daß der große hagere und gebeugte Typ da drüben, der aus Mauthausen zurückkehrte, »Gérard« war, der legendäre Führer der M.O.I. Jedenfalls war das kaum von Bedeutung. Die Szene hatte, Vorstellung oder nicht, nur einige Sekunden gedauert.

1964, als wir uns wirklich kennenlernten, bei Freunden am Boulevard Voltaire, hat London uns in Stunden stockenden Atems, des Hasses und der angehäuften, vervielfältigten Qual alle Fährnisse seiner Verhaftung, seines Prozesses und seiner Gefangenschaft in der Tschechoslowakei erzählt. Und sicherlich war, so wie sie sich meinem Gedächtnis eingeprägt hat, diese Erzählung die unerbittlichste, die von jeglichem Willen zur Selbstrechtfertigung freieste, im Vergleich zu der Schilderung derselben Ereignisse, die London einige Jahre später in *L'Aveu* gab. Aber es ist noch nicht der Augenblick, noch nicht die Stunde, um über

L'Aveu zu sprechen. Lassen Sie uns nicht vergessen, daß ich mich an die chronologische Reihenfolge halten muß. In der Tat und trotz der gewundenen und tückischen Abschweifungen des Gedächtnisses, die die Allüren der »Rückkehr nach vorne« annehmen – so wie es bei der Kinotechnik den »Rücklauf« gibt –, wegen der verlorenen und wiedergefundenen Spuren von Kaliarik, der in Wirklichkeit Holdos hieß, trotz dieses offensichtlichen Kommens und Gehens sind wir immer noch dabei, einen Sonntag im Dezember 1944 in Buchenwald wiederzuerleben. *L'Aveu* hat noch keinen Platz in dieser wiedererlebten Erfahrung. Was mich augenblicklich interessiert, ist an jenem Herbstabend 1964 am Boulevard Voltaire bei Jean Pronteau nicht Artur Londons Erzählung, die einige Jahre später den Stoff zu *L'Aveu* liefern sollte, sondern Pedro Kaliariks Anwesenheit. Er ist derjenige, der besagten Sonntag und viele andere Sonntage in Buchenwald miterlebt hatte.

Ich bin also eines Abends in jene Wohnung von Jean Pronteau am Boulevard Voltaire eingetreten. Die Londons waren da. Da war auch jener Mann, den ich sofort wiedererkannt habe. Pedro, mein slowakischer Kumpel aus Buchenwald.

Es hätte ein Fest sein können, Kaliarik wiederzufinden, warum nicht? Nach zwanzig Jahren wäre man zufällig einem Kumpel begegnet, man hätte reichlich Dinge, reichlich Erinnerungen heraufbeschworen. Man hätte mit jenen Stiefeln angefangen, die man ausgetauscht hatte. Erinnerst du dich noch an die Stiefel, die man im Magazin der SS aufgetrieben hatte? Ich hätte Pedro erzählen können, was aus diesen Stiefeln geworden war. Dann hätte man jene Apriltage nach der Befreiung des Lagers heraufbeschworen. Erinnerst du dich, Pedro, an diese Nazifamilie, die sich nachts auf der Straße nach Weimar von einer unserer Patrouillen erwischen ließ? Und Pedro hätte sich daran erinnert. Man hätte so auch eine Fülle von im Gedächtnis vergrabenen, schlummernden Erinnerungen heraufbeschworen, die jedoch bereit waren, sich zur Verfügung zu stellen, wiederzuerwachen. Man hätte töricht, selig über all diese wiedergekehrten Erinnerungen gelacht. Der Schatten der in Rauch aufgegangenen Kumpel wäre sicherlich darauf gefallen. Er hätte sich leicht und brüderlich einen Augenblick auf uns gesenkt. Es hätte sicherlich den Schornstein der Verbrennungsanlage im sonnigen Bild jenes fernen Aprils im Gedächt-

nis gegeben. Aber wir hätten sicherlich gelacht, trotz des Schatten des Todes, trotz des Rauches der Verbrennungsanlage.
Es ist doch nicht zuviel vom Leben verlangt, diese Freude zu erfahren, einen Kumpel wie Pedro nach zwanzig Jahren zufällig wiederzufinden und mit ihm die leuchtende Unschuld der Vergangenheit heraufzubeschwören.
Aber das ist nicht möglich gewesen. Wir haben die Vergangenheit nicht heraufbeschwören können. Oder genauer, wenn wir die Vergangenheit heraufbeschworen hätten, wäre es nicht die von Buchenwald gewesen. Es wäre nicht die Vergangenheit der Unschuld gewesen. Denn Kaliarik war 1945 in seine Heimat zurückgekehrt. Er war wieder Holdos geworden, Ladislaw Holdos. Unter diesem Namen, seinem richtigen Namen, war er Mitglied des Präsidiums und des Sekretariats der KP der Slowakei geworden. Und dann Abgeordneter und Vizepräsident des slowakischen Nationalrats. Aber Anfang 1951 wird Holdos verhaftet. Er wird beschuldigt, einer slowakischen nationalistisch-bürgerlichen Gruppe um Clementis anzugehören. Am 21. Februar 1951 hört sich das Zentralkomitee der tschechischen KP einen Bericht über *die Aufdeckung der Wirtschaftsspionage und Arbeitssabotage von Clementis und einer antiparteilichen nationalistisch-bürgerlichen Gruppe innerhalb der slowakischen KP an.* Die Monate verstreichen, das Szenario der Prozesse ändert sich. Schließlich ist Clementis nicht mehr der Hauptdarsteller, der Star eines Schauprozesses, bei dem dem braven geeinten und erschrockenen Volk die Schrecken des slowakischen Nationalismus enthüllt werden. Er wird umbesetzt, um eine Nebenrolle im Slansky-Prozeß zu spielen. Er wird 1952 mit diesem zum Tode verurteilt. Er wird hingerichtet, und seine Asche wird auf einer vereisten Straße in der Umgebung von Prag in alle Winde verstreut. Die Asche von Clementis und von Josef Frank wird vermischt und durcheinandergemengt, gleichzeitig auf einer verschneiten Straße von Böhmen verstreut.
Was die Mitangeklagten von Clementis angeht, unter denen man neben Holdos, Novomesky, Okali und Horvath auch Husak findet – ja, Husak!, der, aus stalinistischen Gefängnissen entlassen, nach dem August 1968 die repressive Politik der Erben Stalins unbarmherzig betreibt –, so müssen sie noch jahrelang darauf warten, daß man an hoher Stelle das Szenario ihres Prozesses ausarbeitet, daß man ein peinlich genaues Protokoll

über ihre Abweichungen anfertigt und den Text ihrer Geständnisse verfaßt. Sie werden erst zwischen dem 21. und 24. April 1954 in Bratislava verurteilt.
Ich hörte zehn Jahre später, im Herbst 1964, Pedro in Paris, am Boulevard Voltaire, zu. Eine verzweifelte Wut überkam mich. Die gleiche Wut sicherlich, die Pedros Stimme beben ließ.
Einige Wochen zuvor war Nikita Sergejewitsch Chruschtschow abgesetzt worden. Eine Seite der Geschichte war umgeblättert worden. Die einzige und alleinige Möglichkeit, die die Geschichte dem Kommunismus geboten hatte, um sein politisches System zu reformieren – ohne blutige Auseinandersetzungen einer allgemeinen und unweigerlich chaotischen Revolte, ohne die Massenvernichtung eines militärischen Konflikts nach außen hin – war endgültig vertan. Keine andere geschichtliche Möglichkeit von dieser Größenordnung wird je reifen. Und sicherlich war Nikita Sergejewitsch vor allem seinen eigenen Widersprüchlichkeiten, seiner zumindest unsicheren Strategie zum Opfer gefallen. Er war wohl den geschichtlich festgelegten Grenzen seines Unternehmens erlegen, das nur – mit reformistischer Strategie – als Entfaltung einer demokratischen Massenbewegung zum Erfolg geführt hätte, die natürlich in sich die Keime einer sich selbst widerlegenden Überholung besagten Unternehmens getragen hätte. Man hatte das in Polen und in Ungarn genau beobachten können, man beginnt es in China zu beobachten. Aber Nikita Sergejewitsch war nicht nur von Seinesgleichen geopfert worden, die die absolute Macht der neuen Führungsklasse wiederherstellen sollten, zufrieden über die Chruschtschowsche Abschaffung des Terrors, insofern als zumindest dieser Terror eben diese Klasse betraf; er war ebenfalls dem Unverständnis, den Angriffen, den Rückziehern und den Unterminierungen der Mehrheit der internationalen kommunistischen Bewegung erlegen. Einmal mehr und mit einer obskuren und uneingestandenen – nicht einzugestehenden – Konsequenz, die eine gründliche Analyse verdient, welche hier nicht einmal skizziert werden kann, hatte die kommunistische Bewegung in ihrer Gesamtheit, welches auch immer die mitunter interessanten Ausnahmen sein mochten, die unselige Rolle gespielt, für die sie tatsächlich gegründet worden war, was man auch zu glauben vorgibt. In den dreißiger Jahren dieses Jahrhunderts hatte sie durch ihre niederträchtige und bedingungslose Unterwürfigkeit die endgültige Stalinisierung des

Systems erleichtert. Zwanzig Jahre später, in den fünfziger Jahren, verhinderte die internationale kommunistische Bewegung die Ausbreitung der vom XX. Parteitag der russischen KP ausgelösten Schockwelle. Auf Betreiben der französischen KP im Westen und der chinesischen KP im Osten blockierte sie die Situation auf einer für die nationalen Apparate erträglichen Ebene.
Aber ich bedauerte nicht Nikita Sergejewitschs Verschwinden im Herbst 1964, in jener Wohnung am Boulevard Voltaire, wo ich Ladislaw Holdos wiedergetroffen habe. Damals hatte ich nichts mehr zu bedauern, auch nichts mehr zu hoffen. Ich hatte meinen persönlichen Kampf, Ehrgefecht an der Spitze des Führungsapparates der KPS bis zu Ende durchgefochten. Kurz zuvor, am 3. September 1964, war ich vor eine Delegation des Exekutivkomitees zitiert worden. Man hatte mich um zwei Uhr mittags vor das Rathaus von Aubervilliers bestellt. Ich kannte all die Wohnungen, all die Gartenlauben dieses Vororts, in denen wir jahrelang die illegalen Versammlungen der Führung der KPS abgehalten hatten, gut genug, um mir vorzustellen, in welcher es sich abspielen sollte. Man hätte mich sogar, um unnötige Umwege zu vermeiden, gleich in eine dieser Wohnungen bestellen können. Aber keineswegs. Der Polizeireflex, den man in allen kommunistischen Parteien mit heuchlerischen Gründen der »revolutionären Wachsamkeit« rechtfertigt, war schon in vollem Gange. An jenem Tag, am 3. September 1964, zu jener Stunde, um zwei Uhr mittags, vor der Versammlung, vor die ich zitiert worden war, war ich noch Mitglied der Führung der KPS: Mitglied des Zentralkomitees der Partei, einstweilig vom Exekutivkomitee ausgeschlossen, in Abwartung, daß man meine politischen Abweichungen untersuchte. Aber ich war schon als Feind behandelt worden, als potentieller Verräter. Deshalb hatte man mich nicht nur nicht direkt in die Wohnung bestellt, in der wir uns unweigerlich treffen sollten, sondern der Wagen, der mich vor dem Rathaus von Aubervilliers abgeholt hatte, machte auch noch zahlreiche Umwege, als ginge es darum, einen Verfolger abzuschütteln oder mir meinen Orientierungssinn zu nehmen. Was mich bei dieser finsteren Komödie am meisten betrübte, war, daß der Genosse, der den Fahrer des Wagens begleitete und der den Auftrag hatte, mich sicher in den Hafen zu bringen, einer meiner alten Kumpel aus dem Untergrund in Madrid war.

»Bernardo« zeigte übrigens wachsende Nervosität. Um ihn gänzlich niederzuschmettern, habe ich ihn mit sarkastischen Worten überschüttet. Ich habe ihm gesagt, sie seien inkonsequent, sie zeigten gerade einmal mehr, bis zu welchem Grad sie zu ernsthafter Arbeit unfähig seien. Denn von zwei Dingen komme nur eins in Frage: entweder sei ich ein Feind oder ich sei keiner. Ihre Art, sich mir gegenüber wie Bullen zu verhalten, lasse den Schluß zu, daß sie mich als Feind betrachteten. Vielleicht sogar als Bullen. Aber dann seien sie wirklich zu bescheuert. Denn wäre ich ein Bulle, wäre ich es notwendigermaßen schon seit langem. Ich wäre nicht heute morgen beim Zähneputzen ein Bulle geworden. Also hätte ich die Adresse der Wohnung, zu der sie mich unweigerlich brächten, trotz der Komödie der Umwege, längst verraten können. Ich hätte in der Tat noch viele andere Adressen verraten können. »Weißt du, ›Bernardo‹«, sagte ich zu ihm, »wie viele illegale Adressen ich kenne, hier und in ganz Spanien? Hast du die geringste Ahnung von den Geheimnissen, die ich verraten könnte und die du nicht zu schützen vermagst, so sehr du dich auch anstrengst? Du, du kennst sie nicht einmal, aber willst du, daß ich dir die Adressen und Kennwörter gebe, um in sämtliche illegalen Druckereien von Madrid zu gelangen?« Und »Bernardo« wurde immer unruhiger. Der Fahrer übrigens auch. Er fing an, völlig unvorsichtig zu fahren, und ich habe es nicht versäumt, ihn darauf hinzuweisen. »Du, ›Bernardo‹«, sagte ich noch zu ihm, »sicher kennst du nicht Carrillos illegale Adresse, wir sind nur sehr wenige, die sie kennen, ich werde sie dir geben! Willst du auch seine Telefonnummer haben?« Aber »Bernardo« bat mich bestürzt, den Mund zu halten. »Und warum sollte ich denn den Mund halten, ›Bernardo‹? Du hast mich weder geknebelt noch mir die Augen verbunden. Das hättest du übrigens tun müssen, wenn du konsequent gewesen wärst. Was nützen all diese Umwege, wenn ich von vornherein weiß, wohin wir fahren? Was nützt es, mich zu bitten, den Mund zu halten, da es niemandem mehr gelingen wird, mir zu verbieten, das Wort zu ergreifen, und eben das findest du beschissen!«

Wie dem auch sei, am 3. September 1964 hat mir eine Delegation der KPS mitgeteilt, daß das Zentralkomitee meinen Ausschluß aus dem Exekutivkomitee ratifiziert habe und daß man von mir die Berichtigung meiner irrigen Meinungen erwarte. Aber ich habe mich nochmals – ein letztes Mal – geweigert, die so köstlich masochistische und befriedigende stalinistische Selbstkritik zu üben, und dabei ist es, nach einigen rein formellen Wortwechseln, geblieben. Ich meine damit, wir wußten bereits, die einen wie der andere, was wir davon zu halten hatten.

Deshalb stand ich an jenem Herbstabend 1964, als ich Pedro am Boulevard Voltaire wiedergefunden habe, bereits auf der anderen Seite. Ich bedauerte nichts mehr, ich hoffte nichts mehr. Und trotzdem überfiel mich noch eine finstere sinnlose Wut – eine völlig verzweifelte, zu jeglicher Handlung unfähige –, als ich Pedros Erzählung zuhörte.

Im April 1954 war Pedro also vor einem Gericht in Bratislava erschienen. Der Prozeß war nach dem vom Sekretariat des Zentralkomitees der tschechoslowakischen KP verfaßten Szenario verlaufen. Pedro, das heißt Ladislaw Holdos, war zu dreizehn Jahren Gefängnis verurteilt worden.

Der Prozeß hatte am 21. April 1954 begonnen. Neun Jahre zuvor, auf den Tag genau, nämlich am 21. April 1945, hatten Pedro und ich unsere Stiefel ausgetauscht. Man könnte sich über die Genauigkeit dieser Erinnerung wundern, die, könnte man sagen, wirklich zu gut paßt. Aber diese Genauigkeit ist ebenso unbestreitbar wie banal. Denn es steht fest, daß wir, Kaliarik und ich, am Vorvorabend meiner Abfahrt von Buchenwald in einem Lastwagen der Repatriierungsmission des Abbé Rodhain unsere schönen Stiefel aus weichem Leder ausgetauscht haben. Und da ich Buchenwald am 23. April verließ, einem leicht zu behaltenden Datum, denn es ist der Tag des heiligen Georg, und es hatte mich amüsiert, Buchenwald am Tag des heiligen Georg, des Schutzpatrons der Kavallerie gleichen Namens und des verehrtesten Schutzpatrons von Katalonien zu verlassen, ist es also ganz einfach, daraus abzuleiten, daß wir unsere Stiefel am 21. ausgetauscht haben. Neun Jahre später wurde, auf den Tag genau, der Prozeß gegen Ladislaw Holdos in Bratislava eröffnet.

An all das dachte ich beim Anhören von Pedros Erzählung am Boulevard Voltaire so viele Jahre später, fast zwanzig Jahre nach diesem Abschied in Buchenwald. Ich dachte auch daran, daß der Prozeß gegen Pedro schließlich ein Jahr nach Stalins Tod stattgefunden hatte. Ich dachte daran, daß Stalin weiter mordete, einsperrte, verleumdete, Leben zerstörte, sogar noch nach seinem Tod. Ich dachte daran, daß 1945 die Deportierten in Buchenwald weiter starben, sogar nach der Befreiung. Die überlebenden Juden aus Auschwitz starben weiter in dem Kleinen Lager von Buchenwald. Ich dachte daran, daß Stalin ganz allein ein riesiges Konzentrationslager, eine ideologische Gaskammer gewesen war, eine Art Verbrennungsofen des Richtigen Denkens: er mordete sogar nach seinem Verschwinden weiter. Ich dachte vor allem daran, daß Stalin die mögliche Unschuld unseres Gedächtnisses zerstörte. Denn man hätte sich, Pedro und ich, an jenem Abend am Boulevard Voltaire bei Jean Pronteau umarmen können. Einen einstigen Kumpel umarmen können, ohne Hintergedanken, ohne trübe oder betrübliche Erinnerungen. Man hätte diese ausgetauschten Stiefel, dieses einstige Glück von Buchenwald heraufbeschwören können: das Glück, unseren Posten gehalten zu haben, nichts anderes als unseren Posten, freiwillig, mit allen Risiken und deren quälenden Augenblicken, mit all den schwachen Hoffnungsstrahlen und Freudenschimmern, unseren Posten im Kampf um die gerechte Sache. Aber das war fortan nicht mehr möglich. Wir haben uns natürlich umarmt, nicht aber um die am 21. April 1945 ausgetauschten Stiefel aus weichem Leder heraufzubeschwören, sondern um den Prozeß heraufzubeschwören, der neun Jahre später, auf den Tag genau, in Bratislava eröffnet wurde. Wir haben uns umarmt, und eine finstere Wut überfiel uns beide. Eine sinnlose und schuldbewußte Wut. Sinnlos, weil es nichts mehr zu hoffen gab, einerlei, was man sich manchmal noch vormachte in der Abgestumpftheit einer ideologischen Bewegung, die weder den hoffnungslosen Kampf begreift, noch die Ausdauer in einem erfolglosen Kampf. Und schuldbewußt, weil Pedro sich sicherlich an die Schwüre erinnerte, die man ihm abgerungen hatte, und weil ich mich an mein beschwichtigendes Schweigen von einst und an meine unterwürfige und freiwillige Taubheit gegenüber den Schreien von manchen bei der Hinrichtung erinnerte, die meine Kameraden gewesen waren.

Es gab kein unschuldiges Gedächtnis mehr, für uns nicht mehr.

Aber ich bin im Dezember 1944 in Buchenwald. Es ist ein Sonntag Ende Dezember. Ich hatte mit Henk Spoenay das Lager verlassen. Ich komme ganz allein von der *Mibau* zurück, Henk ist dort aufgehalten worden. Vorhin, es ist eine Ewigkeit her, auf

dem Hinweg, vor all diesen Abschweifungen in die Zukunft meines Gedächtnisses, hatten wir, Henk und ich, von den Russen gesprochen.
»Die Russen sind verrückt!« hatte er gesagt.
Ich hatte noch nicht von Kolyma gehört.
Am Ende der langen Allee erhebt sich das monumentale Eingangstor des Lagers, vom Wachtturm überragt.
Ich gehe langsam in der Sonne.
»Es ist ein Traum«, hatte Henk auf dem Appellplatz gesagt.
Aber was ist ein Traum? Ist diese Landschaft mit ihrem Schnee von bläulichem Weiß, ihrer blassen Sonne, dem stillen Rauch da drüben ein Traum, der in mir entsteht? Oder bin ich ein Traum, der in dieser Landschaft entsteht, der aus dieser Landschaft entsteht, wie ein Rauch, kaum dichter als der da drüben?
Bin ich nicht nur irgendwie ein Traum künftigen Rauchs, träumerischer Vorahnung, jener rauchigen Unbeständigkeit, der der Tod wäre? Das Leben? Oder ist all das, diese Welt des Lagers und die Kumpel und Fernand Barizon und Henk und der Zeuge Jehovas und das Orchester von Jiri Zak, dieses ganze wimmelnde Leben nur ein Traum, in dem ich bloß eine der Figuren wäre und aus dem irgend jemand eines Tages, nämlich derjenige, der ihn geträumt hat, vielleicht erwachen könnte? Und ist nicht sogar alles übrige, das Äußere, was es vorher gegeben hat, alles, was es nachher geben wird, nur ein Traum?
Ich habe irgendein Schwindelgefühl in der blassen Sonne dieses winterlichen Traumes. Das ist nicht beunruhigend. Das ist nicht einmal unangenehm. Es gibt einfach kein Realitätskriterium mehr. Ich bin nicht dumm genug, um mich zu kneifen, um durch den stechenden, kurzen, exakten Schmerz, den das Kneifen hervorriefe, mein Wachsein zu bestätigen. Denn das würde selbstverständlich nichts beweisen.
Es gibt kein Realitätskriterium mehr, alles ist möglich. Ich mache noch einige Schritte, ich bleibe stehen.
Am Ende der Allee könnte Goethe mit seinem getreuen Eckermann, diesem ausgemachten Blödian, erscheinen. War hier nicht die Stätte ihres Lieblingsspaziergangs? Goethe und Eckermann in der Allee, die von heraldischen, hieratischen Adlern gekrönte Granitsäulen säumen.
Sie könnten zwischen den Bäumen aus der Richtung des Falkenhofs erscheinen.

»Heute«, könnte Eckermann später schreiben, »hat Goethe, trotz der strengen Kälte, den Wunsch geäußert, einen Spaziergang auf dem Ettersberg zu machen.
›Heute morgen habe ich bedacht‹, hat mir Goethe gesagt, ›daß meine Erinnerung an diese schönen Wälder von der schwindelnden und fahlroten Milde des Herbstes geprägt oder durch die nahende, heraufdrängende Glut des Frühlings, dessen mannhaftes Grün man bereits ahnt, gekennzeichnet wird. Meine Erinnerung an den Ettersberg scheint mit den Farben des Mais und denen des Septembers, mit den Wohlgerüchen dieser beiden Monate verknüpft zu sein. Und dennoch bin ich mir sicher, mitten im Winter zwischen diesen schönen Bäumen reizvolle Schlittenfahrten gemacht zu haben, zuweilen nächtliche beim heiteren Schein der Fackeln. Aber diese Erinnerung hat sich abgeschwächt. Beim Altern‹, hat Goethe hinzugesetzt, ›dünkt es mich, daß ich in die Feuchte einer behaglicheren Erinnerung flüchte.‹
Ich habe ein Lächeln nicht verhehlen können, derweil ich Goethe vom Altern habe reden hören. Eine solche Lebhaftigkeit, eine solche Jugend der Seele strahlen aus seinem von edler Erhabenheit geprägten Antlitz! Wie hätte man glauben können, daß dieser bewundernswerte Mann, dieses goethische Genie, bald ein Zweihundertjähriger sein wird?
Bei diesem Gegenstand habe ich mich eines etwas melancholischen Gedankens nicht erwehren können. Unter der Voraussetzung, daß dieser unselige Krieg in fünf Jahren, 1949, beendet sein wird, damit der zweihundertste Geburtstag meines Meisters von der Gesamtheit der befriedeten, eigens anläßlich dieser Gedenkfeier wieder versöhnten europäischen Völker gebührend gefeiert werden kann! Welches Unheil, wenn dies nicht eintreten sollte, und welcher Verlust für die Menschheit!
Wer könnte in der Tat besser als Goethe höchstpersönlich in Weimar die Großen dieser Welt anläßlich jenes Weltfriedenskongresses empfangen, der als Apotheose die Feiern seines zweihundertsten Geburtstages beschließen würde? Welcher deutsche Politiker könnte in der Tat nach der unvermeidlichen und nunmehr nahen Niederlage des Reichs – einer Niederlage, von der Goethe voraussagt, daß die deutsche Nation daraus die Kräfte für einen neuen Aufschwung schöpfen werde – besser als Goethe die deutsche Geschichte und Weisheit verkörpern? Wer

könnte besser als Goethe bei Präsident Roosevelt, bei Marschall Stalin, bei Premierminister Winston Churchill und bei General de Gaulle die Sache der deutschen Beteiligung am Wiederaufbau Europas vertreten?

Wie dem auch sei, Goethe befand sich heute morgen in überaus erregter, wenngleich auch ein wenig fieberhafter Stimmung, als ich sein Arbeitszimmer betreten habe. Er betrachtete zerstreut einige russische Ikonen, gütigerweise von Oberst von Sch. gesandt, der an der Ostfront kämpft und mit dem Goethe eine Korrespondenz von höchster Bedeutung führt. Ich habe damit begonnen, ihm ein Resumé von der Sonntagspresse zu geben, aber er hat schon bald mit brüsker Gebärde diese anödende Lektüre unterbrochen.

›Lassen wir es einen Augenblick sein‹, hat er zu mir geasgt, ›uns mit den Affären der Welt zu befassen! Was gibt es, mein guter Eckermann, mein Teurer, im Grunde schon Neues für mich unter der Sonne, der ich in Valmy war, der ich die Brandung der Französischen Revolution gesehen habe, der ich Napoleons Glorie habe erstrahlen und verlöschen sehen? Nein, wahrhaftig, die Geschichte wiederholt sich betrüblich. Wie recht hatte, in diesem Punkt, mein alter Freund, Professor G. W. F. Hegel! Sie haben Professor Hegel im Oktober 1827 kennengelernt, als er auf der Durchreise in Weimar war und ich ihm zu Ehren einen Tee gab. Jedoch in der Epoche, an die ich denke, in der Epoche von Jena, waren Sie noch nicht bei mir, mein lieber Eckermann! Jena, das war der Mittelpunkt der zivilisierten Welt, mein Guter! Ich bewahre daran eine betörende Erinnerung, und nicht nur, wie manche bösen Zungen behaupten, wegen der kleinen Minna Herzlieb, meinem Minnchen! Keineswegs! Jena war in jener Epoche mit seiner Universität, mit der ich mich auf Grund meiner Ämter beim Großherzog zu befassen hatte, der Ort, an dem einige der größten deutschen Geister dieses Jahrhunderts – ich meine, des vorigen Jahrhunderts – lebten und arbeiteten! Schiller und Fichte, Schelling und Hegel, und Humboldt, und die Gebrüder Schlegel, und Brentano, und Tieck, und Voß, und mir ist entfallen, wer sonst noch! All diese Leute arbeiteten unter elenden Umständen, denn der Reichtum des Geistes ist in Deutschland häufig auf dem Nährboden materiellen Elends erblüht! Ich erinnere mich daran, daß ich einmal durch einen gemeinsamen Freund, den braven Knebel, Hegel zehn Taler habe

zukommen lassen müssen, in einer dermaßen mißlichen Lage befand sich der Professor!‹
Aber mit einer Handbewegung diese melancholischen und zugleich großartigen Erinnerungen wegfegend, rief Goethe aus: ›Heute ist mir danach zumute, Sie zum Ettersberg zu entführen. Die Beobachtung der winterlichen Natur wird uns gewiß manchen Gesprächsstoff liefern.‹
Ich habe diesen Worten beigepflichtet, derweil ich mich fragte, ob dies der wahre Beweggrund für Goethes Ungeduld sei. Ich hegte den Verdacht, daß dies nicht der Fall war, warum weiß ich nicht. Ohne zu säumen, habe ich einen Schlitten vorfahren lassen, und wir sind, eingemummelt in dicke Pelze, sogleich im Trab zweier mit Federbüschen geschmückter kraftvoller Pferde zu den Hängen des Ettersberges aufgebrochen, jenes schönen Hügels, den – leider! – die Errichtung eines Umerziehungslagers verschandelt hat, in dem Missetäter mehrerer Nationalitäten eingesperrt sind.«

Ein Geräusch zu meiner Linken riß mich aus meinen Träumereien.
Ein Schneewirbel glitzert in der Sonne, hinter einem Vorhang aus Bäumen, in der Nähe der Kasernen. Schließlich ein Militärfahrzeug, dessen Räder über den frischen Schnee schlittern. Es hat nur eine Sekunde gedauert. Eine Art gedämpftes Knirschen.
Es ist verstummt, die Stille ist zurückgekehrt.
Immerhin kostet es mich nichts, mir vorzustellen, daß Goethes Schlitten da drüben jäh angehalten und den Schnee aufgewirbelt hat. Goethe hat vielleicht den Wunsch geäußert, den Falkenhof zu besuchen.
Da stehe ich unbeweglich in der kalten Sonne dieses Dezembersonntags und träume davon, daß Goethe und Eckermann am Ende der von Reichsadlern gesäumten Allee auftauchen.
Ich rühre mich etwas, ich stampfe mit den Füßen auf den angehäuften Schnee, ich hauche in meine Finger. Die Allee ist noch immer verlassen.
Man kann sich an einem Dezembersonntag in der historischen Landschaft auf dem Ettersberg alles mögliche vorstellen. Der Großherzog Karl August hat hier nach dem Erfurter Kongreß zu Ehren Napoleons Jagden veranstaltet. Ich könnte mir genauso-

gut das Erscheinen Napoleons hinter einer Wegbiegung vorstellen, in der Uniform eines Gardisten, die er an dem Tag trug, als er Goethe in Erfurt empfangen hat. »Voilà un homme!« hat er über Goethe gesagt, was, alles in allem, ein recht banaler Ausspruch ist. Danach, in Weimar, bei einem prunkvollen Empfang, zu dem sich, ehrgeizig und unterwürfig, der ganze deutsche Kleinadel drängte, unter Talleyrands ironischen Blicken, hat er Goethe noch jene Worte zugeworfen, die berühmt geworden sind und die manche, Ungebildete, für einen Ausspruch von Malraux halten: »Das Schicksal, das ist die Politik!«
Plötzlich erblicke ich den Baum.
Zu meiner Linken, hinter der Böschung, ein einsamer Baum, losgelöst von der verschneiten Masse der Bäume, der mich den Wald nicht sehen läßt. Sicherlich eine Buche. Ich überquere die Allee, ich klettere die Böschung hinauf, ich stapfe durch den frischen und weichen jungfräulichen Schnee, ich bin dem Baum ganz nahe, könnte ihn berühren. Ich berühre ihn. Dieser Baum ist keine Halluzination.
Ich bleibe in der Sonne stehen und betrachte selig diesen Baum. Ich habe Lust zu lachen, ich lache. Das währt Jahrhunderte, einen Sekundenbruchteil. Ich lasse mich von der Schönheit dieses Baumes durchdringen. Von seiner heutigen verschneiten Schönheit. Aber auch von der Gewißheit seiner nahen strahlendgrünen unvermeidlichen Schönheit, die meinen Tod überlebt. Das ist das Glück, irgendein stechendes und heftiges Glück.
Aber das Geräusch, das ich höre, ist auch keine Halluzination. Genauso wenig wie die Stimme, die mich anbrüllt:
»Was machst du hier?«
Ich drehe mich um.
Ein SS-Unteroffizier richtet seine Mauserpistole, Kaliber 9 mm, auf mich. Das Geräusch, das ich gehört habe, läßt sich nachträglich leicht bestimmen. Der SS-Unteroffizier hat eine Kugel in den Lauf seiner Waffe klicken lassen. Ich habe das metallene Geräusch des Entsicherns gehört.
Was soll ich ihm denn antworten? Er fragt mich, was ich hier mache. Aber was mache ich denn hier?
Eine ausführliche und detaillierte Erklärung würde zu weit führen. Ich müßte dem Unteroffizier der SS von Hans, von Michel, von unserer Lektüre am Boulevard de Port-Royal erzählen. Ich müßte ihm von Hegel erzählen. Wir konnten die

Stelle auswendig. »Die Knospe verschwindet in dem Hervorbrechen der Blüte . . .« Aber das würde zu weit führen. Wahrscheinlich würde der Unteroffizier der SS nicht bis zum Ende zuhören, vor allem, wenn man bedenkt, daß eine detaillierte Erzählung zahlreiche Zwischenfälle, Abschweifungen, Nebenwege enthalten würde. Er würde mir nicht bis zum Ende zuhören, sondern mir sicherlich vor dem Ende eine Kugel durch den Kopf jagen.
Das wäre ein Jammer.
Daher entscheide ich mich für eine genauere Antwort. Ich sage ihm:
»Diese Buche, so ein wunderschöner Baum!«
Aber vielleicht ist das zu lakonisch. Jedenfalls sieht er mich an wie ein Idiot. Das heißt, als wäre ich ein Idiot.
Schließlich dreht er sich einen Augenblick um. Er geht auf die Buche zu, betrachtet sie, versucht zu verstehen, um was es sich handelt. Er macht eine sichtbare, aber offensichtlich vergebliche Anstrengung. Er kehrt zu mir zurück. Er richtet erneut die Pistole auf meine Brust. Er wird losbrüllen.
Aber ich habe gerade erkannt, daß mir nichts zustoßen kann. Meine Stunde hat noch nicht geschlagen.
Dem Unteroffizier der SS nützt es nichts, sein Gesicht zu einer gehässigen Grimasse zu verzerren, während er mich mit seiner Waffe bedroht. Es wird ihm nichts nützen, loszubrüllen, ich sehe keine Vorzeichen des Todes, nirgendwo. Dem Unteroffizier nützt es nichts, mich abseits der erlaubten Wege erwischt zu haben, es nützt ihm nichts, anzunehmen, daß ich zu fliehen versuche, es nützt ihm nichts, das Recht, vielleicht sogar die Pflicht zu haben, mich abzuknallen, ich sehe nicht den leuchtenden und leichten Schatten des Todes, nirgendwo.
Der unersättliche, poröse und vertraute Schatten ist in diesem Augenblick dermaßen abwesend, daß der Unteroffizier der SS, sein Haß, seine Pistole, sein Recht, zu töten, lächerlich werden. Er ist einfach bemitleidenswert, dieser Unteroffizier der SS, der versucht, die Kothurnen der Tragödie anzuziehen, der sich bemüht, dem verschwommenen und gierigen Schatten des Schicksals zu gleichen.
Der Tod hat nicht das Gesicht dieses Unteroffiziers der SS, überhaupt nicht.
Bei Giraudoux habe ich gelernt, den Tod zu erkennen. Übrigens hatte ich damals, mit meinen zwanzig Jahren, fast alles bei

Giraudoux gelernt. Alles Wesentliche, meine ich. Sicherlich wie man den Tod erkennt. Aber auch, wie man das Leben erkennt, die Landschaften, die Linie des Horizonts, den Gesang der Nachtigall, die eindringliche Sehnsucht einer jungen Frau, die Bedeutung eines Wortes, den Fruchtgeschmack eines einsamen Abends, das nächtliche Zittern einer Reihe von Pappeln, den verschwommenen Schatten des Todes: ich komme immer wieder darauf zurück. 1943 wußte ich, Fremder, Städter seit jeher, wie ich auf den Bauernhöfen von Othe mit den Bauern reden mußte, die uns ihre Tür öffneten, die uns, trotz der Risiken des Naziterrors, Unterkunft und Schutz gewährten. Ich sprach zu ihnen mit den Worten Giraudoux', und sie verstanden mich. Sie schien ihnen völlig natürlich, diese Sprache, die für mich die Quintessenz der Literatur war. Ich war kein Fremder mehr, kein aus den Landschaften und aus den Worten der Kindheit Verbannter. Giraudoux' Worte öffneten mir den Zugang zu ihrem Bauerngedächtnis und dem der französischen Winzer. Ich konnte ihnen mit Giraudoux' Worten von Brot, Salz und den Jahreszeiten erzählen. Da behandelten sie mich, sicherlich um mir deutlich zu zeigen, daß sie mich in ihre Gemeinschaft aufnahmen, als »Patrioten«. Ich war ein »Patriot« und ich kämpfte für die Zukunft ihres Gedächtnisses, für die Zukunft ihrer Weinberge und ihrer Getreidefelder. Ich aß die dicke und würzige Suppe beim Lampenschein in den Bauernhöfen von Othe, Châtillonnais, Auxois und ich nickte, wenn das Familienoberhaupt mich dazu beglückwünschte, ein »Patriot« zu sein. Ich dachte an Giraudoux. Ich stellte mir vor, daß Simon und Siegfried, Suzanne und Juliette mir ein verschwörerisches Lächeln schenkten. Wir waren glücklich, sie und ich.
An jenem Tag also, 1944, in der Dezembersonne, bei diesem großen schneebedeckten Baum, abseits der von hohen Säulen gesäumten Allee, erlaubt mir alles, was ich von Giraudoux gelernt habe, zu behaupten, daß meine Stunde noch nicht geschlagen hat.
Seltsamerweise habe ich häufig an friedlichen und fröhlichen Orten den Tod erkannt: auf Volksbällen, an den Ufern eines Flusses, auf Lichtungen im Herbst. Er bemerkte mich natürlich nicht, sonst wäre ich nicht hier, um diese Geschichte zu erzählen. All meine Anstrengungen, seine Aufmerksamkeit auf mich zu lenken, waren vergeblich, anmaßend. Mit mir hatte er nichts zu

tun. Der Tod war eine junge Frau, die mich nicht sah: das ärgerte mich.
Allmählich, im Laufe der Jahre, habe ich dadurch gelernt, seine Anwesenheit zu erkennen, sogar wenn er sein irdisches Aussehen ablegte, wenn er sich in einem Windhauch, im Geräusch von Rudern auf durchsichtigem Wasser oder im Getrappel eines Pferdes oder im Rauschen einer Zitterpappel, im Wogen reifen Getreides verbarg. Sogar wenn er ganz einfach Landschaft, Verkehrsampel an einer Kreuzung, leblose Tasse auf einem Tisch wurde, erkannte ich ihn.

Im Herbst 1975, in Paris, hatte ich ihn erkannt.
Sie sehen, wie kompliziert die chronologische Reihenfolge ist. Ich war dabei, Sie im Dezember 1944 mitzunehmen auf die Allee mit den Reichsadlern, die beim monumentalen Eingangstor des Lagers Buchenwald endete. Und dann, auf einmal, bin ich wegen Warlam Schalamow, wegen *Kolyma – Insel im Archipel* gezwungen worden, im Frühling 1969 einen Umweg über London zu machen, und jetzt sind wir vor vier Jahren in Paris, diesmal nicht mehr wegen Schalamow, sondern wegen Giraudoux. Das heißt, vier Jahre von heute aus zurückgerechnet. Also einunddreißig Jahre nach dem Dezember 1944. Das kommt und geht im Gedächtnis, es ist zum Verrücktwerden.
Es war 1975, in Paris, im Herbst.
Diesmal ist mir der Tod in einer Brasserie des XVI. Arrondissements erschienen. Der Ort mag unpassend erscheinen, aber die Stunde war günstig: Mitternacht.
Wir waren zu viert, wir kamen aus dem Theater. An einem Nebentisch dinierte eine lärmende Gruppe mit Champagner. Männer und Frauen, die mit ihrem Gerede und Gelächter sich selbst beweisen wollten, daß sie existierten. Als fürchteten sie, sich beim geringsten Schweigen, beim ersten Engel, der vorbeikäme, aufzulösen, zu verschwinden. Was wäre aus ihnen geworden, wenn sie kopfüber in ein gelegentliches Loch der Unterhaltung gestürzt wären? Vielleicht unförmige Haufen verwesenden Fleisches, Strunk- und Gemüsestapel, Berge von Küchenabfällen, die man mit Hilfe kräftiger Wasserstrahlen hätte beseitigen müssen. Aus ihnen wäre kurzum das geworden, was sie waren: Figuren auf einem Bild von Bacon.

Indessen hielten sie sich im Zigarrenrauch und im Rausch des Tratsches fieberhaft aufrecht: ein verzweifelter Versuch, sich zu beweisen, daß ihr Leben lustig war, daß es sich lohnte, es zu leben, ohne daß es ihnen wohl gelang, restlos davon überzeugt zu sein. Denn die flackernde Phosphoreszenz, die sie umgab – und die sie nicht selbst ausstrahlten, sondern die nur der pfingstliche Widerschein eines fernen, längst toten Sterns auf dem Grunde der Jahrhunderte war –, dieses trübe Licht war nur ein Irrwisch. Am Nebentisch stank es nach Leichen.

Und da – ich hätte es voraussehen müssen – ist er erschienen.

Eine junge Frau hat die Brasserie, deren Essengerüche, deren Tohuwabohu durchquert und sich an den Nebentisch gesetzt, wo sie von Ausrufen der Überraschung und der Freude empfangen worden ist. »Daisy, du bist da! Daisy, was für ein Glücksfall!«

Nun gut, in dieser Nacht hieß der Tod Daisy. Was konnte ich dazu?

Der Tod, der also Daisy hieß, hat sich in einem Rascheln flatternder schwarz-weißer Seide an den Nebentisch gesetzt. Er, will sagen Daisy, hatte lange Beine, Hüften, deren zarte und sinnliche Formen man unter dem Stoff ahnte, der sie umhüllte. Sie hatte ein sehr weißes, geschminktes Gesicht mit einem blutroten Mund und bläuliche Lider.

Ich schloß die Augen, ich öffnete die Augen wieder.

Sie war immer noch da, sie sprach sogar. Sie erzählte eine Geschichte, über die die Gäste am Nebentisch Tränen lachten. Aber mir selbst war es gar nicht nach Lachen zumute. Ich fand es überhaupt nicht komisch, daß der Tod die Gabe der Sprache besaß. Ich fand es eher erschreckend, daß der Tod, der Daisy hieß, in jener Nacht mit solcher Selbstsicherheit das Wort ergriffen hatte.

Ich versuchte, nicht das zu hören, was der Tod sagte. Er, will sagen Daisy, sprach laut, klar mit den Modulationen einer tiefen Altstimme. Sie erzählte ihre Geschichte in einem Sprachengemisch, in einem Französisch, gespickt mit kurzen und frechen englischen Ausdrücken, die bis an die Grenze des Unanständigen gingen. Diese Hure von Tod sprach gern grob, derb, zotig. Und daß sie polyglott war, fehlte uns gerade noch.

Ich habe Daisys lange Beine betrachtet, um ihre Worte zu vergessen. Ich habe mir die Verlängerung ihrer wohlgeformten Rundungen unter der schwarz-weißen Seide ausgemalt, bis zur

zugänglichen, nahen, schiffbaren Mündung ihres Schoßes. Ein kläglicher Trick, gewiß, um zu versuchen, die Rollen umzudrehen. Denn ich war gähnend weit offen, und der Tod drang in mich ein.
In diesem Augenblick hat sie sich plötzlich mir zugewendet. Sie hat mich lange fixiert, ich habe ihrem Blick standgehalten. Daraufhin hat sie ihre Augen hinter der schwarzen Brille mit breiter Schildpattfassung versteckt. Daisy hat ihre Maske wieder aufgesetzt.
So hat, in jener Nacht, in einer Brasserie des XVI. Arrondissement, der Tod zum erstenmal das Wort an mich gerichtet, sei es auch nur indirekt. Aber vielleicht lag das ganz einfach daran, daß ich das Alter erreicht hatte, in dem man die Stimme des Todes hört, einfach daran? Sicherlich eine innere Stimme.
Ich hörte Daisys Stimme, mit den Modulationen einer tiefen Altstimme, in mir kommen und gehen, ihre Furche ziehen. Ich zitterte dabei, ich keuchte dabei. Ja, zum erstenmal zitterte ich dabei.
Am nächsten Morgen hat bei mir das Telefon zu ungewöhnlicher Stunde geklingelt. Eine ferne und müde, vor Schmerz heisere Stimme hat mir mitgeteilt, daß Domingo »Dominguin« sich in Guayaquil eine Kugel durch den Kopf gejagt hatte. Domingo, mein bester Freund aus dem Madrider Untergrund. Domingo, mein Bruder. Diesmal hatte diese Hure von Tod gewonnen.

Aber dreißig Jahre früher, 1944, in der Dezembersonne, in dem verschneiten Wald, in dem Goethe und Eckermann gern spazierengehen, gibt es nicht das geringste Anzeichen für die Anwesenheit des Todes.
Ich betrachte den Unteroffizier der SS, der seine Mauserpistole, den Finger am Hahn, auf mich richtet. Er wird losbrüllen. Aber ich sehe nirgendwo den Schatten des Todes. Ich glaube, daß Giraudoux selbst kategorisch gewesen wäre. Nichts hat sich an der Farbe des Himmels geändert, keine Falte der Landschaft hat sich gerunzelt, nirgendwo hat man die Glöckchen eines Geistergeschirrs gehört.
Ich betrachte den Unteroffizier der SS und ich sehe um ihn herum nur Bilder des Lebens. Es scheint mir, daß die Buche ihre Schneedecke abgeschüttelt hat. Es scheint mir, daß die Frühlings-

bäche auf diesem vom Frost erstarrten Hügel zu murmeln begonnen haben. Man könnte fast sagen, daß ich das sommerliche Summen der Insekten höre.

Ich betrachte den Unteroffizier der SS und ich sehe gebräunte Gesichter, lachende Augen der blonden Kinder, die er haben wird. Ich sehe die Silhouette der Frau mit kräftigen Beinen, mit matriarchalischen Hüften, mit glattem Blick, die ihm diese Kinder schenken wird. Ich höre sogar irgendwo Klaviermusik: eine Art Sonatine.

Ich betrachte den Unteroffizier der SS, ich habe Lust zu lachen. Ich habe Lust, ihm zuzurufen: »Laß es sein, Mensch! Übernimm dich nicht, du bringst nicht das Gewicht! Du wirst nie das Gewicht bringen, das der leichte Rauch des Todes bringt. Heute hat noch nicht meine Stunde geschlagen!«

Dann stehe ich, um diese Situation zu beenden, die lächerlich zu werden beginnt, mit diesem tolpatschigen Unteroffizier der SS, der sich für das Schicksal hält und nur ein ganz annehmbarer Familienvater ist, stramm, rufe meine Eintragungsnummer, melde mich zur Stelle, das Auge ins Verschwommene gerichtet, ins blinde Nichts des blassen Himmels, wo es nicht das geringste Vorzeichen des Todes gibt.

Das heißt: *meines* Todes. Der Schornstein des Krematoriums raucht immer noch still.

VIER

»Du wolltest mich sprechen, alter Freund?«
Ich wende mich im Büro der Arbeitsstatistik an Daniel. Er kehrt sich lächelnd mir zu.
Daniel lächelt oft. Und was mich betrifft, habe ich ihn immer lächeln sehen. Aber schließlich wird auch er wohl manchmal nicht lächeln. Von Zeit zu Zeit wird das vorkommen. Also, aus Sorge um die Wahrheit, behaupte ich nicht, daß er immer lächelt, sondern nur, daß er oft lächelt: ich bin ein realistischer Schriftsteller, zweifeln Sie nicht daran.
»Sag mal, du hast dich prima aus der Affäre gezogen!« sagt Daniel zu mir.
Ja, ich habe mich mit Henk Spoenay prima aus der Affäre gezogen.

Schließlich hatte sich der SS-Mann, der mich bei der großen Buche erwischt hatte, entschlossen, mich zum Tor des Lagers zurückzubringen, wobei er den Lauf seiner Mauser mir in den Rücken drückte. In dieser Opera buffa war ihm nicht die Rolle des Todesengels zugeteilt worden. Er mußte es in letzter Minute gespürt haben.
Er hatte mich zum Tor des Lagers zurückgebracht, und der diensthabende Offizier, derselbe, der uns, Henk und mich, vor einer Stunde hatte passieren lassen, war aus seinem Büro gestürzt. Sie stießen mich in einen fensterlosen Raum im Erdgeschoß des Wachtturms. Sie brüllten beide, sie prüften das Abmeldungsheft, sie wurden rot vor Wut.
Man würde mir in die Fresse hauen, das war vorauszusehen.
Aber in diesem Augenblick traf der Hauptsturmführer Schwartz ein. Er nahm die Sache in die Hand.
Ich hatte mich, sobald er in den Raum gekommen war, erneut bei ihm gemeldet. Stramm, erhobenen Kopfes, schrie ich meine Gefangenennummer, den Namen meines Kommandos, den Grund für meine Anwesenheit außerhalb der Umzäunung. Sicherlich eine tadellose Meldung. Ich begann in diesem kleinen Spiel sehr stark zu werden.

Der Hauptsturmführer Schwartz nahm mit sachlicher Stimme mein Verhör auf. Ich antwortete genauso sachlich: Dienst ist Dienst. Alle Militärs der Welt lieben die Knappheit, aber die SS-Männer sind versessen darauf.
Schwartz hatte überprüft, daß ich mich mit Henk, vor einer Stunde, korrekt beim diensthabenden Offizier abgemeldet hatte. Er hatte festgestellt, daß unsere Nummern und der Grund für unser Verlassen der Umzäunung korrekt in das Abmeldungsheft eingetragen worden waren. Er hatte mich gefragt, warum ich allein zurückgekommen sei. Ich hatte ihm geantwortet, daß Spoenay länger als vorausgesehen bei der *Mibau* aufgehalten worden sei und daß er mich zum Lager zurückgeschickt habe, damit ich meine Arbeit bei der Arbeitsstatistik wiederaufnähme. Er nickte, all das war korrekt.
Dann näherte er sich dem heikelsten Aspekt des Verhörs. Ich war darauf vorbereitet.
»Warum hast du dich von der Straße entfernt?« fragt er mich.
Ich schaue ihm fest in die Augen. Er muß die Unschuld meines Blickes erkennen.
»Wegen des Baums, Hauptsturmführer«, sage ich zu ihm.
Auch das ist ein Pluspunkt für mich, daß ich ihm genau den Rang in der SS-Hierarchie gebe. Die SS hat es nicht gern, daß man ihre verzwickten Ränge durcheinanderbringt.
»Des Baums?« sagt er.
»Da stand, etwas abseits, ein Baum, eine Buche, ein sehr schöner Baum. Ich habe sofort gedacht, es könnte der Goethe-Baum sein, ich bin hingegangen.«
Er zeigt Interesse.
»Goethe«, ruft er aus. »Kennen Sie Goethes Werke?«
Ich nicke bescheiden.
Er hat mich gesiezt, ohne sich vielleicht dessen bewußt zu sein. Die Tatsache, daß ich Goethes Werke kannte, hat sofort seinen Ton verändert.
Die Kultur ist doch etwas Schönes.
»Übrigens«, sagt Hauptsturmführer Schwartz, »sprechen Sie sehr gut deutsch. Wo haben Sie das gelernt?«
Ich habe den Eindruck, diesen Augenblick schon einmal erlebt zu haben, die gleiche Frage schon einmal beantwortet haben zu müssen.
Ja, vor ungefähr anderthalb Jahren, im Zug, der uns, Julien und

mich, nach Les Laumes brachte. Es hat eine deutsche Kontrolle stattgefunden, und der Offizier wirft, nachdem er alle Personalausweise überprüft hat, einen Blick auf das Gepäck.
»Wem gehört dieser Koffer da?« fragt er in zögerndem Französisch.
Ich blicke auf und sehe, daß er auf meinen Koffer zeigt, das heißt, auf den Koffer, den ich nach Semur transportiere, mit lauter zerlegten *Sten-guns* und vollen Magazinen. Julien hat auch so einen, im Gepäcknetz über seinem Kopf.
Ich schau Julien nicht an. Ich weiß, daß er, wie ich, eine *Smith and Wesson* 11, 43 in seinem Hosengürtel hat.
Ich wende mich an den Wehrmachtsoffizier.
»Der gehört mir«, sage ich zu ihm.
»Ach so?« sagt er strahlend. »Sie sprechen deutsch!« Er ist offensichtlich froh darüber, daß ich deutsch spreche.
»Also bitteschön«, sagt der Offizier höflich, »was haben Sie in diesem Handkoffer?«
Ich blicke vage drein, als bemühte ich mich, mich daran zu erinnern.
»Zwei oder drei Hemden«, sage ich zu ihm, »ein Paar braune Halbschuhe, einen grauen Anzug und so weiter. Nur persönliche Sachen!«
Der Offizier nickt strahlend.
»Sie sprechen ganz nett deutsch«, sagt er. »Wo haben Sie's gelernt?«
Ich tue leicht überlegen.
»Bei uns zu Hause haben wir immer ein deutsches Fräulein gehabt.«
Der Offizier lächelt mich wohlwollend, fast verschwörerisch an.
»Dankeschön«, sagt er und verbeugt sich.
Es schmeichelt anscheinend seinem Nationalstolz, daß es in meiner Familie immer deutsche Gouvernanten gab. Das beruhigt ihn völlig in bezug auf mich. Plötzlich macht er sich keine Gedanken mehr über den Inhalt dieses Koffers, dessen Öffnung zu einer rein überflüssigen Formalität wird. Wie könnte ein von deutschen Gouvernanten aufgezogener junger Mann etwas Verbotenes in seinem Koffer haben!
Der Offizier grüßt mich und verläßt das Abteil.
Mir wird erst dann bewußt, daß alle anderen Reisenden mich mißtrauisch ansehen.

Auch Julien sieht mich an, zwar nicht mißtrauisch, aber verdutzt.
»Wie, du sprichst dieses Mistdeutsch«, sagt er und beugt sich zu mir.
»Was willst du denn? So ist eben das Leben!«
»Aber was hast du ihm denn gesagt?«
»Ganz einfach die Wahrheit«, antworte ich ihm.
Julien lacht schallend.
»Zum Beispiel?«
»Ich habe ihm gesagt, was ich in meinem Koffer habe. Das wollte er wissen!«
Julien beugt sich noch mehr zu mir hin. Er kann sein Lachen nicht unterdrücken.
»Und was hast du denn in deinem verdammten Koffer gehabt?«
»Ach gar nichts«, sage ich zu ihm, »zwei oder drei Hemden, einen grauen Anzug, ein Paar Schuhe, eben nur persönliche Sachen.«
Plötzlich wäre Julien fast vor Lachen erstickt. Er schlägt sich auf die Oberschenkel, er kann nicht mehr.
Die anderen Reisenden betrachten uns immer noch beunruhigt und mißtrauisch.
Aber das ist schon über ein Jahr her, in dem Zug, der uns von Joigny nach Les Laumes brachte, Julien und mich.
Und die gleiche Frage stellt mir heute der Hauptsturmführer Schwartz. Er möchte wissen, wo ich deutsch gelernt habe. Ich gebe ihm die gleiche Antwort.
»Bei uns zu Hause haben wir immer ein deutsches Fräulein gehabt!«
Das sei bei uns in Spanien so Sitte. Ich hätte deutsch seit meiner frühesten Kindheit gelernt und es während meines ganzen Studiums gesprochen. Ja, ich kennte Goethes Werke, die interessierten mich sehr.
Schwartz schaut mich an, runzelt die Stirn. Er scheint ein Problem zu haben.
»Deutsche Gouvernanten?« ruft er aus. »Sie stammen aus einer guten Familie! Was haben Sie denn hier zu suchen?«
Das ist Schwartzens Problem! Er fragt sich, wie ich es fertiggebracht hätte, trotz so guter gesellschaftlicher Voraussetzungen, hier zu sein mit diesen Taugenichtsen, diesen Terroristen, kurzum, auf der falschen Seite.

Ich muß gestehen, daß meine Herkunft mich allmählich anzukotzen beginnt. Oder vielmehr die Art, wie man sie gegen mich verwendet, die Art, wie man sie mir an den Kopf schmeißt. Heute ist es Hauptsturmführer Schwartz, der nicht begreift, warum ich hier bin, in einem Lager zur Umerziehung durch Zwangsarbeit, obwohl ich aus so guter Familie stamme. Er begreift nicht, daß ich mich für Goethe interessieren kann, das paßt nicht zu seiner Vorstellung, die er sich von einem wegen Widerstands eingesperrten Rotspanier macht. Schwartz ist perplex. Das kommt ihm verdächtig vor.
Neulich war es der sentenzenreiche Seifert, der mir erklärte, wie außerordentlich freundlich es sei, mich trotz meiner Herkunft in die Arbeitsstatistik aufzunehmen. Einen Philosophiestudenten aus gutbürgerlicher Familie, mein Gott, so einen sah er zum erstenmal in seinem Büro, der Seifert! Er ließ mich das sehr deutlich spüren. Ich hatte den Eindruck, nur probeweise aufgenommen zu werden. Bei dem geringsten Schnitzer würde man mich ewig in der Hölle braten lassen, in dem Kochtopf meiner Klassenherkunft.
Später, während meiner ganzen politischen Laufbahn, ist es das gleiche gewesen. Meine Klassenherkunft lauerte im Dunkeln, um mich beim geringsten abweichenden Gedanken anzuspringen. Ich verbrachte meine Zeit damit, im stillen meine gesellschaftliche Herkunft abzukanzeln. Ich sprach zu ihr wie zu einem Haustier: »Kusch dich, kusch dich! Vergraule mir nicht die Gäste!«
Aber seien wir gerecht. Mitunter wurde meine Herkunft positiv hervorgehoben, sogar mit einer gewissen Beharrlichkeit, wenn meine Genossen das Bedürfnis verspürten, den Einfluß der Partei, ihre Ausstrahlung, ihre Offenheit zu betonen. Sehen Sie, meine Damen und Herren, wie aufgeschlossen unsere Partei ist, überhaupt nicht radikal! Da ist der Genosse Sanchez aus einer großbürgerlichen Familie, verwandt mit dem Adel: es gibt Herzöge und Herzoginnen unter seinen Kusinen und Cousins! Und dennoch hat er Zugang zu den höchsten Verantwortlichkeiten unserer großartigen und herrlichen spanischen KP.
Ich setzte eine brave, bescheidene Miene auf, wie für ein Jubiläumsphoto oder eine Preisverleihung. Ich hörte um mich herum pausbäckige Putten und Trompeter auf meine Herkunft blasen. Ein richtiges Bild von Murillo!
Na schön, diese Zeit der Euphorie konnte nicht ewig dauern.

Alles in diesem Leben hat ein Ende. Meine Herkunft ist, wie die Hexen für Macbeth, herausgeputzt mit dem schwärzesten Flitter wiedererschienen. Ich war, alles in allem, von neuem nur ein Intellektueller bürgerlicher Herkunft, im Grunde nur dem Zweifel, den Schwankungen, dem negativen Geist, dem Mangel an Vertrauen, dem Anarchismus des Grandseigneurs zugetan. Der Wurm saß drin, nicht mehr und nicht weniger!

Ich hörte, wie meine Genossen, die sich im März 1964 an einem langen Tisch in einem alten Schloß der Könige von Böhmen als Gericht aufspielten, über mein Schicksal entschieden. Ich fühlte mich überhaupt nicht schuldig. Ich betrachtete sie, diese neuen Puritaner, die aus der Arbeiterklasse stammten, wie die guten Familien von Boston von der *Mayflower* abstammen oder der Affe vom Baum. Sie brachten mich eher zum Lachen. Zum Tränenlachen, um die Wahrheit zu sagen.

Ich wußte genau, was diese Söhne des Volkes, zumindest die meisten von ihnen, geworden waren: übermäßig gewissenhafte und ausgekochte Funktionäre, die sich nach dem Wind drehen, der in den Fluren, Vorzimmern und Serails des Apparats bläst. Ich hatte Lust, ihnen zu sagen, daß sie die aus der Arbeiterklasse hervorgegangenen Führer, die Thorez', die Rakosis, die Ulbrichts, die Gottwalds, ja wen sonst noch, für sich behalten und hintun könnten, wo sie meiner Ansicht nach hingehörten. Aber es hätte nichts genützt, ihnen das erklären zu wollen. Sie saßen an diesem langen Tisch, wo sie über mein Schicksal entschieden, wie strenge, aber gerechte Apostel: Ein Feuer züngelte auf ihren Schädeln, der Heilige Geist hatte sich auf ihren Glatzköpfen niedergelassen, denn sie stammten aus der Arbeiterklasse. Ich brauchte nur noch in meine Hölle zurückzukehren.

Aber so weit sind wir noch nicht. Heute sind es weder Seifert noch Carrillo, die mich an meine gesellschaftliche Herkunft erinnern. Es ist Hauptsturmführer Schwartz. Er wundert sich, daß ich in Buchenwald bin, auf der falschen Seite, bei solcher Herkunft.

Ich werde also immer verdächtigt werden, von der einen Seite wie von der anderen, aus umgekehrt identischen Gründen. Eines Tages muß ich ihnen, den einen und den anderen, wohl erklären, was ein intellektueller Kommunist ist. Sogar schon vor dem Ende dieses Buches muß ich ihnen detailliert erklären, daß es gerade meine verdächtige Seite ist, die mich interessiert, die mein

Lebenssinn ist. Wäre ich nicht verdächtig, so wäre ich kein kommunistischer Intellektueller *aus* der Bourgeoisie, sondern ein Intellektueller *der* Bourgeoisie. Wäre ich nicht verdächtig, so wäre ich nur ein Wachhund-Intellektueller, ein dressierter Bär, und trüge durch meine ideologische Arbeit dazu bei, die Gesamtheit der bürgerlichen Produktionsverhältnisse zu reproduzieren. Wenn ich verdächtig bin, so deshalb, weil ich meine Klasse verraten habe. Aber dieser Verrat ist für mich nicht episodisch, sondern essentiell. Ich bin ein Verräter an meiner Klasse, weil ich die Berufung, den Willen, die Fähigkeit – auch die Chance – gehabt habe, mit meiner Klasse alle Klassen, die Klassengesellschaft als Ganzes zu verraten, weil meine Rolle (und ich spreche hier in der ersten Person selbstverständlich nur als Metapher oder zur bequemeren Verständigung: es handelt sich nicht um mich, sondern um den kommunistischen Intellektuellen im allgemeinen, der Gattung nach), weil meine Rolle als kommunistischer Intellektueller gerade darin besteht, die Klassen an sich, die Klassengesellschaft in jeglicher Form, wie sie sich darstellt, zu verneinen, selbst auf die Gefahr hin, die Entwicklung zu hemmen und die Winkelzüge der Realpolitik mißzuverstehen, womit die ganze konservative Politik bezeichnet wird, während die revolutionäre Politik dem Wesen nach die Negation der Realität, die schöpferische und ungeordnete Umwälzung der legitimen Ordnung des natürlichen Verlaufs der Geschichte ist. Daher ihr unwahrscheinlicher Charakter. Wenn ich nicht verdächtig bin, also ein besessener Handlanger des Verneinungsgeistes, ein ständiger Kritiker sämtlicher gesellschaftlicher Verhältnisse, dann bin ich nichts. Weder Intellektueller, noch Kommunist, noch ich selbst.

Aber schließlich fällt es mir schwer, das dem Hauptsturmführer Schwartz zu erklären, jedenfalls in dieser Form. Darum weiche ich seiner Frage aus.

»Ich habe geglaubt, es sei der Goethe-Baum, Hauptsturmführer«, sage ich zu ihm. »Ich habe der Versuchung nicht widerstehen können, hinzugehen und ihn mir aus der Nähe anzusehen.«

Schwartz nickt verständnisvoll.

»Sie haben sich geirrt«, sagt er. »Der Goethe-Baum, derjenige, in den er seine Initialen eingeritzt hat, steht innerhalb des Lagers, auf dem Vorplatz zwischen den Küchen und der Effektenkammer! Außerdem ist es keine Buche, sondern eine Eiche!«

Selbstverständlich wußte ich das schon, aber ich zeige größtes Interesse, durch angemessene Mimik, als begeisterte es mich, diese gute Nachricht in ebendiesem Augenblick zu erfahren.
»Oh, das ist der da!«
»Ja«, sagt Schwartz. »Wir haben ihn, als der Hügel gerodet wurde, zum Andenken an Goethe stehenlassen!«
Und dann beginnt er einen langen Vortrag über die nationalsozialistische Achtung vor der guten deutschen Kulturtradition. Ich blicke ihm ins Gesicht, immer noch in strammer Haltung, so sind nun einmal die Bräuche, aber ich höre ihm nicht mehr zu. Ich denke, daß Goethe und Eckermann mit seinen Worten zufrieden wären. Ich denke an die imposante Schönheit der Buche an der Allee der Adler. Ich denke, daß Daniel mir vorhin etwas zu sagen hatte und daß ich mit Henk weggegangen bin, ohne mit ihm gesprochen zu haben. Ich denke, daß es Sonntag ist, daß der Hauptsturmführer Schwartz ein trauriger Trottel ist, daß die britischen Truppen in Athen die Partisanen der ELAS zerschlagen haben. Ich denke, daß ich jetzt Lust habe, abzuhauen.
In diesem Augenblick wird an die Tür des Raums geklopft, in dem wir uns befinden, die drei SS-Männer und ich. Ein Bild bricht hervor: die Tür würde sich öffnen und Johann Wolfgang von Goethe majestätisch eintreten.
Die Tür öffnet sich tatsächlich.
Aber nicht Goethe tritt ein, sondern mein Kumpel Henk Spoenay.

»Also wirklich, du hast dich prima aus der Affäre gezogen«, sagt Daniel zu mir.
Wir sind im Büro der Arbeitsstatistik.
Daniel lächelt sanft, ruhig, fast selig. Ein ruhiges, sanftes, fast seliges Lächeln ist meistens ein blödes Lächeln. Aber Daniels Lächeln ist eine der intelligentesten Arten zu lächeln, die ich kenne. Vielleicht weil über diesem sanften, ruhigen, fast seligen Lächeln einer der lebhaftesten Blicke funkelt, die ich kenne. Das muß es sein.
»Ja, ich habe mich verdrückt«, sage ich zu Daniel. »Ich hatte eine Verabredung mit Eckermann und Goethe.«
»Und wie geht es ihnen?« fragt mich Daniel auf die natürlichste Weise der Welt.

Meine Überraschung muß offensichtlich sein. Vielleicht sperre ich sogar den Mund auf.
»Wieso?« sagt Daniel. »Was ist denn so ungewöhnlich daran, eine Verabredung mit Goethe und Eckermann zu haben? Jeder weiß doch, daß sie auf dem Ettersberg spazierenzugehen pflegen!«
Ich versuche, mich nicht geschlagen zu geben.
»Vielleicht weißt du auch, worüber wir gesprochen haben?«
Daniel schaut mich an und nickt.
»Worüber könnte man mit Goethe sonst sprechen, als über Goethe selbst?« sagt er mit dem Brustton der Überzeugung zu mir.
Dann schauen wir uns an, wir brechen in Lachen aus, es ist Sonntag.
Daniel ist Schneider. Er arbeitete als Maßschneider in der Nähe der Rue Saint-Denis. Schneider waren, ebenso wie Drucker, nachdenkliche Typen, das ist bekannt. Ihr Arbeitsrhythmus erlaubt es ihnen, sich Zeit zum Lesen, zum Nachdenken zu nehmen. Es ist kein Zufall, daß im Laufe des 19. Jahrhunderts diese beiden Berufsstände zu Hunderten Kader zur Arbeiterbewegung beigesteuert haben. Gewiß war im allgemeinen die Tradition, die sie vertraten, mehr die der revolutionären Gewerkschaftsbewegung. Aber schließlich ist es weder die Schuld der Schneider, noch die der Drucker, wenn der Marxismus – oder das, was dafür gilt – nie tiefe Wurzeln in der französischen Arbeiterklasse geschlagen hat. Es muß dafür eine andere Erklärung geben.
Daniel ist also Schneider. Er ist auch Jude. Aber er ist nicht hier, weil er Jude ist. Er trägt kein gelbes Dreieck, das umgekehrt unter dem roten Dreieck angenäht war, um den Davidsstern zu bilden, wie die wenigen deutschen Juden, die noch leben, um vom Tod aller hier gestorbenen deutschen Juden zu berichten. Er ist hier, weil er Kommunist ist.
Jedenfalls sind alle Voraussetzungen für einen Sinn für Humor in Daniel vereint, da er Jude und Schneider ist.
»Du hast gewonnen, alter Freund!« sage ich zu Daniel.
Ich habe mich in der Arbeitsbaracke neben ihn gesetzt.
Er schaut mich an und zieht aus einer Tasche einen winzigen, zudem noch vierfach gefalteten Zettel. Er steckt den winzigen Zettel in meine Hand.
»Drei Kumpel von der F.T.P.*«, sagt Daniel zu mir. »Sie kommen aus einem Lager in Polen. Die Partei wird die Frage nach ihrer

* Franctireurs et partisans

Arbeitszuteilung stellen, sobald die Quarantäne vorbei ist. Inzwischen gilt es zu vermeiden, daß sie unversehens in einem Transport landen. Die Partei will, daß sie im Lager bleiben. Sieh zu, was du da machen kannst.«
Ich nicke und sage zu ihm, daß ich einverstanden bin, ich stehe auf. Am langen Tisch der Zentralkartei ist Walter immer noch in die Lektüre der Sonntagsausgabe des *Völkischen Beobachters* vertieft. Es sei denn, er träumt nur mit der aufgeschlagenen Zeitung vor sich, was nicht ausgeschlossen ist.

Walter ist einer der seltenen alten deutschen Kommunisten bei der *Arbeit*, die nicht verrückt sind. Ich will damit sagen: die nicht aggressiv verrückt sind. Er muß zwar sicherlich auch sein Körnchen Verrücktheit haben, aber es ist eine sanfte Verrücktheit. Walter ist freundlich. Man könnte sogar sagen, daß er sich manchmal bewußt wird, daß andere Leute um ihn herum leben. Gelegentlich redet er uns an, stellt uns Fragen. Die anderen alten deutschen Kommunisten, zumindest die meisten von ihnen, sehen uns nicht einmal. Wenn ich »uns« sage, verstehen wir uns richtig, so gibt es Nuancen, eine Art Hierarchie. Die Unsichtbarsten unter uns sind wir: wir, die aus den besetzten westeuropäischen Ländern nach Buchenwald gekommen sind. Wir sind mehr oder weniger seit 1943 hier. Wir sind also ihnen gegenüber zehn Jahre im Verzug, und das werden wir immer sein: dieser Verzug läßt sich nicht aufholen. 1943 waren sie bereits zehn Jahre in den Lagern oder den Gefängnissen. Was konnten wir von ihrem Leben, ihren Obsessionen wissen? Wie verstehen, was sie verrückt gemacht hatte? Wir waren draußen, wir tranken Bier: sie waren drinnen. Wir waren draußen, wir gingen im Park Montsouris spazieren: sie waren drinnen. Wir waren draußen, wir streichelten die Hüften, die Schultern, die Lider junger Frauen: sie waren drinnen.
Zehn Jahre im Verzug, das ist zuviel. Das macht uns durchsichtig. Sie betrachten uns, sie sehen uns nicht, sie haben uns nichts zu sagen.
Etwas weniger unsichtbar, Besitzer einer minimalen realen Existenz, die Deportierten aus der Tschechoslowakei. Oder genauer, aus dem Protektorat Böhmen und Mähren. Die stammen nicht nur aus einem imperialen und teilweise germanisierten Europa, sondern sie sind ab 1939 hierher gekommen. Daraus

ergibt sich eine gewisse Verbundenheit: sie haben das Ende der guten alten Zeit mitgemacht, als das Lager noch kein Sanatorium war.
Und dann gibt es die anderen: die Polen, die Russen, die Leute aus dem Osten. Die stehen abseits, die bilden den Plebs der Lager.
Aber Walter ist freundlich. Er spricht mit uns allen. Sogar mit den Belgiern. Gegebenenfalls sogar mit den Ungarn.
August auch, muß ich sagen. Aber August ist kein echter alter deutscher Kommunist. Oder genauer, er ist ein echter alter Kommunist und er ist ein echter Deutscher, aber er war lange vor der Machtübernahme der Nazis nach Argentinien ausgewandert. Er war zurückgekehrt, um in den Internationalen Brigaden den Bürgerkrieg in Spanien mitzumachen. 1939 war er schließlich im Lager Vernet interniert und dort von der Vichy-Polizei der Gestapo ausgeliefert worden.
August war also ein bißchen kosmopolitisch, wenn Sie verstehen, was ich meine. Und außerdem wurde August, obwohl er das rote Dreieck ohne jeglichen darauf gedruckten schwarzen Buchstaben der nationalen Identifizierung trug, wie die Deutschen, von den SS-Männern verwaltungstechnisch als Ausländer angesehen, als *Rotspanier*. Kurzum wie ich, wie die anderen spanischen Roten. Ich muß sagen, daß es August ziemlich kalt ließ, verwaltungstechnisch von der deutschen Nationalgemeinschaft getrennt zu sein. August war eher stolz darauf, ein *Rotspanier* zu sein. Er war klein, kugelrund, unverwüstlich, hatte lebhafte Augen hinter seinen Brillengläsern und sprach fließend spanisch. Kastilisch, meine ich, oder genauer, argentinisch.
Das muß man gesehen haben: August, der im Büro der *Arbeit* auf einem Stuhl stand, um einem der Lautsprecher näher zu sein, und sich die offiziellen Wehrmachtsberichte anhörte, die mit Grabesstimme den Vorstoß der russischen Panzer durch Polen meldeten. *»Macanudo«*, rief er, *»macanudo«*! Aber das bringt Sie wahrscheinlich nicht zum Lachen. Man muß spanisch verstehen, um mit mir darüber zu lachen. Oder genauer, argentinisch, um den ungewöhnlichen Charme dieses Adverbs aus dem Munde dieses alten deutschen Kommunisten in Buchenwald zu begreifen. Adolfo Bioy Casares würde bestimmt über diese kleine Geschichte lachen. *»Macanudo, macanudo!«* (»Famos, famos!«) Und die russischen Panzer stießen durch Polen vor.

Wie dem auch sei, August war freundlich, genau wie Walter. Jede Regel hat ihre Ausnahmen.

Du mußt die Daten durcheinanderbringen, die Erinnerungen vermischen, die Reisen verwechseln. Es ist nicht diesmal, daß du August in Ostberlin wiedergesehen hast. Diesmal, das letzte Mal, daß du normal, mit einem echten Paß, einer offiziell anerkannten, nachprüfbaren Identität gereist bist. Freunde von der DEFA bereiteten einen Film über das Leben von Goya vor und hatten dich kommen lassen, um mit dir das Drehbuch durchzusprechen, dich um Rat zu bitten.

Übrigens hast du die Beweise für diese letzte Reise aufbewahrt. Seit du es dir erlauben kannst, seit dein Leben öffentlich geworden ist, seit du nichts (fast nichts) mehr vor den verschiedenen Polizeibehörden zu verbergen hast, bewahrst du mit manischer Gier die winzigsten Beweise für deine Existenz auf, als gälte es, sich ihrer zu vergewissern, irgendwie die verlorene Zeit nachzuholen. Als müßte dein Gedächtnis in kleinen Pappstücken von Theaterkarten, Postkarten, verbleichenden Fotos aus all den Jahren, Ländern, von all den Reisen gegenständlich werden.

Du brauchst nur die Schublade herauszuziehen und ihr einen vergilbten Umschlag entnehmen.

Nr. 17/5/7657

EINREISE- und WIEDERAUSREISEVISUM
zur einmaligen Einreise in
und Wiederausreise aus der
Deutschen Demokratischen Republik
über die Grenzstellen

zur Einreise	:	*Schönefeld*
und Ausreise	:	*Schönefeld*
Gültig vom	:	*6. Dez. 1965*
bis zum	:	*21. Dez. 1965*
Reisezweck	:	*Berlin und Babelsberg*
Berlin, den	:	*6. Dez. 1965*

Du betrachtest die Stempel, die auf dieses Visum gedrückt worden sind. Zwei rote rechteckige Stempel, die der Grenzpolizei auf dem Flughafen Schönefeld. Ein schwarzer runder Stempel des Auswärtigen Amtes mit einer Steuermarke: *Gebührenfrei.*

Was aber wichtig ist, ist das Datum: Dezember 1965. Du bist übrigens nicht bis zum 21. Dezember geblieben, du hast Ostberlin am 11. verlassen. Du hast einen sehr genauen Grund, dich so genau daran zu erinnern. Am Tag davor, am 10. Dezember, hattest du Geburtstag.

Aber nicht diesmal hast du August wiedergesehen, es war ein anderes Mal, Jahre vorher.

Die materiellen Spuren dieser letzten Reise, im Dezember 1965, stecken in dem vergilbten Umschlag. Du schaust sie dir an. Eine Kreditkarte des *Magistrats von Groß-Berlin*, die dich berechtigt, Einkäufe bis zu einer Höhe von zweihundert Mark zu machen. Du hast sie nicht benutzt, sie trägt keinen Stempel. Du mußt immer noch zweihundert Mark auf deinem Konto in Ostberlin haben. Theaterprogramme. *Die Tragödie des Coriolan* und *Der aufhaltsame Aufstieg des Arturo Ui*, im Berliner Ensemble. Die Erinnerungen, die Bilder steigen hoch. *Der Drache* von Jewgueni Schwarz, inszeniert von Benno Besson, im Deutschen Theater. Du blätterst in den Programmen. Du hattest dieses Stück am 10. Dezember gesehen, am Abend vor deiner Abreise. An deinem letzten Abend in Ostberlin, du wirst nie mehr dorthin zurückkehren. Auch drei Banknoten. Ein Fünfmarkschein mit dem Bild von Alexander von Humboldt auf der einen Seite. Du lächelst, du denkst an Malcolm Lowry! Die Calle Humboldt in Cuernavaca, du lachst vor dich hin. Zwei Zwanzigmarkscheine. Du betrachtest sie, du lachst noch lauter. Selbstverständlich könnte man sagen, daß du von Zufällen besessen bist. Gib zu, daß du das nicht erwartet hast? Die Zwanzigmarkscheine haben das Porträt von Johann Wolfgang von Goethe auf der einen und die Fassade des Weimarer Nationaltheaters auf der anderen Seite. Gib zu, daß der Zufall tüchtig ist! Du lachst vor dich hin. Du betrachtest den Zwanzigmarkschein. Goethe hat eine hohe, freie goethische Stirn. Er hat den Blick eines Mannes, der alles auf Herz und Nieren geprüft hat: menschlich, verständnisvoll, goethisch. *»Voilà un homme!«* hatte Napoleon gerufen. Ja, gewiß, ein Mann. Sogar mehr noch, ein Humanist: ein Mann, der die Humanität zum Beruf macht, ein Beamter der menschlichen Natur. Das ermüdet dich. Du nimmst den Zwanzigmarkschein und betrachtest ihn im Gegenlicht. Auf der linken Seite oben ist ein weißes

Rechteck mit der Seriennummer: CF 378575. Darunter, als Wasserzeichen, erhellt vom Gegenlicht, erscheint erneut das Gesicht von Johann Wolfgang von Goethe. Du siehst im Gegenlicht Goethes Gesicht erscheinen. Ein Hauch, ein Dunst, ein Nebel, ein unkörperlicher Traum: als Wasserzeichen das Phantom des bürgerlichen Humanismus. Dieses Phantom garantiert die Echtheit dieses demokratischen Geldes. Das ermüdet dich, du steckst den Zwanzigmarkschein mit den anderen Andenken an diese letzte Reise nach Ostberlin, 1965, wieder in den vergilbten Umschlag.

Aber nicht diesmal hattest du August wiedergesehen. Sondern ein anderes Mal, Jahre vorher.

Es war im Salon des Gästehauses der deutschen Partei. Der Funktionär der SED hatte dir mitgeteilt, daß Seifert und Weidlich nicht in Berlin seien, daß du sie nicht treffen könntest. Er hatte dich gefragt, ob es nicht irgendeinen anderen deutschen Genossen aus Buchenwald gebe, den du gerne wiedersehen möchtest. Du hattest an August gedacht und seinen Namen genannt. Man hatte ihn sehr schnell aufgespürt. Ja, er lebe in Berlin, du könntest ihn treffen.

Eine Stunde danach brachte dich eine schwarze Limousine russischen Fabrikats – die Tüllgardinen an den Seitenfenstern und am Heckfenster dicht zugezogen – durch Ostberlin zu dem Ort, an dem August arbeitete. Es herrschte eine feuchte Hitze, du betrachtetest die Stadt, die in dieser Schwüle lebte.

August arbeitete in irgendeiner Einrichtung, die vom Außenhandelsministerium abhing. Es konnte keine wichtige Dienststelle sein, das Gebäude war ziemlich baufällig, lag abseits der wesentlichen Verwaltungszentren. Du bist die Treppenstufen zu diesem altmodischen Haus hinaufgestiegen. Man hat dich ein paar Minuten in einem Vorraum warten lassen, dann hat man dich in Augusts Büro gebeten. Er war nicht auf deinen Besuch vorbereitet. Es war irgendwie eine Überraschung. Du hast dich im Büro von August befunden, der den unvorhergesehen Besucher, den vielleicht ungelegenen, betrachtet. August sah dich eintreten, und auf den ersten Blick hatte er sich nicht besonders verändert. Da hast du, im Glauben, spaßig zu sein – aber vielleicht aus Aufregung, um deine Gefühle zu verbergen – zu ihm auf

Spanisch gesagt, wobei du dich um einen argentinischen Akzent bemüht hast: *»Macanudo, viejo, no habés cambiado nada* – Famos, Alter, du hast dich überhaupt nicht verändert!« Aber er hat verblüfft den Kopf gehoben und ausgerufen: »Was, was?« Verblüfft, ohne es zu fassen. Dann bist du zwei Schritte vorgetreten und hast gesehen, daß er sich doch verändert hatte. Tatsächlich war er, trotz des ersten Eindrucks, gar nicht mehr der gleiche. Irgend etwas im Blick, das ist es, ein innerer Verschleiß. August sah dich näherkommen, er erkannte dich nicht, das war offensichtlich. Na gut, das war nicht weiter verwunderlich, du hattest dich auch verändert. Du hast zu ihm gesagt, wer du warst, der Spanier von der Arbeitsstatistik, du hast ihn an deinen Namen erinnert. Er hat wiederholt, was du zu ihm sagtest, laut und nickend. Er versuchte ein Gesicht auf dein Gesicht zu setzen, das war offensichtlich. Dein zwanzigjähriges Gesicht auf dein fünfunddreißigjähriges Gesicht, das war offensichtlich. Er sagte: »O ja, ja, der Spanier von der Arbeitsstatistik!« Aber man sah genau, daß er eine abstrakte Gewißheit ausdrückte. Er wußte, daß es einen Spanier bei der Arbeitsstatistik gegeben hatte, so wie man weiß, daß Napoleon die Schlacht von Waterloo verloren hat. Es beschwor keinerlei Bild herauf, wirklich überhaupt keines.
Du stehst bestürzt vor ihm, als hättest du deinen Schatten verloren. Du hattest dein Bild als Zwanzigjähriger im Gedächtnis von August verloren, und irgendwie war das ein kleiner Tod. Gequält erzähltest du, sehr rasch, Dinge: Episoden, Ereignisse, gemeinsame Erinnerungen, sogar lachhafte, bei dem Versuch, dein Bild von vor zwanzig Jahren im Gedächtnis von August heraufzubeschwören. Ein leichter Morgennebel würde sich in der Landschaft seines Gedächtnisses lichten, und du würdest mit der zugleich blendenden und verschwommenen Leuchtkraft der wieder lebendig gewordenen Bilder von einst erscheinen. Aber August erinnerte sich nicht oder vielmehr, er wußte genau, daß es einen Spanier bei der Arbeitsstatistik gegeben hatte, aber das war keine Erinnerung. Er sprach freundlich mit dir, wie man körperlich, grob und überrascht mit einer abstrakten Gewißheit sprechen kann. Du warst nur eine Idee, dir gelang es nicht, dich zu verkörpern. Immerhin warst du zwanzig gewesen, Scheiße, aber trotzdem. Allem Anschein zum Trotz, trotz des Vergessens von August bist du in Buchenwald zwanzig gewesen. Aber das Phantom deiner zwanzig Jahre tauchte bestimmt nicht im

Gedächtnis von August auf, und die Abwesenheit dieses Phantoms machte dich selbst leichter, phantomhafter. Du versuchtest, dich damit abzufinden, du fixiertest das Bild von Ulbricht hinter dem Schreibtisch von August. Du sagst dir, daß du vielleicht niemals zwanzig gewesen warst, wer weiß? Vielleicht hattest du das alles nur geträumt. Vielleicht warst du nicht einmal auf die Welt gekommen.
Danach haben sie, so als hätten sie sich wiedererkannt, von diesem und jenem gesprochen. Was war aus dir geworden? August fragte dich freundlich, was aus dir geworden war. Ich sagte es ihm, ohne auf Einzelheiten einzugehen. Es war schwer, zu sagen, was aus dir geworden war, besonders ohne ins Detail zu gehen, dem alten Mann gegenüber, dessen Gedächtnis und dessen Leben irgendeine seltsame Erosion erfahren hatte. Warst du übrigens irgend etwas geworden? An diesem Tag hattest du bei dem Versuch, dein Leben seit Buchenwald für August zusammenzufassen, den Eindruck, daß du nichts geworden seist, daß du einfach weiter derjenige geblieben seist wie mit zwanzig, was skandalöserweise nicht sehr dialektisch war.
Willi Seifert war etwas geworden. Er war Generaloberst der Volkspolizei geworden. Er hätte keinerlei Schwierigkeiten gehabt, zu sagen, was er geworden war, hätte man ihm diese Frage gestellt. »Was bist du geworden, Seifert?« »Ich bin Generaloberst der Volkspolizei geworden«, hätte er, ohne eine Sekunde zu zögern, geantwortet. Aber August nickte nur, während er dir zuhörte, wie du zusammenfaßtest, was du, wie du glaubtest, geworden warst. Du mußtest nicht sehr überzeugend geklungen haben. August nickte zerstreut, so wie man einem Unbekannten in einem Zug zuhört, der einem weitschweifig irgendeinen dummen Zwischenfall erzählt, den er mit irgendeinem Kontrolleur der Eisenbahn hatte.
Danach trat ein Augenblick des Schweigens ein. August versuchte nicht einmal mehr, sich an dein Bild als Zwanzigjähriger zu erinnern, das war offensichtlich. Er nickte mechanisch, und du hattest den Eindruck, ein Eindringling zu sein, nicht nur ein Eindringling in sein Gedächtnis, sondern auch in sein Alltagsleben. Dennoch hattest du, ehe du aufstandest, ehe du gingst, ihm gegenüber Höflichkeit bewiesen. Auch du hattest ihn gefragt, was er geworden sei. »Und du, August, was bist du geworden?« hatte ich ihn gefragt. Er hatte dich lange und nickend betrachtet,

allem Anschein nach ohne dich zu sehen. »Weißt du«, hat er gesagt, »das Leben ist nun mal eben so. Es gibt Höhen und Tiefen.« Das war nicht sehr aufschlußreich, aber schließlich hattest du, in diesem Augenblick, keine Lust, mehr zu erfahren. Gewiß, Höhen und Tiefen. Plötzlich hatte August sich vorgebeugt und seinen Ton geändert. »Weißt du, für die Alten aus Spanien gibt es sehr bittere Augenblicke hier!« hatte er gesagt. Du hast den Eindruck gehabt, daß er erneut einen Versuch machte, ein Gesicht von einst deinem Gesicht von heute aufzusetzen. Er betrachtete dich besorgt. Du hast den Eindruck gehabt, daß er mehr sagen wollte, wenn dein Bild von einst, dein Bild als Zwanzigjähriger aus Buchenwald in sein Gedächtnis zurückgekehrt wäre. Du hast, in diesem Augenblick, gedacht, daß er sich dir anvertraut hätte, wenn es deinem Bild von einst gelungen wäre, Gestalt anzunehmen. Du hast deinen Atem angehalten, du hast gewartet. Aber es hat nichts geschehen sollen, überhaupt nichts. Kein Einrasten, dein Bild ist im dunkeln geblieben. Ihr seid weit auseinandergerissen worden, der eine hierhin, der andere dahin. Du in deinen kleinen Tod, er in seine Einsamkeit.

August hat sich entschuldigt, dich nicht länger hierbehalten zu können. Er müsse eine Arbeit abschließen, hat er dir erklärt. Es war tatsächlich der Tag irgendeiner offiziellen Gedenkfeier, und das Parteikomitee des Unternehmens hatte ihn damit beauftragt, nach Feierabend während der Feierstunde eine den Umständen angemessene Rede vor dem versammelten Personal zu halten. August hat dir die vervielfältigten Blätter gezeigt, die er noch korrigieren müsse. »Verstehst du, das ist eine große Ehre«, hat er zu mir gesagt, »daß man mir diesen Auftrag anvertraut, nach all den politischen Schwierigkeiten, die ich gehabt habe!« Und mit plötzlich eintöniger Stimme hat er von dieser Rede, die er zu halten beauftragt war, eine Passage vorgelesen, bei der es um die großen Verdienste des Genossen Walter Ulbricht ging. Er hat dich danach kurz angeschaut, und es ist dir vorgekommen, als fändest du die Lebhaftigkeit seines Blickes von einst wieder, aber heute geprägt von einer verzweifelten Ironie.

Augusts Blick ist sogleich erlöscht. Du durftest gehen.

Du warst im Gang, du gingst die Treppenstufen hinunter, du befandest dich in der Schwüle der Straße, es war unerträglich. Nein, du wirst nicht mehr nach Weimar gehen, nicht die

Gedenkstätte von Buchenwald besuchen. Du hattest nichts mit der Gedenkstätte von Buchenwald zu schaffen. Du hattest Fotos davon gesehen, damit hattest du nichts zu schaffen. Um so schlimmer für Bertolt Brecht, wenn die Idee dieses widerlichen Mahnmals tatsächlich von ihm stammte. Der scheußliche Glokkenturm, ein sich auf dem Ettersberg aufrichtender abstoßender Phallus, sie konnten ihn dahin stellen, wo du dachtest. Davor die Skulpturen von Professor Fritz Cremer, sicherlich ein verdienter Künstler des Volkes.
Du wirst nie mehr nach Buchenwald gehen. Deine Kumpel würden jedenfalls nicht mehr dort sein. Du würdest zum Beispiel Josef Frank nicht wiederfinden, er war in Prag, in seinem Land, von den Seinen gehenkt und seine Asche in alle Winde zerstreut worden. Du könntest nur Willi Seifert oder Herbert Weidlich wiederfinden. Sie lebten noch. Aber das interessierte dich nicht. Das waren keine Kumpel aus Buchenwald mehr, das waren Polizeibeamte. Polizeibeamte interessierten dich nicht.
Du hattest auch August nicht wiedergefunden.
Früher war er kugelrund, unverwüstlich, und hatte einen rosigen Teint. Sein Blick blitzte hinter den Brillengläsern in der vergoldeten Fassung. Er hörte sich die Wehrmachtsberichte an, die mit Grabesstimme den Vorstoß der Panzer Stalins durch Polen meldeten, und er rief aus: *»Macanudo, viejo, macanudo!«* Er hatte den Krieg in Spanien mitgemacht, er hatte die französischen Lager kennengelernt, er war vom Vichy-Regime der Gestapo ausgeliefert worden, er hatte seine deutsche Staatsbürgerschaft verloren, er war in Buchenwald nur noch ein *Rotspanier*: er war unverwüstlich. Aber du hattest August nicht wiedergefunden. Denn die Macht der Seinen – der Deinen – die Macht der Polizeibeamten von Seifert hatten ihn verbraucht und aus ihm das gemacht, was keiner anderen Macht je gelungen war: einen gebrochenen, enttäuschten alten Mann, der gerade dabei war, zynisch, verzweifelt eine Lobrede auf Walter Ulbricht zu verfassen.
Du betrachtetest die unten an der Treppe auf der Straße parkende Limousine. Du hast zum Chauffeur gesagt, daß du Lust hättest, zu Fuß zu gehen, er könne abfahren. Aber der Chauffeur war auf diesem Ohr taub. Er habe Anweisungen, hat er zu dir gesagt, es sei notwendig, dich zum Gästehaus der Partei zurückzubringen. Du hast ihn beruhigt, du hast ihm gesagt, du würdest zum

Gästehaus der Partei zurückkehren, allerdings zu Fuß, du hättest Lust, zu Fuß zu gehen. Du hast ihm keine Zeit zu einer Diskussion gelassen, du hast dich zu Fuß auf den Weg zum Gästehaus gemacht. Du bist in der Berliner Schwüle langsam gegangen. Nach einer Weile hast du dich umgedreht. Die schwarze Limousine folgte dir in einem Abstand von wenigen Metern. Du hast die schwarze Limousine betrachtet, dir ist plötzlich übel geworden. Du hast die unerbittlichen Zeichen erkannt. Die schwarze Limousine war der Schatten des Todes, der sich an deine Fersen heftete. Es war so, als gingest du vor deinem eigenen Leichenwagen. Zum ersten Mal schien der Schatten des Todes dir zu folgen, sich für dich zu interessieren. Unter dem bleiernen Himmel, in der Schwüle von Berlin war die schwarze Limousine, die grotesk die Macht der Deinen verkörperte, nichts anderes als der Schatten des Todes.

Dennoch scheint es, daß der Tod die Partie noch nicht ganz gewonnen hat. Am selben Tag, an dem du diese Seite korrigiert hast, hast du eine Glückwunschkarte erhalten. *Frohe Weihnachtstage und GLÜCK im neuen Jahr* stand auf der ersten Seite dieser Karte gedruckt. *GLÜCK* war groß geschrieben und vergoldet. Und dann standen auf der zweiten Seite in fester Handschrift die Worte: *wünscht seinem jungen Kameraden Jorge in dauernder Verbundenheit, der alte Freund, August G.*
Du betrachtetest also bebend diese Glückwunschkarte aus der DDR, du betrachtetest Augusts Unterschrift, seine Adresse. Du bist nicht mehr so jung, hast du gedacht! Aber es war deine Jugend von einst in Buchenwald, an die sich August natürlich richtete. Da hast du wahnsinnig gehofft, daß der Tod die Partie noch nicht ganz gewinnen möge. Du hast dir gesagt, daß es letztlich doch noch im Gedächtnis von August gedämmert hatte, daß er schließlich in dem Buch, daß du geschrieben hattest, sicherlich dein Bild als Zwanzigjähriger wiedergefunden hatte. Durch welchen Kameraden in Ostberlin hatte August deine Pariser Adresse herausgefunden? Durch W., durch K., durch J., durch Ch., durch St.? Du sagtest dir, es sei unwichtig, wann er sie herausgefunden, wann er sein Gedächtnis wiedergefunden habe. Du betrachtetest die Glückwunschkarte von August, du fragtest dich, ob es noch genügend Kommunisten in ganz Europa gäbe,

um den Kampf wiederaufzunehmen, um den Tod anzugreifen, um die organisierte und zur Staatseinrichtung gewordene Amnesie, um schwarze Limousinen, um blaue, grüne oder rote Streifen auf den Mützen der Volkspolizei, um die unvermeidlichen Dialektiker, um die Großen Steuermänner jeglicher Art zu befehden.
Du hofftest wahnsinnig, daß der Tod die Partie nicht ganz gewinnen möge.

Ich habe meinen Platz am großen Tisch der Zentralkartei wieder eingenommen.
Walter schaut von seiner Zeitung auf.
»Du bist zurück?« sagt er zu mir.
Er stellt es einfach fest. Ich sage nichts, man kommentiert keine Feststellung.
»Du, das ist für dich«, sagt Walter.
Er reicht mir einige getippte Formulare über die Regale, auf denen sich die langen Karteikästen befinden. Vorher hatten wir Bücher, dicke kartonierte Register, um die Buchführung über die Toten und die Lebenden, über die Arbeitseinteilung, die Abtransporte auf dem laufenden zu halten. Aber Seifert hat uns aufgetragen, eine Kartei einzurichten. Das scheint rationeller zu sein.
Ich richte mich auf, um die Formulare entgegenzunehmen, die Walter mir reicht. Es handelt sich um die Tagesberichte der verschiedenen Arbeitskommandos, aus denen die Veränderungen der Zusammensetzung hervorgehen. Abwesenheiten, Abreisen, Ankünfte, und so weiter. Es gibt auch Berichte aus dem Revier, dem Lazarett, und welche aus dem Krematorium.
Ordnung muß sein.
Es ist entschieden ein ruhiger Sonntag, es gibt nicht viel zu tun. Ich brauche nur zwei bis drei Dutzend Formulare auf den neuesten Stand zu bringen, innerhalb der numerierten Spalten, die meine Sache sind. Jeder von uns hat tatsächlich eine gewisse Tausenderzahl von Nummern zugewiesen bekommen. Natürlich haben sich die Deutschen, die in der Kartei arbeiten, autoritär die niedrigsten Zahlenabschnitte vorbehalten, die der ältesten Häftlinge. In diesen Spalten geschieht wenig. Sie wechseln nicht die Arbeitskommandos. Merkwürdigerweise sind sie sogar sehr

selten krank. Sie sterben auch nicht mehr. Kurzum, sie machen wenig Arbeit.
Mir sind zufällig die Zahlenabschnitte von vierzigtausend bis siebzigtausend zugewiesen worden. Und in diesen Spalten geschieht viel, eine wahre Freude! Das kommt, das geht, das stirbt mit verblüffender Geschwindigkeit.
Ich fange also an, mich mit den Karteikästen zu beschäftigen, auf jedes Formular die ungültig gewordenen Hinweise zu kleben, die von den verschiedenen Tagesberichten gelieferten neuen Hinweise mit Bleistift einzutragen.
Ich nutze das dazu, mich mit den französischen Kumpeln zu befassen, deren Namen und Eintragungsnummern mir Daniel gegeben hat. Ich hole den kleinen Zettel heraus, falte ihn auseinander, drücke ihn in meine linke Hand, nachdem ich mich vergewissert habe, daß niemand mich beobachtet. Ich habe den Eindruck, in der Schule zu spicken. Ich setze eine unbefangene und selbstbewußte Miene auf, als wollte ich den wachsamen Blick der Aufseher entwaffnen.
Die drei Gefangenennummern der Kumpel, um die zu kümmern mich Daniel gebeten hat, stehen hintereinander. Das kann man sich leicht vorstellen. Als der Transport in dem Lager in Polen, von wo aus sie übergeführt worden sind, organisiert worden ist, haben es die drei Kumpel so einrichten müssen, daß sie im selben Wagen zusammen reisen konnten. Bei ihrer Ankunft in Buchenwald haben sie sich nicht getrennt, sie sind bei den Formalitäten der Desinfektion und der Einkleidung beieinander geblieben. Sie mußten alle demselben Maquis angehört haben, gemeinsam verhaftet worden sein, sie müssen sich geschworen haben, zusammen zu bleiben, nachdem ihre Deportation beschlossen wurde. Da sind sie nun vereint, zusammen, ihre Nummern stehen hintereinander. Sie werden auch hier zusammen bleiben.
Auf die zwei ersten Formulare schreibe ich D.I.K.A.L. und das heutige Datum. Auf das dritte Formular schreibe ich, der Abwechslung wegen, D.A.K.A.K. und das Datum des Vortages. D.I.K.A.L. heißt: *Darf in kein anderes Lager*, und D.A.K.A.K.: *Darf auf kein Außenkommando.*
Natürlich habe ich überhaupt kein Recht, diese Eintragung in die Formulare zu machen. Die Politische Abteilung, das heißt, die Abteilung der Gestapo, die das Lager kontrolliert, entscheidet, auf Weisung von Berlin, wer die Häftlinge D.I.K.A.L. und

D.A.K.A.K. sind. Wenn die Gestapo Häftlinge im Griff behalten will, schickt sie uns Befehle, damit sie nicht als D.I.K.A.L. oder D.A.K.A.K. eingetragen werden. Im allgemeinen ist es kein gutes Zeichen, wenn die Gestapo einen im Griff behalten will. Es bedeutet, daß die Sache noch nicht endgültig geregelt ist, daß die Gestapo einen im nächsten Augenblick zur Vervollständigung der Auskünfte, wie es heißt, anfordern kann. Andererseits können die Häftlinge, auf deren Formularen entweder D.I.K.A.L. oder D.A.K.A.K. steht, sicher sein, im Hauptlager von Buchenwald zu bleiben. Automatisch werden sie von jeder Transportliste ausgeschlossen.
Ich benutze also die gefürchtete Autorität der Gestapo, um diese Kumpel zu schützen. Das hat uns, Daniel und mich, oft zum Lachen gebracht, diese Umfunktionierung der Autorität der Gestapo.

Wenn Seifert oder Weidlich mich bei meinen Machenschaften ertappt hätten, wäre es mir übel ergangen. Ich wäre sofort aus der Arbeitsstatistik rausgeschmissen worden. Ich wäre vielleicht sogar wegen dieses Mangels an Disziplin in ein besonders hartes Arbeitskommando außerhalb des Lagers geschickt worden – *Dora, Ohrdruf* oder *S.III* zum Beispiel. Zumindest wenn es der spanischen Partei nicht gelänge, mich in Buchenwald zu behalten. Dazu wäre der Einsatz ihres ganzen Gewichts erforderlich. Und selbst in letzterem Fall könnte mir nichts ein paar Monate Strafarbeit ersparen. Zum Beispiel im Steinbruch.
Was ich aufgrund der Fälschung der Formulare mache, wird von den SS-Männern als Sabotage bezeichnet. Die für diesen Fall vorgesehene Strafe, wenn die SS-Männer selbst diese Tatsache entdeckten, ist die der Erhängung auf dem Appellplatz vor allen versammelten Häftlingen.
Aber ist das Risiko, von den SS-Männern erwischt zu werden, real oder nur hypothetisch? Ich habe mir diese Frage, möglichst objektiv, unter allen Aspekten gestellt.
Lassen Sie uns diese Frage unter all ihren Aspekten stellen.
In diesem Dezember 1944 ist die Strategie der mit der Leitung des Lagers Buchenwald betrauten SS-Offiziere leicht zu erraten. Sie wollen um jeden Preis vermeiden, an die Front geschickt zu werden. Sie wollen weiter als Etappenschweine leben, in der

Bequemlichkeit ihrer Sinekure. Deshalb müssen sie um jeden Preis alles vermeiden, was die Aufmerksamkeit von Berlin auf ihre Amtsführung in Buchenwald lenken und Disziplinarmaßnahmen auslösen könnte.
Aber wie läßt sich all das vermeiden? Die beste Lösung besteht darin, die internen Dinge des Lagers den deutschen Kommunisten zu überlassen, die seit Jahren die Schlüsselstellungen der Verwaltung innehaben, seit sie die normalen Strafgefangenen in einem hinterhältigen und blutigen Kampf eliminiert haben. Deshalb müssen die deutschen kommunistischen Häftlinge über eine gewisse Autonomie verfügen. So können die bestechlichen und nichtstuerischen SS-Offiziere sich ihrem großen Handel und ihren kleinen Schlemmereien widmen.
Die deutschen Kommunisten, die die entscheidenden Verwaltungsposten des Lagers innehaben – Kapos, Blockleiter, Leute vom Stubendienst, vom Lagerschutz –, sind übrigens fähige Männer, verbissene Arbeiter mit einem bemerkenswerten Sinn für Organisation. Man darf ihnen zutrauen, die Maschine in Gang zu halten.
Aber all diese für das gute Funktionieren des Lagers mit seinen Fabriken, seinen Außenkommandos, seinen Dutzend Tausenden von Häftlingen, die meistens für die Kriegsindustrie der Nazis arbeiten, unentbehrlichen Eigenschaften haben auch ein allmähliches Abbröckeln der realen Autorität der SS-Männer zur Folge, eine fast unmerkliche, aber deshalb nicht weniger wirksame Erweiterung der illegalen Gegenmacht der internationalen kommunistischen Organisation in Buchenwald.
Die deutschen Kommunisten, die die wesentlichen Verwaltungsposten innehaben, stellen den sichtbaren Höhepunkt, die offizielle Hierarchie dieser Untergrundorganisation dar. Aber die Kommunisten der anderen Nationalitäten, vor allem die Tschechen, die Franzosen und die Spanier (die Deportierten aus dem Osten bilden ein Problem für sich: es gibt sehr wenige Kommunisten unter den Russen, fast keine unter den Polen; was die Jugoslawen angeht, so sind sie nicht sehr zahlreich in Buchenwald, ich weiß nicht warum; vielleicht einfach deshalb, weil man nur sehr wenige jugoslawische Widerständler deportiert, weil die Nazis sie lieber auf der Stelle erschießen) die tschechischen, französischen und spanischen Kommunisten, sagte ich, spielen ebenfalls eine gewisse Rolle in der illegalen Organisation von Buchenwald.

Und diese Rolle nimmt, sogar ganz offenkundig, in der offiziellen Verwaltung zu. Jede Gelegenheit wird genutzt, um den SS-Männern eine größere Beteiligung der Ausländer an der Lagerverwaltung aufzuoktroyieren. So erreichen es die verantwortlichen deutschen Kommunisten nach dem amerikanischen Bombenangriff auf die Fabriken von Buchenwald im August 1944, indem sie auf das »gute Verhalten« der ausländischen Deportierten hinweisen, die jegliche Panik vermieden und den Verwundeten schnell geholfen, sowie die von den amerikanischen Phosphorbomben verursachten Brände gelöscht hatten, und das als Argument anführten, bei den SS-Männern, daß sie die Ränge des Lagerschutzes – der internen, ausschließlich aus Deportierten bestehenden Polizei – den Ausländern öffneten. Zum Beispiel konnte von Russen im Lagerschutz keine Rede sein. Wohl von Tschechen und Franzosen, die aus echt europäischen Ländern stammten, sogar aus der Sicht der SS-Männer.
Diese ständige, beharrliche Stärkung des alten, wie ein Maulwurf wühlenden Typs der Gegenmacht der politischen Häftlinge in Buchenwald – die aus dem Lager einen einmaligen Fall des Konzentrationslagersystems der Nazis macht – begrenzt sich nicht auf die kommunistischen Organisationen. Sie weitet sich unablässig aus. In Anwendung der 1943 in seinem Akt der eigenen Auflösung aufgestellten Strategie der Komintern bilden die verschiedenen Parteien die nationalen antifaschistischen Fronten. Daher sehen sich, mit den angemessenen Varianten, mit der besonderen Zusammenstellung jeder nationalen Gemeinschaft, die christlich-demokratischen, bäuerlichen, sozialistischen – im Falle Frankreichs gaullistischen – Widerständler in zahlreichen illegalen Netzen vereint, die die Zusammengehörigkeit der Deportierten aufrechterhalten und ihren Alltag mit Informationen, mit materiellen und moralischen Unterstützungen unter der Leitung des von verschiedenen nationalen Komitees pyramidisch aufgebauten internationalen Komitees versorgen.
Das fast unmerkliche, aber ständige Anwachsen der politischen Gegenmacht ist einerseits für das reibungslose Funktionieren des Lagers unentbehrlich, ruft andererseits aber eine Verlangsamung des Arbeitsrhythmusses in den Fabriken des Lagers, eine unentwegte unerbittliche Verminderung der Produktion aufgrund der systematisch organisierten Sabotage hervor. Daher, ganz offenkundig, die Gefahr eines Konflikts zwischen den SS-Befehlsha-

bern in Buchenwald und dem Hauptquartier Himmlers in Berlin. So befinden sich die SS-Offiziere in einer Situation objektiv widersprüchlicher Erfordernisse. Damit die Verwaltung des Lagers, seiner Arbeitskräfte, seiner Fabriken korrekt funktioniert, muß man uns freie Hand lassen. Damit das Hauptquartier Berlin sich nicht beunruhigt, nicht eingreift, muß die Produktion der Rüstungsfabriken auf einem zu rechtfertigenden Niveau gehalten werden. Es ist also nötig, daß sie uns völlig freie Hand lassen.

Und die Arbeitsstatistik steht in dem Maße, wie die Organisation der Arbeit und die Zuteilung der Arbeitskräfte ihr zugewiesen sind, eben im Mittelpunkt dieser Widersprüchlichkeit. Daher die fast täglichen Auseinandersetzungen zwischen Willi Seifert und dem Hauptsturmführer Schwartz. Es ist ein Verschleißkrieg, den wir mit den Befehlshabern der SS zu führen gezwungen sind und bei dem sich ruhige Perioden mit jähen Augenblicken der Spannung abwechseln.

Vor einigen Wochen hat uns zum Beispiel Schwartz zusammengerufen, um uns einen drohenden Vortrag zu halten. Wir standen im Raum der *Arbeit* stramm, und Schwartz drohte uns mit den schlimmsten Vergeltungsmaßnahmen. Er wisse genau, brüllte er, welche Politik wir bei der *Arbeit* trieben, welche Kategorie von Häftlingen wir beschützten! Er persönlich werde dafür sorgen, daß dies sich ändere, brüllte er. Aber ehrlich gestanden hat er nicht lange dafür gesorgt. Es hat ihn sehr bald ermüdet, täglich unsere Arbeit zu überprüfen. Das Leben ist wieder seinen gewöhnlichen Gang gegangen.

So ist, nach reiflicher Überlegung, die Gefahr, von den SS-Männern dabei ertappt zu werden, die Formulare zu fälschen, um gewisse Kameraden vor dem Abtransport zu bewahren, ziemlich hypothetisch. Jedenfalls sind es nicht die episodischen Eingriffe des Hauptsturmführers Schwartz, die eine wirkliche Gefahr darstellen. Um erwischt zu werden, hätte es einer systematischen und allumfassenden Kontrolle der gesamten Kartei bedurft. Das hätte Wochen, wenn nicht gar Monate in Anspruch genommen. Andererseits ist es praktisch unmöglich, daß die Gestapo in Buchenwald eine solche Aktion einleitet, ohne daß wir davon unterrichtet worden wären. Die deutschen Kameraden haben tatsächlich ein Informationsnetz in Schlüsselstellungen der SS-Verwaltung gespannt. Friseure des Kommandanten und der höheren Offiziere, die Hausdienste in den SS-Villen leisten müssen, Elektriker oder Klempner, die Unterhaltsleistungen in eben diesen Villen und in den Verwaltungsbüros verrichten: ein ganzes Netz hauptsächlich aus *Bibelforschern* (Kriegsdienstverweigerer oder Zeugen Jehovas) rekrutierter Häftlinge, das Informationen über die Gemütsverfassung der SS-Männer sammelt und weitergibt. Sogar die direkten Telefonverbindungen mit Berlin werden regelmäßig abgehört.

Deshalb droht mir nicht von seiten der SS-Männer, sondern paradoxerweise von den deutschen Kommunisten die größte Gefahr, ertappt zu werden. Und auch da darf man die Risiken nicht übertreiben. Es wäre nötig gewesen, mich auf frischer Tat, beim Fälschen der Formulare zu ertappen, um den Skandal mit allen absehbaren Folgen auszulösen. Die deutschen Kumpel haben einen solchen Respekt vor den aufgestellten Normen, den Konventionen, die unsere Tätigkeit beherrschen, nach denen auf dem Weg der illegalen Organisation die eventuellen Streichungen auf den Transportlisten und die Zuteilung eines privilegierten Arbeitsplatzes geregelt werden, daß die Vorstellung, man könne Formulare fälschen, das machen, was wir, Daniel und ich, Partisanenarbeit oder individuelle Rettungsaktion nennen, ihnen überhaupt nicht in den Sinn käme. Wenn Weidlich oder Seifert auf Formulare mit dem Vermerk D.I.K.A.L. oder D.A.K.A.K. stoßen, prüfen sie nicht in den Akten nach, ob es eine Anweisung der Gestapo gibt, daß der und der Häftling so klassifiziert werden soll. Nein, sie haben Respekt vor der bürokratischen Ordnung und glauben, daß wir diesen Respekt mit ihnen teilen. Sie wissen nicht, daß die Partisanenarbeit oft das Salz des Lebens ist.

So ist, alles in allem, meine Kühnheit nicht besonders groß. Ich habe schon wesentlich schwierigere Dinge bewältigt. Wirklich.

Jahre später, in der verrauchten Atmosphäre der Bistros, habe ich sehr wesentliche Diskussionen – ich meine damit: abstrakt wichtige Diskussionen – über diese Probleme gehört. Über dieselben Probleme, die Fernand Barizon an jenem Dezembersonntag 1944 in Buchenwald beschäftigten.

Ich erinnere mich an einen Abend unter anderen.

Es war im *Méphisto*, einem Bistro mit Musik- und Tanzkeller, das sich damals an der Ecke der Rue de Seine und des Boulevard

Saint-Germain befand. Heute soll dort ein Trödelladen sein. In diesem Viertel gibt es überall Trödelläden anstelle der Geschäfte mit weiblichen Reizen und Ideen, die früher den Charme dieses Viertels ausmachten.

Jedenfalls war es im *Méphisto*, spät in der Nacht.

Wir waren im Tanzkeller, aber wir tanzten nicht. Wir hörten statt dessen Armstrongs Trompete zu. Jedenfalls hörten wir in dem Augenblick, in dem diese Szene, dieses sehr alte Ereignis anfängt, sich in meinem Gedächtnis zu rekonstruieren – wie jene Fotos, die sich vor einem entwickeln, deren verschwommene Farben und Konturen schärfer werden – einer Platte von Armstrong zu, dafür lege ich meine Hand ins Feuer. Vielleicht liegt es sogar hauptsächlich an Armstrong, daß sich dieser Abend, oder genauer, diese späte Nachtstunde meinem Gedächtnis eingeprägt hat, unter so vielen ähnlichen anderen Abenden, anderen späten Nachtstunden.

Also ich hörte mit dem einen Ohr – meinem besseren Ohr – Armstrongs Trompete zu und mit dem anderen, zerstreuteren Ohr der Diskussion am Tisch, an dem ich saß.

Dennoch betraf mich diese Diskussion. Sie betraf mich vielleicht nicht mehr als Armstrongs Musik, aber ebensosehr. Überdies gab es einen verborgenen Zusammenhang zwischen der klaren Blechverzweiflung der Musik von Armstrong und dem Thema, über das man gelehrt an meinem Tisch sprach.

An meinem Tisch saßen Pierre Courtade und Maurice Merleau-Ponty. Natürlich saßen da auch noch viele andere Leute. Die Tische im *Méphisto* waren in diesen letzten Nachtstunden im allgemeinen sehr gut besetzt. Da saßen immer Prominente. Vielleicht saß auch »Touki« Desanti an diesem Tisch. Vielleicht sogar Boris Vian. Und Pierre Hervé. Es ist nicht auszuschließen, daß Roger Vailland dort auftauchte. Aber das kann ich nicht beschwören. Ich verwechsele vielleicht diesen Abend mit anderen. Vian und Desanti, Hervé und Vailland gehörten tatsächlich oft den Gruppen an, die sich in dieser vagen Qual jener zu Ende gehenden Nacht, diesem neuen Morgengrauen, das auftauchte, bildeten, dessen bitteren Geschmack, dessen trübes Licht man beim Verlassen des *Méphisto*-Kellers wiederfand oder beim Verlassen irgendeines anderen mütterlichen Kellerrefugiums. Jedenfalls saß eine Menge Leute an unserem Tisch, von denen manche gingen und kamen. Aber Pierre Courtade und Maurice

Merleau-Ponty zeichneten sich in meinem Gedächtnis vom Ganzen ab, sicherlich weil sie Wesentliches zur Diskussion beitrugen.
Es ging um die Frage der Zusammenhänge zwischen Moral und Politik. Auf den ersten Blick schienen weder Ort noch Zeit geeignet, ein so weitreichendes Thema anzuschneiden. Aber dieser erste Blick läuft Gefahr, ziemlich kurzsichtig zu sein. Warum sollte man nicht gegen halb vier morgens im *Méphisto* beim heiseren Klang von Armstrongs Trompete über Moral und Politik sprechen? Im Gegenteil, eine sehr gute Gelegenheit. Eine ausgezeichnete Atmosphäre. Vor allem wenn wir uns im Jahr der Gnade 1948 befinden. Der kalte Krieg hatte allmählich unheilvolle Auswirkungen. Die Wahlverwandtschaften, die politischen Bündnisse, die kulturellen Konvergenzen der Widerstandsbewegung zerplatzten schließlich unter dem Druck einer irrigen Polarisierung. Lager gegen Lager, Klasse gegen Klasse, Moral gegen Moral: *Ihre Moral und unsere*. Aber diese Formulierung stammte weder von Courtade noch von Merleau-Ponty. Sie war wesentlich älter, denn sie stammte von Trotzki.
Wie dem auch sei, man war in dieser Nacht auf Moral und Politik zu sprechen gekommen. Sicherlich hatte man vorher über allerlei andere Themen gesprochen. Aber man war wieder einmal auf die Zusammenhänge zwischen Moral und Politik zurückgekommen. Irgend jemand, ich weiß nicht mehr wer, hatte sich exemplarisch oder metaphorisch bei seiner Darstellung auf die Situation der Widerstandsbewegung in den Lagern der Nazis bezogen. Gewiß nicht wegen Barizon. Keiner meiner Gefährten hatte etwas von Barizon oder seinen Problemen gehört. Nicht einmal Courtade wußte damals, daß er zwölf Jahre später, nämlich 1960, in meiner Vorstellung indirekt mit Fernand Barizon verbunden werden sollte, zumindest durch jenen Aufenthalt in Nantua, von dem schon die Rede gewesen ist. Nein, irgend jemand, an den ich mich nicht erinnere – vielleicht Merleau-Ponty höchstpersönlich – hatte sich bei seiner Ausführung auf die Bücher von David Rousset bezogen. Es war Rousset, der Anlaß gab für die aufgeworfene Frage, und nicht Barizon. Es waren sein Essay über *L'Univers concentrationnaire* und seine romanhafte Reportage *Les Jours de notre mort*. Rousset war, wie man sich erinnert, der erste gewesen, der in seinen Schriften über die Nazilager die Schwelle des Zeugnisses überschritten hatte, um ein Gesamtbild,

einen globalen Versuch der Analyse zu entwickeln. Sicherlich ist es das, was ihm zu einem Zeitpunkt, der nicht weit hinter jenem Abend im *Méphisto* liegt, gestattet hat, dort über seine Bücher zu sprechen, die Frage der russischen Lager, die Frage des Gulag aufzuwerfen.

Aber in dieser Nacht im *Méphisto* ging es, zumindest nicht unmittelbar, um den Gulag. Es ging um die Lager der Nazis. War es nötig, Parzellen der Macht im internen Verwaltungssystem der Lager zu besetzen, um diese partielle Macht zugunsten der Widerstandsbewegung zu nutzen? Hatte man das Recht, gewisse politische Häftlinge aus politischen Gründen auf den Transportlisten zu streichen, um ihr Überleben zu sichern? Verurteilte man, indem man die einen rettete, nicht die anderen zum Tode, diejenigen, die den Platz der von den Listen gestrichenen Deportierten unausbleiblich einnehmen würden?

So lauteten die Fragen, die, recht sachlich, an jenem Tisch diskutiert wurden. Aber es war eine abstrakte Sachlichkeit. Ich hatte, zumindest anfangs, nicht den Eindruck, daß man von einer Geschichte sprach, die ich erlebt hatte. Irgendwie war es mir so, als spräche man über das Geiselproblem der Pariser Kommune 1871. Oder über Trotzkis in *Terrorismus und Kommunismus* aufgegriffene Themen. Es war so, als hätte man über das Stück von Simone Beauvoir, *Les Bouches inutiles*, diskutiert.

Das betraf mich, zumindest anfangs, nicht besonders.

Ich muß gestehen, daß mir das im Laufe dieser Jahre häufig passiert ist. Es ist mir häufig passiert, daß ich von den Nazilagern, sogar von Buchenwald, sprechen hörte, ohne einzugreifen, als wäre ich selbst nicht dort gewesen. Das Vergessen war mir gelungen. Oder genauer, es war mir gelungen, diese Erinnerung sehr stark zu verdrängen. Ich saß also schweigend in meiner Ecke und hörte sehr interessiert den Leuten zu, die über die Lager salbaderten. Ihre Ausführungen interessierten mich wirklich. Ich war ein recht guter Zuhörer.

Dann löste plötzlich ein Gesprächsfetzen die Entfaltung meiner eigenen Erinnerung aus. Häufig genügte das nicht, um mich zum Sprechen zu bringen, in der Rolle des Zeugen einzugreifen oder in der des Überlebenden. Ich war einfach nicht sicher, überlebt zu haben. Meistens stand ich auf und ging. Ich ließ diese braven Leute über die Nazigreuel, über die ideologische Sahnetorte des Verhältnisses zwischen Henker und Opfer salbadern.

Mitunter, seltener, sprach ich auch.
In jener Nacht im *Méphisto* hörte ich der gelehrten Diskussion über die Widerstandsbewegung in den Nazilagern zu. Ich hielt mich aus der Debatte heraus. Ich wog die Argumente der einen gegen die der anderen ab, ohne ein Wort zu sagen. Es war interessant, aber abstrakt. Und dann bin ich plötzlich in die Erinnerung umgekippt. Die schlammigen Gewässer des Gedächtnisses haben mich überflutet, als wäre irgendwo stromaufwärts eine Schleuse gebrochen.
Es ist Armstrongs Trompete, die alles in Gang gebracht hat.
Plötzlich hat Armstrongs Trompete, der ich immer noch mit meinem guten Ohr zuhörte, die Mauern von Jericho einstürzen lassen. Ich war erneut in Buchenwald, an einem Sonntagnachmittag, und Jiri Zak, ein junger tschechischer Kommunist von der Schreibstube, schlug mir vor, ihn zu einer Probe der Jazzband zu begleiten, die er im Lager mitaufgebaut hatte. Ich hörte, im *Méphisto*, Armstrong, und ich hörte gleichzeitig jenen Dänen, den Zak entdeckt hatte und der *Star-Dust* an jenem Sonntag bei einer Probe spielte. Auch Markowitsch war da, am Saxophon. Und Yves Darriet, der die Orchestrierung vorbereitete.
Da habe ich plötzlich das Wort ergriffen.
»Ihr redet nur Quatsch!« habe ich gesagt.
Man hat mich etwas erstaunt angeschaut. Und dann hat Courtade ausgerufen:
»Verdammt, das stimmt! Du bist dort gewesen!«
Genau das, ich bin dort gewesen. Ich bin nicht nur dort gewesen, sondern ich bin immer noch dort.
»Ihr wollt doch, daß man von einer konkreten Situation ausgeht«, habe ich zu ihnen gesagt, »statt von großen Prinzipien?«
Sie haben genickt. Die konkrete Situation schien ihnen zu gefallen. Sie waren wenigstens nicht dagegen.
»Also gut, die konkrete Situation ist ganz einfach, ich habe sie verfolgt. Eines Tages gibt die SS-Verwaltung den Befehl, daß ein Transport von dreitausend Häftlingen am nächsten Donnerstag um acht Uhr morgens Richtung *Dora* abgeht. Das ist natürlich nur ein Beispiel. Aber ihr könnt sicher sein, daß am nächsten Donnerstag um acht Uhr dreitausend Mann Richtung *Dora* abfahren werden. *Dora* ist ein sehr übles Lager! Es ist die Baustelle, wo die Tunnels einer unterirdischen Fabrik für die Herstellung der V-1 und V-2 Raketen, V für Vergeltung, zur

Bombardierung Englands, gegraben werden. *Dora* ist die Hölle. Der letzte Kreis der Hölle, wenn ihr wollt. Aber die Alternative, nach *Dora* zu fahren oder hier zu bleiben, gibt es nicht. Man hat keine Wahl, versteht mich gut! Was auch geschehen mag, am besagten Tag zu besagter Stunde werden dreitausend Mann nach *Dora* abfahren. Und wenn sich die interne Verwaltung in Buchenwald, die sich vorwiegend in Händen deutscher Politiker befindet – denn jedes Lager ist ein Fall für sich: ich spreche nur von Buchenwald – es ablehnt, diesen Transport vorzubereiten (eine Hypothese, die man hier, drei Jahre später, ganz ruhig aufstellen kann, um sich mit den großen Prinzipien zu amüsieren!), wenn die deutschen Politiker sich weigern, diesen Transport vorzubereiten, wird die SS-Kommandantur erneut die interne Verwaltungsmacht den normalen Strafgefangenen anvertrauen. Entweder bereitet sie direkt jenen Transport oder alle anderen folgenden vor. Also werden dreitausend Deportierte am kommenden Donnerstag um acht Uhr nach *Dora* abfahren. Die einzige Alternative, die sich anbietet, ist die folgende: man überläßt alles dem Zufall oder man greift ein, um diesen Zufall, übrigens nur minimal, zu ändern. Es handelt sich vielleicht nicht um den Zufall, sondern um das Schicksal. Oder um Gott. Wie ihr wollt. Aber es hat keine andere Wahl gegeben: laßt Gott, das Schicksal oder den Zufall walten oder uns mit den Kräften eingreifen, die wir besitzen, mit der Macht, über die wir verfügen. Wie läßt sich tatsächlich eine Transportliste aufstellen? Erst einmal kann man aus den Arbeitskräften des Kleinen Quarantänelagers schöpfen, in dem sich noch Deportierte befinden, die keiner festen Produktionsarbeit, keinem festen Arbeitskommando zugeteilt worden sind. Im Kleinen Lager befindet sich die Armeereserve jener Art des Proletariats, das wir geworden sind. Angenommen, daß es keine dreitausend zur Verfügung stehende Deportierte im Kleinen Lager gibt. Dann wird die Transportliste für *Dora* mit Deportierten aus dem Großen Lager aufgefüllt, die noch nicht unmittelbar mit der Kriegsindustrie verbunden sind. Ein Metallarbeiter, der bei der *Gustloff* arbeitet, zum Beispiel, in der Fabrik für automatische Karabiner, hat praktisch keine Chance, oder Nichtchance, kein Risiko jedenfalls nach *Dora* zu kommen. Die erste Transportliste für *Dora* stellte sich also deshalb laut jenem statistischen Zufall der Lage in den Reserven der Arbeitskräfte zusammen. Kurzum aufs Geratewohl. Erst danach beginnt die Aktion der illegalen Führung. Jedes Nationalkomitee, das sich aus den Widerstandsorganisationen rekrutiert, legt die Liste derjenigen vor, die er vom Transport streichen lassen möchte. Die Deutschen werden nicht auf Transport geschickt. Oder genauer, sie werden nur als Kapos oder Aufseher mitgeschickt, um die Kader aufzustellen. Zwei Möglichkeiten für die Deutschen: entweder werden sie von der illegalen Führung auf Transport geschickt, und zwar im Einverständnis mit den Betroffenen selbst, um für die neuen Arbeitskommandos Kader aufzustellen, oder es handelt sich um Grüne, gemeine Strafgefangene oder um Spitzel der SS, die man aus Sicherheitsgründen aus Buchenwald entfernen will. Auch die Tschechen werden nicht auf Transport geschickt, oder nur so wie die Deutschen. Die Spanier werden überhaupt nicht weggeschickt. Die spanische Gruppe ist nicht sehr zahlreich in Buchenwald: knapp hundertfünfzig Deportierte. Durch einen Beschluß der illegalen Führung ist diese Gruppierung global vor jedem Transport geschützt. Im Gedenken an den Spanischen Bürgerkrieg, deshalb. Denn es gibt nicht wenige Mitkämpfer aus den Internationalen Brigaden unter den kommunistischen Verantwortlichen in Buchenwald. Und Spanien ist das grüne Paradies ihres antifaschistischen Gedächtnisses. Nun gut, sagen wir, im allgemeinen sind es die Russen und Franzosen, das heißt die Volksgruppen, die am zahlreichsten sind und das Hauptkontingent der Transporte bilden. Aber wo bin ich stehengeblieben? Ja, die illegalen Komitees legen die Liste derjenigen vor, die sie im Lager zu behalten wünschen. Mitunter heißt im Lager behalten am Leben halten. Im Falle *Dora* zum Beispiel verringern sich die Überlebenschancen beträchtlich, wenn man dahin geschickt wird. Vom metaphysischen Standpunkt aus, das weiß ich genau, sind alle Menschen gleich viel wert. Von Gottes Standpunkt aus, auch vom Standpunkt der menschlichen Natur aus, sind alle Menschen sich gleich. Jeder Mensch hat Anrecht auf das Göttliche oder auf das Menschliche oder auf die Menschheit. Jeder Mensch ist gattungsmäßig Mensch, irgendwie. Gott würde sich sicherlich weigern, die dreitausend Deportierten für *Dora* auszuwählen. Nicht aufgrund ihres Widerstandsvermögens, ihres Verhaltens in den Lagern, ihres Todes in *Dora* oder ihres Überlebens in Buchenwald wird Gott beim Jüngsten Gericht die Menschen oder ihre Seelen verurteilen, nicht wahr? Also läßt

Gott die Sache laufen: es ist nicht sein Problem. Gott würde nicht, um zwei oder drei Partisanen zu retten, auf den Lauf der Dinge, auf die Weltgeschichte einwirken. Das ist klar. Aber wir, die wir nicht Gott sind – und sogar dann, wenn wir zugeben, sogar dann, wenn wir die metaphysische Gleichheit aller Menschen erklären – sind wir gezwungen, zu urteilen und abzuwägen, wenn wir, so wenig es auch sein mag, auf den Lauf der Dinge einwirken wollen. In Buchenwald haben nicht alle Menschen das gleiche Gewicht. Ein Marquisard hat nicht das gleiche Gewicht wie ein Kerl, der bei der Razzia eines nach einem Attentat umzingelten Viertels gefaßt wurde oder der als Schwarzhändler verhaftet wurde. Vor Gott sind sie vielleicht gleich, sie tragen bestimmt das rote Dreieck politischer Deportierter, das die SS ohne Unterschied an alle Franzosen austeilt, aber sie haben in Buchenwald hinsichtlich einer Widerstandsstrategie nicht das gleiche Gewicht. In sechs Monaten haben sie vielleicht erneut das gleiche Gewicht. Ich meine damit: wenn wir in sechs Monaten frei, wenn wir noch am Leben sind.«

Ich bin frei, ich bin noch am Leben. Ich trinke einen Schluck Bier, ich hole tief Atem. Aber ich werde nicht versuchen, hier die die Diskussion in jener Nacht im *Méphisto* detailliert wiederzugeben. Es würde mir jedenfalls nicht gelingen. Und außerdem erzähle ich nicht von einer Nacht im *Méphisto* um 1948, trotz des möglichen Interesses einer solchen Geschichte, sondern von einem Tag in Buchenwald, um genau zu sein, von einem Sonntag einige Jahre davor.

Vier Jahre davor.

Im *Méphisto* jedoch, in jener fernen Nacht (fern auf jede Weise, in jeder Hinsicht: fern von heute, im Augenblick, da ich diese Zeilen schreibe, dreißig Jahre nach besagter Nacht im *Méphisto*; auch fern, sei es auch auf andere Art, im Verhältnis zu dem Sonntag in Buchenwald; sicherlich weniger fern, in der inzwischen gelebten Zeit, denn nur vier Jahre trennen Buchenwald vom *Méphisto*, aber sehr entfernt in der historischen Zeit, denn 1948 sind wir dabei, den Höhepunkt dessen zu erreichen, was man den kalten Krieg nennt, einen Talmihöhepunkt der stalinistischen Spaltung mit all ihren mühsam entfalteten Fahnen, die nicht nur epistemologisch war: nicht nur Marx gegen Hegel, proletarische Wissenschaft gegen bürgerliche Wissenschaft, Lyssenko gegen Mendel, Fourgeron gegen die Malerei, die als eine

der schönen Künste betrachtet wurde, während man vorgab, sie uns als eine der schönen Waffen betrachten zu lassen, aber einer Spaltung, die sowohl politisch als auch moralisch und kulturell war) in jener fernen Nacht im *Méphisto* jedoch gab es gewisse Übereinstimmungen zwischen uns. Erstens: man mußte sich widersetzen. Zweitens: man mußte dazu alle Möglichkeiten nutzen, so begrenzt sie auch waren, die der von der SS auferlegte Befehl bot. Also hatten die deutschen Kommunisten in Buchenwald historisch doch recht gehabt, die Machtparzellen in der internen Verwaltung des Lagers zu besetzen.
Das in Frage zu stellen, hat jemand, ich weiß nicht mehr, wer von uns, gesagt, wäre genauso kindisch, wie als Beispiel oder als Metapher zu verkünden, daß jede Diskussion einer Gewerkschaft über eine allgemeingültige Vereinbarung mit dem Arbeitgeberverband – sogar wenn es sich um einen grausamen Arbeitgeberverband von Gottes Gnaden handelt –, daß eine Diskussion, die sich innerhalb der vom bürgerlichen Staat festgelegten rechtlichen Normen abspielt – und die vielleicht sogar diese Normen festigt – zwangsläufig einen Verrat an den Klassenpositionen, eine Absage an die Klassenpositionen sein muß.
Kurzum, man muß den Kampf wagen, mit allen Mitteln zu kämpfen wissen, einschließlich der legalen Mittel.

In jener Nacht im *Méphisto* hatte natürlich keiner von uns etwas von Alexander Solschenizyn gehört. Solschenizyn war noch ein namenloser *Zek*. Er begann erst das dritte Jahr seiner Rundfahrt durch die Inseln des Archipels. Er befand sich noch im ersten Kreis der Hölle. Aber heute, wenn ich diese ferne, merkwürdigerweise in meinem Gedächtnis in manchen Details ganz genaue, in anderen ganz verschwommene Episode schildere, heute kann ich nicht umhin, an das zu denken, was Solschenizyn im dritten Band des *Archipel Gulag* erklärt.
Heute würde ich gern Solschenizyn in jene Diskussion im *Méphisto* einbeziehen.
»Heute würde ich eben mit den Worten Solschenizyns sagen, ihm die Worte entleihend, die so richtig und stolz klingen, heute, während ich dabei bin, dieses Buch zu schreiben, erdrücken mich die Reihen humanistischer Bücher in ihren Regalen, und ihre abgenutzten glanzlosen Rücken lassen einen vorwurfsvollen

Blick auf mir lasten, wie Sterne, die durch die Wolken dringen: heute könne man nichts auf dieser Welt durch Gewalt gewinnen! Ein Schwert, einen Dolch, einen Karabiner in der Hand, stellen wir uns schnell auf die gleiche Stufe mit unseren Henkern und Vergewaltigern. Und das ohne absehbares Ende ...
Ohne absehbares Ende ... Hier, an meinem Tisch sitzend, im warmen sauberen Kämmerlein, stimme ich damit völlig überein. Aber man muß fünfundzwanzig Jahre für nichts und wieder nichts die Zeche gezahlt haben, um auf seinen vier Buchstaben, die Hände immer auf dem Rücken, sich morgens und abends einer Leibesvisitation unterziehen, sich abrackern, durch Denunzierung im Bunker landen, unterirdisch begraben, so daß für einen in dieser Gruft all die Reden der großen Humanisten wie ein Geschwafel wohlgenährter Zivilisten wirken.«
Von einem gewissen Standpunkt aus waren unsere Diskussionen im *Méphisto* ein Geschwafel wohlgenährter Zivilisten.
Alexander Solschenizyn macht zu einem Hauptproblem des Lebens in einem Straflager eine zutreffende Bemerkung: zu dem der Ausrottung der Spitzel. Da hat tatsächlich jeder Widerstand angefangen, sowohl in den russischen als auch in den deutschen Lagern. Was ist das Glied, dank dem man die ganze Kette der Unterwürfigkeit zerreißen kann, fragt sich Solschenizyn. Und er antwortet: »Alle Spitzel töten! Das ist das Glied! Stoßt ihnen ein Messer in die Brust! Stellt Messer her, metzelt die Spitzel nieder, das ist das Glied!«
Man kann sich, zumindest in meinem Fall, über Solschenizyns sehr sinnvolle Abwandlung der bekannten leninistischen These vom »schwächsten Glied« freuen. Es ist übrigens nicht das erste Mal, daß Solschenizyn im Laufe seines Lebens und seiner schriftstellerischen Tätigkeit gewisse Grundsätze und Formulierungen des Leninismus abwandeln sollte, die vom Taktischen her brillant waren, und zwar im Interesse einer Strategie der Denunzierung und der Erfassung der despotischen Realitäten der neuen auf dem Leninismus basierenden Ausnutzung der Gesellschaft.
Aber die Ähnlichkeit zwischen den Widerstandsbedingungen in den nazistischen und bolschewistischen Lagern hört wegen der Notwendigkeit, die Spitzel zu beseitigen, da auf, an diesem irgendwie elementaren Hauptpunkt. Ansonsten ist die Lage völlig anders.
Ich habe hier nicht vor, die Unterschiede zwischen den deutschen

und den russischen Lagern aufzuzählen, selbst wenn sich damit gar keine vertiefte Reflexion verbände. Ich will nur eines hervorheben.
In den Nazilagern war die Situation der politischen Deportierten (ich klammere das Problem der gemeinen Gefangenen, der Grünen, die nicht in diesen Zusammenhang gehören, aus) ganz klar: die SS-Männer waren unsere Feinde, ihre Ideologie war das, was wir verabscheuten, wir wußten also genau, warum wir in Buchenwald waren. Wir waren da, weil wir die SS-Ordnung zerstören wollten, weil wir freiwillig Risiken und Entscheidungen auf uns genommen hatten, die uns dahin gebracht hatten, wo wir waren. Wir wußten, warum wir in Buchenwald waren. Irgendwie war es normal, daß wir dort waren. Irgendwie war es normal, daß wir, nachdem wir mit Waffengewalt gegen den Nazismus gekämpft hatten, nach unserer Festnahme mit der Deportation zu rechnen hatten. Wir hätten übrigens auch füsiliert werden können. Und wir hätten das gleichermaßen normal gefunden. Nur weil das Waffenschicksal an den Fronten dieses Weltkriegs sich gegen das Hitlerdeutschland zu wenden begann, weil die Bedürfnisse der Kriegsproduktion ein Ansteigen der Zwangsarbeit erforderten – deren produktiver Aspekt fortan den Vorrang vor dem korrektiven Aspekt hatte, um weiter die Begriffe des alten Hegel zu verwenden –, waren wir nicht füsiliert worden.
Aber schließlich wäre es, wenn man uns im Morgengrauen irgendeines Herbsttages aus dem Gefängnis von Auxerre geholt hätte, um uns an die Wand zu stellen, nichts Anormales gewesen. Nur Dummköpfe hätte das verwundern können. Oder Naive, die Ahnungslosen, die sich auf den Widerstand wie auf ein aufregendes Abenteuer eingelassen hatten. Die hätten plötzlich meinen können, den Rücken an der Erschießungsmauer, daß sich das Ganze letztlich doch nicht gelohnt habe. Aber für uns wäre keinerlei Verwunderung gerechtfertigt gewesen.
In Buchenwald also – ich spreche natürlich in meinem Namen, im Namen derer, die immer noch am Leben waren: nichts berechtigt mich je, im Namen der Toten zu sprechen, schon allein die Vorstellung, mir diese Rolle anzumaßen, erfüllt mich mit Grauen; eben deshalb bin ich kein Überlebender, deshalb werde ich nie wie jemand sprechen, der den Tod seiner Kumpel überlebt hat. Ich bin ein Lebender, mehr nicht. Sicherlich ist das zwar

weniger eindrucksvoll, aber es ist richtiger. Auch eher zu leben – wir wußten ja genau, warum wir dort waren. Die Lager waren, wage ich zu behaupten, scharf getrennt, klar abgegrenzt. Es gab die und uns, die SS-Männer und uns, den Tod und das Leben, die Unterdrückung und den Widerstand, ihre Moral und die unsere. Aber in den russischen Lagern, gerade dieser Punkt interessiert mich augenblicklich, war die Situation ganz anders. Wer war in den Lagern des Gulag aufgrund des berüchtigten Artikels 58 politischer Deportierter? Die große Masse der politischen Häftlinge setzte sich aus Unschuldigen zusammen, aus Leuten, die nie die Absicht hatten, das Sowjetregime zu stürzen oder auch nur im geringsten zu verändern. Sie waren zu Tausenden, ja zu Millionen dort, weil ihre Väter wohlhabende Bauern gewesen waren, zu einer Zeit, in der man übrigens die Bauern zur Erwerbung von Wohlstand ermutigte; weil einer ihrer Brüder einmal, zufällig oder aus reiner Neugier, einer Versammlung der linken Opposition beigewohnt hatte; weil sie Einwohner von Leningrad waren und weil die Bevölkerung dieser Stadt nach der provokanten Ermordung von S. M. Kirow durch Massendeportationen dezimiert worden war; weil sie in einem privaten Kreis – aber es gab nichts Privates mehr, hatte Lenin drastisch 1922 in seinem Brief an Kurski erklärt – einen im Ausland erschienenen russischen Roman gelobt hatten; weil sie geäußert hatten, daß man für ein Stück Seife wirklich zu lange Schlange stehen mußte. All das konterrevolutionäre Agitation! Fünf, zehn, fünfzehn oder zwanzig Jahre Zwangsarbeit in einem Lager, laut den Bestimmungen des Artikels 58! »Und nach russischer Sitte«, kommentiert Warlam Schalamow mit eisiger Ironie in *Kolyma – Insel im Archipel*, »gemäß den russischen Charaktereigenschaften freut sich der Unbesonnene, der fünf Jahre bekommt, darüber, daß es keine zehn sind, beglückwünscht sich der Gedankenlose, der zehn Jahre bekommt, dazu, nicht für zwanzig deportiert zu werden, und berauscht sich der Unvernünftige, den die Richter zu zwanzig Jahren verurteilen, an der Vorstellung, daß er der Hinrichtung entgangen ist.«
Neben dieser Unzahl von Unschuldigen – im Doppelsinn dieses Begriffes: unschuldig an den Verbrechen, derentwegen man sie anklagte, und geistig unschuldig – gab es Mitglieder der kommunistischen Partei. Aber auch die waren weder moralisch noch ideologisch gegen das System der Lager gewappnet. War das

äußere politische System, dessen Sicherheitsorgane sie verhaftet, verhört – oft gefoltert – und deportiert hatten, trotz der möglichen stalinistischen Abweichungen, trotz dieses Themas endloser geflüsterter Debatten, nicht mehr oder weniger ihr Werk? War der Staat nicht, trotz seiner bürokratischen Deformationen, ein Arbeiterstaat, ihr Staat?

Sie konnten nicht wie wir »die und wir« sagen, eine Trennung zwischen »denen und uns« machen. Sie waren selbst »wir«, kleine Schrauben am selben Apparat, kleine Zahnräder desselben Staates, »wir« dem Klassenfeind, den Imperialisten, den Unentschlossenen gegenüber: »wir« Deportierte und »wir« Lageraufseher. Und sicherlich ist es kein Zufall, daß der bahnbrechende Roman von Zamjatin den Titel *Wir* trägt. Auch nicht, daß der Zeugenbericht von Elizabeth Poretski *Die Unseren* betitelt ist. »Wir«, »die Unseren«, grundsätzliche Wörter der Sprache aus Holz, aus dem man die Scheiterhaufen errichtet und die Guillotinegerüste anfertigt.

In der KPS, fällt mir gerade ein, wucherte das Wort »wir« mit seiner Ableitung »unser« krebsartig in der ganzen offiziellen Sprache. Die theoretische Zeitschrift der spanischen Partei hieß – und heißt 1979 immer noch – *Nuestra Bandera* (Unsere Fahne), das Verlagshaus der KPS hieß *Nuestro Pueblo* (Unser Volk), und die kulturelle Zeitschrift, die ich selbst herausgegeben habe, hieß *Nuestras Ideas* (Unsere Ideen)! Und sicherlich hat Solschenizyn, mit der immer nötigen Dosis von rachsüchtigem Sarkasmus, diese eingewurzelte Gewohnheit des kommunistischen »wir« herausgestrichen und verworfen, das den Widerstand gegen die Unterdrückung so lange entwaffnet hat und das ihn sicherlich weiter entwaffnen wird.

Um also die Situation der politischen Häftlinge in den Nazilagern und in den stalinistischen Lagern angemessen miteinander zu vergleichen, müßte man sich vorstellen, daß erstere vorwiegend mit Nazis gefüllt wären. Zum Beispiel mit ehemaligen Mitgliedern der SA Röhms. Wenn die 1934 von Hitler unternommene Säuberung während der »Nacht der langen Messer« nicht durch einige hundert Ermordungen, durch Massenhinrichtungen abgeschlossen worden wäre, wenn sie Tausende oder Hunderttausende von Mitgliedern der SA in die Konzentrationslager gebracht hätte, virtuelle plebejische und extremistische Gegner des neuen konservativen Kurses der Politik Hitlers, dann wäre der Ver-

gleich zwischen den Lagern Hitlers und den Lagern Stalins möglich gewesen, zumindest vom Standpunkt der politischen Haltung aus.
In diesem Fall hätten die SS-Männer die SA-Internierten gehaßt und furchtsam verachtet, wie die Offiziere des NKWD mit einer Spur furchtsamen Schreckens die Häftlinge auf Grund des Artikels 58 haßten und verachteten. Und der SA-Mann, der von seinem einstigen SS-Kameraden, seinem Kampfgenossen der nationalsozialistischen Revolution schikaniert, getriezt und verprügelt wurde, hätte ebenso wenig wie das tapfere Mitglied der KPdSU begriffen, was ihm zustieß. Er hätte wie letzterer eifrig und verbissen geschuftet, um das Soll des Produktionsplans zu erfüllen. Der SA-Häftling hätte das Krematorium von Buchenwald in Rekordzeit errichtet. Und abends nach dem endlosen Appell hätte er, mit hohlem Magen, vielleicht manchmal gedacht, daß Hitler über all diese Schändlichkeiten nicht auf dem laufenden sein konnte, wenn Hitler das gewußt hätte!
Wie dem auch sei, und um auf jenen fernen Abend im *Méphisto* zurückzukommen, es wäre interessant gewesen, dort Alexander Solschenizyn zuzuhören, dem, was er zu sagen hatte. Aber wir hätten ihn sicherlich nicht verstanden. Ich zumindest hätte seine Stimme nicht verstanden. Damals war ich taub.

Im *Méphisto* also, in jener fernen Nacht, als wir uns über einige präzise Schlußfolgerungen zu einigen schienen, erinnerte uns Merleau-Ponty mit ruhigem Ton daran, daß diese präzisen Punkte dem Bereich der Strategie entstammten.
»Aber ich«, sagte er, »ich sprach nicht nur von der Strategie, ich sprach von der Moral.«
»Wovon spricht man in diesem Fall«, sagte ich sogleich zu ihm, »wenn es sich um Moral handelte, so handelte es sich darum, eine richtige Strategie zu haben!«
Merleau-Ponty lächelte. Er kannte meine Schwäche für scharfe Formulierungen.
»Formulierung gegen Formulierung«, sagte Merleau-Ponty lächelnd. »Ich schlage Ihnen eine andere vor: Es gibt gerechte Kriege, es gibt keine gerechten Armeen!«
»Unschuldige!« sagte ich gereizt. »Keine unschuldigen Armeen!«
Merleau-Ponty sah mich mit gerunzelter Stirn an.

»Sind Sie sicher?« fragte er.
Ich war mir sicher, aber ich hatte unrecht. Merleau hat diesen bekannten Satz richtig zitiert. Na und wenn schon, ich ziehe meine Fassung vor: Es gibt gerechte Kriege, es gibt keine unschuldigen Armeen!
Aber Pierre Courtade hatte mit seiner üblichen ironischen Miene eingegriffen:
»Sag mal, Merleau! Du willst uns doch nicht etwa sagen, daß das ein Satz von Lenin ist! Es fehlte gerade noch, daß du an unserer Stelle Lenin zitierst!«
Man lachte, aber es war kein Lenin-Zitat.
Diese Diskussion über gerechte Kriege und unschuldige Armeen hatte mich plötzlich an etwas erinnert. An etwas von früher. Ich hatte den schmerzhaften Eindruck des Schon-Gelebten.
»Wieso, wieso?« hatte Barizon eines Sonntags von einst in Buchenwald gesagt.
Ich wiederhole für ihn den Satz, den ich gerade zitiert habe.
»Es gibt gerechte Kriege, es gibt keine unschuldigen Armeen!«
Er mustert mich mißtrauisch.
»Du willst mir doch nicht etwa sagen, daß er von Lenin ist!« sagt er.
Ich schüttele den Kopf.
»Nein«, sage ich zu ihm, er ist von Garcia.«
»Wer ist denn dieser komische Kauz?«
Barizon ist auf der Hut. Sein Blick wird finster unter seinen kohlschwarzen Augenbrauen.
»Was? Du kennst Garcia nicht?«
Ich heuchle fromme Entrüstung.
»Garcia, einer unserer Klassiker! Marx, Engels, Lenin und Garcia!«
Er ist am Rande eines Wutausbruchs.
»Nimm mich nicht auf die Schippe, Gérard!« brüllt er.
Gérard legt Fernand eine Hand auf die Schulter, um ihn zu beruhigen.
Die Sonne strahlt, es herrscht eine trockene und strenge Kälte.
Vor einer halben Stunde, gleich nach dem Appell, hatten sie sich im Speisesaal des Blocks 40 wiedergetroffen.
»Trödle nicht nach der Suppe!« hatte Barizon gesagt. »Wir müssen miteinander sprechen, du mußt mir etwas erklären.«

Vor einer halben Stunde hatte Gérard durch seine Zähne gepfiffen.
»Was für eine Scheiße! Die Arbeiterklasse bittet einen kleinbürgerlichen Intellektuellen um Erklärungen! Das ist ein Ereignis.«
Aber es ist eine Angewohnheit von Fernand Barizon. Er zuckt mit den Achseln, ohne sich aus der Fassung bringen zu lassen.
»Die Arbeiterklasse kotzt dich an, alter Freund! Aber sie vergibt dir, denn es ist Sonntag.«
Dann zieht er seine buschigen Augenbrauen hoch.
»Kleinbürgerlich?« sagt er. »Ist das nicht eine plötzliche und völlig unerwartete Bescheidenheit? Wenn ich das glaube, was du mir von deiner Kindheit erzählt hast, wärst du eher der verdammte Sohn eines verdammten Großbürgers, oder nicht?«
Sie lachen beide.
»Und ob!« sagt Gérard. »Es gibt sogar lauter Herzöge und Herzoginnen unter meinen Cousins und Kusinen.«
Barizon glaubt natürlich kein Wort davon. Der Spanier erzählt immer Geschichten, bei denen man im Stehen einschlafen kann.
»Übertreib mal nicht, alter Freund«, sagt Barizon. »Deine Herkunft ist auch so schon traurig genug!«
Sie lachen nochmals.
»Was für ein Problem hast du?« fragt Gérard.
Barizon winkt ab.
»Abwarten!« sagt er. »Wir wollen erst mal diese Mistbrühe in aller Ruhe auslöffeln. Danach unterhalten wir uns.«
Sie sind im Speisesaal des Flügels C, im ersten Stock des Blocks 40. Sie warten zusammen auf die Austeilung der Mistbrühe. Aber am Sonntag ist diese Mistbrühe etwas weniger mistig als an anderen Tagen. Sie ist fast anständig. Es ist keine Suppe des schlechten Lebens: sie könnte einem fast Geschmack am Leben geben. Eine Mistsuppe für einen Mistfeiertag.
Woher kommt das? Von dem unverbesserlichen muffigen Geschmack des jüdisch-christlichen Humanismus, der sogar im Herzen des Nazisystems heimtückisch nistet? Von der Tatsache, daß es Sonntag ist, wie es heißt, der Tag des Herrn? Oder ganz einfach von den Erfordernissen der Produktion? Von einer listig objektiven Zeitberechnung des Verschleißes und der Wiederherstellung der Arbeitskraft, die diese kleine Ruhepause, diese Sonntagsprämie, diese sonntägliche Verwöhnung empfiehlt? Ist

der Sonntag der Arbeiter von Gott ersonnen worden oder von dem uralten listigen Despotismus der Arbeit selbst?
Wie dem auch sei, die Suppe am Sonntag ist in Buchenwald dicker als die an Wochentagen. Das ist sicherlich nicht schwierig, aber es ist fast eine echte Suppe. Mit echten Stücken echten Gemüses: echte Steckrüben, echte Kohlstrünke. Sogar Fleischfasern, mit dem bloßen Auge erkennbar, wenn man nicht zu ausgehungert ist oder wenn man sich, obwohl ausgehungert, die Zeit nimmt, das zu betrachten, was man ißt, in der Hoffnung, es auszudehnen. Und vor allem echte Nudeln. Breite weiße Nudeln, ehrlich gestanden, ein bißchen weich.
Fernand hat recht. Die Nudelsuppe am Sonntag ist etwas Seriöses. Man muß sie seriös essen. Es kann keine Rede davon sein, dabei zu plaudern. Die Unterhaltung lenkt ab. Die Unterhaltung bei Tisch ist ein Vergnügen der Reichen. Man spießt ein Stück vom Teller auf, während man eine brillante kulturelle Abschweifung improvisiert. Wenn man wirklich Hunger hat, wenn man arm ist, wenn man *Zek* ist (*Merde!* Ich wollte Kazettler sagen!), dann ist essen kein Vergnügen, sondern eine Notwendigkeit.
Und weil es eine Notwendigkeit ist, kann es zu einem Ritus werden.
Daher würde man in Marseille, in einem Haus des Arbeiterviertels La Cabucelle ohne weiteres verstehen, was Gérard in diesem Augenblick, in meinem Kopf, denkt. In Le Cabucelle, bei den Livis, nahm der Vater die Sache selbst in die Hand. Und das ist einfach ein passender Ausdruck: am Sonntag bereitete Vater Livi eben die Teigwaren zu: *La pasta della domenica.* Der Sonntag war der Tag des weißen Hemdes. Der Tag der *pasta*, vom Vater zubereitet, der, mit einem Hauch romanischer Feierlichkeit, in der Küche zelebrierte. So wie sein eigener Vater und der Vater seines Vaters es immer in Monsumano taten, vor dem Faschismus, vor dem Exil. Der Sonntag war, mit den weißen Hemden der Männer und den sonntäglich aufgeputzten Frauen, die, die Hände auf den Knien wie auf alten sepiafarbenen Familienfotos, dasaßen und auf die vom Vater zubereitete *pasta* warteten, ein Feiertag in La Cabucelle, bei den Livis.
Aber in Buchenwald, im Dezember 1944, haben weder Gérard noch Barizon je etwas von der Familie Livi gehört. Sie können nicht wissen, daß einer der Jungen im Begriff ist, Yves Montand

zu werden. Diese Geschichte der *pasta della domenica* mit ihren Riten und ihrer Seriosität, mit ihrem Gelächter und ihren kurz angestimmten Opernarien ist freilich eine Geschichte, die sie sich später gegebenenfalls erzählen könnten und die sie einander näherbringen würde. Gewiß, eine Geschichte von Exilierten. Übrigens haben sie sie sich später erzählt, diese Geschichte von Exilierten, diesen Exilierten.
Und es war im Speisesaal des Flügels C in Block 40, gleich nach dem Sonntagsappell. Ein Sonntag in Buchenwald und nicht in La Cabucelle. Gérard und Barizon warteten auf die Austeilung der Sonntagsnudelsuppe.
Nachdem sie diese Mistsuppe stumm, ernst gegessen haben (aber ich will nicht versuchen zu schildern, wie das Essen der Sonntagssuppe wirklich war, ich habe es vergessen; ich könnte die Wahrheit dieses Augenblicks von einst rekonstruieren, ich würde etwas erfinden; oder wenn ich mich an diesen Hunger von einst durch die Erzählungen von Schalamow oder von Solschenizyn oder Herling-Grudzinski oder von Robert Antelme erinnerte, dank ihnen fände ich sicherlich die nötigen Wörter wieder, die richtig klingen könnten; aber ich selbst habe es vergessen; ich hatte in *Die große Reise* geschrieben: »Eine einzige richtige Mahlzeit, und der Hunger ist zu einer abstrakten Vorstellung geworden. Und dennoch sind Tausende von Männern um mich herum wegen dieser abstrakten Vorstellung gestorben. Ich bin mit meinem Körper zufrieden, finde, daß er eine erstaunliche Maschine ist. Eine einzige Mahlzeit hat genügt, um in ihm diese fortan nutzlose, fortan abstrakte Sache, diesen Hunger auszulöschen, an dem wir hätten sterben können . . .«, ich hatte diese Worte geschrieben, weil sie stimmten, ich meine, für mich stimmten: so ging es in meinem Kopf, in meinen Eingeweiden zu, aber ich hatte mehrere empörte Briefe von Lesern erhalten; einerlei von welchen Lesern, von ehemaligen Deportierten; sie waren verärgert, gekränkt, daß ich so über den Hunger sprechen konnte; es fehlte nicht viel, und sie hätten an meiner Deportation gezweifelt, wenn sie es gewagt hätten, hätten sie mich als Fabulanten behandelt; einer, der besonders aufgebracht war, sagte mir, ich sei sicher verrückt geworden: er selbst, sagte er mir, habe sich monatelang nicht zurückhalten können, sich auf die Essensreste zu stürzen, auf die Schalen und allerlei Abfälle, um sie gierig zu verschlingen; nun gut, vielleicht war ich verrückt,

das ließ sich nicht ausschließen), aber augenblicklich, gleich nachdem sie diese Sonntagsnudelsuppe gegessen haben, gehen Barizon und Gérard in der Dezembersonne spazieren.
Die Lautsprecher verbreiten leise Musik über den ganzen Ettersberg, und Gérard hat Barizon eine Hand auf die Schulter gelegt, um ihn zu beruhigen.
Hinter seinem Kumpel, mitten auf dem Vorplatz, sieht er eine Gruppe Franzosen aus Block 34. Er glaubt Boris zu erkennen, der diejenigen um ihn herum um gut eine Haupteslänge überragt.
»Reg dich nicht auf, Fernand!« sagt Gérard. »Garcia ist eine Figur von Malraux, in *L'Espoir*.«
Barizon entspannt sich sofort.
»Ach so!« sagt er. »Das ist mir lieber!«
»Du magst Malraux lieber als Lenin?«
»Fang bitte nicht schon wieder an, Gérard. Malraux kenne ich, das will ich damit sagen.«
Barizon erinnert sich sehr gut an Malraux.
Im November 1936, in Albacete, als seine Kompanie sich nach einer kurzen Ausbildungszeit der XIV. Internationalen Brigade an der Madrider Front anschließen sollte, hatte der politische Kommissar alle Flugzeugmechaniker aufgefordert, sich zu melden. Er hatte sich gemeldet, denn er hatte nach seiner Eskapade mit Juliette in der Bretagne zwei Jahre bei Bloch gearbeitet. Aber was danach kam, hatte ihm überhaupt nicht gefallen. Statt mit seinen Kumpeln ins Feuer geschickt zu werden, behielt man ihn unter dem Vorwand da, daß er die Motoren des Geschwaders von Malraux reparieren sollte. Barizon fluchte nicht schlecht. Er sei nicht nach Spanien gekommen, um Flugzeuge zu reparieren, *merde!* Der politische Kommissar wollte nichts davon hören. Er wandte die Dienstvorschriften an. Dienst sei Dienst! Man habe ihn aufgefordert, die Flugzeugmechaniker ausfindig zu machen, und er wolle Barizon nicht freigeben. Auf den Straßen von Albacete wimmele es nicht gerade von qualifizierten Flugzeugmechanikern.
Endlich war es Barizon gelungen, diesen berühmten Malraux zu treffen.
Ein Jahr zuvor hatte er ihn in La Mutu von weitem gesehen, im Rauch und Radau. Man verstand schlecht, was er sagte, aber eine große Schnauze hatte er. In Albacete hatte Malraux eine Zigarette

nach der anderen geraucht, und er hatte ihm aufmerksam zugehört. Zuletzt war Barizon Sieger geblieben. Man hatte ihn mit seiner Kompanie an die Madrider Front ziehen lassen.
»Kamerad, habe ich zu ihm gesagt«, sagt Barizon, »die Brigaden sind keine Personalabteilung. Ich suche keine Arbeit in meinem Fach, ich will kämpfen. Duconneau, der politische Kommissar, erklärt mir, daß jeder ein Gewehr halten kann, aber für einen Flugzeugmotor brauche man qualifizierte Arbeiter. Na schön, die qualifizierte Arbeit könne mir gestohlen bleiben, sage ich zu ihm, Kamerad. Ich sei hier nicht als Mechaniker, sondern als Landser. Meine einzige Qualifikation sei die, daß ich Faschisten töten könne. Wenn man sich schon die Hände schmutzig machen müsse, dann nicht mit Maschinenöl, sondern mit Blut. In Spanien müsse es genügend Mechaniker geben. Man solle sie mobilisieren, rekrutieren, ihnen Prämien zahlen, Freizeit, bezahlten Urlaub, Familienunterkunft bieten, mir sei das wurst! Man müsse die Gründe respektieren, deretwegen ich nach Spanien gekommen sei. Ich bin ein Freiwilliger! Und Malraux hat mir recht gegeben.«
»Wie hast du ihn gefunden«, fragt Gérard.
»Ich habe ihn komisch gefunden«, sagt Barizon.
Sie machen auf dem Durchgang kehrt, der die Reihe der Holzbaracken von der der zweistöckigen Betonblöcke trennt.
»Na und«, fragt Barizon. »Was hat Garcia gesagt?«
»Es gibt gerechte Kriege, es gibt keine unschuldigen Armeen.«
Barizon denkt einige Sekunden nach.
»Tja«, sagt er, »nicht übel. Nur spreche ich mit dir nicht von der Moral, sondern von der Strategie!«
Die Moral ist Barizon keineswegs gleichgültig. Er hat, ganz im Gegenteil, einen ausgeprägten Sinn für das Gerechte und das Ungerechte: *So etwas tut man nicht* ist einer der Schlüsselsätze in Barizons Sprache. Und dieser Sinn für das Gerechte und das Ungerechte ist nicht der gesunde Menschenverstand laut Descartes: er ist nicht die am besten verteilte Sache der Welt. Daher trifft Barizon ständig eine moralische Wahl, in seinem täglichen Verhalten, bei der *Gustloff*, in seinen Beziehungen zu den einen und zu den anderen. Aber im Fall dieser Frage, die ihn heute beschäftigt, worüber er mit dem Spanier hat diskutieren wollen, nämlich die einer Widerstandsstrategie in den Lagern, glaubt Barizon nicht, daß sich dabei ein moralisches Problem stellt.

Anders ausgedrückt, es ist gerecht, Widerstand zu leisten: das ist die Moral. Aber wie am besten: das ist die Strategie.
»Immerhin«, sagt Gérard, »ist das nicht so einfach.«
Sie sind nach links abgebogen, in eine Querstraße, die den Hang des Hügels hinaufführt. Sie befinden sich jetzt zwischen den Blocks 10 und 11, fast am Waldrand des Appellplatzes.
Barizon betrachtet den Turm, dann wendet er sich Gérard zu.
»Mit dir ist es nie einfach«, sagt er.
»Das Für und Wider, das Mehr oder das Weniger, die Blüte und die Frucht, das ist die Dialektik, Fernand, die ist nicht einfach!«
Barizon betrachtet nochmals den Turm. Ein Stückchen links davon betrachtet er den Schornstein des Krematoriums, den dichter Rauch kränzt. Danach betrachtet er den Schnee auf dem Wald.
Er lächelt Gérard zu.
»Ist das Krematorium auch Dialektik?« sagt er spöttisch.
Aber das ist keine Frage, die Gérard aus der Fassung bringen kann.
»Natürlich«, sagt er.
»Das mußt du mir erklären«, sagt Barizon und runzelt dabei die Stirn.
»Das Krematorium, das ist der Tod, nicht wahr? Das massive Zeichen des Todes. Nun steht der nicht jenseits des Lebens, außerhalb des Lebens, nach dem Leben. Der Tod ist im Leben, ist das Leben. So wie das Krematorium im Lager ist. Es ist wesentlich mehr als nur ein Symbol, es ist der Tod, der mitten in unserem Leben ist, der unser Leben ist. Das Krematorium ist das Zeichen des Todes, aber es ist auch das Zeichen des Lebens, das uns noch zu leben verbleibt, unsere wahrscheinlichste Zukunft.«
Barizon betrachtet den Schornstein des Krematoriums. Er pfeift durch die Zähne.
»Mein Wort darauf«, sagt er, »du hättest Professor werden müssen! Oder Prediger!« Und dann mit ganz entschiedenem Ton:
»Das Krematorium ist Scheiße!«
Gérard zeigt mit dem Finger auf Barizons Brust.
»Die Scheiße ist auch dialektisch.«
Aber Barizon macht eine Handbewegung, um ihn zu unterbrechen.

»Das reicht, das reicht! Verschone mich mit deiner Beweisführung!«
Sie lachen.
Sie betrachten den Schornstein des Krematoriums, den Turm, die massiven Mauern des Bunkers, eines Anbaus des Wärterhauses. Sie betrachten den Schnee, aus dessen weißer Decke eines Tages die Frühlingserneuerung, das neue Leben hervorbrechen wird. Aber vielleicht sind sie nicht mehr da, um es zu sehen.
»Bevor du mich unterbrochen hast«, sagt Gérard, »hatte ich das Vergnügen, dir zu sagen, daß es nicht so einfach ist: man kann die Moral nicht absolut von der Strategie trennen.«
Sie setzen ihren Weg fort. Sie entfernen sich vom Appellplatz durch einen Gang entlang den Baracken der russischen Kriegsgefangenen.
Wird Pjotr die Rote Armee erreichen?
»Du selbst weißt es genau«, sagt Gérard. »Hast du mir nicht vorhin gesagt, daß die Tatsache, als Kommunist ein Privilegierter in einem Nazilager zu sein, für dich ein Problem sei?«
Barizon nickt.
Es stimmt freilich, daß es nicht einfach ist.
»Also?« sagt Barizon.
»Also komme ich auf die Formulierung von Garcia zurück, die alles erklärt: Es gibt gerechte Kriege, es gibt keine unschuldigen Armeen. Wir führen einen gerechten Krieg, unter schwierigen Umständen, unter den schwierigsten, die man sich vorstellen kann, nämlich mitten im Nazisystem selbst. Aber wir sind deshalb nicht unschuldig, jedenfalls nicht unweigerlich, denn dieser gerechte Krieg verleiht uns Privilegien, Druckposten, Macht, die wir mißbrauchen können. Das sieht man jeden Tag, nicht wahr?«
Barizon nickt.
»Also?« wiederholt er.
»Also«, sagt Gérard, »innerhalb dieser Umstände reagiert jeder auf seine Art. Das ist eine individuelle Frage. Man hat es oder man hat es nicht. Man hat eine Moral, man hat Mut. Übrigens ist die Moral meistens eine Frage der Hoden. Wenn du kein Risiko eingehen willst, hörst du auf, ein moralisches Verhalten zu haben. Wenn du zwei davon hast, hast du eins. Ich meine damit: zwei Hoden und eine Moral.«
Gérard sieht bei diesen Worten lauter Beispiele vor sich.

Er denkt etwa an Fritz und an Daniel.
Sie sind beide ungefähr gleichaltrig. Sie sind beide Kommunisten. Zweifellos ist Fritz schon länger eingesperrt als Daniel. Er hat einige Jahre mehr Gefängnis und Lager auf dem Buckel als Daniel. Das muß man sicherlich berücksichtigen. Das rechtfertigt zwar nichts, aber es erklärt vielleicht gewisse Dinge. Wie dem auch sei, Fritz wendet die Vorschriften streng an, er übt die Teilmacht, die ihm zugefallen ist – in Wirklichkeit eine minimale vom Standpunkt der Gesamtheit des Lagerlebens aus: manchmal entscheidend für das Leben dieses oder jenes Deportierten –, in der internen Verwaltung des Lagers aus, als wären die Macht und besagte Vorschriften neutral: an und für sich weder gut noch schlecht. Als handelte es sich einfach darum, eine bürokratische Maschine unter optimalen Bedingungen der Rationalität und Rentabilität in Gang zu halten.
Daniel dagegen übt diese Macht aus und wendet diese Vorschriften an, indem er sie gegen die Zwecke richtet, die ihnen eigen sind und die ihnen zugrunde liegen: indem er versucht, ihre Rationalität und ihre Rentabilität auf ein Minimum zu reduzieren, denn sowohl die eine als auch die andere sind zugunsten der Nazikriegsproduktionen auf Kosten der deportierten Arbeitskräfte verfaßt worden. Und durch seine Haltung wird er natürlich dauernd veranlaßt, mehr Risiken einzugehen als Fritz, dieser Scheißkerl.
Daher ist es tatsächlich eine individuelle Frage.
Damit eine Strategie zur Moral wird, ist es nicht nur erforderlich, daß sie in ihrem Grundsatz gerecht ist, sondern auch, daß die Menschen, die sie in die Praxis umsetzen, ebenfalls gerecht sind, daß sie sich nicht von der Macht korrumpieren lassen, die sie erobert haben, um diese Strategie zu entfalten, und weil sie sie entfaltet haben. Denn es ist bekannt, daß die Macht wie eine Lawine ist.
Aber diese Geschichte mit den Hoden hat bei Barizon schallendes Gelächter ausgelöst.
»Nicht übel«, ruft er aus. »Wenn man davon zwei hat, hat man eine. Ich mache dich nur darauf aufmerksam, daß man deine schöne Formulierung umdrehen kann, alter Freund! Eine Moral und zwei Eier: und die Moral ist es, die sie dick macht.«
»Gewiß«, sagt Gérard, »kann man sie umdrehen, denn es handelt sich um eine wirklich dialektische Formulierung.«

Man kann sie umdrehen, aber nicht aufheben, denkt Gérard. Es ist diese verfluchte Aufhebung, die bei der Hegelschen Dialektik in der Luft hängt, die sie kraft der Perfektion irreal macht. Aber er behält diesen Gedanken für sich: es lohnt sich nicht, Barizon zu provozieren.

Gerade da bleibt dieser stehen und sieht ihn an.

»Weißt du, daß du beschissen bist?« sagt er.

»Ich weiß«, sagt Gérard.

Im *Méphisto*, vier Jahre später, ist die Diskussion konfus geworden. Zumindest in meiner Erinnerung ist sie konfus geworden. Nur Armstrongs Trompete hat, in meiner Erinnerung, eine ergreifende Klarheit bewahrt.

»Und du«, hatte Pierre Courtade zu einem gewissen Zeitpunkt am konfusen Ende dieser Nacht zu mir gesagt, »wirst du nichts über die Lager schreiben?«

Ich habe den Kopf geschüttelt.

»Nein«, habe ich geantwortet, »dazu ist es noch zu früh.«

Courtade hat leicht sarkastisch gelächelt.

»Auf was wartest du noch?« hat er gesagt. »Daß es dazu zu spät wird? Daß alle es vergessen haben?«

Ich habe genickt, ich hatte keine Lust, darüber zu reden.

Aber schließlich, als die Zeit des Schreibens kam, sollte ich nicht die Geschichte schreiben, über die ich 1960 in Genf mit Fernand Barizon sprach. Ich sollte eine andere schreiben. Das heißt die gleiche, aber auf eine andere Art.

1960 hatte Barizon mich gefragt: »Wie würdest du sie erzählen?«

»Ich würde von einem Sonntag erzählen«, hatte ich ihm geantwortet. Ehrlich gestanden hatte ich seine Frage nicht beantwortet. Ich hatte ihm nicht gesagt, wie ich sie erzählen würde, sondern nur, wovon ich erzählen wollte. Das ist nicht das gleiche. Aber schließlich wollen wir deswegen keine Haarspalterei anfangen. Jedenfalls war Barizon kein Haarspalter gewesen. Er hatte meine Antwort widerspruchslos hingenommen.

Seltsamerweise hatte ich den Eindruck, daß diese Idee, die ich gerade in Genf hatte, von einem Sonntag in Buchenwald zu erzählen, die mir offenbar durch den Kopf ging – sieh an! Die Ideen gehen einem durch den Kopf, so wie Fußgänger eine Kreuzung überqueren? Überqueren die Ideen auch die Überführungen? Bei Grün? ... Ich hatte den seltsamen Eindruck, daß diese Idee, trotz allen Anscheins, nicht neu war. Diese Idee, von einem Sonntag in Buchenwald zu erzählen, erinnerte mich verschwommen an irgend etwas.

Zwei Tage danach war ich in Prag.

Ich weiß nicht mehr, warum ich in Prag war, aus welchem Grund. Aber ich war in Prag und jener dringende Grund, was immer er sein mochte, ließ mir viel Freiheit. Denn ich war gerade dabei, in der Nationalgalerie von Prag ein Bild von Renoir zu betrachten, ein sinnliches und fröhliches Bild mit einer fröhlichen und sinnlichen jungen Frau inmitten einer goldbraunen Landschaft. Ich weiß nicht, warum diese junge Frau von Renoir mich an die Sonntage in Buchenwald denken ließ, aber beim Anblick ihres Bildnisses habe ich eben daran gedacht.

Vielleicht lag es einfach am Kontrast.

Es kommt zuweilen vor, daß ich sehr empfänglich für Kontraste bin. Daß ich davon zutiefst angerührt werde, ich meine damit, daß sie meine Sinne verwirren. Daß sie mich treffen, meine ich. Im Laufe dieser Jahre ist das oft passiert. Zum Beispiel der Kontrast zwischen irgendeinem heftigen Glück, sei es auch flüchtig und vergänglich, doch immerhin herzergreifend, und der plötzlich wiedergekehrten Erinnerung – wegen dieses Glücks? – an einen Augenblick im Lager. An einen Augenblick der Qual inmitten der geräuschvollen, zappelnden, dichtgedrängten, feindlichen Menge nachts im Schlafsaal. An einen Augenblick der Wahnvorstellung angesichts der so banal schönen Landschaft der Thüringer Ebene. An einen Augenblick des grausamen Hungers, in dem man seine Seele für eine Nudelsuppe verkauft hätte. Es gab dort nur Männer: um so schlimmer. Kurzum, derartige Kontraste zwischen dem gegenwärtigen, wenn auch vergänglichen Glück und den Tagen von einst. Natürlich sage ich nichts, wenn mir das widerfährt, ich lasse diese Augenblicke der Verwirrung verstreichen. Ich belehre niemanden je eines Besseren, wozu? Ich lasse ihn im Glauben, daß jener Seufzer ein Seufzer der Zufriedenheit gewesen ist, daß jenes Stöhnen das Glück vermittelt. Vielleicht sogar den Genuß. Wenn ich meine Zeit damit verbrächte, die Augenblicke aufzuzählen, in denen mein Leben woanders ist, würde ich recht ungesellig werden. Deshalb sage ich nichts.

Wie dem auch sei, ich betrachtete in der Nationalgalerie von Prag

das Bild von Renoir, und ich habe mich an die Sonntage in Buchenwald erinnert.
Ich habe mich daran erinnert, daß ich vor langem schon etwas über die Sonntage in Buchenwald geschrieben hatte. Also vorgestern in Genf, als ich mit Barizon darüber sprach, hatte ich nicht gerade diese Idee, ich war nicht gerade eben darauf gekommen. Zehn Jahre vorher hatte ich bereits begonnen, über die Sonntage in Buchenwald zu schreiben. Ich nannte es *Die schönen Sonntage*. Es war ein Theaterstück, das unvollendet geblieben ist. Ungefähr vor zehn Jahren. Jedenfalls sehe ich mich von der Unesco zurückkommen, deren Büros sich damals in der Avenue Kléber befanden. Ich kehrte in die möblierte Wohnung zurück, die ich in der Rue Félix Ziem gemietet hatte, hinter dem Friedhof Montmartre, um an diesem Theaterstück zu arbeiten. Ich behaupte nicht, daß ich jeden Abend dorthin zurückkehrte, um zu arbeiten. Nein, das wäre eine zu starke Behauptung. Es kam oft vor, daß ich den Abend und sogar einen Großteil der Nacht zum Beispiel in Saint-Germain-des-Prés zwischen dem *Montana* und dem *Méphisto* verbrachte. Ich muß sagen, daß die Gefährten bei diesen endlosen nächtlichen Diskussionen hinreißend waren. Auch manchmal, seltener, die Gefährtinnen.
Jedenfalls ist es mir möglich, wenn ich dieses Theaterstück *Die schönen Sonntage* in der Rue Félix Ziem schrieb, ein sehr genaues Datum für diese Periode des Schreibens zu nennen.
Und zwar 1950.
Ich wohnte tatsächlich in der Rue Félix Ziem im September 1950, als die französische Regierung die Presse und die legalen Aktivitäten der KPS in Frankreich verbot. Man erinnert sich vielleicht daran, daß damals mehrere Dutzend militante Mitglieder und Angehörige der mittleren Kader der KPS bei einer Polizeirazzia verhaftet worden sind. Manche sind angewiesen worden, nach Korsika zu ziehen, andere sind in die Ostblockländer ausgewiesen worden. Aber die Nachricht und sogar das genaue Datum dieser Razzia waren der Führung der KPS, die ebenfalls ihren Sitz in der Avenue Kléber hatte, fast der UNESCO gegenüber, was sehr praktisch für mich war, schon vorher bekannt gewesen. Die Staatsgeheimnisse werden in einem liberalen Staat nicht immer gut gehütet, nicht einmal in autoritären und restriktiven Perioden, die, wie man genau weiß, in der Geschichte der liberalen Staaten von Zeit zu Zeit wiederkehren. Ich beklage mich

selbstverständlich nicht über diese Durchlässigkeit der liberalen Staatsapparate – oder der demokratischen, wenn Sie das vorziehen: derjenigen, bei denen die Dominierung der dominierenden Minderheiten durch das System der parlamentarischen Mehrheit mittelbar und oft sogar gutmütig ausgeübt wird – ich beklage mich nicht darüber, ganz im Gegenteil. Ich wünsche mir, ganz im Gegenteil, daß alle Oppositionellen aller Länder, wie immer das Regime sein mag, gegen das sie opponieren, aus einer solchen Durchlässigkeit der Staatsapparate Nutzen ziehen könnten.

Also in der Avenue Kléber – nicht in der UNESCO, sondern gegenüber, in den Büros der KPS – hatte man schon einige Tage vorher den Termin für die Polizeirazzia erfahren. Irgend jemand hatte daraufhin die Avenue überquert und darum gebeten, mich zu sprechen.

Ich war damals stellvertretender Leiter der spanischen Übersetzungsabteilung. Ich habe jenen Abgesandten in meinem Büro in der obersten Etage des UNESCO-Gebäudes empfangen. Ich muß sagen, daß diese noble Einrichtung damals ihren Sitz in den Räumlichkeiten des ehemaligen Hotels *Majestic* hatte, das während der Besatzung mehreren Polizeibehörden der Nazis als Hauptquartier gedient hatte. Ich hatte mein Büro in einem alten Zimmer dieses alten Hotels. In dem alten Badezimmer nebenan, aus dem man die sanitären Installationen entfernt hatte, standen die Karteischränke und Aktenordnerregale. Ich saß an meinem Schreibtisch und hörte dem Abgesandten der KPS zu, der die Avenue Kléber überquert hatte, um mich zu sprechen. Ich sah einen Teil des Badezimmers nebenan, dessen Tür verschwunden war. Ich sah die Aktenordner, aber ich sah auch die Wasserhähne der Badewanne. Die nutzlosen, die Badewanne selbst war ja entfernt worden, die sogar fremdartigen, diese verschnörkelten Hähne des ehemaligen Badezimmers des *Majestic*, die an der Wand befestigt geblieben waren.

Dieser Anblick hatte mich manchmal, wenn ich von den Blättern vor mir aufschaute, gestört. Manchmal hatten diese bizarren Hähne an der Wand über einer Phantombadewanne in mir einen peinlichen Eindruck erweckt. Irgendein kalter Schauer war mir über den Rücken gelaufen. Der Grund war dafür leicht verständlich. Die Hähne erinnerten mich an die nicht mehr vorhandene Badewanne, und die Badewanne, obwohl nicht mehr vorhanden, erinnerte mich an die Gestapo, die diese Räumlichkeiten vor

einigen Jahren bewohnt hatte. Nun war die Badewanne meine schlimmste Erinnerung an die Gestapo. Ich hatte nichts mit der Gestapo des *Majestic* zu tun gehabt, aber die Gestapo in Auxerre kannte auch die Anwendung der Badewanne. Ich schaute von meiner Arbeit auf und erblickte die Hähne der Phantombadewanne, während ich über irgendein Sprachproblem nachdachte.
So war vorgestern eine Kommission zusammengekommen: sollte man in den offiziellen Dokumenten *Droits de l'Homme* mit *Derechos del Hombre* oder mit *Derechos Humanos* übersetzen? Ich war ein Verfechter der Formulierung *Derechos del Hombre*, die mir mehr dem französischen Ursprung des Begriffes und einer festen Tradition zu entsprechen schien. Und die Traditionen darf man nicht vernachlässigen, wenn es sich um eine Sprache handelt, das heißt, um einen Träger einer Geschichte und eines kollektiven und kulturellen Gedächtnisses. Aber die Lateinamerikaner hielten eisern an *Derechos Humanos* fest. Das sei es, sagten sie, und auch im Englischen heiße es *Human Rights*, wie man weiß, ebenso wie man weiß, daß die offizielle, diplomatische und Handelssprache in Südamerika schon immer mehr und mehr neigte, sich nach dem Englischen auszurichten.
Einige Jahre später, nach dem XX. Parteitag der KPdSU, habe ich mich an die heftigen linguistischen Wortgefechte erinnert. 1952 hatte ich die UNESCO verlassen, um Parteifunktionär der KPS zu werden, aber ich erinnerte mich an die endlosen Diskussionen von einst, in den Ad-hoc-Kommissionen der UNESCO, die den Auftrag hatten, die offizielle Sprache zu vereinheitlichen. Aber auch wir führten endlose Redaktionsdiskussionen im Zentralkomitee der KPS, nach dem XX. Parteitag der KPdSU. Wie sollte man den berüchtigten »Personenkult« qualifizieren? Unabänderlich bezeichnete ich, wenn ich einer Redaktionskommission angehörte, die damit beauftragt war, zum Beispiel eine politische Resolution für eine Plenarsitzung des Zentralkomitees auszuarbeiten – und ich gehörte ihr oft an –, den berüchtigten »Personenkult« als »krebsartig«. Ich schrieb immer der »Krebs des Personenkults« in dem Entwurf, der zur endgültigen Fassung den höchsten Instanzen der KPS vorgelegt wurde, denen ich übrigens ebenfalls angehörte. Und das Wort »Krebs« löste immer eine Diskussion aus. Nein, es sei unmöglich, das Wort »Krebs« zu benutzen, sagte man mir. Erstens habe das Wort »Krebs« einen zu abfälligen, zu verhängnisvollen

Begriffswert, sagte man mir. Nun gut, und wenn schon? Sei der »Personenkult« denn nicht verhängnisvoll gewesen? Doch, das sei er natürlich gewesen, aber das Wort »Krebs« beschwöre eine meist tödliche Krankheit herauf. Nun sei der »Personenkult«, sagte man mir, aber für die sozialistische Gesellschaft nicht tödlich gewesen. Habe der Sozialismus nicht in seinen eigenen Tiefen die organischen Hilfsmittel gefunden, die es ermöglicht hätten, den »Kult« zu eliminieren? Aber ich will nicht detailliert die kasuistischen Winkelzüge einer solchen Diskussion wiedergeben. Erwähnt sei nur, daß ich einen Rückzieher zu dem Begriff »Tumor« machte. Aber der Begriff »Tumor« wurde nach einer ebenso rituellen wie gründlichen Prüfung gleichfalls abgelehnt. Denn es gibt bekanntlich bösartige Tumoren. Übrigens sei in den meisten Fällen der Begriff »Tumor« nur ein provisorischer Euphemismus für »Krebs«, sagte man mir. Nun gut, schließlich kamen wir auf den Begriff zurück, der bereits vorgesehen war, auf den sanktionierten Begriff, den ich zu entstellen versucht hatte, indem ich einen Kampf der Ehre – oder der Unehre? – führte, jedenfalls einen rein dialektischen Kampf. Und der sanktionierte Begriff lautete »Auswuchs«. Der Personenkult war nur ein ungesunder und vorübergehender Auswuchs in dem gesunden und lebenskräftigen Organismus des Sozialismus gewesen, der in sich selbst die notwendigen Kräfte gefunden hatte, um diesen Auswuchs auszumerzen.

Aber wir wollen nicht abschweifen.

Ich bin in meinem Büro in der UNESCO, im September 1950, und ich denke überhaupt nicht an den »Personenkult«. Wie sollte ich als der, der ich war, und an dem Datum, das wir hatten, daran denken? Ich denke an die Diskussion von vorgestern über die *Derechos del Hombre* und die *Derechos Humanos.* Das heißt, über die *Droits de l'Homme* und die *Human Rights.* Ich denke an einen argentinischen Funktionär der Ad-hoc-Kommission, mit dem ich einen Wortwechsel gehabt habe. »*Derechos del Hombre*«, sagte er zu mir, »und wo bleibt die Frau?« Ich erwiderte ihm, daß der *Hombre*, der in diesem Ausdruck das Recht auf die unveräußerlichen Rechte habe, ein Gattungswesen sei, das heiße, bisexuell, vielleicht sogar pansexuell: der *Hombre* der *Derechos del Hombre* sei ebensogut die Frau und das Kind! Und da ich wußte, daß dieser ziemlich streitsüchtige und völlig pedantische Argentinier gleichzeitig ganz progressiv war – ich hatte ihn auf

einer Soiree bei den A. als Begleiter von Madeleine Braun kennengelernt –, amüsierte es mich, ihm gegenüber marxistische Anspielungen zu machen, ihm beim Gattungswesen von Marx zuzuzwinkern, Anspielungen, die ihn noch mehr irritierten, ich weiß nicht warum. Vielleicht weil er bei mir eher die Selbstgefälligkeit sah als das theoretische Einverständnis.
Ich denke also an die *Derechos del Hombre* – und natürlich auch an die der Frau: versuchen Sie nicht, mir, wie besagter Argentinier, einzureden, daß ich ein Weiberfeind sei –, und ich sehe die verschnörkelten Wasserhähne der Badewanne der Gestapo. Das beschwört unangenehme Erinnerungen herauf. Sicherlich die unangenehmsten aller denkbaren Erinnerungen. Indessen ist der Abgesandte der KPS dabei, mir unter dem Siegel der Verschwiegenheit mitzuteilen, daß die französische Polizei eine Razzia gegen die spanische Partei vorbereite und man gedacht habe, daß meine Wohnung wohl ein ausreichend sicherer Schlupfwinkel für einen verantwortlichen Genossen sei.

Ich betrachte die verschnörkelten Hähne des ehemaligen Hotels *Majestic* über der verschwundenen Badewanne der phantomhaften Gestapo, und ich stimme mit einer Handbewegung zu. Gewiß sei diese Wohnung in der Rue Félix Ziem, die mir die Unterkunftsvermittlung der UNESCO besorgt habe, ein ausreichend sicherer Schlupfwinkel.
So haben Victor Velasco und seine Frau Schutz in der Wohnung gesucht, in der ich von Zeit zu Zeit an einem Theaterstück schrieb, das ich *Die schönen Sonntage* nannte und das unvollendet geblieben ist. Velasco war einer der Stellvertreter von Carrillo, in der Kommission, die die Untergrundarbeit der Partei in Spanien selbst leitete. Aber damals kannte ich Carrillo noch nicht. Ich habe ihn erst drei Jahre später kennengelernt.
Einige Tage nach dem Einzug der Velascos bei mir hat die Razzia der französischen Polizei, wie vorgesehen, stattgefunden. Und, wie vorgesehen, ist die wieder in den Untergrund gegangene Führungsspitze des KPS-Apparats der Razzia entronnen.
So sind die Räumlichkeiten in der Avenue Kléber – nicht die der UNESCO, sondern die der KPS – verlassen worden. Das komplizierte mein Leben ein wenig. Bisher brauchte ich nur die Avenue überqueren und vice versa. Auch die Abgesandten der

KPS brauchten nur die Avenue zu überqueren, wenn sie mich brauchten.
Aber ich bin in Prag, in der Nationalgalerie im Sternberk-Palast vor einem Bild von Renoir, im Herbst 1960.
Ich habe mich gerade daran erinnert, daß ich vor zehn Jahren *Die schönen Sonntage* in der Rue Félix Ziem schrieb. Es war eine Geschichte, die an einem Sonntag in Buchenwald spielte, wie aus ihrem Titel zu ersehen ist. Übrigens war es eine Spitzelgeschichte. Die Geschichte eines Denunzianten, wenn Ihnen das lieber ist, oder vielmehr seiner Entdeckung und seiner Liquidierung. Die Handlung spielte sich an einem Sonntagnachmittag ab, an einem einzigen Ort – in der Baracke der Arbeitsstatistik –, und sie ging um die physische Eliminierung eines SS-Denunzianten. Die Regel der drei Einheiten wurde streng eingehalten, das können Sie mir glauben. Und eine der Figuren in dem Stück hieß natürlich Gérard.
Also daran habe ich vor dem Bildnis einer appetitlichen jungen Frau gedacht, ich meine damit: einer jungen Frau, die ihren Appetit am Leben und gleichzeitig den Renoirs ausstrahlt, in einer goldbraunen Landschaft, in der es nicht die geringste Spur, ja nicht einmal die entfernteste Möglichkeit eines Krematoriumsrauchs gibt. Daher hatte ich vorgestern zu Fernand Barizon gesagt, daß ich von einem Sonntag in Buchenwald erzählen wolle, daß ich nichts erfinden würde. Ich würde nichts improvisieren. Unbewußt fand ich eine alte Obsession wieder.
Aber ich bin eben sechzehn Jahre früher an einem Sonntag in Buchenwald, und ich bin gerade damit fertig, die Karteikarten der drei französischen Kumpel zu fälschen, deren Namen und Nummern mir Daniel gegeben hat. Sie sind unantastbar geworden. Die Gestapo selbst beschützt sie, verhindert jeden ungelegenen Abtransport.
Ich stecke den kleinen Zettel, den Daniel mir gegeben hat, in den Mund. Ich zerkaue ihn langsam und schlucke ihn herunter.
Rechts von mir fällt die Sonne auf die Scheiben.
»Willst du die Zeitung haben?«
Walter fragt es mich, den *Völkischen Beobachter* in der Hand.
Ich sage ja, ja, ich möchte die Zeitung haben. Er reicht sie mir über die Kartei.
»Diese Geschichte mit Griechenland«, sagt Walter, »ist Scheiße!«

In den ersten Tagen hatten wir uns geweigert, diese Geschichte zu glauben. Sicherlich Nazipropaganda. Danach, als der Beweis dafür vorlag, war die Frage, die wir uns stellten, nicht so sehr die Frage, warum die Briten beschlossen hatten, die ELAS zu vernichten, das konnte man begreifen. Sondern warum Moskau schwieg. Warum die Sowjets ihnen freie Hand ließen oder warum, wenn die Sowjets beschlossen hatten, im Interesse des Bündnisses gegen Hitler jegliche Auseinandersetzung mit den Briten zu vermeiden – auch das konnte man begreifen – sie es zuließen, daß sich die griechischen Kommunisten auf eine konfuse und daher demoralisierende Strategie eingelassen haben, bei der sie abwechselnd aufrührerische Gewaltstreiche ausführten und die schändlichsten Kompromisse schlossen.
In der Arbeitsstatistik waren wir eine Gruppe von Kommunisten verschiedener Nationalitäten, die über diese Affäre leidenschaftlich diskutierten. Da waren die Deutschen: Walter und August. Manchmal auch Georg Glucker, scharf und apokalyptisch, wie, stelle ich mir vor, in seiner Jugend und zur Zeit der Parole »Klasse gegen Klasse«. Da waren manchmal Jupp, der deutsche Schlesier, der Polnisch wie ein Pole sprach, und Jan, der polnische Schlesier, der Deutsch wie ein Deutscher sprach. Da war ein Tscheche, Josef Frank. Ein Belgier, Jean Blume. Und dann noch Daniel A., der französische Kumpel. Seifert und Weidlich mischten sich ebenfalls in unsere Diskussionen, aber das kam selten vor. Wenn sie dabei waren, sagten sie übrigens nichts Besonderes. Jedenfalls schienen sie keine persönliche Meinung zu haben.
Die leidenschaftlichen Strategiediskussionen – bei denen es nicht nur um Griechenland ging, sondern auch um Westeuropa im allgemeinen und um Frankreich im besonderen, von woher wir die fragmentarischen Nachrichten über die Entwaffnung der patriotischen Milizen erhalten hatten – hatten zwei Strömungen unter uns hervorgerufen.
Für die einen war das Essentielle, das Bündnis gegen Hitler auf internationaler Ebene und die vereinte Widerstandsfront auf nationaler Ebene aufrechtzuerhalten. Die Aufrechterhaltung autonomer Streitkräfte unter einer kommunistischen Führung hätte die Intervention der amerikanischen und britischen Truppen nach sich gezogen, was im Zusammenhang mit den bestehenden Kräfteverhältnissen katastrophal gewesen wäre. Wer weiß, sagten

diese, ob die Anglo-Amerikaner nicht von solchen Zwischenfällen profitieren würden, um einen Separatfrieden mit dem deutschen Oberkommando zu schließen und dadurch die UdSSR völlig einzukreisen?
Für die anderen – dessen war ich sicher: Ich hatte weder das nötige Alter, noch die nötige Erfahrung, um mich unter den »Realisten« zu befinden, unter denjenigen, die bereits mit dem alten Routiniers eigenen Spürsinn die Absichten Stalins geahnt oder gewittert hatten – für uns also war das Kräfteverhältnis in Europa nichts Unantastbares: man konnte es durch eine Strategie der westlichen Arbeiterbewegung modifizieren, die auf eine Umwandlung der Gesellschaft ausgerichtet war; eine Strategie, die sicherlich auf sehr breiten Allianzen basierte, aber von einer am liebsten bewaffneten Autonomie der revolutionären und Arbeiterkräfte garantiert wurde.
Aber seit einigen Tagen, gegen Ende Dezember 1944, hatten wir das beglückende Stadium der Theorie erreicht. Die konfusen, mitunter heftigen Diskussionen über die Strategie verebbten in einer beruhigenden und sirupartigen Lauheit einer leicht hegelianischen Dialektik. Als hätte die Bewegung unserer Gedanken einer identischen Schwerkraft gehorcht, waren wir alle dazu gelangt, unsere Rechtfertigung für den Lauf der Dinge auf eine identische trügerische Schlußfolgerung zu stützen. An die Dialektik der Allgemeinheit und des Besonderen mußte man denken. Die Probleme der Revolution in Griechenland waren nur ein Einzelaspekt einer allgemeinen Frage: die des antifaschistischen Krieges. Die Interessen der Arbeiterbewegung in ihrer Gesamtheit waren mit der Lösung dieser allgemeinen Frage, mit dem Sieg in dem antifaschistischen Krieg verbunden. Das übrige mußte sich der richtigen Lösung dieser allgemeinen Frage fügen. Die sekundären Gegensätze zwischen der ELAS und Churchill, so schmerzhaft ihre Folgen auch sein mochten, durften nicht den wichtigsten Gegensatz zwischen dem Hitlerlager und dem antifaschistischen Lager in den Hintergrund drängen. Das griechische Sonderproblem mußte im gegebenen Fall, so schmerzlich das auch sein mochte, auf dem Altar der allgemeinen Sache des Antifaschismus geopfert werden.
Wir schnurrten diese zur Gebetsmühle gewordene Pseudodialektik herunter, und die Vernichtung der ELAS verwandelte sich in einen Einzelzwischenfall einer Geschichte, deren allgemeiner

Verlauf – Wunder der dialektischen Tautologie! – genau in dem Sinne *der* Geschichte war. Die Vernichtung der ELAS gelangte in das lichterfüllte Reich der Theorie. Sie wurde in dem Maße erträglich, wie sie theoretisiert wurde.
»Diese griechische Geschichte ist Scheiße!« hatte Walter gesagt, als er mir den *Völkischen Beobachter* reichte.
Ich nickte.
Sie war tatsächlich Scheiße, trotz all unserer schönen dialektischen Übungen.

FÜNF

Der Duft von Bratkartoffeln steigt mir in die Nase. Er durchdringt mich allmählich. Er läßt mir das Wasser im Mund zusammenlaufen. Der Duft von Bratkartoffeln bringt mein Blut in Wallung. Ich werde in Ohnmacht fallen.
Meiners brät die Kartoffeln.
Vor diesem Duft von Bratkartoffeln, mit dem ein neues Kapitel jenes Sonntags beginnt, döste ich. Ich saß in dem Gemeinschaftsraum, in der Kantine der Arbeitsstatistik, die Stirn auf die verschränkten Arme auf dem Tisch gestützt. Ich döste. Ich hatte nicht völlig das Bewußtsein für das verloren, was um mich herum vorging. Ich hörte die Tür zum Büro der *Arbeit* sich öffnen und schließen, ich zweifelte nicht an der Realität dieses Geräuschs der sich öffnenden und schließenden Tür. Ich hörte Schritte über den Fußboden schlurfen. Ein Teil von mir lebte weiter in einem Zustand verworrenen Wachseins, ein anderer Teil verlor sich in den lebhaften Träumen meines Dösens.
Davor, noch weiter davor, saß ich im Raum der *Arbeit* vor den Regalen der Zentralkartei. Die Sonne sprenkelte die Fensterscheiben, der Rauch des Krematoriums stieg gen Himmel, irgend jemand hüstelte, die britischen Panzer hatten die Streitkräfte der ELAS vernichtet, der Titel der vor mir aufgeschlagenen Zeitung, *Völkischer Beobachter*, war in modernen gotischen, rot unterstrichenen Buchstaben gedruckt, die Marne war schön im Frühling, ich hatte es satt.
Ich stand auf, ich schaute umher.
Der Ofen bullerte, alles war an seinem Platz, es war unerträglich. Daniel saß an seinem Platz, neben Fritz, diesem boshaften alten Knacker. Daniel kehrte mir den Rücken zu, er konnte meinen fassungslosen Blick nicht sehen. Ich machte zwei schwankende Schritte, plötzlich von einem Drang, zu verschwinden, ergriffen, von einem unwiderstehlichen Bedürfnis, in die frischen Laken eines echten Bettes zu fliehen, um lange und traumlos zu schlafen. Ich schaute zur anderen Seite, zum Hintergrund des Raums, ich erblickte August. Er saß an seinem Platz, zwischen dem polnischen Schlesier, der perfekt deutsch sprach, und dem deutschen Schlesier, der perfekt polnisch sprach.

Hätte ich mich August genähert, hätte er den Kopf gehoben.
»*Qué pasa, viejo?*« hätte er mich mit seinem argentinischen Akzent gefragt.
»*Domingos de la gran puta!*« hätte ich ihm geantwortet, um die sichtbare Verwirrung in meinem Blick zu erklären.
Es war ein Sonntag der großen Hure, das war es. Ein Scheißsonntag. Ein Scheißhurensonntag, das war es.
August hätte mir nicht den alten Kämpfer gespielt, das war nicht seine Art. Er hätte keinen Wutanfall bekommen und mir erklärt, daß Buchenwald jetzt kein Sanatorium mehr sei, daß zur guten alten Zeit die Sonntage tatsächlich Sonntage der großen Hure gewesen seien, mit Appellen, die oft sechs bis acht Stunden dauerten. August hätte nicht all die Sonntage aufgezählt, die ich nicht gekannt hatte, um sie mir an den Kopf zu werfen, um mich zu beschämen, um mich unter der Last all jener Sonntage in Buchenwald zusammenbrechen zu lassen, die ich nicht gekannt hatte.
August hätte mit den Achseln gezuckt, er hätte gelächelt.
»*Así es la vida, viejo!*« hätte er zu mir gesagt.
Natürlich war das Leben so. Und es gab keinen wirklich triftigen Grund, daß es anders sein sollte, das war das Beschissene. Daß das Leben eben so war, das war das Beschissene.

Aber ich hätte mich überhaupt nicht mit August unterhalten. Ich war in den Gemeinschaftsraum gegangen, der am Ende der Arbeitsbaracke neben Seiferts Zimmer lag.
Der Raum war leer.
Ich hatte mir einen Viertelliter der schwarzen Brühe aufgewärmt, die man uns morgens austeilte und von der es immer eine große volle Kanne im Gemeinschaftsraum gab. Ich hatte eines der selbstangefertigten, von den SS-Männern strikt verbotenen elektrischen Rechauds angeschaltet und diesen Viertelliter der aufgewärmten Brühe getrunken.
Dann hatte ich eine Zigarette geraucht.
Das Trinken der aufgewärmten Brühe und das Rauchen einer Zigarette hatten nicht viel Zeit in Anspruch genommen. Ich fiel in die physische Mattigkeit zurück, die es vorübergehend gibt. Das erinnerte mich an irgend etwas, an Gefühle und Worte von einst. Vielleicht neigte ich zu derartiger Qual, das war nicht

auszuschließen. Vielleicht waren die gegenwärtigen Umstände nicht dafür verantwortlich. Vielleicht hätte ich, einerlei wo, stets die gleiche Qual empfunden, würde sie noch immer empfinden. Vielleicht war die Tatsache, zu leben, qualvoll, sogar wenn es die eisige Stille des Ettersberges, den Rauch des Krematoriums, die brutale Ungewißheit jenes Sonntags in Buchenwald nicht gegeben hätte. Vielleicht war das Leben selbst qualvoll, einerlei wo, einerlei unter welchen Umständen.

Ich stand reglos mitten auf der Place de la Contrescarpe im Frühling 1942. Du reglos? Der Frühling reglos? Du und der Frühling reglos. Zentrifugale, sich im Kreise drehende Reglosigkeiten. Pollen, winzige pflanzliche Flocken schwebten in der Luft des Platzes, über die Oberfläche des Platzes. Reglos mitten auf der Erdaufschüttung stehend, von einer inneren, unmerklichen, aber fieberhaften Bewegung erregt, würde ich mich von Pollen, pflanzlichen Flocken bedecken lassen. Eines nahen Tages würde der Vogeldreck dieses Werk der Unbeweglichkeit vollenden. Als Statue auf dem Platz, bröckelig, bald von den Unbilden der Witterung erodiert, würde ich vorübergehend die von den Plätzen der Stadt verschwundenen Bronzestatuen ersetzen. Reglos mitten auf der Place de la Contrescarpe – wie lange schon? Ich versuchte, Ordnung in meinem Kopf zu schaffen – in diesem leeren Wandschrank, in diesem Abort, in diesem Scheißhaus –, ich versuchte, festen Fuß zu fassen, indem ich an diesen finsteren Orten Ordnung schaffte.

Du, sagte ich zu mir, du bist heute morgen zur üblichen Zeit aufgestanden. Es gilt, dieses Adjektiv hervorzuheben: das Übliche sogar dann, wenn es nicht beruhigt, sogar dann, wenn es durch eine heimtückische Umkehrung eben zum Symbol des Unnennbaren wird, sogar in diesem Fall hält dich das Übliche fest, hindert dich daran, endgültig zu entschweben. Du, sagte ich zu mir, zur üblichen Zeit bist du also aufgestanden. Die beiden Fenster deines Zimmers gehen auf den Innengarten. Es gilt jene Realität des Innengartens hervorzuheben, sogar dabei zu verweilen: ein abgeschlossener Ort, aber zum Himmel hin geöffnet, mitunter blühend, dichtbelaubt, erfüllt von wenig städtischen Geräuschen, in der Mitte geschmückt von einer enthaupteten Frauenstatue aus grauem Stein. Die Steinbrüste werden manchmal von einer Morgensonne seitlich beleuchtet, an Morgen seitlicher Sonne. Du, sagte ich zu mir, wohnst also in einem Zimmer mit Ausblick auf den Innengarten, du bist also dort heute morgen erwacht.

Nicht schlecht, dieser Traum: gewissermaßen ein Anfang. Laßt uns beim Anfang anfangen. Aber gerade heute morgen, sagte ich zu mir, hast du überhaupt nicht den Eindruck des Anfangs gehabt, nicht einmal einen flüchtigen, einen oberflächlichen. Nichts hatte in diesem Zimmer mit den zwei Fenstern zum Innengarten hin den Glanz des Neuen. Nichts hatte auch die beruhigende und liebevolle Patina des Alten. Die Gegenstände, die Möbel, das Licht, die Bücher, die Konturen: all das schien zum erstenmal dazusein, aber das alles war bereits verkommen, zerfressen von einem unwiderruflichen zeitlosen Verschleiß. Du, sagte ich zu mir, du selbst bist seit dem Erwachen angesteckt worden, du selbst hast vom ersten Blick auf diese winzige Welt des Zimmers mit den zwei Fenstern zum Innengarten hin die Gewißheit gehabt, dort nicht nur zufällig zu sein: gelegentlich; nicht nur dort zum erstenmal zu sein: ohne Bindungen; sondern auch die Gewißheit, dort seit jeher zu sein: eine unbewegliche, niederschmetternde und sinnlose Ewigkeit. Du, sagte ich zu mir, du hast gleich gewußt, daß heute nichts begann: eher wieder begann.

Mitten auf der Place de la Contrescarpe, im Frühling 1942, versuchte ich, eine möglichst chronologische Ordnung in meinem Geist zu schaffen. Unbeweglich auf der Erdaufschüttung in der Mitte des Platzes, unfähig seit unbestimmter Zeit, eine Geste zu machen, eine Bewegung zu beschließen, einen Weg zu wählen, ein Ziel, einen Sinn für meinen äußeren Ortswechsel. Es kam nicht in Frage. Es war absolut undenkbar.

Du, sagte ich zu mir, du wohnst in einem Zimmer mit zwei Fenstern zum Innengarten hin. Eine Kommode zwischen den beiden Fenstern. Einem Tisch und Bücherregalen an der einen Wand, die im rechten Winkel zur Mauer mit den zwei Fenstern verlaufen. Einem Bett an der zweiten Wand im rechten Winkel. Einem Badezimmer hinter der vierten Wand, die parallel zu der von den zwei Fenstern durchbrochenen Wand verläuft. Dieses Badezimmer ist zugänglich durch eine offene Tür in dieser Parallelwand rechts in der Ecke der Wand im rechten Winkel, an der das Bett steht, und auch durch eine zweite Tür, die direkt in die Diele führt, eine Diele, von der aus man auch direkt Zugang zu deinem Zimmer hat, was mehrere Möglichkeiten des Hereinkommens und des Hinausgehens bietet, indem man das Badezimmer durchquert oder es meidet, Möglichkeiten, bei denen, an Tagen wie heute, die Risiken, in die Falle zu gehen, sich endlos im Kreise zu drehen wie in einem Labyrinth, nicht zu übersehen sind.

Ich, sagtest du zu dir, ich wohne in einem Zimmer mit zwei Fenstern zum Innengarten hin, mit einem Badezimmer ohne fließendes Wasser, für dreihundertfünfzig Francs im Monat, im voraus zu zahlen. Ich, sagtest du zu dir, ich miete dieses Zimmer in einem Haus der Rue Blainville von einem neutralen Ehepaar, nicht nur neutral, weil sie schweizerische Staatsbürger sind, nein, irgendwie auch ontologisch neutral: ein Mann, eine Frau, ein Ehepaar. Eine neutrale, fleißige Familie: Der Mann behauptet, in einer Fabrik am Stadtrand die Funktionen eines Ingenieurs auszuüben, Funktionen, die die Bescheidenheit seiner Lebensweise, die Berechnungen der Haushaltsausgaben, auf den Centime genau, durch seine Frau und die Vermietung des schönsten Zimmers ihrer Wohnung weniger wichtig erscheinen lassen, oder sie sind nur die mythologischen Attribute eines sozialen Status, den er, der Schweizer, gerne gehobener haben möchte.

Ich, sagtest du zu dir, schere mich einen Dreck darum, ob er Ingenieur oder Fensterputzer ist, dieser Schweizer, der meinen Namen mit dem des Dorfes verwechselt, in dem meine Familie wohnt, in der Nähe von Paris, der mich, wenn sich die seltenen Gelegenheiten ergeben, mich beim Namen zu nennen, Monsieur de Saint-Prix nennt, dieser neutrale, unermüdlich fleißige Mann. Fleißig auch seine Frau, die Mutter seiner Kinder, blond und kuhäugig und hausfraulich, die dauernd die Matratzen umdreht, die einen Putzfimmel hat, die schweigsam und vermutlich eigensinnig ist, die unweigerlich an Freudentagen, an denen bekanntgemacht wird, daß bestimmte Essensmarken Anrecht auf Reis, Spalterbsen oder irgendein anderes Trockengemüse geben, von einer fieberhaften Hast ergriffen, an Freudentagen, an denen sie, eine Matrone mit stämmigen Beinen, mit einem gut sitzenden, monumentalen, aber den Proportionen ihres Körperwuchses angepaßten Hintern, verschlampt, manchmal zerzaust in mein Zimmer kommt, erinnerst du dich, um mich zu überreden, ihr besagte Essensmarken abzutreten, für die ich selbst keine Verwendung hätte, oder sie gegen soundso viele Frühstücke einzutauschen, erinnerst du dich, auch die Kinder fleißig, ein Mädchen als ältestes, zwei Jungen, in ihren jeweiligen Schulen strebsam, verdienstvoll, ohne Brio oder Brillanz sicherlich: durchschnittlich, neutral, fleißig.

Ich, sagtest du zu dir, ich wohne in einem wegen der zwei Fenster zum Innengarten hin ausgewählten Zimmer, wegen der Bäume in diesem Garten, wegen der Vögel in diesen Bäumen, wegen der fahlen Sonne am rechteckigen Himmel, wegen der verstümmelten Frauenstatue mit den unversehrten Steinbrüsten, wegen der Nähe des Gymnasiums Henri IV und, um noch genauer zu sein, wegen der Laterne in der Rue Thouin, die uns damals half, die Mauer des Gymnasiums Henri IV zu erkennen, das nicht nur die Stätte ist, an der ich in diesem Jahr einen Vorbereitungskurs für die École Normale angefangen und nach einem Trimester wieder verlassen habe, sondern auch unlängst eine Opferstätte war, die der zweiten Durchtrennung meiner Nabelschnur: eine düstere, gewaltige und verkommene Stätte, ein Labyrinth von Höfen, Treppen, Latrinen, Schlafsälen, Garderoben, Klassenzimmern und Studienräumen; eine Grotte, an deren Eingang im Gegenlicht die Schatten des Wissens vorbeizogen, wo dieses Wissen uns in ungesäuerten, charismatischen Stückchen von schulmeisterlichen Lektionen erteilt worden ist, die offenbar willkürlich von einem Stundenplan zerlegt, zergliedert worden sind, die den mystischen Astralleib des napoleonischen Gymnasialunterrichts zerstückelt; eine Initiationsanstalt, in der die internierten Internen durch blutige Amputation und Verstümmelung von den aufwühlenden Übeln der Adoleszenz, von deren heftigem und heimtückischem Wahn geheilt wurden, wo wir durch kulturelle Dressur auf den sanften und resignierten Wahn des Mannesalters vorbereitet würden; das Henri IV hackt zu, um die Nabelschnur der Unklarheiten, die Wurzeln der Muttersprache, die Farben des kindlichen Himmels, die pflanzlichen Fasern der Verben und Zahlen zu durchtrennen, in dieser unruhigen Nachkriegszeit meiner Kindheit, zwischen den zwei Kriegen, zwischen allen Kriegen. Ich, sagtest du zu dir, ich bewohne dieses bewohnbare Zimmer, diesen abgeschlossenen Ort des Exils in den endlosen Wüsten des Exils, wo die Bäume des Innengartens gerade den beweglichen Schatten ihrer Blätter werfen und wie zerknittertes Papier rascheln.

Du, sagtest du zu dir, du stehst unbeweglich mitten auf der Place de la Contrescarpe, gerade an der Wasserscheide, auf dem Gipfel der Hänge, die dich durch die träge Lauheit eines mechanischen träumerischen Gangs zu erstaunlichen Aktivitäten führen könnten, du bist jedoch unfähig, dich für das eine oder das andere zu entscheiden, irgendeine Wahl zu treffen, befallen von *einer unfaßbaren und zentralen Müdigkeit, einer Art aussaugender Müdigkeit*; da verkündest du laut, auf die Gefahr hin, die Vögel zu verscheuchen oder hingegen die Aufmerksamkeit irgendeiner Frau mit glattem Gesicht auf dich zu lenken, die dich plötzlich dir zuwendet, bereits aufgelöst und besitzheischend, mit gierigen fieberhaften Augen, um dich laut jene Worte Artauds verkünden zu hören, die Artaud vor Jahren geschrieben hatte, mit der einzigen ungenannten, sich selbst sicherlich rätselhaften Absicht, deinen physischen Zustand zu beschreiben – deinen, keinen anderen als deinen – die Worte jener *Beschreibung eines physischen Zustands*, die im Laufe jenes Frühlings 1942 der nicht von Folgen für dein Leben freie Zauberspruch gewesen sind: *Die neu zu bildenden Bewegungen, eine Art Todmüdigkeit*, sagtest du da laut, um diese *Müdigkeit des Weltanfangs, die Empfindung des zu tragenden Körpers, ein Gefühl von unglaublicher Zerbrechlichkeit, die zu berstendem Schmerz werden*, zu beenden, sagtest du dann immer lauter, *in einem bewegenden Schwindelanfall, einer Art Taumel, der jede Anstrengung begleitet, einer Koagulation der Hitze, die den gesamten Schädel umfaßt oder sich dort zerstückelt*, und du fandest, nachdem du diese Worte gesagt, mit einer Stimme verkündet hattest, die klar und laut genug gewesen war, um die Vögel von dieser leeren theatralischen Stätte zu verscheuchen, die Kraft wieder – oh Wunder, dich zu bewegen, zuerst einen Finger, eine Hand, einen Arm, die rechte Schulter, die gespannten Muskeln entlang der Wirbelsäule, ein Bein und den Rest, den ganzen Körper, in einer Bewegung, sagtest du zu dir, die sich nur mit der einer Geburt oder einem pflanzlichen Aufplatzen vergleichen ließ, die vorläufig sicherlich durch Nennung, Verdrängung und Erleiden bis zur Grenze des Leidens die nackte Qual *der schmerzhaft verkrampften Muskeln, das Gefühl, aus zerbrechlichem Glas zu sein, eine Angst, ein Zurückweichen vor der Bewegung und dem Lärm* von vorhin milderte, und du ließest die entstehende Bewegung sich ausbreiten, dich der mütterlichen und feuchten Unbeweglichkeit von soeben entreißen, du ließest dich vorwärtstreiben, in der betörenden, freilich fortan schmerzlosen Gewißheit, daß dieser physische Zustand sich wieder einstellen, daß diese Art von Todmüdigkeit das Salz deines Lebens sein würde.

Aber ich bin zwei Jahre später in Buchenwald.

Heute ist es nicht die Erinnerung an einen laut zitierten Text von Artaud, der mir hilft, dem Strudel der Qual zu entrinnen, eben weil er sie benennt, sie beschreibt, sie in die Falle der Wörter lockt; heute ist es der Duft von Bratkartoffeln, der mich aus einem chimärischen Dösen gerissen hat.

Ich hatte die Tür sich öffnen und schließen hören und das Klappern mit Küchengeräten. Ich hatte ein Auge geöffnet und die große massive Silhouette von Meiners erblickt. Er hantierte am Rechaud herum.

Ich erwache ruckartig aus meinem Dösen.

Meiners kehrt mir den Rücken zu. Er macht sich an der Pfanne zu schaffen, in der er die Kartoffeln brät.

Tatsächlich ist der Gemeinschaftsraum, in dem wir uns befinden, dafür vorgesehen. Es gibt darin einen langen Tisch, Stühle, Wandschränke, ein paar elektrische Rechauds. Die Wandschränke sollen zur Aufbewahrung unserer Reservevorräte dienen. Jeder von uns verfügt zu diesem Zweck über ein Fach. Ich verfüge auch über ein Fach zu diesem Zweck, aber es ist immer leer. Ich habe keine Reservevorräte. Wie sollte ich, in Gottes Namen, Reservevorräte haben? Daniel hat übrigens auch keine. Ebenso wenig wie Lebrun, der in Wirklichkeit nicht Lebrun heißt. Es ist ein österreichischer Kumpel, Jude, der in Frankreich unter dem Namen Lebrun festgenommen wurde und dem es gelungen ist, diese Fiktion der Gestapo gegenüber aufrechtzuerhalten. Jedenfalls hat Lebrun, da es ihn nun einmal gibt, auch keine Reservevorräte. Auch nicht Jean Blume, der belgische Kumpel.

Es sind die Deutschen, die Tschechen und die Polen – kurzum die Alten, die Veteranen, diejenigen, die schon da waren, als das Lager noch kein Sanatorium war –, die Reservevorräte haben. Eine Menge Vorräte. Margarine, Schwarzbrot (und sogar Weißbrot, ja Kuchen), Kartoffeln, Kondensmilchdosen, Büchsenfleisch, was weiß ich, was sonst noch!

Wenn wir, Daniel und ich, während der Mittagspause in die Kantine gehen, geschieht dies, um beim Rauchen einer Zigarette verträumt miteinander zu reden. Wir wärmen uns einen Viertelliter der schwärzlichen Brühe auf, von der immer eine große Kanne vorhanden ist. Und wir wissen ganz genau, daß es sich dabei bereits im Vergleich zu der Situation der anderen Deportierten um außerordentliche Privilegien handelt. Ein Viertelliter der schwärzlichen Brühe, die Stille, keine SS in Sicht, die Möglichkeit zu einem kurzen Nickerchen: aber das ist ja das Paradies! Wir wissen genau, daß es das Paradies ist. Wenn wir zudem manchmal in der Kantine der *Arbeit* einen Bissen zusammen essen, handelt es sich natürlich um einen Bissen, den wir von unserer Tagesration aufgespart haben. Wenn es vorkommt, daß wir unseren Hunger beherrschen, daß wir nicht die Brot- und Margarineration, die um halb fünf beim Wecken mit der Morgenbrühe ausgeteilt wird, auf einmal verschlingen, dann essen wir den Rest des Brotes und der Margarine während der Mittagspause in der Kantine der *Arbeit*.
Die Deutschen, die Tschechen, die Polen fressen während der Mittagspause. Sie fressen übrigens zu jeder Tageszeit. Sie braten Kartoffeln, sie schneiden sich dicke Scheiben Brot ab, auf die sie dicke Schichten Margarine streichen. Sie fressen Würste, Fleisch aus Konservenbüchsen. Sie köcheln Süßspeisen, die sie mit Eipulver, Magermilch, Mehl zubereiten. Sie setzen sich an den langen Tisch und fressen. Jeder für sich. Jeder von ihnen frißt einsam in seiner Ecke. Niemals haben wir sie eine gemeinsame Mahlzeit organisieren, ein Festessen veranstalten sehen. Sie teilen nicht einmal unter Wohlversorgten. Die einzige gemeinsame Mahlzeit, die ich mitgemacht habe, ist die gewesen, zu der uns Willi Seifert eingeladen hatte. Wir haben alle zusammen gegessen, sogar wir: Franzose, Belgier, Spanier, österreichischer Jude. Es gab Hunderagout. Aber wir wollen nicht vorgreifen, wie es in einem Unterhaltungsroman hieße. Laßt uns nichts vorwegnehmen: erst an einem etwas späteren Sonntagabend im Dezember 1944 werden wir von Seifert zu einem Hunderagoutfestmahl eingeladen. Ich werde zu gegebener Zeit darauf zurückkommen. Man darf die chronologische Reihenfolge nicht durcheinanderbringen.
Jedenfalls fressen die Alten.
Ihre Kumpel sind tot, im Rauch aufgegangen. Auch sie hätten

sterben können. Sie haben das Lager, das Krematorium, die Totenkopf-Kasernen, die ersten Fabriken errichtet. Sie haben in der Sonne, im Schnee, unter den Schlägen, von den Hunden und den SS-Männern geplagt, gearbeitet. Sie haben mitangesehen, wie ihre Kumpel mit einem Genickschuß liquidiert wurden, weil sie der Transportkolonne für Steine nicht mehr folgen konnten. Sie haben mitangesehen, wie die SS-Männer die Mütze eines ihrer Kumpel über die Linie warfen, deren Überschreiten verboten war. Wenn der Kumpel die Mütze nicht zurückholte, wurde er wegen Verstoßes gegen die Bekleidungsvorschriften, die das Tragen der Mütze fordern, erschossen; und wenn der Kumpel die Mütze zurückholte, erschossen ihn die SS-Männer, weil er die verbotene Linie überschritten hatte. Sie haben gegen die Kapos der normalen Strafgefangenen, Trägern der grünen Erkennungsdreiecke, jahrelang einen hinterhältigen, gnadenlosen Krieg geführt, um den Dschungel der Lager zu überleben. Sie haben mitangesehen, wie die grünen Kapos den Kopf ihrer besten Kumpel in die Latrinengrube des Kleinen Lagers tauchten, bis sie erstickten. Sie haben die Kapos mit Messerstichen, mit Eisenstangenschlägen in der stummen und blinden Nacht ermordet. Ihr Weg zur Macht ist übersät mit Leichen, Feinden und Freunden. Sie haben sich als bessere Administratoren gezeigt als die grünen Kapos, sie haben den SS-Männern bewiesen, daß das Lager mit seinen Fabriken, seinen über ganz Mitteldeutschland verteilten Außenkommandos nicht ohne sie funktionieren konnte, und die SS-Männer haben es akzeptiert, ihnen im Interesse der Ordnung, des guten Funktionierens der Nazikriegsmaschine, eine Parzelle der Macht zu überlassen. Sie stammen aus der Kälte, dem Tod, dem Rauch, dem Wahnsinn. Jetzt fressen sie. Sie haben dieses Recht erobert, glauben sie, dieses Privileg alter Kämpfer. Sie haben ihren Teil der Macht, ihren Teil am Schwarzmarkt und an den Tricks. Sie fressen diese Krümel, die ihnen dieser Schwarzmarkt und diese Macht verschaffen.

Manchmal sehen wir, Daniel und ich, ihnen beim Fressen zu. Niemals hat irgendeiner von ihnen das geringste Stück Brot, den geringsten Napf Suppe, die geringste Wurstscheibe mit einem anderen geteilt. Ich frage mich sogar, ob sie überhaupt bemerken, daß wir nur die Tagesration zum Weiterleben haben. Manchmal, an dem Tag, an dem der Gemeinschaftsraum leer ist, öffne ich die Wandschränke und sehe mir die Fächer der Alten an. Ich betrachte die Konservenbüchsen, die Bierflaschen, die Brotstükke. In manchen Fächern verschimmelt gelegentlich das Brot. Ich betrachte die grünen Flecke auf ihrem Weißbrot. Und ich bekomme Lust, irgend jemanden zu töten. In Anwandlungen von Haß.

Meiners hat sich herumgedreht. Er geht mit der Pfanne, in der die Bratkartoffeln brutzeln, zu dem Tisch, auf den ich mich mit den Ellbogen aufstütze.

Meiners trägt das schwarze Dreieck. Er ist ein »Asozialer«. Er muß wegen irgendeiner Schwarzhandelsgeschichte interniert worden sein. Aber es war bestimmt nicht irgendeine Geschichte. Es war bestimmt ein Schwarzmarktskandal. Meiners sieht überhaupt nicht heruntergekommen aus. Er sieht gut aus, er hat die Allüren eines deutschen Filmschauspielers aus den dreißiger Jahren, eines Schauspielers aus einem Revuefilm der UFA. Nach dem, was ich verstanden habe, ist Meiners von den SS-Männern vor einigen Jahren in die Arbeitsstatistik gesetzt worden, um möglichst ein Gegengewicht zu dem entscheidenden Einfluß der deutschen Kommunisten zu bilden. Aber Meiners hat schnell begriffen, daß er nicht ins Gewicht fiel, daß er alles Interesse daran hatte, in dem hinterhältigen Kampf zwischen den Kommunisten der Arbeitsstatistik und den SS-Männern des Arbeitseinsatzes neutral zu sein. Er hat sowohl bei den einen als auch bei den anderen in Vergessenheit geraten wollen, und schließlich ist er tatsächlich vergessen worden, er hat einen völlig untergeordneten Posten inne und beschäftigt sich einzig und allein mit den Problemen seines persönlichen Überlebens. Im übrigen der beste Mensch der Welt: höflich, immer gutgelaunt.

Meiners sitzt am Tisch. Er hat sein Gedeck auf ein kleines kariertes Tischtuch gelegt. Er hat auch eine weiße Serviette. Er hat die Bratkartoffeln auf seinen Teller geschüttet. Er hat eine Büchse Pastete, eine Flasche Bier geöffnet. Er hat sich mehrere dicke Scheiben Weißbrot abgeschnitten. Er beginnt mit abwesendem Blick langsam zu kauen.

Ich sitze am anderen Ende des langen Tischs, ich starre ihn an. Woran denkt Meiners, während er das Brot, die Pastete, die Bratkartoffeln kaut? Aber ich bin nicht unparteiisch, natürlich nicht. Mein Haß auf Meiners, in ebendiesem Augenblick, mein

Haß wegen seiner Pastete, seiner Bratkartoffeln, seines dick mit Margarine bestrichenen Brots, hindern mich bestimmt daran, objektiv zu sein. Ich habe sicher eine unwiderstehliche Neigung, mir die blödesten, niederträchtigsten Träume in Meiners' Gehirn auszumalen. Dabei, warum auch nicht, träumt er vielleicht von wunderschönen Dingen: von einer Frau, die ihn liebt und auf ihn wartet, von einem Stück von Mozart, von einer Seite Goethe.

Ich betrachte Meiners fasziniert.

Plötzlich spüre ich, daß er meine Anwesenheit bemerkt hat und daß diese Anwesenheit ihn stört. Oder vielmehr, daß mein starrer Blick ihn stört. Ich sehe, wie sich Unbehaglichkeit einstellt, ihn allmählich durchdringt, seine Bewegungen irritierter macht. Seine Blicke zu mir hin, die er gleich wieder von mir abwendet, werden von einem dumpfen, leicht beunruhigenden Problem geprägt. Man könnte sagen, daß er hastiger ißt. Er verdoppelt die Happen, er wischt sich nicht mehr die Lippen nach jedem Happen ab, auch nicht mehr nach jedem Schluck Bier. Er beginnt unmanierlich, gierig zu essen.

»Bist du bald fertig?«

Er schaut mich fragend an.

»Wieso?« sagt er.

»Ich frage dich, ob du bald fertig bist«, sage ich zu ihm.

Er betrachtet seinen Teller, er schaut mich an.

»Ja, fast, warum?« sagt er zu mir.

»Weil das, was du frißt, stinkt!«

Er schaut mich verdutzt an. Er beugt sich über seinen Teller, er schnüffelt.

Ich lasse nicht locker:

»Ist diese Scheißpastete nicht vielleicht verdorben?«

Er hebt ungehalten den Kopf. Er fuchtelt mit seiner Gabel herum.

»Die stammt aus der SS-Kantine!« sagt er zu mir, als wäre das ein unwiderlegbarer Beweis für die Güte dieser Pastete.

»Diese Pastete stinkt nach Scheiße«, sage ich zu ihm. »Woraus macht die SS ihr Pastetenfleisch? Aus der Latrinenscheiße des Kleinen Lagers? Aus den Leichen der Juden, die neulich aus Polen zu uns gekommen sind?«

Er stößt angeekelt auf, drückt seine weiße Serviette an die Lippen.

»Aber diese Pastete ist ausgezeichnet!«

Er schreit fast.
»Deine Pastete stinkt«, sage ich zu ihm. »Ich würde sie niemals anrühren, nicht für ein Königreich! Du wirst Dünnschiß kriegen, daran ist nicht zu zweifeln.«
Seine Augen rollen in ihren Höhlen.
Ihm kommen Zweifel an seiner Pastete, er schnüffelt nochmals.
»Riechst du denn nichts?« sage ich zu ihm. »Mir dreht sich davon der Magen um. Mir fällt es wirklich verdammt schwer, diesen Anblick zu ertragen.«
Er nimmt die Büchse Pastete in die Hand.
»Na los, räum sie weg«, sage ich zu ihm. »Wir sind doch hier schließlich in keinem Scheißhaus!«
Seine Hand zittert krampfhaft.
»Außerdem«, sage ich zu ihm, »hast du vergessen, daß heute Sonntag ist. Du hast doch sicher für heute nachmittag eine Eintrittskarte für das Bordell. Du wirst eine schöne Miene aufsetzen, wenn du plötzlich den Drang zu kacken hast, während du gerade dabei bist, die Nutte zu pinseln!«
Er schaut mich mit hervortretenden Augen an. Die Aussicht, die ich gerade heraufbeschworen habe, scheint ihm gründlich zu mißfallen.
Ich habe den Eindruck, daß er gleich losbrüllen wird.
Aber die Kantinentür öffnet sich, und Daniel kommt herein.
Wenn es ein Deutscher gewesen wäre, so bin ich sicher, daß Meiners ihn zum Zeugen für meine Aggressivität aufgerufen hätte. Meiners ist ein Protokollfragenreiter. Er treibt die Achtung vor den sozialen und nationalen Hierarchien bis zur äußersten Grenze. Er muß diesen Zug einer gutbürgerlichen Erziehung bewahrt haben. Für ihn gibt es in erster Linie die Deutschen. Und auch das muß man noch präzisieren. Unter Deutschen muß man Reichsdeutsche verstehen. Die anderen Deutschen, die der deutschen Minderheiten in den Nachbarländern des Reichs, die Sudetendeutschen, die Schlesier, die Balten, mit einem Wort, die Volksdeutschen schätzt er weniger. Muß man das auch für die SS-Verwaltung präzisieren? Zum Beispiel haben nur Reichsdeutsche ein Anrecht auf Eintrittskarten für das Bordell. Das Bordell ist eine den Reichsdeutschen vorbehaltene Einrichtung. Die Ausländer, ja nicht einmal die Volksdeutschen haben ein Anrecht auf Eintrittskarten für das Bordell. Offiziell kommt man nicht auf seine Kosten, wenn man kein Reichsdeutscher ist.

Wenn daher ein echter Deutscher in diesem Augenblick in der Tür erschienen wäre, hätte Meiners ihn bestimmt zum Zeugen für meine lästige Aggressivität aufgerufen. Aber es ist ein Franzose. Und zudem ein Jude. Meiners kann nicht mehr. Er steht auf, räumt seine Sachen zusammen, verschwindet hastig.
»Was hat der denn«, fragt Daniel.
»Du hast ihn verjagt«, sage ich scheinheilig zu ihm. »Er scheint Juden nicht zu lieben!«
Daniel lacht.
»Warum sollte er Juden lieben? Kennst du jemanden, der Juden liebt? Liebt Fritz Juden? Trotzdem ist er ein alter Kommunist. Und du, bist du sicher, daß du Juden liebst?«
»Du bist zum Kotzen«, sage ich leise zu ihm.
Aber er läßt sich nicht von seinem Thema abbringen.
»Nimm mich selbst«, sagt er, »glaubst du vielleicht, daß ich Juden tagein, tagaus liebe?«
Ich schaue ihn an, ich weiß, was er denkt. Er schaut mich an, er weiß, daß ich weiß, was er denkt.
Wir denken schweigend das gleiche.

Hunderte standen auf der Rampe, die sich hinter der Baracke der Arbeitsstatistik ausdehnt. Sie drängten sich aneinander. Seit Wochen drängten sie sich aneinander, in den Güterwagen, die sie aus den polnischen Lagern brachten.
Sie drängten sich im Schneeregen, im eisigen Nebel an jenem Tag aneinander. Kein Laut erhob sich aus ihrer dahinstolpernden Menge. Jedenfalls kein einziger menschlicher Laut. Keine Stimme, kein Murmeln, kein gequältes Flüstern. Sie waren in Schweigen erstarrt, im Schneeregen, in der heimtückischen Feuchtigkeit jenes Tages. Man hörte manchmal nur das Trappeln einer Herde. Das Klappern ihrer Holzpantinen auf nassem Kopfsteinpflaster. Das Trappeln einer Herde, die mit ihren Hufen auf den Platz irgendeines Viehmarktes stampft. Nichts außer diesem Geräusch.
Wenn man sie so im beharrlichen Nieselregen zusammengepfercht sah, konnte man sich ihre unendliche Geduld, ihre resignierte Erwartung der Katastrophen vorstellen, die das Leben ihnen grausam beigebracht hatte. Sie waren nichts anderes mehr als diese unendliche Geduld, diese Resignation, die nichts mehr

erschüttern konnte. Ihre Lebenskraft war nur noch diese tödliche Schwäche einer zusammengepferchten Herde. Sie hatten keine Fragen gestellt, sie hatten nicht gefragt, warum man sie zusammengetrieben hatte, was man mit ihnen vorhatte. Man hatte sie vorhin vor ihrer Baracke im Quarantänelager versammelt, all diejenigen, die noch gehen, die noch einen Fuß vor den anderen setzen konnten, man hatte sie hierher geführt.
Sie hatten einen Fuß vor den anderen gesetzt, mühsam, als wäre es jedesmal, wenn sie einen Fuß vor den anderen setzten, das letzte Mal, daß sie dazu fähig sein würden. Nun standen sie dort, sie stellten keine Fragen, sie murmelten nicht einmal untereinander, sie warteten. Man hatte sie in Reihen geordnet, so behandelt, wie man Zementsäcke, Baumstämme, Steine behandelt und stapelt. Hundert in jeder Reihe, sechs Reihen hintereinander. Sechshundert drängten sich aneinander und warteten.
Sie konnten die Rückseite der Arbeitsbaracke sehen, von der sie nicht wußten, daß es die Arbeitsbaracke war. Sie sahen einfach eine Baracke. Durch die Fensterscheiben dieser Baracke konnten sie Tische sehen, Karteien, einen Ofen, der brennen mußte, denn sie sahen Menschen in Hemdsärmeln, die drinnen herumliefen, im Warmen, im Trockenen. Uns selbst, im Warmen, im Trockenen. Sie wunderten sich bestimmt nicht darüber. Es hatte immer Leute im Trockenen, im Warmen gegeben, während sie draußen waren, um Erde oder Schnee oder Schlamm oder die Leichen ihrer Kumpel wegzuschaufeln.
Wenn sie den Kopf umgedreht hätten, hätten sie das Krematorium gesehen, seinen massiven Schornstein, dessen Rauch der schneidende und eisige Wind gelegentlich kurz niederdrückte. Aber sie drehten den Kopf nicht um, sie waren daran gewöhnt. Sie warteten ganz einfach, mit dem zeitweilig unterbrochenen Trappeln einer Herde in einem Pferch auf einem Marktplatz, das ihre Holzpantinen auf den scharfkantigen Splitt der vom Schnee und vom Winterregen matschigen Rampe hervorriefen.
Wir, Daniel und ich, sahen wortlos zu.
In den letzten Wochen waren sie, ganze Züge voll, aus Polen gekommen. Rokossowskis Offensive hatte vor den Toren von Warschau haltgemacht, was den Deutschen ermöglichte, den Aufstand von Bor-Komorowski niederzuschlagen. Die Front in Polen bewegte sich augenblicklich nicht. Dagegen entwickelte sich in Ungarn, um Budapest herum, der russische Vorstoß.

Dennoch wirkte sich, wie das Licht eines erloschenen Sterns, das uns noch durch den Weltraum erreicht, wie die Milchstraßen, wie die Lichtjahre, die im Laufe des Sommers und des Herbstes von Rokossowskis Offensive ausgelöste Migration noch bis zu uns aus. Wie das Licht erloschener Sterne waren wochenlang ganze Züge voller Deportierter durch Europa geirrt. Manchmal waren die Züge, da es keine zu transportierenden Überlebenden mehr gab, einfach auf Abstellgleisen oder mitten auf dem Feld stehengelassen worden. Manchmal gelangten die Züge bis zu dem Sonderbahnhof von Buchenwald inmitten des Waldes auf dem Ettersberg. Die Kolonne der Überlebenden stolperte durch die Allee mit den Reichsadlern zum Eingang des Lagers.
Wir, Daniel und ich, betrachteten wortlos die Überlebenden dieser Überlebenden.
Man hieß sie in Fünfzehnergruppen in das Nebengebäude eintreten, das vor einigen Monaten hinter der Arbeitsbaracke errichtet worden war. Das war der Zuständigkeitsbereich von Fritz, diesem alten Kommunisten, diesem chauvinistischen und boshaften alten Burschen. Dort rief er jeden Abend nach dem Appell die Häftlinge, die von den verschiedenen Kommandos als abwesend oder aus Gesundheitsgründen von der Arbeit freigestellt gemeldet worden waren, um zu überprüfen, ob sie vorschriftsmäßig gehandelt hatten, ob sie die von den Ärzten des Lagerlazaretts ausgestellten Schonungsatteste besaßen. Fritz, dieser alte Scheißer, nahm seine Aufgabe ernst. Er verfolgte die Häftlinge, die sich in unvorschriftsmäßigen Situationen befanden, die versuchten, den Kranken zu spielen. Bei der Kompliziertheit des Lebens und der Arbeitsorganisation gab es für die Gerissensten, die Mutigsten – oder die Verzweifeltsten – immer die Möglichkeit, krank zu feiern, sich von Zeit zu Zeit ein paar Tage irreguläre Ruhe zu gönnen. Selbstverständlich nur irregulär in bezug auf die von den SS-Männern aufgestellten Normen. Fritz hatte sie zu den seinen gemacht. Er verkörperte, mit dem ruhigen guten Gewissen eines Bürokraten, den kleinlichen Respekt vor der bestehenden Ordnung, den Respekt vor der Arbeit als solcher. Ein richtiger Scheißer, dieser Typ, der es wagte, uns über den Schwarzmarkt zu belehren, er, der alte Kommunist, der alte Proletarier, der schmutzig gealterte Alte. Daniel war sein Stellvertreter bei dieser Überprüfungsarbeit, fast tägliche Auseinandersetzungen zwischen ihnen waren unvermeidlich. Denn

Daniel tat genau das Gegenteil von Fritz. Er rief die von der Arbeit befreiten oder von ihren Kommandos als abwesend gemeldeten Häftlinge zu sich, und wenn er entdeckte, daß sie sich in einer irregulären Situation befanden, wußte er sich, um sie zu decken, dadurch aus der Affäre zu ziehen, daß er, soweit es ging, die Karteikarten und Berichte fälschte. Das führte manchmal zu heftigen Auseinandersetzungen zwischen ihnen.
An jenem Tag hatte Seifert uns, Daniel und mich, und eben Fritz, sowie einen anderen deutschen Kumpel, Georg Glucker, mit der Auswahl jener sechshundert Überlebenden aus den polnischen Lagern beauftragt. Es handelte sich einfach darum, festzustellen, welche von ihnen Facharbeiter waren. Grundsätzlich wurden, nach den Anordnungen der SS-Kommandantur, die Überlebenden aus den polnischen Lagern sofort wieder zu den Außenkommandos zurückgeschickt, manchmal schon vier oder fünf Tage nach ihrer Ankunft in Buchenwald. Die SS-Verantwortlichen in Buchenwald wollten offenbar keine Juden in ihrem Lager haben.
Dagegen hatte die internationale Untergrundorganisation, um wenigstens einen Teil der jüdischen Überlebenden zu retten zu versuchen, indem man sie im Lager behielt – wo die Bedingungen des Lebens oder Überlebens oder sogar des Todes besser waren als in den Außenlagern, zu denen sie gewöhnlich geschickt wurden – beschlossen, eine Liste der Facharbeiter aufzustellen, die angeblich für die Produktion in Buchenwald benötigt wurden. Die SS-Kommandantur war dem Argument der Produktion zugänglich: sie hatte bereits zugestimmt, daß gewisse Evakuierte aus den polnischen Lagern als Facharbeiter in Buchenwald bleiben durften.
Wir saßen hinter dem langen Tisch im Nebengebäude, das der Zuständigkeitsbereich von Fritz war, von ebendiesem alten Scheißer Fritz und außerdem von Daniel und mir sowie von Georg Glucker. Glucker war einer der verrücktesten unter den alten deutschen Kommunisten, die in Buchenwald verrückt geworden sind. Er bekam wahnhafte, offenbar unvorhersehbare Wutanfälle. In den letzten Tagen, kurz vor Weihnachten, richtete sich seine Wut gegen die tschechischen Kumpel, die im Wald heimlich Tannenzweige sammelten, um daraus Christbaumnachahmungen herzustellen, mit denen sie ihre Zimmer schmückten. Glucker beleidigte sie, indem er sie Christbaumsozialisten nannte, eine Beleidigung, die Glucker für endgültig hielt, auf die er

sehr stolz war, so als hätte es auf die tschechischen Kumpel Eindruck machen können, sich von Glucker Weihnachtsrosenwassersozialisten nennen zu lassen, von dem wir alle wußten, daß er verrückt war.

Wir saßen also hinter dem langen Tisch, und man hieß die erste Fünfzehnergruppe der Überlebenden aus den polnischen Lagern eintreten.

Die Tür des Nebengebäudes hat sich geöffnet, die ersten fünfzehn Überlebenden – lebende Leichname – sind hereingekommen. Mit ihnen ist die eisige Dezemberkälte hereingekommen, und Fritz, dieser Scheißer, brüllte:

»Tür zu! Scheiße! Schnell, ihr Scheißkerle!«

Sie haben die Tür zugemacht.

Dann haben sich, in dem Tumult, beim Geklapper der Holzpantinen auf dem Fußboden des Nebengebäudes, die fünfzehn Überlebenden aus den polnischen Lagern in einer Reihe vor uns aufgestellt, wobei sie versucht haben, strammzustehen und die Hacken zusammenzuschlagen, und haben alle zusammen, mit der gleichen ruckartigen Bewegung, den Hitlergruß gemacht.

Danach ist eine Stille eingetreten.

Ich wagte nicht, Daniel anzusehen, und Daniel wagte nicht, mich anzuschauen. Wir schauten die fünfzehn jüdischen Überlebenden aus den polnischen Lagern an, die den Hitlergruß machten.

Ich schaute die Überlebenden aus den polnischen Lagern an, in ihrer steifen Anstrengung des mechanischen Strammstehens, erstarrt in der Steifheit eines lächerlichen Strammstehens, das nicht zu enden schien. Erstarrt, die Hacken zusammengeschlagen, aufrecht wie die Leichen im Dunkel der Güterwagen, der Gaskammern, zitternd vor übermenschlicher Anstrengung, die sie das Ausstrecken des Arms zum Hitlergruß kostete.

Da hat Fritz, dieser Scheißer, die Stille gebrochen:

»Juden sind sie, nichts wie Juden!«

Und dann war er in Lachen ausgebrochen, in sein wieherndes Lachen.

Die bewegungslosen Juden aus den polnischen Lagern hatten, den Arm immer noch zum Hitlergruß erhoben, nicht reagiert.

Von seinem eigenen Schwung mitgerissen hatte Fritz sie zu beleidigen begonnen. Und da war Georg Glucker eingeschritten.

Er war aufgestanden, mit blutleerem Gesicht, zitternden Hän-

den. Er hatte Fritz mit ein paar schneidenden Worten zum Schweigen gebracht. Danach hatte er, wobei er sich, Silbe für Silbe betonend, zur Ruhe zwang, den Juden aus Polen erklärt, daß sie sich irrten, daß sie es nicht mit SS-Männern oder SS-Dienern zu tun hätten, daß wir Häftlinge wie sie seien, daß wir einfach mehr Glück als sie gehabt hätten, weil wir eben keine Juden seien, daß wir jedoch Kommunisten seien und daß Kommunisten die entschlossenen Gegner des Antisemitismus seien – und bei diesen Worten wendete er sich zu Fritz hin –, da stand er, Georg Glucker, mit blutleerem Gesicht, zitternden Händen, er zwang sich, die Wörter Silbe für Silbe betonend, ruhig und belehrend zu reden, wie er wohl vor fünfzehn Jahren zu den Arbeitern von Essen oder Wuppertal gesprochen hatte; denn er war Rheinländer. Glucker stand da und sprach zu den Juden aus Polen, und ich betrachtete Gluckers blutleeres Gesicht, ich sah seine wasserblauen wahnsinnigen Augen, die erbarmungslos den ganzen Wahnsinn jener Jahre ausstrahlten, gegen den seine Worte eine Schranke der Gewißheiten von einst zu errichten versuchten, und Glucker hat, stehend, von Angesicht zu Angesicht mit den jüdischen Schatten aus den polnischen Lagern, die uns den Hitlergruß erbrachten, seine Rede beendet. Diese begannen, die Arme zu senken, sich zu entspannen. Sie schauten einander an, sie tuschelten bei dem Versuch, diese neue Situation zu begreifen. Schließlich sind sie vor uns aufmarschiert. Wir haben die Listen derjenigen aufgestellt, die man als Facharbeiter im Lager zu behalten versuchen wollte.
Ich hatte noch immer nicht Daniel angeschaut, der rechts neben mir saß. Auch er hatte mich nicht angeschaut. Ich hörte nur seinen gehetzten Atem.
Die ersten zwei Juden aus den polnischen Lagern, deren Karteikarten ich hatte ausfüllen müssen, waren Ungarn. Ich habe sie nicht in die Liste der Facharbeiter eingetragen. Erstens waren beide Kürschner. Zweitens hatten sie keinerlei Chance, davonzukommen, selbst wenn sie im Lager blieben. Nur ein Wunder, eine letzte hartnäckige, verzweifelte Anstrengung ihrer erschöpften Körper, ihres flackernden Geistes hielt sie noch aufrecht. Der zähe Schatten des Todes war bereits in ihren hervorquellenden Augen sichtbar.
Der dritte, der vor mir antrat, war Pole. Er war wesentlich jünger als seine beiden Vorgänger. Oder vielmehr, man konnte, wenn

man ihn genauer betrachtete, mit viel Phantasie folgern, daß er ein junger Mann war. Ein Mann, der schätzungsweise fünf bis sechs Jahre älter war als ich: das heißt, fünf- oder sechsundzwanzig. Er war noch nicht allem um ihn herum gegenüber abgestumpft, er wollte wissen, woran er war. Er hat mir einige hastige Fragen auf deutsch gestellt. Ich habe wiederholt, was Glucker ihnen soeben gesagt hatte. Er nickte, er versuchte sich dieser neuen Realität anzupassen. Er versuchte zu verstehen, wie es möglich war, daß wir hier, im Warmen, im Trockenen, in Hemdsärmeln, als einflußreiche Personen saßen, ohne beflissene Diener der SS zu sein.

Danach habe ich ihm meinerseits einige Fragen gestellt.

Ich habe ihn gefragt, warum sie den Hitlergruß gemacht hatten. Aber er verstand diese Frage nicht, sie erschien ihm absurd. So war es eben, das sei alles. Es war die Gewohnheit, es war die Vorschrift, sonst nichts. Er zuckte mit den Achseln, meine Frage erschien ihm absurd. Was sie übrigens auch war.

Dann habe ich das Thema gewechselt, ich habe ihn gefragt, woher sie kamen. Er hat mir geantwortet, daß sie seit Monaten unterwegs seien, mit kurzen Aufenthalten an allerlei Orten. Sie hätten, sagte er mir, Polen schon vor langem verlassen. Sie seien in einem kleinen Lager bei Tschenstochau gewesen, eines Tages hätten sie Kanonendonner, das Geräusch des sich nähernden Krieges, gehört. Und dann seien eines Morgens, bei Tagesanbruch, die Deutschen abgezogen. Sie seien allein geblieben, ohne deutsche Aufseher. Keine Posten mehr auf den Wachttürmen. Das sei verdächtig gewesen, sicher eine Falle. Sie hätten sich versammelt, die Alten hätten entschieden, daß es verdächtig sei, sicher eine Falle. Dann hätten sie sich unter der Führung der Alten zusammengeschart, sie hätten das Lager verlassen, sie seien in Reih und Glied zur nächsten Stadt marschiert, keiner habe die Kolonne verlassen. In der Stadt habe es einen Bahnhof gegeben, deutsche Transportzüge, die nach Westen fuhren. Sie hätten sich bei den Deutschen gemeldet, sie hätten gesagt: da wären wir, man hat uns vergessen. Es sei zu Diskussionen gekommen, die Deutschen hätten nichts von ihnen wissen wollen. Aber schließlich hätten die Deutschen sie in einen Zug einsteigen lassen. Auch sie seien nach Westen abgefahren.

»Aber warum denn«, frage ich verblüfft.

Er schaut mich an, als wäre ich ein Idiot. Er erklärt es mir.

»Die Deutschen fuhren ab, nicht wahr?« sagt er zu mir.
»Na und?«
Er schüttelt den Kopf. Ich kapiere absolut nichts. Er erklärt es mir ruhig:
»Wenn die Deutschen abfuhren, kamen die Russen, nicht wahr?«
Das scheint mir unwiderlegbar zu sein. Ich nicke.
»Ja«, sage ich zu ihm, »na und?«
Er beugt sich zu mir, gereizt, von jäher Wut gepackt. Er schreit fast.
»Sie wissen also nicht«, schreit er mir zu, »daß die Russen die Juden hassen?«
Ich schaue ihn an.
Er weicht zurück, er hofft, daß ich es jetzt kapiert habe. Ich glaube, daß ich es tatsächlich kapiert habe. Mit tonloser Stimme frage ich ihn nach seinem Beruf.
»Kürschner«, antwortet er mir.
Ich schaue ihn an, ich schaue seine Gefangenennummer an. Ich trage ihn als Facharbeiter ein. Ich trage ihn als Elektriker ein, das ist die erste berufliche Qualifikation, die mir einfällt.

Du wirst niemals die Juden aus Tschenstochau vergessen.
Du wirst altern, der schwarze Schleier des fortschreitenden Gedächtnisverlustes, vielleicht des Schwachsinns, wird sich über einen Teil deiner inneren Landschaft breiten. Du wirst nichts mehr von der leidenschaftlichen Zärtlichkeit von Frauenhänden, Frauenmündern, Frauenlidern wissen. Du wirst den Faden der Ariadne in deinem eigenen Labyrinth verlieren, du wirst, geblendet vom ganz nahen grellen Licht des Todes, darin herumirren. Du wirst Th., das Kind, das du über alles auf der Welt geliebt hast, anschauen, und du wirst vielleicht nichts mehr zu dem Mann sagen, der aus ihm geworden ist, der dich mit einer Mischung aus mitleidiger Zärtlichkeit und unterdrückter Ungeduld betrachten wird.
Du wirst bald tot sein, mein Alter.
Du wirst nicht in Rauch aufgegangen sein, als leichte Wolke über dem Ettersberg, die zu einem letzten Abschiedsgruß an die Kumpel noch kurz herumschwebt, ehe der Wind über der Thüringer Ebene sie auflöst. Du wirst bald irgendwo, unter der Erde liegen: jedes Stück Erde ist es wert, darin zu verwesen.

Aber du wirst sie niemals vergessen. Du wirst dich bis zu deiner letzten Minute an die Juden aus Tschenstochau erinnern, die erstarrt strammstehen, wobei sie eine übermenschliche Anstrengung machen, um den Arm zum Hitlergruß erhoben zu halten. Die tatsächlich Juden geworden sind, das heißt, ganz im Gegenteil, die wahre Negation des Juden, dem Bild entsprechend, das eine bestimmte Geschichtsperiode sich von den Juden gemacht hat. Eine ganz offen antisemitische Geschichtsperiode, die nur elende und unterwürfige Juden duldet, um sie verachten und ausrotten zu können. Oder eine noch lächerlichere andere Geschichtsperiode, die zuweilen nicht weiß, daß sie antisemitisch ist, die sogar vorgibt, es nicht zu sein, aber die nur unterdrückte Juden duldet, Opfer, um sie bejammern und anläßlich ihrer Ausrottung beklagen zu können.
Heute, am 1. Mai 1979, hast du dich erneut an die Juden aus Tschenstochau erinnert.
Du saßest an deinem Schreibtisch, voller Unbehagen wegen einer unvollendeten Arbeit. Seit mehreren Wochen hattest du dieses Manuskript wieder hervorgeholt, um letzte Hand daran zu legen, sagtest du zu dir. Aber es war nicht das erstemal, daß du letzte Hand daran zu legen vorgabst, ohne daß es dir gelang. Vielleicht lag es einfach daran, daß du nicht wirklich die letzte Hand daran legen wolltest. Vielleicht lag es ganz einfach daran, daß dieses unvollendete, immer wieder hervorgeholte, umgeschriebene, vergessene, wiederentdeckte Manuskript, das im Laufe der Jahre zu einem gefährlichen autonomen Leben gewuchert war, das du nicht mehr zu meistern vermochtest, daß dieses Manuskript ganz simpel dein Leben war. Du wolltest doch keinen Schlußstrich unter dein Leben ziehen! Du wolltest doch keinen Schlußstrich unter die Erinnerungen an die Lager ziehen, das war natürlich unmöglich. Vielleicht würde es dir nie gelingen, diese Geschichte zu vollenden, weil sie zwangsläufig unvollendbar ist, weil das Wort »Ende«, selbst wenn es dir eines Tages gelänge, es zu schreiben, nur auf lächerliche Weise die provisorische Unterbrechung einer Niederschrift, einer Erinnerung sanktionieren würde, einer Erinnerung, die sogleich ihre Arbeit wiederaufnehmen würde, offenkundig oder unterirdisch, explizit oder heimlich.
Wie dem auch sei, du saßest an deinem Schreibtisch mit dem vagen einsamen Unbehagen wegen einer Arbeit, bei der es dir nicht gelang, den Faden, den Sinn, die Notwendigkeit wiederzu-

finden, als du den Eindruck gehabt hast, daß sich draußen das Licht änderte. Du hast aufgeblickt, du hast hinausgeschaut, du hast die Bäume des Platzes, deinem Fenster gegenüber, erblickt, die der Frühling mit grünen Trieben bedeckt hatte, und das Licht hatte sich tatsächlich geändert. Vorhin war es ein durchsichtiges und tiefes Frühlingslicht gewesen. Aber es hatte sich jäh geändert, es war grau und dick geworden, obwohl im Hintergrund ein schillernder Schimmer es durchwirkte.

An diesem 1. Mai 1979 wirbelte ein plötzliches Schneegestöber vor deinen Augen in Paris um die Bäume des kleinen Platzes am Boulevard Saint-Germain.

Vor vierunddreißig Jahren, am 1. Mai 1945, warst du gerade in Paris angekommen. Du bewahrst die Erinnerung an einen Schneeschauer auf dem Umzug am 1. Mai. Die Schultern und Haare der Demonstranten wurden weiß von den Flocken. Schnee fiel auf die roten Fahnen des 1. Mai. Als wäre dieser letzte Eintagsschnee – der letzte Schnee dieses Winters, dieses Krieges, dieser Vergangenheit – nur plötzlich gefallen, um das Ende dieser Vergangenheit, dieses Krieges, dieses Winters zu unterstreichen. Als wäre aller Schnee, der so lange die Buchen im Wald um Buchenwald bedeckt hatte, gerade geschmolzen, geschüttelt von einem Windstoß des Frühlings, der die roten Fahnen flattern, sich entfalten ließ, sie plötzlich mit Flor bedeckte, der nicht der der Trauer war, sondern der glänzende Flor der Hoffnung.

Aber dieser heutige Schnee, am 1. Mai 1979, war nicht nur eine Wiedererinnerung. Er war auch ein Vorzeichen. Einige Stunden später teilte eine Freundesstimme dir am Telefon mit, daß Eduard Kusnezow gerade aus dem Gulag von Breschnew entlassen worden sei. Er sei in New York eingetroffen und scheine die Absicht zu haben, möglichst bald nach Israel zu reisen.

Da hast du dich an die Juden aus Tschenstochau erinnert.

Vor einigen Monaten, Ende Januar 1979, hattest du an einer vom internationalen Komitee zur Freilassung von Eduard Kusnezow veranstalteten Versammlung teilgenommen. Zu all den politischen und allgemeinen Gründen, dort zu sein, neben den Frauen und Männern, die um die Freilassung von Kusnezow kämpften, zu so offensichtlichen Gründen, daß es unnötig ist, sie hier noch einmal ins Gedächtnis zu rufen, gesellten sich einige persönliche Gründe. Der erste war sicherlich, daß Kusnezow sein Judentum nicht erlitt, daß er es gewählt hatte. Er hatte sich für diese

Abstammung entschieden, auf die Gefahr hin, gegen den strengen Wortlaut des jüdischen Gesetzes zu verstoßen, das die Ausschließlichkeit der mütterlichen, viszeralen, leiblichen Abstammung festlegt, und vielleicht verstieß er gegen den Wortlaut des Gesetzes, weil diese Herkunft, die er gewollt hatte, ideal, ja sogar symbolisch war, weil sie eine freie Wahl war, weil sie sich folglich gegen alle Gesetze richten mußte.

Durch seinen Willen, Jude zu sein, nahm er den entgegengesetzten Standpunkt zu dem der Juden aus Tschenstochau ein. Es gab nichts, dem er sich fügte, nichts, das er hinnahm, nichts, dem er sich unterwarf: er war freiwillig, unwiderruflich Jude. Er war allem gegenüber Jude, sich selbst gegenüber Jude: zumindest gegenüber einem wichtigen Teil seiner selbst.

Es gab noch andere persönliche Gründe, um dich für Eduard Kusnezow zu interessieren.

Vor einiger Zeit hattest du Gelegenheit gehabt, einen Brief zu lesen, den Kusnezow in dem Sonderlager geschrieben hatte, in dem er seine Strafe verbüßte, und der in einer Pariser Wochenzeitung veröffentlicht worden war. Und mir hatte der Atem bei der Lektüre dieser Zeilen gestockt:

»Das Erlebte holt das Eingebildete ein. Der Traum dringt in den Traum ein. Das desorientierte Gedächtnis kratzt sich stotternd am Hinterkopf: alles, was es auf der anderen Seite der Wachttürme gibt, stammt von einem anderen Planeten . . . Aber ich ertappe mich manchmal in flagranti bei den subtil schizophrenen Versuchen, einen schrecklichen Zweifel zu erhellen, der mir wie eine Erleuchtung vorkommt: das Lager und alles, was drin vorgeht, wäre die einzige Realität, der Rest hätte nur den Wert einer Fata Morgana, einer der sinnestäuschenden Wirkung der Wassersuppe folgenden Fata Morgana. Oder ich komme plötzlich auf den Gedanken, daß ich an jenem berüchtigten Silvesterabend 1971, an dem ich zur Hinrichtung abgeführt wurde, tatsächlich erschossen worden bin. Aber ich sollte, wie ein Sieb von Kugeln in einer realen Welt durchlöchert, weiter in einer illusorischen Dimension mechanisch funktionieren, Frucht meiner inständigen Gebete im Augenblick der Gewehrsalve.«

Es sah durchaus so aus, daß du nicht der einzige gewesen warst, der diesen Traum träumte, der träumte, in einem Traum zu leben, träumte, der Traum eines Toten von einst zu sein. Diese Zeilen, die Kusnezow ein Vierteljahrhundert, nachdem du das Lager

Buchenwald verlassen hattest, schrieb, drückten Wort für Wort die Gefühle aus, die du persönlich hattest, die dein Eigentum waren. Diese Zeilen enthüllten, mit einem Anflug von Ironie, daß es, um die Absonderlichkeit dieser Empfindung auszugleichen, der *subtil schizophrenen Versuche* bedarf, bei denen du dich gelegentlich ertappt hattest und die dir sogar gefallen hatten. Es sah also durchaus so aus, daß dein Fall nicht hoffnungslos war, denn er war nicht einmalig. Eine Krankheit der Seele, die nur dich, dich allein, befallen hätte, wäre sicherlich unheilbar gewesen: es gibt keine Therapie für extreme Einzigartigkeit, für einen einmaligen Fall. Die Wissenschaft interessiert sich nicht dafür. So aber könntet ihr, wenn dein Fall nicht einmalig war, wenn Kusnezow die gleichen Symptome gespürt hatte wie du – und sein Brief, aus dem du gerade zitiert hast, beweist das unzweideutig – wenigstens eines Tages zusammen darüber sprechen.
Selbstverständlich nur unter der Voraussetzung, daß er seine Freiheit wiedererlangt.
Du saßest also auf der Tribüne eines Konferenzsaales des jüdischen Kulturzentrums am Boulevard de Port Royal, am 29. Januar 1979. Du hörtest Jean-Pierre Vernant zu, der gerade nach André Sinjawski das Wort ergriffen hatte. Du hörtest ihm aufmerksam zu, weil Vernant, was immer auch die biographischen Unterschiede zwischen euch sein mochten, aus der gleichen Vergangenheit, aus dem gleichen kulturellen Horizont des Kommunismus hervorging wie du. Und du hörtest umso aufmerksamer zu, als du gerade vor einigen Wochen die meisten seiner Arbeiten über die griechischen Mythen und das griechische Denken gelesen oder wieder gelesen hattest. Aber vor einigen Wochen hattest du dich lebhaft für Persephone interessiert, für die verwirrende, bedeutungsreiche Sage ihres Aufenthaltes in der Hölle.
Aber Jean-Pierre Vernant sprach an jenem Januartag über eine andere Reise in die Hölle. Du hörtest ihn über die Situation der Juden in der UdSSR sprechen. Vernant sagte in etwa, daß der Nationalstatus des Juden in der UdSSR »darin besteht, daß man all dessen beraubt wird, was der Begriff der Nationalität selbst an Positivem enthalten kann: man ist Jude, also ist man kein Russe, also ist man kein Ukrainer, und man hat nicht deren Rechte, aber gleichzeitig werden einem, weil man Jude ist, die positiven Rechte verweigert, die zur Nationalität gehören. Man hat keine

autonome Kultur. Die einem eigene Sprache wird nicht anerkannt. Die einem eigene Religion darf nicht zum Ausdruck kommen, und in diesem Sinne ist man gewissermaßen kein Russe, und man ist auch nicht irgend etwas anderes. Man ist nichts, oder genauer, man hat nur die Möglichkeit, irgend etwas zu werden, indem man sich ein Vaterland schafft, also indem man Zionist ist. Und dies ist so wahr, daß für eine große Menge von Leuten Jude sein und Zionist sein das gleiche ist.«

Du hörtest Jean-Pierre Vernants Worten zu, du dachtest, daß er recht hatte, tausendfach recht, daß der Zionismus tatsächlich eine der Formen ist – wohl die wichtigste, in Epochen der massiven Isolierung, der weltweiten Verfolgung, des Völkermords, die jüdische Identität zu bestätigen, sie in die Zukunft zu projizieren, sie im Blut der Zukunft zu verwurzeln, die sicher nicht die des Gelobten Landes ist, sondern einfach die eines Landes, eines mütterlichen Vaterlandes – oder im Fall von Kusnezow, der freiwillig eine andere jüdische Abstammung gewählt hatte, eines väterlichen Mutterlandes –, jedenfalls einer Heimat. Und diese immense Rolle hat der Zionismus gespielt und spielt sie noch, obwohl er in sich selbst seinen Widerspruch, den Keim seiner ideellen Vernichtung enthält, da er das jüdische Volk dahin führt, ein Volk wie jedes andere, ein Staat wie jeder andere zu werden. Sicher ein geschichtlich absolut notwendiger Staat, den es gegen jegliche Aggression zu verteidigen gilt, eine der seltenen Regionen auf der Welt, wo keinerlei Kompromiß akzeptabel ist, da die Existenz Israels der Prüfstein der Unmenschlichkeit oder der Menschlichkeit ist und zudem die Voraussetzung, einerlei welchen Staub dieser Aspekt des Problems gegenwärtig aufwirbelt, also die Voraussetzung für die mögliche Entstehung eines arabischen Palästinas, das überdies nur ein Erdölpfand, ein strategisches Territorium, ein Wechselgeld zwischen den Großmächten wäre, daß also ein palästinensisches Vaterland, eine Heimat für die Palästinenser, die Gegenrichtung des Zionismus, seine bedeutungsvolle Umkehrung wäre. Aber das, was geschichtlich wahr ist, aber das Bedürfnis der Juden nach einem Staat wie jeder andere, ist gleichzeitig für sie metaphysisch eine tödliche Gefahr. Das jüdische Volk, scheint es dir, ist in diesem Widerspruch gefangen, der sein Wesen und seine Größe ausmacht, der aus ihm wenn auch kein auserwähltes Volk macht, was undenkbar ist, so doch zumindest ein erlesenes, das gelesen hat: das biblische Volk, ein Widerspruch, der sich in seinem unveräußerlichen Recht, ein Volk wie jedes andere mit einem Land wie jedes andere und einem Staat wie jeder andere zu sein, ausdrückt – sogar wenn dieses Recht, du wägst deine Worte sorgfältig ab, sogar wenn dieses zur Realität gewordene Recht die latenten, schlummernden, vom zionistischen Recht selbst geweckten, aber unbestreitbaren arabischen Rechte auf das Land Palästinas beeinträchtigt, das nicht, wie es die Gründer erträumten, ein *Land ohne Volk für ein Volk ohne Land*, sondern ein bevölkertes Land war –, ein unveräußerliches Recht, dessen Kehrseite die metaphysische Unmöglichkeit, nur ein Volk wie jedes andere zu sein, dessen metaphysische Notwendigkeit, das Volk von Pierre Goldmann zu sein und nicht nur das von Menachem Begin. Die Notwendigkeit, die sich nicht nur in der materiellen, sondern auch geistigen Unmöglichkeit ausdrückt, vor die sich der Staat Israel gestellt sieht, das ganze jüdische Volk zu absorbieren, die Diaspora zu resorbieren, denn diese legt ebensosehr Zeugnis ab von der nationaljüdischen Identität wie der jüdische Staat selbst.

Aber du hörtest Jean-Pierre Vernant zu, und du dachtest plötzlich an die Juden aus Tschenstochau. Du dachtest an jenen polnischen Juden, der nur fünf oder sechs Jahre älter war als du, der aber das Aussehen eines Greises hatte und den du auf die Liste der Facharbeiter gesetzt hattest. Hatte er Buchenwald überlebt? Du begannst auf einmal wie wahnsinnig zu hoffen, daß er es überlebt hatte. Vielleicht hattest du ihn gerettet, indem du ihn auf die Liste der Facharbeiter gesetzt hattest, du fingst an, es wie wahnsinnig zu hoffen. Vielleicht hatte er sich, nach Hitlers Niederlage, einer der zionistischen Auswanderergruppen angeschlossen, die jüdische Freiwillige aus den verstreuten Flüchtlingslagern durch Europa zu dem Palästina unter britischem Mandat führten. Vielleicht hatte er in den Reihen der Haganah gekämpft. Vielleicht hatte er seinen Status als Jude, sein Judentum in den Reihen der Haganah wiedergefunden. Vielleicht war er unter den Hunderten von jüdischen, vor einigen Tagen von einem illegalen Schiff gelandeten Freiwilligen gewesen, die die Haganah zum Angriff auf die befestigte Stellung der arabischen Legion von Glubb Pascha bei Latrun eingesetzt hatte, auf das Trappistenkloster Unserer-Lieben-Frau-von-Latrun, wobei dieser Name keine Ortsbezeichnung ist, sondern eine Verballhornung eines lateinischen Wortes, denn auf dem Hügel, auf dem sich das Trappistenkloster erhebt, hatte eine von den Templern erbaute, am Ende des 12. Jahrhunderts unter dem Namen *Castellum Boni Latronis* bekannte Burg gestanden. Und du hattest im Herbst 1972 das Trappistenkloster von Latrun besucht, du hattest von den Hügeln aus, zwischen den christlichen Burgruinen, wo die arabische Legion ihre Geschütze aufgestellt hatte, diese biblische Ebene betrachtet, auf der in der Nacht die jüdischen Freiwilligen der Haganah aufmarschiert waren. Und vielleicht war unter ihnen jener polnische Jude aus einem Lager von Tschenstochau gewesen, der sich empörte, weil du nicht zu kapieren schienst, daß er vor dem Eintreffen der Russen geflüchtet war, dessen Blick eines Fünfundzwanzigjährigen zwanzig Jahrhunderte des Todes und der Resignation widerspiegelte, der aber vielleicht einen kämpferischen und menschlichen Blick für die kommenden zwanzig, was sage ich?, für alle kommenden Jahrhunderte bis zum Ende der Zeiten zurückgewonnen hatte. Vielleicht wiederholte der Jude, den du in Buchenwald gerettet hattest, halblaut, wie es Hunderte von Juden um ihn herum taten, die wenigen hebräischen Worte, die er gerade gelernt hatte, Worte, die er um jeden Preis kennen mußte, um die Befehle seiner Vorgesetzten zu verstehen, und er murmelte diese Worte vor sich hin, um sie nicht zu vergessen, sein Leben konnte davon abhängen, und der Sieg der Seinen konnte davon abhängen, und er war sicherlich irgendwie gerührt, diese hebräischen Worte auszusprechen, die er an diesem Tag gelernt hatte und die weder Worte des Gehorsams, noch der Resignation waren, sondern Worte zum Kämpfen, Worte zum Töten: Vorrücken! Feuer! Fächert auseinander! Auf zum Angriff! Bajonette aufpflanzen! Vorwärts marsch!, düstere und schneidende Wörter, zerfetzende und gewalttätige Wörter, schändliche Wörter, die in jener Nacht auf der biblischen Ebene vor dem Hügel von Latrun die wiedergewonnene Würde, die mögliche Identität, das Vaterland, das Mutterland, das endlich wiedergefundene Land der Milch und des Honigs aus dem Buch der Bücher ausdrückten. Und das vielfältige Gemurmel all dieser hebräischen Befehlswörter brauste wie ein tragischer und geheimnisvoller Chor durch die Nacht bis zu den Ohren der Wachtposten der arabischen Legion, die nichts davon begriffen oder die vielleicht begriffen, daß irgend etwas Fremdes und Gewaltiges sich in der Welt zu regen begann, so wie ein lebender Körper in einem Mutterschoß: der lebende Körper des verfolgten, unterdrückten, gedemütigten Juden, der scheinbar sein Wesen aufgegeben, aber auf einmal wiedergefunden hatte, der sich von neuem selbst auf die Welt brachte, in der biblischen Schreckensnacht, in der die Überlebenden aus Oswiekim und Birkenau, aus Buchenwald und Dachau im Begriff waren, den Himmel, das sternenbesäte Firmament über dem Land Judäa zu stürmen, sich inmitten von Blut und Tränen das Leben zu schenken.

Aber du saßest allem Anschein nach am 29. Januar 1979 auf der Tribüne eines jüdischen Kulturzentrums am Boulevard de Port-Royal. Du hörtest allem Anschein nach den Reden zu, die diese Männer und Frauen über Eduard Kusnezow hielten. Du hörtest jetzt Marthe Robert zu, und dennoch war ein Teil deiner selbst weit entfernt. Ein Teil deiner selbst irrte schemenhaft in der Erinnerung der Juden herum, einer Erinnerung, die du während deiner Reise durch Israel 1972 ständig, beharrlich wiedergesehen hattest. Aber sicherlich kam dieser Teil deiner selbst, der sich von den Worten von Marthe Robert zu entfernen schien, hingegen doch darauf zurück, sicher führte dich die Erinnerung an die Juden aus Tschenstochau zum Essentiellen der Worte von Marthe Robert zurück.

Du erinnertest dich an die Juden aus Tschenstochau, die in das Nebengebäude der Arbeitsbaracke getreten waren, an einem fernen Wintertag, in Fünfzehnergruppen, an die ersten fünfzehn Juden aus Tschenstochau, die mit übermenschlicher Anstrengung lächerlich unbeweglich strammstanden, den rechten Arm zum Hitlergruß erhoben. Und Fritz hatte sich nicht geirrt. Fritz, dieser alte Scheißer, dieser alte Kommunist. Er hatte sie mit kreischender, fast hysterischer Stimme sogleich beleidigt. Allzu glücklich darüber, dieser alte Scheißer Fritz, auf Juden zu stoßen, die offensichtlich dem Bild glichen, das er sich von ihnen machte, er selbst, der alte Kommunist, dieser alte Antisemit.

Du hattest dich Jahre später in Israel an die Juden aus Tschenstochau erinnert. Du hattest dich auf dem Hügel von Latrun an sie erinnert. Du hattest dich in der Gegend der Brunnenbecken Salomons an sie erinnert, einer der menschlichen Landschaften – vermenschlicht durch die Gegenwart der jahrtausendealten menschlichen Arbeit, der jahrtausendealten jüdischen Arbeit, die noch mit dem Erdboden und den Quellen verwurzelt war, ehe sie über die ganze Welt verstreut und ihr das Land verboten wurde, ehe der jüdischen Arbeit verboten wurde, sich dem Land zu widmen, um es umzupflügen, es zu bebauen, es zu besitzen – eine menschliche Landschaft von altüberlieferter Schönheit, um die in den Fels gehauenen Brunnenbecken herum, die das lebendige Wasser auffingen.

Aber plötzlich hörst du, wie dein Name oder eher der Name, den man seit einiger Zeit benutzt, um dich zu benennen, aufklingt. Du hörst die Stimme von Hélène Parmelin, die ankündigt, daß du das Wort ergreifen wirst, daß sie dir das Wort erteilt.

Du kannst dich, mit einem flüchtigen unsichtbaren Lächeln, nicht des Gedankens erwehren, daß die Frauen dieser Familie absolut autoritär sind. Daß sie absolut Autorität besitzen. Denn du hattest jeglichen Gedanken daran aufgegeben, an jenem Januarabend 1979 das Wort zu ergreifen. Du hattest gerade Hélène Parmelin einen Zettel zugeschoben, um ihr deine Absicht mitzuteilen, nicht das Wort zu ergreifen. In der Tat ergreifst du nicht gern das Wort in der Öffentlichkeit, vor allem nicht dann, wenn die Umstände einen auf eine Tribüne emporheben. Zudem bist du eher in einer Schule der illegalen Worte, der kurzen und eingeschränkten Zusammenkünfte ausgebildet worden. Aber das war nicht das Wesentliche. Das Wesentliche war, daß du an diesem Abend nur Lust hattest, von den Juden aus Tschenstochau zu reden, was unmöglich war. Es schien dir unmöglich zu sein, in der Öffentlichkeit, aus dem Stegreif, von deiner plötzlich wiederaufgetauchten persönlichen Erinnerung zu reden. Du fandest das indezent. Sicherlich hättest du davon mit den meisten an diesem Abend anwesenden Personen unter vier Augen, einzeln reden können. Aber zu denselben versammelten, einen massiven Druck ihrer Anwesenheit ausübenden Personen davon zu reden, erschien mir unmöglich. Oder indezent. Natürlich hätte ich mit Eduard Kusnezow davon reden können. Aber Kusnezow war nicht da, er war in einem Sonderlager des Gulag von Breschnew. Daher hattest du keine Lust mehr, zu reden.

Aber die Stimme von Hélène Parmelin stößt dich nach vorne, in den Zwang zu reden. Das erinnert dich an eine ferne Episode. Damals war es nicht die Stimme Hélènes, die dich aus dem Schweigen gerissen hatte, sondern die ihrer Schwester Olga Wormser. Du warst vor Jahren im Haus der Jugend und Kultur in Sarcelles. Anna Langfus hatte dich gebeten, dorthin zu kommen. Sie hatte dort eine Art Konferenz-Debatte über die Konzentrationslagererfahrung veranstaltet, und Olga Wormser, die sich als Historikerin mit dieser Erfahrung befaßte, sollte den Vorsitz führen. Du hattest vor ein oder zwei Jahren *Die große Reise* veröffentlicht, und du schienst der Richtige zu sein, dieses Theater mitzumachen. So fand ich mich in der M.J.C. von Sarcelles wieder, in Gesellschaft einiger Frauen und Männer, die deportiert worden waren. Sie erzählten der Reihe nach von ihren Erfahrungen. Das war tadellos, das faszinierte dich. Das stammte aus erster Hand, das war sachkundig. Sie fühlten sich in ihrer Rolle als Zeugen völlig wohl. Du sagst das nicht mit irgendeiner schmälernden oder verächtlichen Absicht, keineswegs. Du sagst das mit einer Art verblüffter Bewunderung. Denn all diese alten Widerstandskämpfer und -kämpferinnen waren achtbare, überaus achtbare Personen. Es gab unter ihnen sogar sogenannte Helden. Aber du hörtest ihnen zu, fasziniert von der Leichtigkeit ihrer Ausdrucksweise, von ihrer Beredsamkeit, von dem Selbstvertrauen bei ihrer Zeugenaussage, von ihrer Gewißheit, noch am Leben zu sein, wofür sie den Beweis erbrachten. Je länger sie mit Wärme und Genauigkeit redeten, desto mehr fühltest du dich in ein konfuses Nichts gedrängt, desto weniger wußtest du, was du diesen braven Einwohnern von Sarcelles sagen solltest, die mit der höchst ehrenwerten, vielleicht sogar lobenswerten Absicht gekommen waren, sich anzuhören, wie diese Überlebenden ihnen eine Erfahrung vermittelten, ohne zu wissen, daß sich diese nicht vermitteln ließ, daß man das Nicht-Mitteilbare nicht vermitteln kann. Zumindest nicht vermittelbar auf Befehl, nicht vermittelbar zur festgesetzten Stunde, beim Gongschlag, beim vierten Zeitzeichen sind Sie dran. Und jetzt warst du eben dran, die Stunde zum Reden hatte geschlagen, und Olga Wormser hatte dir das Wort erteilt. Du weißt nicht mehr, was du gesagt hast, was du hast erzählen können. Du erinnerst dich nur, daß du nach ein oder zwei Minuten gestockt hast. Offenbar hattest du, wie es heißt, den Faden verloren. Eine banale Situation, in der der Erzähler, nach irgendeinem Zwischenfall oder irgendeiner Abschweifung für einen Augenblick aus dem Konzept gekommen, sich ans Publikum wendet oder an sich selbst, mit der Frage: Wo bin ich stehengeblieben? Wo bin ich eigentlich? Du hattest nicht nur offenbar den Faden deiner Rede verloren, du hattest außerdem den Faden deines Lebens verloren. Du wußtest einfach nicht mehr, wo du in deiner Erzählung warst, du wußtest nicht mehr, wo du ganz allgemein warst, auch nicht warum oder wieso. Du warst wahrhaftig nirgendwo. Wie solltest du deine Erzählung fortsetzen, wenn du nicht mehr wußtest, wo der Redner war oder sogar, wer er war? Von welcher Erfahrung solltest du zu ihnen sprechen, da du keine andere Erfahrung zu vermitteln hattest als die des Todes, das heißt, das einzige, das du zwangsläufig nicht erlebt haben konntest, das nur ein anderer erlebt haben konnte? Aber wer denn? Warum war er nicht hier an deiner Stelle, jener andere, der hätte leben und daher die Erfahrung deines Todes vermitteln können? Da hast du dich, am Ende deiner Kräfte, also aus Verzweiflung Olga Wormser zugewandt, die zu deiner Rechten saß und den Vorsitz bei dieser sympathischen Veranstaltung führte, und hast halblaut zu ihr gesagt: »Ich frage mich, was ich hier zu suchen habe, wo ich bin!« Und sie hat, wobei sie dir in die Augen blickte, mit leiser Stimme, aber ohne eine Antwort darauf zu geben, dir den letzten Satz wiederholt, den du gesagt hattest, ehe du mit Mann und Maus in diesem qualvollen Schweigen versunken warst. Also hast du dich an die Einwohner von Sarcelle gewendet, die an dieser Abendveranstaltung teilnahmen, und mechanisch deine Rede an dem Punkt wiederaufgenommen, an dem du steckengeblieben warst. Sicherlich konntest du nichts anderes tun. Du mußtest nur deine Rolle als Überlebender nach diesem Loch in deinem Gedächtnis wiederaufnehmen, das dich den Faden hatte verlieren lassen. Du hattest nur die Rolle des Zeugen auf dich zu nehmen. Du warst nicht wegen irgend etwas anderem hier. Du warst hier, um diese Rolle zu spielen, sie darzustellen. Du hattest ein Loch in deinem Gedächtnis, in das du für ewig gefallen warst, aber man hatte dir die letzten Wörter deines Textes souffliert, und die Darstellung hatte weitergehen können. Man war hier als überlebender Zeuge, all diese Helden und du selbst, und die Rolle eines Zeugen besteht darin, etwas zu bezeugen, sonst nichts. Die Rolle eines Zeugen ist nicht die einer Figur, die, wie in einem romantischen Melodrama mit Geheimtreppen, falschen Türen, Farcen und Attrappen, in einer Falle verschwindet. Die Rolle eines Zeugen hat immer darin bestanden, zu reden, du konntest also nicht stumm bleiben. Man stelle sich einen stummen Theramenes vor, der die Theramenes zugeschriebenen Rede nicht halten konnte? Du hast also in Sarcelles geredet, du hast von deinem Leben als Überlebender erzählt. Du hättest von deinem Tod erzählen können, aber schließlich kann man den Zuhörern einer solchen Konferenz-Debatte nicht zuviel zumuten. Sie sind gekommen, die Lebens- oder Überlebensgeschichte von einem zu hören, und es wäre taktlos, ihnen die Geschichte des Todes von einem selbst aufzuzwingen.

Aber du hast aufgeblickt und die Menge betrachtet, die sich in diesem Saal des jüdischen Kulturzentrums am Boulevard de Port-Royal zusammendrängte. Natürlich hast du geredet. Hélène Parmelin hatte recht. Du warst nicht hergekommen, um in einen Abgrund persönlicher Reflexion zu stürzen. Du warst gekommen, um über Kusnezow zu reden, um ihm, im Rahmen des Möglichen, durch deine Rede zu helfen. Also hast du geredet.

Einige Monate später, am 1. Mai 1979, hast du dich erneut an all das erinnert. Du hast dich an Eduard Kusnezow und an jene Worte erinnert, die er in einem Brief geschrieben hatte. Nachdem er jetzt frei war, könntest du vielleicht eines Tages mit ihm über jenen Eindruck sprechen, den ihr gemeinsam hattet: den, das Leben irgendeines anderen zu leben. Und du hast dich an die Juden aus Tschenstochau erinnert. Vielleicht könntest du eines Tages mit Kusnezow über die Juden aus Tschenstochau sprechen. Du hast dich an den Schnee erinnert, an die unermeßliche Schneedecke der Lager, die sich von Mitteleuropa bis zum hohen Norden der Sowjetunion erstreckte. Du hast dich an den leichten Frühlings-Schneeschauer erinnert, der auf den 1.-Mai-Umzug niederging, vor vierunddreißig Jahren, nach einer ganzen Lebensspanne hast du dich beim Anblick der Frühlingsflocken jenes plötzlichen Schneegestöbers am 1. Mai 1979 daran erinnert.

Vor vierunddreißig Jahren kehrtest du aus Buchenwald zurück. Du betrachtetest die von feinen vergänglichen Schneefransen verzierten roten Fahnen des 1. Mai. Zur gleichen Zeit begannen die russischen Überlebenden aus den Nazilagern in den Gulag-Lagern Stalins einzutreffen. Am Vortag des 1. Mai entfernte man die Verdunklungsrouleaus von den Zellenfenstern des Lublianka-Gefängnisses in Moskau. »Der Krieg ging offensichtlich seinem Ende entgegen«, schrieb Alexander Solschenizyn später.

Zu der gleichen Zeit, als du den Fuß auf den Boden der Freiheit setztest, in der strahlenden Unschuld dieses Sieges über den Faschismus, begann Alexander Solschenizyn den Weg in die Hölle zu beschreiten. Am 1. Mai 1945 war die Stille im

Lublianka-Gefängnis tiefer denn je. Und dann, am 2. Mai, hörten die Insassen des Lublianka-Gefängnisses eine Salve von dreißg Kanonenschüssen, »was bedeutete, daß die Deutschen gerade eine weitere europäische Hauptstadt aufgegeben hatten, es galt nur noch zwei zu erobern: Prag und Berlin; wir mußten erraten, welche von beiden es war«, sagt Alexander Solschenizyn. Aber selbst wenn sie an diesem Tag nicht erraten hatten, um welche Hauptstadt es sich handelte, um Prag oder Berlin, so wurde das Problem am 9. Mai durch eine neue Salve von dreißig Kanonenschüssen gelöst: Prag war gerade gefallen, oder Berlin. Die letzte europäische Hauptstadt war jedenfalls von der Roten Armee erobert worden. Aber Solschenizyn fügt hinzu: »Dieser Sieg war durchaus keiner für uns. Dieser Frühling keiner für uns.«
Und heute, am 1. Mai 1979, dachtest du, für wen ist heute, als jenes Schneegestöber dir die Freilassung von Eduard Kusnezow anzukündigen schien, dieser Frühling? Was halten heute, da man Anstalten macht, um den vierunddreißigsten Jahrestag des alliierten Sieges, des Endes des Nazismus, des Endes der deutschen Lager zu feiern, die Tausende von Gefangenen, die nach der Freilassung von Eduard Kusnezow in den Lagern des Gulag von Breschnew verbleiben, von diesem Frühling?
Und du hast dich abermals an die Juden aus Tschenstochau erinnert. Du hast gedacht, daß man weiter um sie kämpfen müsse.

»Und Blum, hast du ihn schon getroffen?« fragt Daniel.
»Blume? Aber nein«, sage ich zu ihm. »Ich bin nur mit Spoenay weggegangen. Jean Blume ist hiergeblieben. Du hättest ihn sehen müssen.«
Daniel schüttelt den Kopf.
»Nicht Jean. Sondern Léon! Léon Blum, meine ich.«
Ich schaue ihn fragend an. Seit Meiners die Kantine verlassen hat, seit jener stummen Heraufbeschwörung der Juden aus Tschenstochau, die nur eine Sekunde gedauert hat, nur die Zeit, um einen Blick zu wechseln und gleich wieder abzuwenden, sind wir beide im Hinterzimmer der *Arbeit* geblieben, um bis zum Mittagsappell zu plaudern.
Der Sonntagvormittag geht schließlich seinem Ende entgegen. Die Sonntagvormittage sind freilich nicht länger als die anderen,

aber sie scheinen endlos zu sein. Die Sonntagvormittage dauern sieben Stunden, wie alle anderen Vormittage. Ungefähr, bis auf wenige Minuten, je nach Dauer des Morgenappells, von fünf Uhr morgens bis mittags. Bis zur Mittagspause. Es ist jeden Tag das gleiche, die gleiche Zeiteinteilung. Aber die Sonntagvormittage scheinen länger zu sein als die anderen. Vielleicht weil man es eilig hat, zum Sonntagnachmittag zu gelangen, zu diesen wenigen Stunden Freizeit. Sie verstehen mich schon.

Dennoch geht dieser Sonntagvormittag seinem Ende entgegen.

»Nicht Jean«, hat Daniel gesagt. »Léon! Léon Blum, meine ich.«

Ich schaue ihn an, kapiere es nicht sofort.

Ich habe ihm gerade von meinem Spaziergang heute morgen erzählt, von dem Zwischenfall mit dem SS-Unteroffizier bei der großen Buche, von dem Gespräch mit Hauptsturmführer Schwartz über den Goethe-Baum. Ich habe ihm von meiner Träumerei erzählt, in der Goethe und Eckermann einen Spaziergang gemacht haben. »Wenn ich hier lebend herauskomme«, habe ich zu Daniel gesagt, »werde ich eines Tages ein Buch schreiben und ihm den Titel *Gespräche auf dem Ettersberg* geben. Darin werden sich Goethe und Eckermann an einem Dezembertag 1944 auf einem Spaziergang in der Umgebung des Lagers Buchenwald unterhalten. Und sie werden allerlei überraschende Gesprächspartner haben, das wirst du sehen«, habe ich zu ihm gesagt.

Aber warum erzählt er mir von Blum?

»Blum? Was hat denn, zum Teufel, Léon Blum in dieser Geschichte zu suchen?«

»Na gut!« sagt er gelassen. »Wenn es stimmt, daß er ein Gefangener in einer Villa des SS-Quartiers ist, so ist er eine gute Gestalt für dein Buch. Würde es dich nicht amüsieren, dir auszumalen, was Blum und Goethe sich zu sagen haben?«

Im August dieses Jahres 1944, nach dem Bombenangriff der amerikanischen Luftwaffe auf die Fabriken von Buchenwald, hatte das Gerücht unter uns die Runde gemacht, daß Léon Blum in einer abgelegenen Villa hinter dem Falkenhof interniert sei. Französische oder belgische Deportierte, die mit der Ausbesserung der von den Phosphorbomben verursachten Schäden beschäftigt waren, hätten ihn erkannt, hieß es. Manche hätten sogar durch die Gitterstäbe eines Fensters einige Worte mit ihm gewechselt, hieß es. Es hatte keinerlei Bestätigung dieses Gerüch-

tes gegeben, aber das Gerücht hatte weiter die Runde gemacht.
»Blum? Sogar wenn er im Falkenhof ist, will ich ihn nicht in meinem Buch haben!« habe ich gesagt.
»Du bist verpflichtet, ihn hineinzunehmen«, sagt Daniel dickköpfig.
»Ich pfeife auf deinen Blum!«
Aber Daniel läßt sich nicht aus der Fassung bringen.
»Erst einmal ist es nicht mein Blum«, sagt er immer noch gelassen. »Dann gehört, wenn die Geschichte des Ettersberges dir Spaß macht, Blum dazu. Er gehört mit dem gleichen Recht wie Goethe, Eckermann oder Napoleon dazu. Immerhin! Könntest du einen Kerl wie ihn, der die *Neuen Gespräche von Goethe mit Eckermann* geschrieben hat, in deinem Buch übergehen? Du hast seine Idee geklaut, Goethe unsterblich zu machen, und sonst willst du nichts von ihm wissen? Du mußt Blum mit hineinnehmen! Das ist das mindeste!«
Er hat recht, es verschlägt mir die Sprache.
Ich hatte das Buch von Blum vergessen. Ich hatte es allerdings gelesen, wir hatten am Boulevard de Port-Royal darüber gesprochen. Und sicherlich hatte, alles in allem, die unbewußte Erinnerung an diese Lektüre in mir jene Träumerei, in der Goethe an irgendeinem Dezembertag 1944 mit seinem Famulus auf dem Ettersberg spazierenging, entstehen lassen.

Am Boulevard de Port-Royal 39 befand sich das Gartenhaus, in dem Lucien Herr gegen Ende seines Lebens gelebt hatte.
Man betrat das einst stattliche, nun verkommene Haus Nummer 39. Man durchschritt das Portal, überquerte einen ersten Hof, der irgendeinem Hof eines Mietshauses glich. Dahinter gelangte man, wenn man am zweiten Gebäude vorbeigegangen war, zu einem ungewöhnlichen Ort: zu einer Grünfläche mit Bäumen, blühenden Gärtchen – wenigstens dann, wenn die Gärten in Blüte stehen –, zu einem ländlichen Ort mit einigen verstreuten Lauben und Gartenhäusern, die sicherlich von den Arbeiten verschont worden waren, die einst der Durchbruch des Boulevard de Port-Royal verursacht hatte.
Eines dieser Gartenhäuser gehörte der Familie von Lucien Herr.
Ich ging 1941 und 1942 oft dahin. Sehr steif, schwarzgekleidet,

mit sich widerborstig kräuselndem grauem Haar braute uns Madame Lucien Herr seltsame, aber aromatische Kräutertees. In der dunkelgetäfelten Bibliothek im Erdgeschoß diskutierten wir endlos. Madame Lucien Herr kam herein und ging wieder hinaus, eine große, zugleich herzliche und abwesende, gleichsam in einen inneren Traum versunkene Gestalt. Sie blieb zuweilen bei uns, musterte aufmerksam die jungen Leute, die ihren Sohn Michel umringten, brachte unentwegt mit brüsker Bewegung ihre Frisur wieder in Ordnung, hörte zu, wie wir die Welt verbesserten, wie wir sie in unserer philosophischen Überzeugung nach zur Bestandsaufnahme auslieferten, wie wir Hegel Kant an den Kopf warfen, oder umgekehrt, das hing von dem jeweiligen Tag ab. Zuweilen mischte sie sich kurz in unsere Diskussionen ein, auf eine zugleich präzise und allegorische, auf den ersten Blick abschweifende, aber immer bedeutungsvolle Art, indem sie die Erfahrung ihres Mannes, Lucien Herr, und aller Männer in Erinnerung rief, die sie in der Umgebung ihres Mannes kennengelernt hatte, die die Freunde, manchmal die Jünger von Lucien Herr gewesen waren: die besten Köpfe der Rue d'Ulm und des französischen Sozialismus.
An manchen Nachmittagen – und wenn es Frühling war, erfüllte Vogelgezwitscher die Gärten ringsherum –, also an manchen Nachmittagen – und wenn es Herbst war, überschwemmte uns der Überfluß ihres fahlroten Lichts –, an manchen Nachmittagen, wie immer sie auch sein mochten, hörte man mitunter mitten in einer höchst gelehrten Diskussion (und sicherlich einer höchst vermessenen: wir waren achtzehn, zwanzig Jahre alt) über Hegel oder die *Kritik am Gothaer Programm* oder Sextus Empiricus oder Korsch oder Kant oder Lukács die Klingel an der Haustür. Madame Lucien Herr ging hin und machte auf. Sie kam bald in Begleitung eines Mannes oder einer Frau zurück, unerwarteter Besucher, die immer eine abgegriffene schwere Lederaktentasche oder einen kleinen, bis auf die Fasern abgewetzten, von Schnüren zusammengehaltenen Koffer bei sich hatten. Madame Lucien Herr stellte sie uns flüchtig vor: ein Freund oder eine Freundin, Freunde. Der Mann oder die Frau nickte, lächelte in die Runde, stellte die abgegriffene Aktentasche oder den abgewetzten Koffer in Reichweite an das Stuhlbein und gesellte sich wie selbstverständlich zu dem Genuß der seltsamen, aber duftenden Kräutertees, zu dem ergötzlichen Austausch allgemeiner Gedanken.

Wir stellten keinerlei Fragen, wir wußten genau, mit wem wir es zu tun hatten. Das Haus von Madame Lucien Herr war ein Zufluchtsort, das wußten wir. Es war sicherlich eine Familientradition. Vor einem halben Jahrhundert, im September 1897, hatte Lucien Herr sein Fahrrad – und es war dasselbe, oder ein jüngerer Bruder davon, jedenfalls ein antiquiertes Vehikel mit geschwungener Lenkstange, das Madame Herr zu jener Zeit, von der ich spreche, immer noch benutzte – bestiegen und Léon Blum aufgesucht, der in der Nähe von Paris seine Ferien auf dem Land verbrachte. Herr hatte mit Feuereifer zu Blum gesagt: »Wissen Sie, daß Dreyfus unschuldig ist?« Und Lucien Herr war zur Seele, zum nicht zu zähmenden Organisator der Kampagne für die Wahrheit in der Dreyfus-Affäre geworden. Heute, ein halbes Jahrhundert später, war das Haus von Lucien Herr, das Haus, in dem er während seiner letzten Lebensjahre gelebt hatte, immer noch ein Zufluchtsort für Verfolgte.

Es waren Männer und Frauen in gesetzwidrigen Situationen, meistens überdies Ausländer, Flüchtlinge aus Mitteleuropa, die illegal arbeiteteten, und oft Kommunisten. Sie kamen herein, utopische und brüderliche Wanderer, anonyme Funktionäre des Universalen, sie stellten ihre Aktentasche oder ihren Koffer in Reichweite an das Stuhlbein und sie tranken die überraschenden Kräutertees von Madame Lucien Herr. Sie hörten unseren Diskussionen über die Zukunft der Welt und die Reform der Philosophie zu. Übrigens beteiligten sie sich, nach einer Weile aufmerksamen Schweigens, auch an unseren Diskussionen. Sie hatten oft treffende Dinge über die Zukunft der Welt und die Reform der Philosophie zu sagen.

So waren uns diese anonymen Wanderer im Laufe der Monate vertraut geworden. Ihre Geschmäcker, ihre Leidenschaften, ihre Obsessionen traten in dem Kommentar über irgendein Buch, irgendein Ereignis jäh zutage. Auch Bruchstücke aus ihrer Vergangenheit: eine Wiener Landschaft, eine Beleuchtung von Prag, ein Abend in Bayern unter der Räterepublik platzten wie Fieberblasen an der spiegelglatten Oberfläche ihres illegalen Lebens.

Und eines Tages kam dann Madame Lucien Herr in die Bibliothek – vielleicht war es abends, vielleicht hatten Lampen unsere besorgten Abhandlungen beleuchtet – und teilte uns mit tonloser Stimme mit, wobei sie ihre Frisur ordnete: Der und der ist

erschossen worden. Oder: Die und die ist von der Gestapo verhaftet worden.
Wir erfuhren die richtigen Namen dieser Wanderer erst in diesem letzten Augenblick, im Augenblick ihrer letzten Reise. Als hätten sie ihre Identität, die Wurzeln ihrer Entwurzelung, nur für diese letzte Reise wiedergefunden. Wir rührten uns nicht, wir betrachteten die Mutter von Michel, wir versuchten uns daran zu erinnern, was der und der vor einiger Zeit gesagt hatte, als er uns ein Exemplar von *Marxismus und Philosophie* von Korsch schenkte. Wir betrachteten die Mutter von Michel, ihre große, zerbrechliche und unverwüstliche Gestalt, und wir erinnerten uns an das, was die und die uns über die Ausrottung der polnischen KP durch Stalin berichtet hatte. Es waren Botschaften von jenseits des Grabes, die uns eine wirre und blutige, manchmal schmutzige Geschichte mitteilten, in der aber die Utopie des Universalen symbolisch weiterwirkte. Lachhaft.
Das war 1941, 1942 am Boulevard de Port-Royal im Hause von Lucien Herr.
Dort hatte ich auch das Buch von Léon Blum, *Neue Gespräche von Goethe mit Eckermann*, gelesen. Es war selbstverständlich ein Exemplar mit einer Widmung des Autors. Ich glaube sogar, daß es das letzte Buch aus der Bibliothek von Lucien Herr war, das ich am Boulevard de Port-Royal gelesen hatte. Danach hatten Michel und ich uns nach vorübergehender Abrechnung mit unserem philosophischen Gewissen der illegalen Arbeit zugewendet. Danach kamen die Nachtzüge, die Koffer mit Waffen, die Fallschirmabsprünge, der Maquis im Wald von Othe, die schönen Smith-and-Wessons mit dem fast blanken langen Lauf, diese superben Kaliber 11,43, die wir immer in dem Riemen zwischen unseren Beinen als zusätzliches Zeichen für unsere Männlichkeit bei uns hatten.
Aber ich schaue Daniel an.
»Du hast recht«, sage ich zu ihm. »Ich muß Blum in mein Buch mithineinnehmen.«

SECHS

Léon Blum tritt ans Fenster, er zieht den Vorhang zurück.
Kurz vor Mittag. Im nächsten Augenblick wird Joachim mit den deutschen und französischen Zeitungen kommen.
Léon Blum zieht den Vorhang zurück, er schaut hinaus.
Der Sonntagvormittag ist schön. Der sehr blaßblaue, fast durchsichtige Himmel gleicht einer von den schwarzen und weißen Leisten des Waldes eingefaßten Glasscheibe.
Es gibt kaum etwas anderes als den Himmel, die Wipfel der Bäume, die man ohne Mißfallen betrachten kann. Ansonsten wird die Aussicht sogleich von der hohen Palisade, die die Villa umzäunt, von dem dichten Vorhang der Bäume jenseits der Palisade versperrt. Es gibt kaum einen anderen Ausweg, als die Augen gen Himmel zu heben, wenn der Himmel so aufgelockert ist wie heute. Der sehr blaßblaue Himmel über all diesem Schnee, in dem sich die unzähligen Nuancen des Weiß widerspiegeln: das in schattigen Winkeln bläuliche Weiß unter den Bäumen bis zu dem blendenden makellosen Weiß, das in der Sonne glitzert; und dann die schwarzen Verzweigungen der höchsten Äste.
Da sind alle Farben der Natur.
Léon Blum erinnert sich plötzlich an einen anderen, sehr fernen Sonntag. Die kaum gerötete Milde des Septembers breitete sich über die Landschaft bei Toulouse. An jenem Sonntag, dem 15. September 1940, war es sechs Uhr morgens, als eine recht große Anzahl von Polizeibeamten der Vichy-Regierung das Landhaus L'Armurier umzingelt hatten. *Sechs Uhr morgens, zu legaler Stunde, haben die Polizeibeamten an die Tür geklopft. Diese Einhaltung der legalen Stunde ist großartig*, hatte Léon Blum gedacht. Am gleichen Abend befand er sich als Gefangener im Schloß Chazeron, in den Bergen der Auvergne, oberhalb von Châtel-Guyon.
Seitdem hat er bis zu seiner Ankunft in der abgelegenen Villa mitten im Wald des Ettersberges, in den ersten Apriltagen 1943, nur Gefängnisse kennengelernt: Chazeron, Bourrasol, das Fort Portalet. *Das Gefängnis fehlte sicherlich meiner Lebenserfahrung. Jede Erfahrung soll dem Menschen nützen. Versuchen wir es.* Léon Blum senkt den Blick auf die trostlose Palisade, die die

Villa auf dem Ettersberg umzäunt. Er erinnert sich an diese Worte aus seinen Memoiren, die er gleich nach seiner Verhaftung in L'Armurier zu schreiben begonnen hatte.
Léon Blum betrachtet die Palisade, die ihm die Aussicht versperrt, die ihn in diese unentwegt von Streifenposten bewachte Umzäunung einengt. Da sind sie übrigens. Eine jähe Schwäche befällt ihn, er spürt, wie seine Augen feucht werden, er setzt seine Brille ab.
Seit einiger Zeit sind die Streifenposten, die regelmäßig mit ihren Hunden an der Leine die hohe Palisade entlangschreiten, russische Freiwillige aus der Armee von Wlassow. Leute mit gelassenen, etwas schwerfälligen, bäuerlichen Schritten, in langen schwarzen Kapuzenmänteln, die unermüdlich mit ihren Hunden an der Leine ihre Runden machen. Die Hunde zerren japsend an der Leine. Die schwarzgekleideten russischen Soldaten schreiten mit ihrem schwerfälligen bäurischen Gang durch sein Blickfeld. Es kommt Léon Blum so vor, als ob die beunruhigenden schwarzen Silhouetten der Russen von Wlassow die heimtückische Gegenwart des Todes noch unterstreichen. Wann wird dieser unerbittliche Tod verkündet? Er hatte, im Juli dieses selben Jahres 1944, geglaubt, daß der Augenblick gekommen sei. Die deutschen Zeitungen in französischer Sprache hatten die Hinrichtung von Philippe Henriot durch eine Widerstandsgruppe gemeldet. Léon Blum hatte mit Georges Mandel darüber gesprochen, der mit ihm in derselben Villa auf dem Ettersberg gefangengehalten wurde. Sie hatten die Meinung geteilt, daß man auf Vergeltungsmaßnahmen gefaßt sein müsse, *daß der Seele von Philippe Henriot von Darnan und seinen Milizen Opfer dargebracht werden würden.* Welcher von ihnen? Léon Blum? Georges Mandel? Oder alle beide?
»Der unselige Georges Mandel ist allein abgereist. Wir haben ihm geholfen, seinen Koffer zu packen und fröstelnd seine Decken zusammenzuschnüren für die Flugreise, von der man ihn unterrichtet hatte. Wir hatten ihn bis zum Tor der mit Stacheldraht umwickelten Palisade begleitet, die uns vom Rest der Welt trennte. Er machte sich nicht die leiseste Illusion über das Schicksal, das ihn erwartete, und der aufmerksamste Beobachter hätte nicht die geringste Veränderung in seinen Handbewegungen, in seinem Gang, in seiner Sprache, im Tonfall seiner Stimme entdeckt. Niemals hatten wir ihn ruhiger, gefaßter, abgeklärter

gesehen. Wir sind von unserem Fenster aus mit dem Blick dem Auto gefolgt, das ihn zum Flugplatz brachte, erfüllt von dieser dunklen Vorahnung bei dem Gedanken, daß wir eines Tages, vielleicht schon bald, ihm auf dem gleichen Weg folgen würden.«
Léon Blum putzt seine durch jene plötzliche Gefühlsanwandlung beschlagene Brille.
Die Russen von Wlassow in ihren langen schwarzen Kapuzenmänteln sind gerade aus seinem Blickfeld verschwunden, als er seine Brille wieder aufsetzt. Léon Blum betrachtet den sehr blaßblauen, fast durchsichtigen Himmel.
Lange betrachtet er den Himmel.
Im Sommer – er hat schon zwei Sommer hier miterlebt – konnte man, wenn man einen bestimmten Blickwinkel wählte – durch eine Lücke zwischen den Bäumen ziemlich in der Nähe eine freie Fläche sehen: sicherlich eine Lichtung im Wald. Léon Blum hatte diese Perspektive rein zufällig entdeckt. Aber seit er sie entdeckt hatte, ging er im Sommer oft dorthin – im Herbst wurde die Perspektive durch die Entblätterung der Bäume und die Rotfärbung der Landschaft getrübt; im Winter durch das eintönige Weiß, das die Formen und Konturen entstellte, abflachte; es bedurfte des sommerlichen Gipfelpunkts des Laubs, damit sich inmitten seiner üppigen Pracht diese freie Fläche der undeutlich sichtbaren Lichtung loslöste – er ging im Sommer oft dorthin, wobei er seltsamerweise den Eindruck hatte, indiskret zu sein, als beobachtete er eine intime Szene durch ein Schlüsselloch, um die winzige und strahlende Landschaft dieser Lichtung zu betrachten. Er bat Janotte, die Freude dieses Anblicks mit ihm zu teilen, von der ein beruhigendes Glück ausging, identisch mit dem, das die Betrachtung gewisser Renaissancebilder hervorrufen kann, die irgendeine biblische oder kriegerische Episode darstellen, aber in deren Hintergrund eine Landschaft die Reinheit einer vermenschlichten Natur minuziös wiedergibt.
Zusammen hatten Janotte und er also oft diese so nahe und doch so ferne Lichtung betrachtet.
Manchmal war es ihnen vorgekommen, als ob sie dort Gestalten erblickten. Eines Tages eine Gruppe von Männern und Frauen, die, schien es, am Fuße eines Baumes um den strahlenden Fleck eines weißen Tischtuches herum saßen, das, konnte man sich vorstellen, für irgendein Picknick auf dem Gras ausgebreitet worden war. Ein andermal eine unbeweglich fest in ihrem Sattel

sitzende Reiterin mit schulterlangem blondem Haar, die offensichtlich ihr Pferd zügelte. Der starke Reiz dieser Anblicke – das war das Leben draußen – hatte Léon Blum unmerklich dazu getrieben, sich an gewissen Sommernachmittagen vor diesem Fenster, das sich nicht nur zu der geheimnisvollen Lichtung hin öffnete, sondern auch zu den Tiefen seines eigenen Innenlebens, einer bewußt hervorgerufenen, gebändigten Träumerei hinzugeben. So gefiel es Léon Blum zuweilen, wenn er auf dieser leuchtenden, aus dem dichten Grün des Waldes geschnittenen Leinwand die Gestalten seiner Phantasie darstellte, von dem Erscheinen Goethes und Eckermanns auf dieser fernen Lichtung zu träumen. Auf diese Art verknüpfte er eine seiner jugendlichen literarischen Phantasien irgendwie nostalgisch mit seiner eigenen Jugend.

Auf der Straße, die zu den Kasernen der Schutzstaffeln führt, hat Goethe plötzlich den Schlitten anhalten lassen. Der überraschte Kutscher hat die Zügel mit einem solchen Ruck gestrafft, wobei er die Bremse anzog, daß der hintere Teil des Schlittens in den weichen Schnee des Straßenrands rutschte, der pulvrig und glitzernd aufwirbelte.
»Entschuldigen Sie bitte!« hat Goethe zu dem uns zugewandten Kutscher mit seiner üblichen Höflichkeit kleinen Leuten gegenüber gesagt, »entschuldigen Sie bitte, mein Lieber! Aber wir wollen aussteigen und zu Fuß weitergehen. Kommen Sie bitte in einer Stunde wieder und warten Sie auf der großen Allee auf uns.«
Der Kutscher hat seinem Herrn zugenickt.
»Verstanden, Exzellenz, in einer Stunde auf der Allee der Adler.«
Ich fragte mich neugierig, welch jäher Einfall Goethe zu dieser Änderung des Programms bewogen hatte. Aber ich brauchte nicht lange zu warten, um zu wissen, woran ich war.
»Kennen Sie den Falkenhof, mein lieber Eckermann?« fragte er mich, kaum hatten wir den Fuß auf den sich auf dem Weg angehäuften Schnee gesetzt.
Ich gestand meine Unwissenheit ein.
»Ich selbst«, fuhr Goethe fort, »habe ihn niemals besucht. Aber ein bayrischer Offizier der Totenkopfverbände, der mir vor einiger Zeit seine Zeitung aus dem russischen Feldzug zur

Lektüre überlassen hat, hat mir davon eine recht detaillierte Beschreibung gegeben. Wir werden sehen!«
Goethe strebte beim Reden auf eine Waldlichtung zu, auf der sich einige kleine Holzhäuser erhoben. Der Architektur nach zu urteilen, Jagdhütten.
So erfuhr ich beim Dahinschreiten – und ich konnte nicht umhin, die stattliche Erscheinung meines Herrn und Freundes in seinem langen grauen Kapuzenmantel mit dem Stehkragen zu bewundern –, daß der Falkenhof auf ausdrückliche Anweisung des Reichsführers-SS Himmler erbaut worden war, um die zur ganz germanischen Übung der Jagd abgerichteten Falken, Adler und anderen Raubvögel zu beherbergen, eine Übung und eine Vergnügung, die dort einst um diesen Falkenhof herum die Elite der Offiziere des Heers und der SS zusammenkommen ließen.
Die Pavillons, die wir eingehend besichtigten, waren aus kostbaren Eichenstämmen erster Qualität errichtet worden. Das Hauptgebäude enthielt einen großen Saal im gotischen Stil mit Möbeln von erlesener Schönheit aus dieser Epoche und einen riesigen Kamin. Ein Stückchen weiter gingen wir auch an den Gehegen eines kleinen zoologischen Gartens entlang, in denen Hirsche und Hindinnen, Elche und Wildschweine, Mufflons, Füchse und Fasane herumliefen. Außerdem gab es, in tadellos eingerichteten Käfigen, vier Braunbären und fünf Affen einer recht seltenen Gattung.
»Sie werden sicherlich bemerkt haben«, sagte Goethe nach Beendigung der Besichtigung zu mir, »in welch vortrefflichem Zustand sich all diese Tiere befinden. Mit einem Blick erkennt man, daß sie gut genährt, gut gepflegt sind. Eben das wollte ich prüfen, denn diese Tatsache enthüllt, scheint es mir, einen spezifisch deutschen Charakterzug. Ich habe mir in der Tat sagen lassen, daß all diese Tiere täglich Fleischbrocken erster Qualität erhalten. Die Bären bekommen überdies Honig und Marmelade zu fressen. Die Affen Näschereien: in Milch eingeweichte Haferflocken oder Kuchen zum Beispiel. In einer so schweren Zeit wie der unsrigen scheint mir diese Achtung vor dem Leben der Tiere, vor den Bedürfnissen der Natur spezifisch deutsch zu sein. Die Franzosen hätten selbstverständlich diese Tiere bei den ersten Versorgungsschwierigkeiten gegessen. Die Engländer hätten wahrscheinlich ebenso gehandelt, auf die Gefahr hin, eine Pressekampagne auszulösen: Unmengen von Leserbriefen an die

Times, die gegen dieses Massaker Einspruch erheben. Vielleicht wäre eine Interpellation im Unterhaus erfolgt. Das ist typisch für das englische System: eine Demokratie post festum. Was uns angeht, so scheint mir dieser Charakterzug – den manche dem, was sie als ›deutsche Maßlosigkeit‹ bezeichnen, zuzuschreiben sich nicht entgehen lassen – hingegen innig verbunden mit einer Weltanschauung zu sein, in der die harmonische Übereinstimmung zwischen Mensch und Natur eine entscheidende Rolle spielt.«

Wir hatten den Falkenhof verlassen.

Ich sann über die so schlicht dahingesagten tiefgründigen Worte nach und schwor mir, sie getreulich niederzuschreiben, sobald wir nach Weimar zurückgekehrt sein würden, als er mich kräftig am Arm packte, eine ungewöhnliche Geste bei ihm, sogar in Augenblicken des Überschwangs. Er sprach auf einmal mit leiser Stimme, flüsterte mir gleichsam ins Ohr, aber mit einer sonderbar fiebrigen Stimme:

»Ich will Ihnen ein Geständnis machen«, sagte er zu mir, »denn mir liegt vor allem an der Aufrichtigkeit unserer Gespräche, mein lieber Eckermann.«

Ich blieb wegen der Feierlichkeit des von Goethe angeschlagenen Tons wie angewurzelt stehen.

»Ja«, fügte er hinzu, »der wahre Grund für meine Neugierde hinsichtlich des Falkenhofs ist ein ganz anderer. Sie glauben doch nicht, wie stark auch immer mein Interesse für Raubvögel sein mag, daß ich mich bei einem solchen Wetter aufmachte, um einige Adler im Käfig zu sehen! Aber ich habe mir sagen lassen – ich bin freilich gebunden, sogar Ihnen gegenüber, mein lieber Vertrauter, diese Informationsquelle zu verschweigen, verübeln Sie es mir bitte nicht: es handelt sich um ein Staatsgeheimnis –, ich habe mir also sagen lassen, daß einer der Pavillons des Falkenhofes dazu auserkoren worden ist, Gefangene von höchstem Rang zu beherbergen, und daß sich gegenwärtig eine gewisse Anzahl französischer Politiker sowie eine italienische Prinzessin darin befinden. Das wollte ich prüfen, Eckermann!«

Mir verschlug es immer noch die Sprache, ich rührte mich immer noch nicht von der Stelle.

Durch einen sanften und zugleich unwiderstehlichen Druck seiner Hand auf meinem Arm hieß Goethe mich den unterbrochenen Weg fortsetzen. Da entsann ich mich, daß einer der

Pavillons des Falkenhofes etwas abseits lag und von einer Palisade umzäunt war, die ihn unzugänglich machte. Ich entsann mich auch, daß Goethe einen langen, aufmerksamen Blick darauf geworfen hatte, dessen Bedeutung nachträglich klar wurde.

»Und wissen Sie, Exzellenz«, fragte ich ihn, ohne meiner Erregung Herr werden zu können, »wer die französischen Politiker sind, die dort gefangengehalten werden?«

Goethe nickte.

»Es sind mehrere«, antwortete er. »Aber derjenige, der mich über alles interessiert, Sie werden leicht begreifen, warum, ist der ehemalige Ministerpräsident, Monsieur Léon Blum!«

Von neuem blieb ich wie angewurzelt stehen.

Das war unglaublich, Blum im Falkenhof! Natürlich verstand ich nun Goethes fiebrige Nervosität, seine Erregung seit heute morgen. Hatte Léon Blum denn nicht die *Neuen Gespräche von Goethe mit Eckermann* geschrieben? Als das Buch 1901 ohne Angabe des Autors in den Heften der *Revue Blanche* erschienen war, war Goethe davon besonders beeindruckt worden, nicht nur von der Qualität des Stiles, der einen Autor von Format enthüllte, wie er sagte, sondern auch von dem Inhalt mancher Betrachtungen, die er mißbräuchlich von meinem Herrn entlehnt hatte, die jedoch von einer perfekten Kenntnis seines Werkes und einem außergewöhnlichen Einfühlungsvermögen zeugten. Ich lege Wert auf die Feststellung, der Wahrhaftigkeit halber, daß ich hier Goethes Meinung niederschreibe. Ich war meinerseits wesentlich weniger nachsichtig dieser literarischen Piraterie gegenüber. So hatte ich einige Jahre später, als der Name des Verfassers bekannt geworden war, Goethe um die Ermächtigung gebeten, juristische Schritte gegen das Plagiat des Titels und die unberechtigte Aneigung eines literarischen Originalstoffes einzuleiten. Waren denn die Gespräche mit Goethe nicht mein Bereich, meine Spezialität, mein Lebensinhalt? Mußte ich denn nicht meine Rechte schützen?

Die juristischen Schritte wurden jedoch nie unternommen, denn Goethe redete mir das immer aus. Ich möchte sogar behaupten, daß er mich daran hinderte. Es ist allerdings wahr, daß die Nachricht von seinem Tod sich schon seit zu langer Zeit verbreitet hatte, als daß man in der Öffentlichkeit darauf zurückkommen konnte. Goethe hatte nichts getan, um sie zu dementieren oder die rührende Legende abzustreiten, die seine

letzten Augenblicke umgab, und zwar aus der Überlegung heraus, daß seine schöpferische Arbeit wesentlich ungestörter im schillernden Schatten seines apokryphen Todes fortgesetzt werden könnte, der von Jahr zu Jahr das mythisch gewordene Prestige der goethischen Gestalt wachsen ließ. Daher hatte Goethe, trotz meines Unwillens, es am Anfang dieses Jahrhunderts abgelehnt, sich auf eventuelle administrative Scherereien, auf den Prozeß wegen widerrechtlicher Inbesitznahme literarischen Eigentums und auf die Rückkehr ins öffentliche Leben einzulassen. Ihn amüsierte die Ironie dieser Situation, und ich konnte seine Haltung nur respektieren, trotz der in mir aufsteigenden Wut über all diese literarischen Parasiten, die sich auf Kosten der tatsächlichen Größe meines Herrn mit Pfauenfedern schmückten und Größe zu erlangen versuchten. Wir ließen also Léon Blum freies Wort, dessen guter Glaube, laut Goethe, nicht in Frage gestellt werden konnte. Persönlich war ich dessen nicht so sicher. War Blum schließlich nicht Jude? Man kennt den gerissenen und verschlagenen Geist dieser Rasse!
Nicht sehr lange danach, als Paul Valéry am 30. April 1932 in der Sorbonne seinen berühmten *Discours en l'honneur de Goethe*, seine Rede zu Ehren Goethes, anläßlich der Hundertjahresgedenkfeier des angeblichen Todes meines Herrn, gehalten hatte, spielte dieser mit dem Gedanken, aus seiner Reserve herauszutreten. Er schrieb seine erschütternde *Rede von jenseits des Grabes*. Aber die Zeiten hatten sich seither sehr geändert. Als dieser Text beendet war und, was ich als bis zu diesem Tage einziger und alleiniger Leser versichern kann, die ganze Weisheit ausstrahlte, die die goethische Synthese des klassischen Geistes und der faustischen Dämonie enthält, hatte der Reichstag gerade Adolf Hitler in seinem Amt bestätigt. Goethe hatte beschlossen, dem neuen Regime gegenüber eine Haltung verständnisvoller Sympathie einzunehmen, eine Haltung, die völlig in Übereinstimmung mit der Verhaltensweise während seines ganzen Lebens war, wenn man unbefangen darüber nachsinnt. Aber ein dem goethischen Denken so nahestehender Schriftsteller wie Thomas Mann brach bald mit dem neuen revolutionären Regime und wählte das Exil. Das verwirrte meinen verehrten Herrn und Freund zutiefst, zumal der Philosoph Martin Heidegger hingegen, der dem goethischen Humanismus so fern stand und dessen Beharrlichkeit, von Hölderlin zu sprechen und das Werk meines Herrn zu

übergehen, was diesen nicht zu ärgern verfehlte, zumal also Heidegger eine Haltung verständnisvoller Sympathie dem Nationalsozialismus gegenüber einnahm.
Unter diesen Umständen fragte sich Goethe, ob die französischen Intellektuellen, an die die *Rede von jenseits des Grabes* vor allem gerichtet war, nicht an der Echtheit seines Textes zweifeln, nicht so weit gehen würden, zu glauben, daß die Nachricht von der Auferstehung meines Herrn nur ein Propagandamanöver von Doktor Goebbels war. Diese Möglichkeit beschäftigte Goethe zutiefst, der schließlich beschloß, seine *Rede* nicht zu veröffentlichen und in der Anonymität eines angeblichen Todes zu bleiben. Obwohl ich mich seiner Entscheidung beugte, hieß ich sie nicht gut, denn ich dachte an die Auswirkungen, die diese Veröffentlichung in Europa hätte haben können, trotz der Mißverständnisse und der leidenschaftlichen Verblendung der Partisanen.
Aber ich wurde durch den Druck von Goethes Hand auf meinem Arm, der mich abermals zum Weitergehen bewegte, aus dem Strudel meiner Erinnerungen gerissen.
»Exzellenz!« rief ich aus, wobei ich ihn anschaute, ohne zu wissen, wie ich all diese Empfindungen ausdrücken sollte, die mir durch den Kopf wirbelten.
Goethe nickte.
»Sie werden inzwischen, mein lieber Eckermann«, sagte er zu mir, »sowohl meine Neugierde als auch meine Erregung von heute morgen begriffen haben. Monsieur Blum im Falkenhof! Welche Gelegenheit, von Mann zu Mann die von seiner Interpretation meines Denkens aufgeworfenen Probleme zu klären, nicht wahr? Und dennoch befürchte ich, daß diese Gelegenheit sich nicht herbeiführen läßt. Alle Schritte, die ich über ebenso vertrauliche, wie zu der Machtspitze führenden Wege unternommen habe, sind vergebens gewesen. Es scheint mir ganz so, als erhielte ich keine Erlaubnis, Léon Blum zu besuchen!«
Wir wandelten langsam über die Wege im beschneiten Wald auf dem Ettersberg. Goethe drückte voller Zuneigung meinen Arm.
»Ich bedauere es auch Ihretwegen, mein Lieber«, sagte er zu mir. »Ein Buch von Eckermann, *Goethes Gespräche mit Léon Blum*, bliebe nicht ohne gewissen Einfluß auf das Nachkriegseuropa, wobei es zudem noch ein sicherer literarischer Erfolg sein würde!«
Wir gingen langsam dahin, und ich schien einen jener privilegier-

ten Augenblicke zu erleben, in denen Goethes Denken den Gipfel seines Durchdringungs- und Ausdrucksvermögens erreichte.

»In Wirklichkeit, mein Guter«, fügte Goethe hinzu, ist das Thema, das ich mit Monsieur Blum hätte erörtern wollen, das der Beziehungen des Intellektuellen, wie man heutzutage sagt, zur Politik und zur Macht. Sie kennen meine Gedanken diesbezüglich. Ich glaube, daß der Intellektuelle der Politik, den Machthabern gegenüber nicht gleichgültig sein kann, daß er diesen Ratschläge erteilen und seine Geistesblitze mitteilen muß, unter der Voraussetzung freilich, daß er sich von der unmittelbaren Ausübung besagter Macht fernhält. Denn die Intelligenz und die Macht sind dem Wesen nach völlig verschieden. Daher erleiden die echten Intellektuellen nur Schiffbruch, wenn sie sich so weit pervertieren, daß sie sich zur unmittelbaren Ausübung der Macht bereit erklären. In diesem Fall versuchen sie entweder, die Widersprüche der sozialen Realität auf Grund ihrer intellektuellen, also wesensgemäß fortschrittlichen und verständnisvollen Vorstellung in den Griff zu bekommen, und sie scheitern: die Macht der Realität und die Realität der Macht verschleißen, verstoßen und verdammen sie. Oder sie beugen sich den Widersprüchen des Realen aus taktischen Erfordernissen der Gegenwart, sie verherrlichen sie, sie vergöttlichen sie in den charismatischen Formen der Tugend, der Utopie oder den treibenden Kräften der Geschichte, und dann werden die Intellektuellen die Theoretiker des Despotismus, der absoluten Willkür, die sie selbst schließlich verschlingen. Monsieur Blum gehört offenbar der ersten Kategorie an, und seine Erfahrung, über die er sicherlich im Falkenhof hat nachdenken müssen, wäre mir gewiß sehr nützlich gewesen. Ich hätte darüber gern mit einem ehemaligen Ministerpräsidenten diskutiert, aber leider zweifle ich daran, die Erlaubnis zu erhalten, ihn aufzusuchen.«

Indessen hatten wir die Waldpfade verlassen und befanden uns jetzt auf dem Platz, der sich vor dem Tor des Umerziehungslagers erstreckt, das vor einigen Jahren auf dem Nordhang des Ettersberges errichtet worden war. Goethe betrachtete das Eingangsgitter, dessen Mitte eine schmiedeeiserne Inschrift schmückte, die von unserem Standort aus deutlich lesbar war: JEDEM DAS SEINE.

Er nickte schwermütig.

»Wußten Sie«, sagte er zu mir, »daß der Baum, in dessen Schatten wir gerne rasteten, im Inneren der Lagerumzäunung stehengeblieben ist? Wieder eine typisch deutsche Geste, die ich zu schätzen weiß! Trotz der schrecklichen Notwendigkeiten des Krieges ist dieser Baum – den die Offiziere und Soldaten dieser Garnison weiterhin ›Goethe-Baum‹ nennen, was sicherlich dazu beiträgt, die Stimmung dieser elenden Eingesperrten aus verschiedenen Gründen zu heben – nicht gefällt worden. Er ragte noch bis vor einigen Monaten, stolz und majestätisch, irgendwo zwischen den Küchengebäuden und der Effektenkammer empor. Ja, ich weiß diese Achtung vor den Erinnerungen an unsere Geschichte zu schätzen. Bereits 1937, als die Errichtung dieses Umerziehungslagers in Angriff genommen worden war, hatte mich der Protest des nationalsozialistischen Kulturbundes von Weimar zutiefst gerührt, der verlangte, daß das Lager nicht den Namen KZ Ettersberg tragen solle, weil besagter Ort mit meinem Leben und meinem Werk unvergänglich verknüpft sei. Ich kann es Ihnen gestehen, Eckermann, dieser Protest und die letztlich getroffene Entscheidung – von höchster Instanz, wie ich aus zuverlässiger Quelle weiß –, diesen Ort KZ Buchenwald zu nennen, hatten mich zutiefst gerührt!«
Ich habe in diesem Moment geglaubt, den feuchten Schimmer einer Träne in Goethes Augen wahrzunehmen, und ich habe mich, selbst vor Ergriffenheit bebend, abgewandt.
Aber Goethe hatte sich sogleich wieder gefangen.
»Wer weiß«, sagte er. »Vielleicht werden all diese unglücklichen Individuen, dieses Gemisch aus den verschiedensten Nationen, das hier entsteht, dazu beitragen, eine gemeinsame europäische Seele zu schmieden? Die listigen Umwege der Geschichte sind, wie Ihnen nicht unbekannt ist, mein lieber Eckermann, zahlreich!«
Dann nahm Goethe mich wieder beim Arm und ließ mich einige Schritte auf das Lagertor zu machen.
»Sehen Sie diese Inschrift?« fragte er mich. »*Jedem das Seine.* Ich weiß nicht, wer der Verfasser ist, wer die Initiative ergriffen hat. Aber ich finde es sehr bedeutungsvoll und sehr ermutigend, daß eine derartige Inschrift das Eingangstor zu einer Stätte der Freiheitsberaubung, der Umerziehung durch Zwangsarbeit ziert. Denn was bedeutet letztlich *Jedem das Seine*? Ist das nicht eine ausgezeichnete Definition einer Gesell-

schaft, die dazu gebildet worden ist, die Freiheit aller, die Freiheit der Allgemeinheit, wenn es sein muß, sogar auf Kosten einer übertriebenen und unseligen individuellen Freiheit zu verteidigen? Ich habe es Ihnen bereits vor mehr als einem Jahrhundert gesagt, und Sie haben es in Ihren *Gesprächen* unter dem Datum, Montag, dem 9. Juli 1827, aufgezeichnet. Erinnern Sie sich daran? Wir sprachen über die politische Lage in Frankreich, mit dem Kanzler – natürlich nicht mit Hitler, sondern mit dem Kanzler Meyer, denn wir haben auch Kanzler gekannt, nicht wahr? – über das neue Pressegesetz. Ich sagte Ihnen an diesem Tage: *Das einschränkende Gesetz wird nur wohltätig wirken, zumal die Einschränkungen nichts Wesentliches betreffen, sondern nur gegen Persönlichkeiten gehen. Eine Opposition, die keine Grenzen hat, wäre eine Platitüde. Die Einschränkung nötigt sie, geistreich zu sein, und dies ist ein sehr großer Vorteil... Die Nötigung regt den Geist auf, und aus diesem Grunde, wie gesagt, ist mir die Einschränkung der Preßfreiheit sogar lieb!*«
Goethe hatte das in einem einzigen Zug gesagt, und ich konnte nicht umhin, sein Gedächtnis zu bewundern: ich war überzeugt davon, das all das in der Tat wortwörtlich in meinen *Gesprächen* stand. Übrigens bewies mir sein schelmischer Blick, daß er selbst ebenso überzeugt davon war.
»Ich bin verblüfft, Exzellenz«, sagte ich zu Goethe, »über die Kontinuität und Standhaftigkeit hinsichtlich dieses Themas. Aber ich glaube, wenn Sie mir gestatten, Ihnen meinerseits die Güte meines Gedächtnisses zu beweisen – gewiß angeregt von der Würde Ihrer Worte –, ich glaube, daß die genaueste und treffendste Formulierung Ihrer Vorstellung von der Freiheit am Donnerstag, dem 18. Januar 1827, geäußert worden ist, so wie ich es in meinen *Gesprächen* aufgezeichnet habe: *Es ist mit der Freiheit ein wunderlich Ding*, haben Sie an diesem Tag zu mir gesagt. *Und jeder hat leicht genug, wenn er sich nur zu begnügen und zu finden weiß. Und was hilft uns ein Überfluß von Freiheit, die wir nicht gebrauchen können!... Hat einer nur so viel Freiheit, um gesund zu leben und sein Gewerbe zu treiben, so hat er genug, und so viel hat leicht ein jeder. Und dann sind wir alle nur frei unter gewissen Bedingungen, die wir erfüllen müssen. Der Bürger ist so frei wie der Adelige, sobald er sich in den Grenzen hält, die ihm von Gott durch seinen Stand, worin er*

geboren, angewiesen. Der Adelige ist so frei wie der Fürst; denn wenn er bei Hofe nur das wenige Zeremoniell beobachtet, so darf er sich als seinesgleichen fühlen. Nicht das macht frei, daß wir nichts über uns anerkennen wollen, sondern eben daß wir etwas verehren, das über uns ist. Denn indem wir es verehren, heben wir uns zu ihm hinauf und legen durch unsere Anerkennung an den Tag, daß wir selber das Höhere in uns tragen und wert sind, seinesgleichen zu sein.«

Goethe hatte der Erinnerung an seine eigenen Gedanken zugehört und dabei mit sichtbarer Genugtuung genickt.

»Sehen Sie, mein Guter«, sagte er zu mir, »ich hatte diese Formulierungen vergessen. Aber ich halte in der Tat immer noch daran fest. Und daher kann ich mich des Gedankens nicht erwehren, wer auch immer der Verfasser dieser Inschrift am Tor des Umerziehungslagers, *Jedem das Seine*, sein mag, ich kann mich des Gedankens nicht erwehren, daß ich darin für etwas gut bin, daß sich darin der Atem meiner Inspiration wiederfindet. In der Tat, jedem das Seine, jedem der Platz, der ihm durch Geburt, durch Talent in der Hierarchie der Freiheiten und der individuellen Einschränkungen zukommt, aus denen die Freiheit aller besteht.«

Immerfort redend, hatten wir dem Lagereingang den Rücken gekehrt, wir schritten erneut über die Waldpfade auf jene Lichtung des Falkenhofes zu, die heute Goethes Gedanken in Bann zu schlagen und seine Schritte unwiderstehlich anzuziehen schien.

Aber Léon Blum läßt den Vorhang sinken, er hört auf, von dieser Lichtung voller imaginärer Erscheinungen zu träumen.

Er kehrt zu seinem Schreibtisch zurück.

Er schiebt das Buch von Emile Faguet beiseite, das er in den letzten Tagen gelesen und zu einer Stelle daraus gerade Anmerkungen gemacht hatte, kurz bevor er aufgestanden und ans Fenster getreten ist. Eigentlich ist es keine Stelle von Emile Faguet, zu der er gerade Anmerkungen gemacht hatte, sondern ein Auszug aus Platos *Gesetzen*, den Faguet in seinem Essay zitierte und angeblich nicht so recht verstand, während Platos Text für Blum von klarer Präzision war.

Léon Blum schiebt das Buch von Faguet beiseite, er sucht

zwischen seinen Papieren eine bereits einige Monate alte Notiz, die er wieder aufnehmen und weiterentwickeln möchte. Er findet sie mühelos, seine Papiere sind immer gut geordnet gewesen.
Am 22. April 1943, einige Tage nach seiner Ankunft in jener Villa auf dem Ettersberg, hatte sich Léon Blum die Idee notiert, die ihm bei seiner Arbeit über die Freiheit gekommen war. *Mein Ausgangspunkt ist der, daß die Idee der Freiheit im politischen Sinne genauso komplex ist wie der Begriff der Freiheit im philosophischen Sinne*, hatte er geschrieben. *Wenn man den philosophischen Begriff der Freiheit untersucht*, fügte Blum hinzu, *wird man dazu gebracht, ihn zu zergliedern oder vielmehr ihn zu schichten, denn es ist ein pragmatischer und psychologischer Begriff der Freiheit, den ein moralischer Begriff krönt, der seinerseits von einem metaphysischen Begriff überragt wird, dem von Kant, von Schopenhauer und, uns näher, von Bergson. Was mich reizt, ist die Untersuchung, ob das gleiche nicht für die politische Freiheit gilt.*
Aber es ist nicht diese Frage, über der sein Denken seither sehr gereift ist, die Léon Blum heute interessiert. Er hat sich eigentlich an eine Notiz über die Form, die er dieser Arbeit geben soll, erinnert. Er findet sie am Ende der Seite wieder, die er gerade gelesen hat: *Das Thema ist so ergiebig, daß es, um nur seine Entwicklung aufzuzeigen und auch um jegliche Zweideutigkeit zu vermeiden, der Geschmeidigkeit und Mannigfaltigkeit eines platonischen Dialoges bedarf.*
Nun denn, ein platonischer Dialog.
Unbeweglich fragt sich Léon Blum, diese Seite vom 22. April 1943 in der Hand, in der Mitte des Zimmers stehend, ob, seiner ersten Eingebung getreu, die beste Form für seinen Essay über die Freiheit, für den er sich unablässig Notizen gemacht hat, nicht tatsächlich die des Dialogs sei. Vorhin hatte sich Léon Blum beim Anblick des blaßblauen Dezemberhimmels über all dem Weiß des Waldes, bei der Erinnerung an die imaginäre Erscheinung von Goethe und Eckermann auf der Lichtung, gesagt, daß es vielleicht genügen würde, diesen Dialogen die Form einer Fortsetzung der *Neuen Gespräche* . . . zu geben. Aber das scheint ihm, nach erneuter Überlegung, etwas unzureichend zu sein.
Um dieses Problem der Freiheit in seiner ganzen Dichte, seiner ganzen Kompliziertheit anzupacken, bedarf es eines echten Dialogs, das heißt, eines pluralistischen, vielstimmigen Ge-

sprächs, eines dialektischen Wortwechsels. Nun ist Eckermann nicht der richtige Mann für ein derartiges Gespräch. Er ist alles in allem zu grau, zu farblos, auch zu beflissen, nur keinen Krümel von den Betrachtungen seines Herrn zu verlieren, sie getreulich niederzuschreiben, um wirklich über die Struktur des Wechselmonologs hinauszuwachsen, die auch die der *Neuen Gespräche* ist.

Nein, ein echter platonischer Dialog wäre angemessen. Man müßte erst einmal die Anzahl der Teilnehmer an diesen *Gesprächen auf dem Ettersberg* erhöhen und den Kreis erweitern. Zum Beispiel müßte er selbst daran teilnehmen, seine eigenen Ideen darlegen, ohne noch länger den Trick eines imaginären Goethe, eines hypothetischen Eckermann zu benutzen. »Ich selbst«, denkt Léon Blum, »könnte als Dritter eingreifen. Vier Jahre Gefangenschaft haben mich vollkommen dafür qualifiziert, über die Freiheit zu sprechen, sowohl im politischen als auch im metaphysischen Sinne!«

Léon Blum lächelt.

Er steht, die Seite, die er vor einem Jahr geschrieben hat, in der Hand, immer noch in der Mitte des Zimmers. Er fragt sich, welche anderen Personen er zu dieser neuen Version der *Gespräche* laden könnte. Natürlich wäre es amüsant, kraft der Phantasie lebende Personen zu laden. Zum Beispiel Paul Valéry. Nicht nur, weil dieser am 30. April 1932 in der Sorbonne eine berühmte Rede bei der Gedenkfeier anläßlich des hundertsten Todestages von Goethe gehalten hatte, nicht einmal, weil er sich sein ganzes Leben lang so darum bemüht hat, als Denker zu gelten, daß es vielleicht angebracht wäre, ihm die Gelegenheit zu geben, dies zu beweisen, sondern weil sein aphoristischer Stil intellektueller Betrachtung der Art der Dialoge nach platonischem Vorbild völlig entsprach.

Auch Paul Claudel wäre kein schlechter Kandidat. Er hat die *Conversations dans le Loir-et-Cher* geschrieben, die irgendwie zum gleichen Genre gehören und für ihn eine gute Vorbereitung auf eine derartige Übung sind, aber vor allem würde er eine andere Seite der Kultur und des Denkens vertreten, und sein konservatives oder genauer sein im wörtlichen Sinne dieses Begriffs konterrevolutionäres Genie würde ein überaus schätzenswertes dialektischen Hindernis darstellen.

Aber es ist nicht möglich, denkt Léon Blum, lebende Personen in dieses Buch aufzunehmen. Weder Valéry noch Claudel, nicht einmal den spanischen Philosophen Ortega y Gasset, den hervorragenden Germanisten, den Autor mehrerer bemerkenswerter Aufsätze über Goethe, der wegen seines Buchs *Der Aufstand der Massen*, unter anderen den Geist anregenden historischen Arbeiten, besonders befähigt ist, über die Probleme der Freiheit im 20. Jahrhundert zu debattieren. Nein, keine Lebenden. Man hätte dann, nach der Veröffentlichung des Buches, zu viele Unannehmlichkeiten, Polemiken, Richtigstellungen, Scherereien mit Cliquen und Klüngeln. Man muß sich darauf beschränken, nur von der geschichtlichen Bühne verschwundene Personen in diese neue Version der *Gespräche* aufzunehmen. Einen Dialog der Toten, einen Dialog in der Hölle oder im Elysium oder eben in der platonischen Höhle: das gilt es daraus zu machen. »Bin ich selbst«, denkt Léon Blum, »nicht bereits ein wenig tot? Stehe ich nicht schon mit einem Fuß im Grab? Bin ich nicht schemenhaft genug, um mich unter die illustren Schatten zu mischen, die ich heraufzubeschwören versuche?«

Plötzlich kommt ihm eine Idee.

Man müßte Herr, Lucien Herr, an diesen *Gesprächen auf dem Ettersberg* teilnehmen lassen. Aber natürlich, wieso hat er nicht eher daran gedacht! Das ist klar! Herr, den Verfasser des bewunderungswürdigen Vorworts zu dem *Briefwechsel* zwischen Goethe und Schiller, Lucien Herr, den besten Kenner der Philosophie von Hegel in Frankreich, den unersetzlichen Mäeutiker aus der Rue d'Ulm! Eine seltsame intellektuelle Freude durchdringt Léon Blum so lebhaft, daß sie körperlich spürbar wird, wie eine Erregung der Sinne, eine Wärme in den Eingeweiden, während er sich die Teilnahme von Lucien Herr an diesen *Gesprächen* ausmalt, von denen er gerade geträumt hat.

Ja mehr noch: den Plan.

Léon Blum kehrt zu seinem Schreibtisch zurück und setzt sich wieder hin.

Er hatte heute morgen eine Stelle von Plato gelesen, die Emile Faguet in seinem Essay *Pour qu'on lise Platon* (Damit man Plato lese) zitiert. Eine Stelle aus den *Gesetzen*, die Faguet angeblich nicht so recht verstand, die ihm nur dunkel vorkam.

Léon Blum liest die Anmerkungen nochmals durch, die er heute morgen geschrieben hat.

Sie ist weder dunkel noch widersprüchlich, was immer auch

Faguet vorgibt. Eher insofern dunkel, als ich darin eine Art Spiegelung sehe (deren Ursache ich zu erkennen glaube, die ich notieren will). Plato unterscheidet zwischen zwei sehr verschiedenen Begriffen der Gleichheit. Einerseits die gleichstellende Gleichheit, die Gleichheit, die sich durch eine arithmetische Identität ausdrückt und die aus dem Gewicht, der Zahl, dem Maß *besteht. In dieser ersten Bedeutung verkennt, verneint oder annulliert womöglich die Gleichheit die Verschiedenheit, die Vielfältigkeit der einzelnen, das heißt, die natürlichen Ungleichheiten, sie werden alle, wohl oder übel, von ihr denselben Regeln des Maßes, der Zahl, des Gewichts unterworfen. Andererseits die differenzierende Gleichheit, die das »Menschenmaterial« so hinnimmt, wie es ist, die als eine gegebene Tatsache die Verschiedenheit, die Vielfältigkeit und folglich die wesenhafte Ungleichheit der menschlichen Veranlagungen anerkennt und die sich nicht durch die numerische Uniformität, sondern durch das aufrechterhaltene richtige Verhältnis zwischen den ungleichen menschlichen Veranlagungen ausdrückt. Sie ist es, die dem, der groß ist, mehr gibt, als dem, der geringer ist.* Die Gerechtigkeit, *folgert Plato daraus,* ist nichts anderes als die zwischen den ihrer Natur nach ungleichen Dingen bestehende Gleichheit. *Und diese Definition scheint mir bewundernswert zu sein. Die Gerechtigkeit, die Gleichheit bestehen darin, das Verhältnis zwischen der Natur und der Gesellschaft aufrechtzuerhalten und folglich von anderen Ungleichheiten in der Gesellschaft nur die zu tolerieren, die der Ausdruck natürlicher Ungleichheiten sind. Nichts ist klarer, wieso habe ich diesen Text nicht gekannt? Ich habe oft eben diese Idee verschwommen erahnt, bereits in* Eckermann (da wären wir wieder!, denkt Blum, ich bin entschieden von diesem Thema der *Gespräche* besessen!), *lange danach, in* Pour être socialiste, liest er weiter. *Ich habe die Gleichheit immer als strenge Respektierung der Vielfältigkeit und folglich der natürlichen Ungleichheit betrachtet. Die Formeln der Gleichheit sind nicht* Für alle der gleiche Maßstab *oder* Alle über einen Kamm scheren, *sondern* Jedem sein Platz *und* Jedem das Seine.

Léon Blum hat die nochmalige Lektüre der Betrachtungen beendet, die er an diesem Sonntagmorgen geschrieben hat.

Er greift wieder zur Feder.

Dieser Begriff der Gleichheit ist absolut revolutionär, beginnt er zu schreiben.

Aber in diesem Augenblick dringen stoßweise Bruchstücke einer fernen Musik bis zu ihm. Fetzen einer mitreißenden Musik. Léon Blum unterbricht von neuem seine Arbeit, fiebert auf einmal. Er wirft seine Feder hin, er steht auf, er tritt ans Fenster, das er einen Spalt öffnet.

Ja, stoßweise eine ferne martialische Musik, eine Militärmusik, eine Zirkus- oder Jahrmarktsmusik, polyphon, mit zahlreichen Bläsern und Trommlern: eine fidele Musik, so klang es.

Léon Blum hört, von einer beklommenen Neugier ergriffen, diesem Geträller und Getriller zu.

Bis zum August 1944 – daß heißt, über ein Jahr lang – hatte Léon Blum keine genaue Vorstellung von dem Ort gehabt, wo er gefangengehalten wurde. Er wußte, daß diese von der Außenwelt abgeschlossene Villa sich irgendwo im Wald des Ettersberges befand. Aber er hatte keine Ahnung von der Nähe eines Konzentrationslagers. Er sagt es später selbst, nach seiner Rückkehr aus Buchenwald. *Es ist auch die Härte dieser Umzäunung, die eine auf den ersten Blick unverständliche Tatsache erklärt, ich meine damit unsere überaus lange Unkenntnis von den unbeschreiblichen Greueln, die einige hundert Meter von uns entfernt begangen wurden. Das erste überraschende Anzeichen, das wir dafür erhalten, ist der sonderbare Geruch, der abends oft durch die offenen Fenster zu uns drang und uns die ganze Nacht über verfolgte, wenn der Wind in diese Richtung blies: es war der Geruch der Verbrennungsöfen.*

Der abendliche Geruch, vor allem im Frühling und im Sommer, drang durch die offenen Fenster bis zu den Gefangenen in der Villa des Falkenhofs. Ein sonderbarer, fader, irgendwie ekelerregender, leichte Übelkeit hervorrufender, im Augenblick selbst von Blum und seinen Haftgefährten nicht identifizierter, vom Wind auf den Wald des Ettersberges niedergedrückter Geruch, der uns, die wir wußten, was er bedeutete, im Laufe der Monate, der Jahre vertraut geworden war. Ein Geruch, der uns nicht mehr den Kopf umwenden ließ, an den wir uns gewöhnt hatten, wie man sich an die Promiskuität der Latrinen gewöhnt, an die Enge der Bettstellen – fünf oder sechs Deportierte, je nach Baracke, auf einer für zwei bereits knapp bemessenen Fläche –, an die Anschnauzer und Gummiknüppelschläge der rangniedrigsten Aufseher, an das Aufstehen um vier Uhr morgens, an den ständigen Hunger und die ständige Müdigkeit, die nichts dauerhaft zu stillen vermochte: es gab immer den übermäßigen Hunger und die übermäßige Müdigkeit, die Müdigkeit und den Hunger im Überfluß; an die endlosen Appelle, an die Abende der kollektiven Schikanen, an die Unmöglichkeit, einen Augenblick allein zu sein, gewöhnt; wie man sich an den Tod von Kumpeln gewöhnt, die in Rauch aufgehen und eben diesen sonderbaren und vertrauten Geruch verursachen, der sich in der Erinnerung derjenigen, die noch Gelegenheit haben, sich daran zu erinnern, mit dem beißenden Geruch des *machorka* und dem der Scheiße in den Latrinen des Kleinen Lagers vermischt, um jenen sonderbaren und vertrauten Geruch des Todes in Buchenwald hervorzurufen, der sich im Frühling und im Sommer verstärkt und als dunkle Botschaft durch die offenen Fenster der Villa Blums im Falkenhof eindringt, durch alle Fenster im Umkreis von Kilometern: durch die der Thüringer Bauernhöfe, durch die der Landhäuser der Bürger von Weimar, durch die der Kirchen und Kapellen aller christlichen Konfessionen, in denen man an diesem Sonntag im aufdringlichen Geruch des Krematoriums zu Gott betet.

Aber Léon Blum steht am Fenster. Er hört diesem Geträller und Getriller der Militärmusik zu, dem mit den Windstößen dieses sonderbaren Geruchs einzigen Anzeichen für die beunruhigende Realität der Welt um ihn herum.

Freilich widersprüchliche Anzeichen, diese Musik, dieser Geruch. Die mitreißende, martialische Musik rief in der Ferne fideles Geträller und Getriller hervor. Der sonderbare, fade, aufdringliche Geruch ließ andere Dinge, andere Realitäten vermuten. Oft hatte Léon Blum, am Anfang seiner Gefangenschaft im Falkenhof, am offenen Fenster an manchem Sonntag abends oder mittags, in der Beunruhigung durch diese fernen Anzeichen, diese dunklen Botschaften versucht, das Geheimnis dieses faden Geruchs, dieser offenkundig mitreißenden Musik zu lüften.

Später, nach dem Bombenangriff der amerikanischen Luftwaffe auf die Fabriken und Kasernen von Buchenwald am 24. August 1944, hatte sich das Geheimnis teilweise erhellt. Deportierte hatten dringende Reparaturarbeiten in der Umfriedung der Totenkopf-Kasernen selbst ausgeführt. Léon Blum hatte diejenigen von ihnen bemerkt, die um die mit Stacheldraht umwickelte Palisade herumgingen. Manche waren sogar in die Umzäunung der Villa selbst eingedrungen, und er hatte, trotz der SS-

Aufseher, einige hastige Worte mit Belgiern und Franzosen wechseln können. So hatten ihn die ersten Nachrichten von der Existenz des Lagers erreicht.
Bei dem halboffenen Fenster hört heute, an diesem Dezembersonntag, Léon Blum beunruhigt dem fernen Geträller und Getriller der Militärmärsche zu. Er kehrt zu seinem Schreibtisch zurück. Er nimmt seinen abgebrochenen Satz wieder auf, er nimmt seine Betrachtung über die Gleichheit nach Platos Denkweise, über die Formel dieser Gleichheit: *Jedem das Seine,* wieder auf.
Eben diese Formel steht als schmiedeeiserne Inschrift am monumentalen Gittertor von Buchenwald. Es ist wahr, daß Léon Blum dieses Eingangstor nicht gesehen hat. Er hat nicht, wie Goethe, das Privileg der Unsterblichkeit, die Gabe der Allgegenwart. Es ist auch wahr, daß er vielleicht diese Inschrift nicht verstanden hätte, sogar wenn er sie gesehen hätte, denn er kann kein Deutsch. Léon Blum war immer unbegabt für Fremdsprachen gewesen: das ist bei einem Juden ziemlich ungewöhnlich.

Ein Jude, Sondergefangener im Falkenhof!
Diese Vorstellung drehte sich unaufhörlich in meinem Kopf, während ich neben Goethe dahinschritt.
Wir hatten dem Eingang des Zwangsarbeitslagers den Rücken gekehrt, wir gingen langsam über die breite Allee, die von germanischen Reichsadlern gekrönte Säulen säumten. Die Kälte war immer noch streng, aber die Sonne strahlte an einem wolkenlosen durchsichtig blauen Himmel, von dem sich zu unserer Linken ein stiller blaßgrauer Rauch abzeichnete.
»Glauben Sie, Eckermann«, sagte mein Herr und Freund unvermittelt zu mir, »daß ein Politiker wie Ministerpräsident Léon Blum noch eine Rolle im Nachkriegseuropa spielen kann?«
»Ich habe mir diese Frage gerade selbst gestellt, Exzellenz«, sagte ich zu ihm, »ohne eine passende Antwort darauf zu finden.«
Goethe schenkte mir ein zuneigungsvolles und verschwörerisches Lächeln.
»Ich glaube Ihnen bereits gesagt zu haben, mein lieber Eckermann, welches die unbedingten Voraussetzungen sind, um in der Welt Epoche zu machen!«
»Ja, Exzellenz«, antwortete ich ihm. »Sie haben Ihre Meinung

über dieses Thema am 2. Mai 1824 geäußert, an einem Sonntag wie heute.«
»1824? Ist das schon so lange her? Was habe ich Ihnen an diesem Tag gesagt, mein Guter?«
»Exzellenz, Sie haben mir gesagt: *Um Epoche in der Welt zu machen, dazu gehören bekanntlich zwei Dinge; erstens, daß man ein guter Kopf sei, und zweitens, daß man eine große Erbschaft tue. Napoleon erbte die Französische Revolution, Friedrich der Große den Schlesischen Krieg, Luther die Finsternis der Pfaffen . . .«*
»Das reicht, Eckermann, das reicht!« sagte Goethe zu mir, wobei er mit einer Geste meine Erinnerung an seine Gedanken von einst abbrach. »Keiner kann daran zweifeln, daß Monsieur Blum ein guter Kopf sei, nicht einmal daran, daß er 1936 in die Verirrungen der Machtausübung geraten ist. Ist das nicht eine Erbschaft, die er und seine Freunde für sich selbst beanspruchen könnten? Ist das nicht ein Vermächtnis der französischen Gesellschaft in ihrer Gesamtheit, die jene Reformen endgültig in ihren Besitz aufnehmen wird, wie immer auch das kommende politische System, das künftige Kräfteverhältnis im Parlament sein mag? Macht man nicht mit honorierten Abdankungen Epoche in der Welt, mein Guter? Was könnte übrigens nach dieser Aussage die Erbschaft von Monsieur Blum sein? Der sozialistische Humanismus? Es handelt sich hier ebenso wenig um eine große Erbschaft, oder wenn es sich um eine große Erbschaft handelt, so sind die vermeintlichen Erben so zahlreich und möchten für so auseinandergehende Ziele Nutzen daraus ziehen, daß keiner von ihnen tatsächlich Früchte daraus ernten kann. Der sozialistische Humanismus gleicht ein wenig dem gesunden Menschenverstand von Monsieur Descartes: die am besten verteilte Sache der Welt. Die allzu gut verteilten Sachen besitzen keine innere Dynamik, mein lieber Eckermann! Haben Sie schon ein Volk kleiner Landbesitzer Epoche in der Welt machen, die Ordnung der Staate und Reiche umstürzen sehen? Einfach undenkbar! Nein, Monsieur Blum ist ein guter Kopf, und ich erwarte viel von seinen Betrachtungen über die Geschichte der letzten Jahre, die er sicherlich in seiner Absonderung im Falkenhof angestellt hat. Aber er tritt keine große Erbschaft an, er wird keine Epoche in der Nachkriegswelt machen!«
Goethe wahrte Schweigen, und ich versuchte nicht, seine Gedan-

ken wieder in Schwung zu bringen. Ich wußte genau, daß er selbst den Faden seiner Rede wiederaufnehmen würde.
»Sehen Sie, Eckermann«, fuhr er tatsächlich nach einigen Minuten nachdenklichen Schweigens fort, »die große Erbschaft dieser Nachkriegszeit, die sich ankündigt, ist der Nationalismus. Es ist leicht zu erkennen, daß wir die von der Französischen Revolution, von dem jakobinischen Begriff der Nation und der Politik eingeleitete Ära noch nicht hinter uns gebracht haben. Natürlich fällt es mir ziemlich leicht, der ich die Epoche der Französischen Revolution und darauffolgenden Epochen miterlebt habe, es fällt mir leicht, diese wesentlichen Gegebenheiten zu begreifen.
Es ist nichts Geringes, fast zwei Jahrhunderte in der Weltgeschichte gelebt zu haben! Ich bin natürlich nicht für nichts und wieder nichts da, es ist eine Himmelsgabe, aber es steht mir frei, daraus Nutzen zu ziehen. Das ist ein Aspekt, den Paul Valéry in seiner *Rede zu Ehren Goethes* aufzudecken verstanden hatte, deren Scharfblick in vielen Punkten man anerkennen muß. Monsieur Valéry sagte, Sie werden sich daran erinnern: ›Was mich bei Goethe beeindruckt, ist vor allem sein recht langes Leben‹ – und dabei ahnte er dessen wirkliche Dauer nicht! – und er fügt ein Stück weiter hinzu: ›Diese Quantität der Dauer, die Goethe formt, ist reich an Ereignissen erster Ordnung, und während dieser langen Anwesenheit bietet ihm die Welt Gelegenheit, Betrachtungen über eine große Anzahl von bemerkenswerten Tatsachen anzustellen, darüber nachzusinnen, sich in sie zu schicken oder sie aus seinem Geist zu verdrängen, wie etwa eine allgemeine Katastrophe, das Ende einer Zeit und den Anfang einer Zeit.‹ Nun ist diese Zeit, deren Anfang ich gesehen habe und die die Französische Revolution eingeleitet hat, die Zeit der Nationalismen. Ich weiß genau, bis zu welchem Punkt diese Behauptung Paradoxes enthält, zumindest dem Anschein nach. Ist die Epoche, die wir gerade gelebt haben, nicht tatsächlich dem Anschein nach die Epoche der Internationalen? Wir haben vier davon kennengelernt. Die Erste ist jedoch eines natürlichen Todes gestorben, ohne Blumen und Kränze. Die Zweite hat die Auseinandersetzung der Nationen während des Weltkriegs 1914–1918 nicht überstanden. Die Dritte hat, weil sie nur eine Fiktion, ein Hindernis für die nationale Politik Rußlands war, Marschall Stalin selbst vor einem knappen Jahr aufgelöst. Und die Vierte ist nichts anderes gewesen als die schwärmerische

Erfindung jenes großen Schriftstellers Trotzki, der sich – noch einer! – in die Politik verirrt hatte. Nein, die Epoche der Internationalen ist noch nicht gekommen! Man muß anerkennen, daß die Idee, die sich an der Quelle dieser Inspiration befindet, einfach und stark ist. Ich möchte sogar sagen, daß sie das Ausmaß großer Evidenzen hat, aber die Geschichte hat es bis zum Überdruß bewiesen: die starken Ideen, die großen Evidenzen tauchen immer verfrüht auf, in der aufsehenerregenden Form von Utopien. Ich weiß nicht, was aus dem utopischen Denken von Doktor Marx wird – noch ein Deutscher, man begegnet ihnen überall, Eckermann, was uns dazu berechtigt, der Zukunft zuversichtlich entgegenzusehen! – aber es ist bezeichnend, daß die Theorie von Doktor Marx, seit seine Jünger und Anhänger versucht haben, sie auf die mächtigen Realitäten der Geschichte anzuwenden, immer an dem nationalen Problem (auch am Bauernproblem, aber das ist nur ein besonderer Aspekt davon) gescheitert ist. Was ist also in Wirklichkeit die Sowjetrevolution? Nichts anderes als eine konfuse und gewalttätige Parenthese, nach der die Geschichte der Nationen ihren Lauf fortgesetzt hat. Wem stehen wir heute auf den Ebenen des Ostens gegenüber? Der Armee der Sowjets oder der Rußlands? Aber da gibt es nichts zu zögern, mein Guter! Die Armee der Sowjets ist besiegt worden, sie hat sich im Wind des Krieges verflüchtigt. Übrigens hatte Marschall Stalin im Laufe seiner großen Säuberungsaktionen unter den Offizieren bereits harte Schläge ausgeteilt, ehe Reichskanzler Hitler es schaffte. Es ist der Geist von Suworow, der sich von nun an vor uns aufrichtet, der unsere Armeen dem Schicksal unterwirft, das die von Napoleon erlitten haben! Erinnern Sie sich, Eckermann, daran, mit welcher Ruhe, mit welchem Gleichmut des Geistes – ich arbeitete damals an einer neuen Fassung meiner *Farbenlehre* – ich all diese Vorkommnisse der kurzlebigen Räterepubliken in Sachsen und Bayern zu Anfang der zwanziger Jahre dieses Jahrhunderts mitgemacht habe. Andere erschraken darüber, hielten es für das Ende unserer Zivilisation. Alles Albernheiten! Das große Problem der Epoche war, trotz des Geschreis der Ideologen, nicht das der internationalen Organisation der Räte, sondern das der durch die Niederlage gedemütigten, zerstörten, zerrütteten deutschen Nation. Die deutsche Nation hat ihre Lösungen aufgezwungen, und an der deutschen Nation sind sowohl die Versuche der Sieger von

Versailles, als auch die der revolutionären Maximalisten gescheitert. Aus dieser Gewißheit heraus bezog ich meinen Gleichmut während dieser Epoche. Sie müssen zugeben, Eckermann, daß ich nicht unrecht hatte. Heute sehen wir, daß die Maximalisten die ersten sind, die die nationale Fahne schwingen, die den Versuch machen, den Geist des Patriotismus zu monopolisieren! Marschall Stalin hat nicht nur als persönlicher Führer die Dritte Internationale aufgelöst, sondern auch den Kommunismus – und betrachten Sie das, mein Lieber, als Prophezeiung – der Kommunismus wird diese Epoche nur in dem Maße kennzeichnen, wie er der Bestätigung der Tatsache des Nationalismus dient. Der Kommunismus überlebt nur, weil er der Idee der weltweiten Sowjetrepublik den Rücken gekehrt hat, vor allem dank dem Realismus des Marschalls Stalin, er ist ein Kristallisationselement geworden, um das sich die alten Nationen Rußlands wieder gruppiert haben und um das sich unausbleiblich die bisher unterdrückten oder kolonisierten Nationen gruppieren werden. Es ist paradox, nicht wahr, daß der Kommunismus nur in dem Maße eine historische Rolle spielt, wie er seine ursprünglichen revolutionären Bestrebungen aufgibt, um die Sache der Nation, die Sache einer neuen jakobinischen Bourgeoisie zu vertreten! Die Geschichte ist voll von derartigen Paradoxa, das ist wahr. Wie es auch wahr oder zumindest wahrscheinlich ist, daß die Idee der Nation dem kommunistischen Weltreich zum Durchbruch verhelfen wird, das seinem Wesen nach multinational ist!«

Ich hatte Goethes Worten zugehört, aufgewühlt durch den Wirbel starker Ideen, einfallsreicher Gedanken, die sie mir vermittelten. Ich wahrte Schweigen, wenn er eine Pause in seiner Rede machte, wobei ich versuchte, meinem Gedächtnis all das einzuprägen, was er gerade gesagt hatte. Wieder einmal pries ich das Schicksal, das mir gestattet hatte, der Gefährte eines so großen Mannes zu sein.

»Nein, mein Guter«, fuhr Goethe fort, als er bemerkte, wie ungeduldig ich auf die Fortsetzung seiner Betrachtungen wartete, »die große Idee von Marx, seine echte Inspiration, die seine Anhänger verraten mußten, um das Überleben ihrer Macht zu sichern, steht nicht auf der Seite der Nation: Auf dieser Seite bleiben nicht nur die Maximalisten an die jakobinische Tradition gekettet, die zwangsläufig bürgerlich ist, sondern sie liefert sie auch dem Joch und der Gnade ihrer Gegner aus, was auch immer die augenblicklichen Erfolge sein mögen, die ihre aktuelle Begeisterung für die nationale Unabhängigkeit und Größe hervorrufen kann. Die Nation ist nicht Sache der Arbeiter, das ist gewiß. Das Denken von Marx wollte aus dieser Evidenz positive Konsequenzen ziehen, in der ich nur einen Beweis für die objektiven – und sicherlich auch kulturellen – Beschränkungen sehe und die noch lange die niedrigen Klassen daran hindern werden, eine entscheidende historische Rolle zu spielen. Die große Idee von Doktor Marx war die Kritik an der bürgerlichen Gesellschaft und ihrer Struktur, an der politischen Ökonomie. Für diese Untersuchung inspirierte er sich an den Arbeiten meines alten Freundes, Professor G. W. F. Hegel. Aber er inspirierte sich leider auch an der Dialektik des Professors. Mein lieber Eckermann, erinnern Sie mich bitte daran, den so lange aufgeschobenen Plan eines kurzen Essays auszuführen, den ich mir seit Jahren über die Missetaten der Dialektik vorgenommen habe . . .«

Aber wir wurden plötzlich von dem Tusch einer martialischen Musik unterbrochen, der, wie wir wußten, die allen Internierten gewährte Sonntagsruhe verkündete, die aus den strengen, aber gerechten Lebensbedingungen des umerzieherischen Zwangsarbeitslagers Nutzen zogen, zu dessen Eingang wir bei dem Hin und Her unseres Spazierganges von neuem schritten und dessen Inschrift Goethe vorhin so bewegt hatte: *Jedem das Seine!*

Da ist Fernand Barizon.

Genau in dem Augenblick, in dem Léon Blum sich wieder an die Arbeit macht und nochmals den Satz liest, den er gerade geschrieben hatte, als das Geschmetter einer fernen Musik ihn unterbrach: »Dieser Begriff der Gleichheit ist absolut revolutionär . . .«; in dem Augenblick, in dem Goethe und Eckermann, die in der nebelhaften Phantasie des Erzählers aufgetaucht sind, wieder entschwinden und den überaus realen Kohorten der Außenkommandos Platz machen, die in die unter Strom stehende Umzäunung des eigentlichen Lagers zurückkehren; in dem Augenblick am Mittag, in dem der Tusch der Lagerkapelle erklingt, die am Eingangstor den schallenden und auffälligen Prunk ihrer Blechinstrumente und ihrer grellbunten Uniformen entfaltet; in dem Augenblick, in dem die Kolonnen im Gleichschritt durch die Allee der Adler auf diese Inschrift *Jedem das Seine* zumarschieren, die sie am Lagertor erwartet und die keiner mehr beachtet, denn sie drückt nur die banale Gleichheit vor dem Tod aus, der höchstwahrscheinlich ihr Schicksal ist, über den sich niemand mehr wundert, ist da Fernand Barizon.

Er trifft im Gleichschritt über den Schnee mit der geschlossenen Kolonne der *Gustloff* ein, wobei er mit einem lebhaften Blick unter den schwarzen Brauen diesen Schuft von SS-Unteroffizier beobachtet, der ein Stückchen weiter an seinem an Sonntagen üblichen Platz steht und den jeder gut kennt, denn sein Gummiknüppel sitzt locker.

Glauben Sie, daß Fernand sich Gedanken über diese lachhafte Mistinschrift *Jedem das Seine* macht, die am Eingangstor von Buchenwald prangt? Barizon hat schon viele andere gesehen. Er ist in einem Land aufgewachsen, in dem am Giebel aller öffentlichen Gebäude – freilich mit Ausnahme der Bedürfnisanstalten, man fragt sich, warum auch nicht – anmaßend die Inschrift *Liberté, Egalité, Fraternité* prangt, die im lachhaften Sinne auch nicht übel ist, im Sinne der Pferde- und Lerchenpastete – sich die ganze Woche lang wie ein Pferd abschinden, um am Sonntag dem Gesang der Lerche zu lauschen –, also Barizon schert sich einen Dreck um *Jedem das Seine*.

Sicherlich hätte Barizon, wenn er Gelegenheit gehabt hätte, die Betrachtungen, die Léon Blum über die Gleichheit bei Plato notiert hat, kennenzulernen, etwas daran auszusetzen gehabt.

Erst einmal muß man immer etwas an den Betrachtungen eines Sozialdemokraten aussetzen: das ist ein alter Grundsatz, von dem Barizon nicht leicht abweicht. Und dann, wie dem auch sei, sogar ohne vorausgegangene Diskussion mit dem Spanier, würde Barizon sie nicht lesen, ohne auf manche Sätze von Blum zu reagieren. Zum Beispiel auf diesen: »Die Gerechtigkeit, die Gleichheit bestehen darin, das Verhältnis zwischen der Natur und der Gesellschaft aufrechtzuerhalten und folglich von anderen Ungleichheiten in der Gesellschaft nur die zu tolerieren, die der Ausdruck natürlicher Ungleichheiten sind.« Fernand würde diese Behauptung verdächtig finden. Erst einmal weiß Barizon nicht so recht, was »natürliche« Ungleichheiten besagen will. Gewiß gibt es in der Natur die Stummen und die Tauben, ja sogar die Taubstummen, und diejenigen, die es nicht sind. Aber es gibt auch eine Menge anderer Ungleichheiten, die als natürlich gelten, die natürlich geworden sind, die jedoch aus dem gesellschaftlichen Bereich stammen. Im gleichen Alter, in der gleichen Klasse fällt es einem Sohn eines Proleten schwerer, manchem Unterricht zu folgen, als dem Sohn eines Arztes oder Rechtsanwalts. Eine natürliche Ungleichheit oder eine erworbene, von dem Unterschied des sozialen Milieus verursachte Ungleichheit? Hör zu, Léon: mach dich nicht über unsere Visage lustig! Und dann: wer stellt das Verhältnis der natürlichen Ungleichheiten auf, die es in der Gesellschaft aufrechtzuerhalten gilt? Und nach welchen Maßstäben? Wer verfügt über die Kontrollmacht?

Aber Barizon weiß nichts von diesen feinsinnigen platonischen und patrizischen Betrachtungen Léon Blums. Er hätte sich übrigens nichts daraus gemacht. Er weiß nur, daß er versuchen muß, an diesem Schuft von Untersturmführer, der jeden Sonntag am selben Platz steht und die Häftlinge, deren Visage ihm nicht gefällt, mit dem Gummiknüppel traktiert, vorbeizukommen, ohne Schläge einzustecken. Die beste Lösung, dem SS-Mann zu entgehen, ist die, sich in die Mitte der Kolonne zu verdrücken, die durch die Allee der Adler in Fünferreihen marschierte. Aber heute war er bei der Aufstellung auf dem Fabrikhof zerstreut und fand sich an den äußeren Rand der Marschkolonne der *Gustloff* gedrängt. Er wird daher nur im Abstand von wenigen Zentimetern an dem SS-Unteroffizier vorbeigehen.

Er hat bereits bemerkt, daß dieser Kerl einen besonderen Sadismus besitzt. Er stürzt sich nicht auf die Schwächsten, die größten Bummelanten, die Zerlumptesten. Im Gegenteil, er greift sich am liebsten die Gesündesten, die Drückeberger, die Aufgewecktesten heraus. Barizon hat auch bemerkt, daß dieser SS-Mann sich überhaupt nicht für die Russen zu interessieren scheint. Gewöhnlich stürzen sich seine Artgenossen auf die jungen Russen, wenn sie das Bedürfnis verspüren, sich auf jemanden zu stürzen. Der aber nicht. Der interessiert sich, jeden Sonntagmittag am selben Platz postiert, nachdem er vermutlich eines der Verwaltungsgebäude der SS-Garnison verlassen hat, die die Straße säumen, überhaupt nicht für die Russen. Er läßt sie in aller Ruhe vorbeigehen. Er hat es fast ausschließlich auf die aus dem Westen abgesehen.

Das ist genau in dem Augenblick, in dem Léon Blum mit leichter Hand niederschreibt, daß er den platonischen Begriff der Gleichheit revolutionär findet, das Problem von Fernand Barizon: wie kann er, der ungefähr den Kriterien entspricht, die die jähe und kaltblütige und brutale Wut des SS-Manns erwecken, an ihm vorbei gelangen, ohne Schläge einzustecken? Muß er sich möglichst klein machen, den Rücken krümmen, den Blick abwenden? Muß er die natürlichste Miene der Welt aufsetzen, als bestünde sein ganzes Dasein nur daraus, als Sträfling in der *Gustloff* zu schuften und an Kerlen in Uniform vorbeizugehen, die das Recht besitzen, über sein Leben oder seinen Tod zu entscheiden? Muß er mit unbefangener Miene vorbeigehen, als pfiffe man auf dem Rückweg von der Arbeit vor sich hin, als wäre der SS-Mann nichts anderes als eine Art Verkehrspolizist auf der Allee der Adler, der genausogut auf der Kreuzung der Quatres-Routes in La Courneuve hätte stehen können? Muß er sich, ganz im Gegenteil, in seiner ganzen Größe aufrichten, steif wie ein Stock auf Rädern an ihm vorbeigehen?

Das ist das Problem von Barizon, der auf sich selber böse ist, weil er heute vergessen hat, sich in der Mitte der Kolonne zu verstecken; wie er es mit vollendeter Kunst gewöhnlich in dem Augenblick tut, in dem das Arbeitskommando sich auf dem Hof der *Gustloff* in Fünferreihen aufstellt.

Aber heute war Fernand zerstreut. Er träumte von Juliette, von seiner Eskapade mit Juliette in der Bretagne vor zehn Jahren. Warum waren sie eigentlich in die Bretagne gefahren? Sie hatten aus einer plötzlichen Laune ihres Hirns oder vielmehr ihres Herzens heraus beschlossen, ein paar Tage zusammen zu verreisen. Nun gut, aber warum in die Bretagne?

In Beaumont-du-Gâtinais, auf dem Bauernhof seiner Großeltern mütterlicherseits, stapelten sich illustrierte Zeitungen, die er eines Sommers lange durchgeblättert hatte. Er war acht Jahre alt. Er erinnert sich nicht daran, warum er in diesem Jahr den ganzen Sommer bei seinen Großeltern mütterlicherseits verbracht hat. Aber er blätterte die Illustrierten durch, ganz allein in einem dunklen und kühlen Zimmer hinter der großen Küche des Bauernhofs. Eines Tages hat er unter einem Stapel des *Petit Echo de la Mode*, einer Modezeitschrift, die er sorgfältig durchsah, in der Hoffnung, darin mehr oder weniger unbekleidete Frauengestalten zu entdecken, ein sicherlich dort vergessenes oder dorthin verlegtes kleines grünes Buch gefunden. Es war ein schon ziemlich alter *Guide Joanne de la Bretagne*, denn er stammte aus dem Jahre 1894. Aber der kleine Fernand hat sich begeistert in die Lektüre dieses Reiseführers vertieft. Schon bald konnte er ganze Seiten daraus auswendig. Er wußte alles, nicht nur über die Bretagne gegen Ende des vorigen Jahrhunderts, sondern auch über die in dem Reiseführer beschriebenen Zugangswege und Etappenstädte. Noch Jahre später erinnerte er sich daran. So 1938, als er in Spanien mit einem Kerl von der XIV. Internationalen Brigade, der aus Chartres stammte, Patrouille gegangen war. Barizon hatte ihm mit solch einem Feuer und solch einer Genauigkeit von der Kathedrale erzählt, daß dem anderen die Spucke weggeblieben war. Als dann Fernand die *Vierge du Pilier*, die ›Säulenmadonna‹, heraufbeschworen hatte, die sich links vom Chor befindet, war der andere aufgebraust. Sicher gereizt durch die Belehrungen über die Schönheiten seiner eigenen Geburtsstadt, hatte er Barizon einen politischen Stich versetzt: »Sag mal, Fernand«, hatte er gesagt, »für einen Parteigenossen interessierst du dich auffallend stark für Kirchen!«

Aber er verfehlte sein Ziel, der Chartreuser. Oder Chartrer oder Chartrinenser oder Chatrikone – wie nennt man denn einen Einwohner von Chartres? Wie dem auch sei, er verfehlte sein Ziel, denn Barizon hatte gerade eine Broschüre der KPF gelesen, in der die Rede von Thorez auf dem vor einigen Wochen in Arles abgehaltenen Parteitag stand. Manche Aspekte dieser Rede hatten, unter uns gesagt, Barizon ziemlich gewurmt. Er hatte zum Beispiel die kurze Stelle, die Maurice in seiner Rede Spanien gewidmet hatte, belanglos, einfallslos, kraftlos, pazifistisch rührselig gefunden. Denn bis auf die bewegten Grußbotschaften und die Hoffnungen auf den Sieg, die obligatorisch, aber unzureichend waren, war das Essentielle, das Maurice sagte, in einem Satz enthalten, den Barizon nicht hatte lesen können, ohne dabei aufzufahren: »Noch ist es Zeit, Frankreich und den anderen Nationen das unglückliche Schicksal des spanischen Volkes zu ersparen.« Das hatte Barizon auffahren lassen. Ein unglückliches Schicksal? War es ein unglückliches Schicksal, sich bewaffnet gegen einen faschistischen Staatsstreich zu erheben und das Schicksal zu wenden? Sogar wenn der Beginn des Bürgerkrieges für die Volksstreitkräfte nicht günstig war – Barizon begann, ernsthafte Zweifel an der Möglichkeit eines Sieges zu haben –, was hätte man anderes tun können? Vor dem Faschismus kapitulieren, um die Mißgeschicke des Krieges zu vermeiden? Nein, dieses »unglückliche Schicksal« war Barizon im Hals

steckengeblieben. Aber darum ging es im Augenblick nicht. Es ging darum, dem Chartreuser die passende Antwort zu geben. »Und du«, erwiderte Barizon, »du interessierst dich als Parteigenosse nicht genügend für die Reden unseres Generalsekretärs!«
Gewöhnlich sprach Barizon nicht so feierlich. Er sagte lieber Maurice als Generalsekretär. Aber Maurice war weniger eindrucksvoll. Der Beweis dafür: der andere starrte ihn beunruhigt an. Barizon fuhr unerbittlich fort: »Du solltest, alter Freund, einmal die Rede von Arles über den Respekt, über die Treue, die wir den nationalen Traditionen schulden, lesen. Und ist die Kathedrale von Chartres etwa keine nationale Tradition, stimmst du etwa darüber nicht mit mir überein?«
Darauf hatte der Chartreuser nichts mehr zu antworten gewußt.
Aber diese Episode findet erst einige Jahre nach der Eskapade mit Juliette in der Bretagne statt. Und an diese Eskapade hat sich Fernand heute morgen, wie an so vielen anderen Morgen, in dem Augenblick erinnert, in dem sich das Arbeitskommando der *Gustloff* in Fünferreihen aufstellte, um im Gleichschritt über den Schnee auf der Allee der Adler zum Lager zurückzukehren.
Der kleine Fernand hatte sich also während jenes fernen Sommers im Gâtinais in die Wonnen imaginärer Reisen gestürzt. Schließlich hatte er alles über die Bretagne gewußt, zumindest über die Bretagne gegen Ende des 19. Jahrhunderts. Aber dieses anachronistische Wissen hatte ihn 1934 unweigerlich vor einige Probleme gestellt. So hatte Barizon, als er in Pouliguen mit Juliette im *Hôtel des Etrangers* abgestiegen war – das er ausgewählt hatte, weil eine Anmerkung aus dem *Guide Joanne* sich seinem Gedächtnis eingeprägt hatte, die mitteilte, daß besagte Unterkunft »eine elektrische Klingel in allen Zimmern« habe –, unter dem Personal sonderbaren Wirbel verursacht, als er sich beiläufig nach der Witwe Le Breton erkundigt hatte, die 1894 das Hotel führte, immer dem kleinen grünen Buch zufolge, daß seine kindliche Phantasie beglückt hatte. Es schien, wenigstens nach den Folgerungen, die Fernand und Juliette aus dem verstohlenen aufgeregten Getuschel gezogen hatten, das die harmlose Frage ausgelöst hatte, daß der Name dieser Witwe trübe, wenn auch ferne und verworrene Ereignisse in Erinnerung rief. Jedenfalls wurden Fernand und Juliette während der vierundzwanzig Stunden, die sie in diesem Hotel verbrachten, von einem irgendwie mißtrauischen, vielleicht sogar furchtsamen

Respekt umgeben. Nach dieser Erfahrung entschied Juliette, daß es unangebracht sei, die im *Guide Joanne* verewigten Namen als Empfehlung den Nachfolgern der Direktion oder der Geschäftsführung der Hotels gegenüber zu zitieren, in denen sie während ihrer wahnwitzigen Eskapade abstiegen.
Auf dem Hof der *Gustloff* hatte sich also heute morgen Fernand Barizon an diesen *Guide Joanne* erinnert. Er hatte sich an das unbändige Gelächter erinnert, das die Episode mit der Witwe Le Breton bei Juliette ausgelöst hatte, ein unbändiges Gelächter, von dem er übrigens sehr profitiert hatte, denn Juliette war beim Liebesspiel und -gerangel nie so toll und temperamentvoll wie in Augenblicken ungezügelter Ausgelassenheit. Er hatte daran gedacht, daß er dem Spanier die Geschichte vom *Guide Joanne* erzählen müsse. Der Spanier wußte so gut wie alles über Juliette, aber er wußte nichts von dem *Guide Joanne*. Das war eine Geschichte, die er dem Spanier noch nicht erzählt hatte, und Barizon war überzeugt davon, daß sie ihn amüsieren würde.
Wie dem auch sei, Fernand Barizon hatte sich, von all diesen Erinnerungen abgelenkt, vorhin an den Außenrand der Arbeitskommandokolonne stellen lassen. Als er das bemerkt hatte, war es schon zu spät, um den Platz noch zu ändern. Deshalb fragt sich Barizon jetzt auf der Allee der Adler, welche Haltung er beim Vorbeimarschieren an dem SS-Unteroffizier einnehmen sollte, um möglichst keine Gummiknüppelschläge einzustecken, die dieser nach ganz persönlichen Gesichtspunkten reichlich austeilt.
Das hindert Barizon nicht daran, bei der Erinnerung an den *Guide Joanne* heute von neuem zu lachen. Er muß dem Spanier nach der Suppe unbedingt davon erzählen.

Aber Barizon hat nicht an diesem Tag, an diesem Sonntag, dem Spanier von dem *Guide Joanne de la Bretagne* erzählt. Sondern erst viel später, Jahre später. Um genau zu sein, zwanzig Jahre später. Tatsächlich nicht einmal auf ihrer Fahrt, von der noch die Rede sein wird, mit ihrem Aufenthalt in Nantua, in Genf, in Zürich und an mehreren imaginären Orten: an Orten der Erinnerung. Dabei hatten sie in Nantua von Juliette gesprochen. Vielleicht hatten sie in Genf und in Zürich nochmals von ihr gesprochen, das ist nicht ausgeschlossen. Auf dem Zürichsee

hatten sie kunterbunt in einem etwas atembenehmenden Durcheinander von Geständnissen und Richtigstellungen von vielem gesprochen. Auf dem Schiff hatten sie zum Beispiel von den Russen gesprochen. Nicht nur, nicht einmal vorwiegend von den Russen in Buchenwald, nein, von den Russen in der UdSSR.
»Es ist das letzte christliche Volk auf der Welt«, hatte der Spanier zu Barizon gesagt. »Ein Volk von unendlicher, unergründlicher, durch plötzliche verblendete Aufstände unterbrochener Resignation. Übrigens immer seltenere Aufstände. Und vergiß nicht, Fernand, daß ›christlich‹ und ›bäurisch‹ im Russischen dieselbe Wurzel haben. Bist du nie dort gewesen? Nun gut, alles, was wir seit Jahrzehnten lauthals über die Fünfjahrespläne, über die Industrialisierung verkündet haben, ist falsch! Wenigstens teilweise. Vor allem nach außen hin. Der Sozialismus, hatte Lenin gesagt, seien die Sowjets plus Elektrifizierung. Es gibt keine Sowjets mehr und kaum Elektrifizierung, zumindest wenn du diesen Begriff als Symbol für eine echte Modernität nimmst. In der UdSSR ist die Modernität oberflächlich, sie investiert nur auf bestimmten Spezialgebieten, die im wesentlichen mit der Weltraumforschung und der Kriegsindustrie zusammenhängen. Im Grunde ist der Stalinismus die Liquidation der Sowjets und die Kapitulation vor den uralten überlieferten Werten des Bauernstands gewesen. Du wirst mir sagen, daß dies ein verflixtes Paradoxon ist, wieder einmal meine Vorliebe für brillante und geschliffene Formulierungen. Zugegeben, der Stalinismus ist in erster Linie die Ausrottung der Bauern, aber genau genommen handelt es sich dabei um die Ausrottung der modernen, im historischen Sinne des Begriffs kapitalistischen, dynamischen Vertretung des Bauernstands. Auf dem Land ist die Kolchose, die die Zurückgebliebenheit verkörpert, kein kapitalistisches landwirtschaftliches Unternehmen. Aber das ist ein anderes Problem! Die Russen, Fernand, sind die letzten Christen. – Nein, nicht einmal das! Es ist nicht einmal ein christliches Volk, sondern ein christianisiertes Volk, wenn du begreifst, was ich meine.«
Barizon begriff es sehr gut. Er begriff, daß der Spanier sich wieder einmal auf eine seiner Improvisationen eingelassen hatte. Es ist merkwürdig, daß dieser Kerl sich, trotz der verflossenen Jahre, den weißen Haaren und den Erfahrungen, so wenig verändert hatte. Barizon ließ also das Gewitter abziehen, um danach konkrete Fragen zu stellen.

Jedenfalls hatte der Spanier auf dem Schiff, das die Rundfahrt auf dem Zürichsee machte, Barizon vielerlei erzählt.
Er hatte ihm von seiner zufälligen Begegnung mit Wjatscheslaw Michailowitsch Molotow in den Gängen der Poliklinik des Kreml erzählt. Das war im Sommer 1958. Der Spanier war mit seiner Frau dort. Sie mußten sich einer obligatorischen ärztlichen Untersuchung unterziehen, ehe sie ihre Urlaubsreise nach Sotschi antraten. Plötzlich ist, während sie auf das Ergebnis irgendeiner Analyse oder Röntgenaufnahme warteten, ein Durcheinander entstanden. Türen haben geschlagen, Büros sind in den Hauptgang der Poliklinik geströmt, die den Spitzen der sowjetischen politischen Bürokratie und vornehmen ausländischen Gästen vorbehalten ist. Ärzte und Krankenschwestern in flatternden weißen Kitteln rannten hastig zum Eingang dieses Gangs. Nun nahte durch diesen Gang, in dem der Spanier und seine Frau saßen und brav warteten, der Grund für das ganze Tohuwabohu: ein kleiner Mann mit einem graumelierten Schnurrbart, einer Brille mit Stahlfassung und einer unglaublich fahlen, grauen Gesichtsfarbe, den sie sofort erkannten. Es war Molotow. Die Ärzte und Krankenschwestern stürzten sich auf ihn, um ihm die Hand zu schütteln, seine Kleidung zu berühren, ihn mit seinem Vornamen und seinem Familiennamen anzureden. Wjatscheslaw Michailowitsch! Knapp zwei Jahre waren seit dem XX. Parteitag der KPdSU vergangen. Ein Jahr, seit Chruschtschow Molotow samt der Vierer-Bande – Molotow selbst, Malenkow, Kaganowitsch und Woroschilow – zu der sich nach der sanktionierten Formel auch noch Schepilow gesellt hatte, von der Macht verdrängt hatte. Jeder wußte, daß Molotow in diesem Kampf um die höchste Macht die reaktionärsten Elemente der sowjetischen Bürokratie vertrat, daß er das Symbol für die Aufrechterhaltung des Stalinismus in anderen Formen war. Und dennoch stürzten sich die Ärzte und Krankenschwestern dieser Klinik des Kremls, auf deren Personal eine der letzten Salven der Terroraktionen Stalins, eben gegen »die Verschwörung der Weißkittel«, niedergeprasselt waren, auf Wjatscheslaw Michailowitsch, um ihn zu beglückwünschen, seine Hand zu berühren, mit aufrichtiger und monströser Inbrunst, monströs deshalb, weil aufrichtig. Der kleine Mann mit dem grauen Gesicht, dem grauen Schnurrbart, dem grauen Blick, dem grauen Anzug, der kleine Bürokrat des Todes war an dem Spanier und seiner Frau vorbeigegangen, die

sich nicht gerührt hatten, die das gleiche Gefühl entsetzlicher Ungläubigkeit hatte erstarren lassen, wovon sie später miteinander redeten und dabei feststellten, daß sie wieder einmal gleich reagiert hatten. Wjatscheslaw Michailowitsch Molotow, der bleiche Beamte des Terrors, neben dem die Kriegsverbrecher der Nazis, wenigstens die meisten von ihnen, nur Lehrlinge, ja Zauberlehrlinge waren, denn sie waren auf die Seite der Besiegten, auf die falsche Seite der Geschichte geraten, war also, nach rechts und links lächelnd, während er sich von jener unterwürfigen und erbärmlichen Inbrunst umschmeicheln ließ, an ihnen vorbeigegangen und hatte einen kurzen durchbohrenden Blick auf das auf der Bank sitzende Paar geworfen, einen eisigen Blick auf diese Unbekannten, die zu seiner Zeit nicht dagewesen, die nicht aus seiner Zeit waren. Und der Spanier hatte da, mit einem ekelerregenden Schwindelgefühl, mit einem schwindelerregenden Ekel, ich hatte da geträumt, daß Stalin persönlich eines Tages wieder in den Korridoren des Kremls auftauchen könnte, mit seinem schwerfälligen und langsamen Gang, die Hand zwischen zwei Knöpfe seiner Militärjacke gesteckt, auf dem Wege zu seinem Arbeitszimmer, um seine ganze Macht wieder zu übernehmen.

Wie dem auch sei, ich hatte auf dem Zürichsee mit Barizon von vielem gesprochen. Von meiner zufälligen Begegnung mit Molotow vor zwei Jahren und von der keineswegs zufälligen mit Suslow in jenem gleichen Jahr 1960. Aber Barizon hatte mir diesmal nicht von dem *Guide Joanne de la Bretagne* erzählt. Erst vier Jahre später, 1964, hat Fernand Barizon mir beim Ausgang der *Mutualité,* als wir uns zum letzten Mal gesehen haben, von diesem Reiseführer erzählt, aus dem er noch ganze Seiten zitieren konnte. Eines Tages, lange nach all dem, nach all jenen Reisen, nach all jenen Erlebnissen, an einem Junitag von strahlender und tiefer Helle habe ich mich auf dem Platz von Fouesnant an die Stimme Barizons erinnert, als er mir in einem Café bei der *Mutualité* diese Geschichte vom *Guide Joanne* erzählte und daraus eine Stelle auswendig aufsagte. Warum gerade diese? Einfach so, rein zufällig, aber es war diese: »Links von der Hauptstraße von Fouesnant, der Kreisstadt mit 2776 Einwohnern, die im ganzen Finistere für die Schönheit und Koketterie seiner Frauen bekannt ist, steht eine Kirche aus dem 13. Jahrhundert . . .« Ich stand auf dem Platz von Fouesnant vor der

Kirche aus dem 13. Jahrhundert und erinnerte mich an Fernand Barizon. Schließlich waren sie, Juliette und er, doch nicht nach Fouesnant gefahren. Nicht weil die junge Frau eine Anwandlung hypothetischer und vorsorglicher Eifersucht nach der Lektüre dieses Satzes über die berühmte Schönheit und Koketterie der Frauen von Fouesnant gehabt hätte, sondern ganz einfach darum, weil sie keinen Sou mehr besaßen und nach Paris zurückkehren mußten. Ich war also in Fouesnant und wiederholte diese Stelle aus dem *Guide Joanne,* für deren Echtheit ich natürlich nicht garantieren kann, wohl aber für ihre Wörtlichkeit: anders ausgedrückt, ich kann garantieren, daß Fernand sie mir 1964 genauso vorgetragen hat.

Aber wir sind zwanzig Jahre früher an einem Sonntag in Buchenwald.

Ich bin im Büro der Arbeitsstatistik, der Mittagsappell hat angefangen. Wir verfolgen seinen Ablauf durch den Lautsprecher. Eines unserer tatsächlichen Privilegien, und kein geringes, gestattet uns, an unserem Arbeitsplatz zu bleiben. Der SS-Unteroffizier ist bereits dagewesen; er hat uns gezählt, die Zahl stimmte, er ist wieder gegangen, um dem Rapportführer die Gesamtzahl der Häftlinge zu melden, die wie wir an ihrem Arbeitsplatz bleiben dürfen. Wir brauchen nur noch das Ende des allgemeinen Appells abzuwarten, ehe wir zur Austeilung der sonntäglichen Nudelsuppe zum Block stürzen. Oder vielmehr, es stürzen nur diejenigen hin, die, wie Daniel und ich, bloß die übliche Tagesration zum Weiterleben erhalten. Die wirklich Privilegierten, die Prominenten, haben es überhaupt nicht nötig, hinzustürzen. Entweder läßt der Blockleiter ihre Suppenration aufheben oder sie machen nicht einmal Anstalten, sie anzurühren, sondern überlassen sie anderen Privilegierten, die etwas weniger privilegiert sind als sie selbst.

Ich sitze auf meinem Platz vor den Regalen der Zentralkartei. Ich tue nichts, ich fühle mich leer und benommen. Ich lese nicht einmal die Wochenzeitung *Das Reich,* die irgend jemand mir gerade gegeben hat. Ich warte einfach darauf, daß die brüllende Stimme des Rapportführers das Ende des Appells im Lautsprecher ansagt. Ich betrachte zerstreut den Schornstein der Verbrennungsanlage, ich stelle fest, daß der zu Beginn des Morgens graue und dünne Rauch dichter geworden ist.

Da erblicke ich Jiri Zak. Sicherlich ist er gekommen, um mit

seinem Kumpel Josef Frank zu reden. Jiri Zak ist ein junger tschechischer Kommunist, er arbeitet in der Schreibstube. Er ist ruhig, ausgeglichen, er hebt nie die Stimme. Er hat einen lebhaften Blick hinter seiner Brille mit Stahlfassung. Ja, er setzt sich neben Frank, genau mir gegenüber, auf der anderen Seite der Kartei der Arbeitskräfte. Er sieht mich, er winkt mir zu. Frank dreht sich um, er gibt mir auch ein Zeichen des Einverständnisses.
Die Mittagssonne streift die Fensterscheiben auf der anderen Seite der Baracke, auf der Seite des Appellplatzes und des Krematoriums.

Jahre später stand ich in Prag, in der Nationalgalerie, vor einem Bild von Renoir. Es war 1960. Vorgestern hatte ich die Rundfahrt auf dem Zürichsee mit Fernand Barizon gemacht.
Seltsamerweise sind diese junge Frau von Renoir, diese lange beschauliche Betrachtung die einzigen Erinnerungen, die ich an Prag bewahrt habe. Ich habe vergessen, warum ich in Prag war, aus welchem Grund ich diese dringende Reise machte. Ich weiß nicht einmal mehr, ob ich in Prag geblieben oder ob Prag nur eine Durchgangsstation gewesen ist. Jedenfalls bin ich sicher, daß ich auf dieser Reise nicht nach Moskau gefahren bin. Ich bin in meinem ganzen Leben nur dreimal in Moskau gewesen: im Sommer 1958, um Ferien zu machen; 1959, ebenfalls im Sommer, wegen einer einwöchigen Arbeitstagung in der Umgebung von Moskau, in Uspenskoje; und ein letztes Mal, wieder im Sommer, wieder um Ferien zu machen, in diesem gleichen Jahr 1960, einige Monate vor meiner Reise mit Barizon.
Aber vielleicht bin ich nach Ostberlin gefahren? Oder nach Bukarest?
Wie dem auch sei, dieser vom Dunkel umgebene Eindruck löst sich aus einem verschwommenen Nichts: ich stehe in der Nationalgalerie, in einem der Säle des Palais Sternberk innerhalb der Wälle des Hradschin, vor einem Bild von Renoir. Ich kenne dieses Museum gut, ich bin schon oft dort gewesen. In einem der Säle dieses Museums habe ich sogar zum erstenmal Gemälde von Daubigny gesehen. Wenn ich mich richtig erinnere, ist er ein Maler aus der Schule von Barbizon. In Paris hatte ich eine Zeitlang in der Rue Daubigny gewohnt. Aber erst in Prag habe

ich die Gemälde dieses Malers gesehen. Später wohnte ich in der Rue Félix Ziem, ebenfalls ein Maler. Aber es gab keine Bilder von Félix Ziem im Prager Museum. Es gab dort nur dieses Bildnis einer jungen Frau von Renoir, und ich stand unbeweglich vor diesem Bildnis. Alles übrige müßte ich mir ausmalen.
In Prag habe ich immer an den gleichen Orten gewohnt. Ich konnte mir deshalb mühelos meine Wege bis zum Palais Sternberk ausmalen.
Wenn ich diesmal in einer der Villen im modernen Wohnviertel südlich des Hradschin gewohnt hätte – und vielleicht sogar, wie es bei mir häufig der Fall gewesen war, in der nach einem Schwiegersohn Gottwalds benannten Villa Cepiska, dessen prunkvollem privaten Wohnsitz, ehe er in Ungnade fiel, in der Villa, die nach seiner Absetzung (und vielleicht um durch diesen vorgetäuschten Internationalismus die Sünde ihrer bisherigen Benutzung zu verwischen) den Führungskräften der Bruderparteien zur Verfügung gestellt wurde – wäre ich über die Brücke, die direkt zum Hof führt, auf dem sich der Spanische Saal befindet, in den Hradschin gelangt.
Aber ich bin sicher, daß im Herbst 1960 keine Tagung der Führungsspitze der KPS in Prag stattgefunden hat, die meine Unterbringung in der Villa Cepiska gerechtfertigt hätte, dessen bin ich ganz sicher.
Ich muß also einfach in dem für die Gäste der tschechoslowakischen Partei reservierten Hotel gewohnt haben, im ehemaligen Hotel Steiner, das sich in der Stadtmitte befand, nicht weit vom Pulverturm. Aber der Name des Hotels, *Grand Hôtel Steiner*, war nicht mehr sichtbar. Es war ein namenloses Hotel. Wir nannten es jedoch unter uns, der leichteren Verständigung wegen, Hotel Praga, aber diese Benennung hätte Uneingeweihte verwirren können, denn es gab in der Stadt ein anderes Hotel gleichen Namens. Die Unterkunft, die sich wirklich so nannte, die offen und offiziell den Namen *Hotel Praga* trug, war jedoch nur ein Köder, der nur unkundige Touristen anbeißen ließ. Es genügte tatsächlich, einem Ordnungshüter zu sagen, man wohne im Hotel Praga, es genügte zumindest, es auf eine gewisse Art zu sagen, damit dieser sogleich begriff, daß man das echte Hotel Praga meine, das namenlose, dessen irreale, zumindest geheime Existenz durch die wahre Existenz des falschen Hotels Praga, das jedermann gegebenenfalls hätte aufsuchen können, geschützt wurde.

Jedenfalls hätte ich die Altstadt durchqueren und die Karlsbrücke überqueren müssen, um zu der steilen Straßen der Malà Strana zu gelangen, die auf die Terrassen des Hradschin führen, wenn ich das ehemalige Hotel Steiner verlassen hätte – das man vor allem nicht so nennen durfte, obwohl das sein letzter richtiger Name war, denn man hätte jeden, der es so hätte nennen hören, in mißtrauische Bestürzung versetzt, wogegen die Tatsache, es Hotel Praga zu nennen, das heißt, ihm offenkundig einen falschen Namen zu geben, nur, im schlimmsten Fall, eine vorübergehende Verwechslung ohne lästige Folgen verursacht hätte –, wenn ich also das für die Gäste der Partei reservierte anonyme Hotel verlassen hätte, wäre ich dem obenerwähnten Weg gefolgt, um zum Palais Sternberk zu gelangen.

Aber ich erinnere mich an nichts mehr.

Ich erinnere mich nur an das Bild von Renoir, an die strahlende Lebensfreude dieser lachlustigen drallen jungen Frau. Ich erinnere mich an den Bohnerwachsgeruch der Nationalgalerie, an das Knarren einer Parkettfliese, sicherlich unter den Schritten eines Besuchers, dessen leisen Platzwechsel ich hinter mir erriet. Ich erinnere mich an meine nostalgische Empfindung beim Anblick dieser lachlustigen, von Renoir goldbraun gemalten jungen Frau. Ich erinnere mich an die Biegung ihres Halses, an die Stoffalte auf ihrer Schulter, an das geahnte Weiß ihrer Schulter, an die feste Rundung ihrer Brüste unter dem Stoff. Ich erinnere mich mit Herzklopfen, mit feuchten Händen, an den Gedanken, der mir plötzlich beim Anblick dieses Bildes von Renoir kam, daß Milena es sicherlich hatte betrachten müssen. Ich erinnere mich an meine Erinnerung an Milena Jesenska, die plötzlich an jenem Tag 1960 wiedererschienen war. Ich erinnere mich an die Erschütterung, die mich bei dem Gedanken ergriff, daß Milena sicherlich mehrmals an derselben Stelle unbeweglich hatte stehen müssen, um das Bild von Renoir zu betrachten. Ich erinnere mich an eine glitzernde Erinnerung an einen im Scheinwerferlicht herumwirbelnden Schnee, an eine durchbohrende Erinnerung, die gerade wie ein eisiges Feuer die Erinnerung an Milena selbst hatte hervorbrechen lassen: an Milena Jesenska, die im Konzentrationslager Ravensbrück umgekommen war. Ich erinnere mich an die Erinnerung an den auf die Asche von Milena Jesenska fallenden Schnee, während ich ein Bild von Renoir betrachtete. Ich erinnere mich an die im Rauch des Krematoriums aufgegangene, vom Winde verwehten Schönheit von Milena Jesenska. Ich erinnere mich an den lebhaften Blick dieser jungen Frau von Renoir, die vor dreißig Jahren den Blick der sie betrachtenden Milena betrachtet hatte. Ich erinnere mich an den Blick dieser ewig lebenden jungen Frau, die das Gesicht dieser jungen künftig Toten betrachtete, der jungen wohlgestalteten Milena Jesenska, die vor langer Zeit das Bild von Renoir betrachtete und, ohne es zu wissen, unter den lebendigen Augen der gemalten jungen Frau irreal, so leicht wie der Rauch eines Krematoriums in der trostlosen Landschaft wurde, in der sich die Lagerbaracken erhoben. Ich erinnere mich an die Erinnerung an das Gesicht von Milena, das in Rauch aufging, das sich im launischen Wind verflüchtigte. Ich erinnere mich an die Erinnerung an einen mitten in der Erinnerung an Milena vor dem Bild von Renoir aufgetauchten Sonntag in Buchenwald. Ich erinnere mich an eine flüchtige Erinnerung an mich selbst in der Erinnerung von Milena, als hätte sie, eines Sonntags in Ravensbrück, von dem Besuch geträumt, den ich zwanzig Jahre später dem Palais Sternberk abstatten sollte, um dieses Bild von Renoir zu betrachten, das sie sicherlich kannte. Ich erinnere mich an einen Traum von Milena, die von meinem Dasein träumte. Ich erinnere mich, daß ich mich an die Sonntage in Buchenwald und an Josef Franks mir zugewandtes Gesicht erinnert hatte, das durch einen Sonnenschimmer auf den Barackenfenstern, auf der anderen Seite, auf der Seite des Krematoriums, von einer Aureole umgeben war.

Vorgestern hatte ich die Rundfahrt auf dem Zürichsee mit Fernand Barizon gemacht.

»Gérard, ist dieser berüchtigte Geheimbericht wahr oder nicht?«

Beim Dorf Wädenswil hatte Barizon mir plötzlich diese Frage gestellt.

»Meinst du damit«, sagte ich zu ihm, »den ›Chruschtschow zugeschriebenen‹ Bericht?«

Aber Fernand ist nicht zum Scherzen aufgelegt gewesen.

»Ist er wahr oder nicht, Gérard?« hat er mit trockenem Ton gesagt.

Ich habe genickt.

Ich befand mich vier Jahre zuvor, im Juni 1956, auf der Plaza de la Cibeles in Madrid.

Es war fünf Uhr morgens.
Ich hatte den Taxifahrer gebeten, mich an der Plaza de la Cibeles vor dem Hauptpostamt abzusetzen. Ich habe gezahlt, ich habe das Taxi davonfahren lassen. Die Junisonne ging über Madrid auf. Ich habe mich auf den Weg gemacht. Ich ging zu meiner Wohnung zurück, die nicht gerade in der Nähe lag. Aber ich hatte mir das seit drei Jahren angewöhnt, die Taxis recht weit von meinen illegalen Wohnungen halten zu lassen. Ich kehrte zu Fuß dorthin zurück, indem ich Umwege machte, mitunter an der Bar eines Cafés pausierte, um mich zu vergewissern, daß ich nicht verfolgt wurde. Ich dachte darüber nicht mehr nach, ich tat das alles ganz mechanisch, ohne vorherige Überlegung.
Niemand außer mir in diesem Stadtbild, der Platz war verlassen. Ich war mit der Göttin Kybele allein. Sie stand in der Mitte des Platzes auf ihrem Wagen, umgeben von einem Becken, wo das Wasser der Springbrunnen emporsprudelte.
Plötzlich habe ich in der Stille dieses Junimorgens den Eindruck gehabt, das Geräusch des Wassers zu hören. Das Plätschern der Springbrunnen um die Statue der Kybele herum. Ich bin stehengeblieben, klopfenden Herzens. Eine Erinnerung war in mir wiedergekehrt, die diesen Platz, die diesen Springbrunnen, die mein Leben betraf. Ich hatte dieses Gemurmel des Wassers schon einmal gehört. Es lag sehr lange zurück.
Es war eine Kindheitserinnerung.
Es hatte eine Stille wie heute geherrscht. Aber es war an keinem Junimorgen, sondern an einem Juninachmittag im Oktober 1934. Es war nicht die frühmorgendliche Stille, die es mir ermöglicht hatte, damals das plätschernde Gemurmel der Springbrunnen zu hören. Es war eine bedrückendere Stille. Eine Todesstille, wie man sagt. Diesmal stimmte das buchstäblich. Damals war es eine Todesstille nach dem Lärm automatischer Waffen. Eine Leiche war auf dem Platz liegengeblieben. Ein von den Feuerstößen der Guardia Civil niedergemähter Mann in blauer Arbeitskleidung. Einer seiner Espadrillos war bei seinem Fallen ein Stück weiter gerollt.
In dieser Todesstille im Oktober 1934 hatte ich bereits das Gemurmel der Springbrunnen gehört, die den Wagen der Göttin Kybele in Madrid umgeben.
Aber ich will diese Kindheitserinnerung nicht haarklein erzählen. Zweiundzwanzig Jahre später, im Juni 1956, ist diese Erinnerung

wie eine Federwolke am Junihimmel vorbeigezogen. Ich habe sie nicht festgehalten. Ich habe diese flüchtige Erinnerung, die gar kein Problem aufwarf, entschwinden lassen. Die Guten standen in dieser Erinnerung auf der guten Seite, die Schlechten auf der schlechten. Auf einer Seite die Henker, auf der anderen die Opfer. Auf der einen Seite die Bullen, auf der anderen die Proletarier. Lassen wir sie also erneut entschwinden, da sie kein Problem, keine Frage aufwirft. Es ist eine stumme Erinnerung, lassen wir ihr ihre Stummheit. Sie wird dort im gegebenen Fall gut aufgehoben sein.

Zweiundzwanzig Jahre später, als ich auf der Plaza de la Cibeles das Taxi habe davonfahren lassen, hatte *Le Monde* gerade vor zwei Tagen die Veröffentlichung des Geheimberichts von Chruschtschow auf dem XX. Parteitag der KPdSU in vollem Wortlaut beendet. Abend für Abend hatte ich in Madrid diesen Bericht gelesen, ich hatte mich bei einem Kumpel, der Abonnent dieser Pariser Tageszeitung war, in diese Lektüre vertieft. Keine Sekunde hatte ich an dessen Echtheit gezweifelt. Keine Sekunde hatte ich den Kadern der KPS, die mich bei der illegalen Arbeit umgaben, die daraus hervorgehende barbarische Wahrheit zu verheimlichen versucht.

Heute gehört es zum guten Ton, sogar in den kommunistischen Parteien, die damals die Existenz dieses vom Imperialismus, vom Klassenfeind, von Gott weiß wem »Chruschtschow zugeschriebenen« Berichts heftig bestritten, es gehört also zum guten Ton, dessen himmelschreiende Unzulänglichkeiten hervorzuheben. Vom marxistischen Standpunkt aus ist es klar, doziert man heute, daß der Geheimbericht von Chruschtschow absolut unzulänglich ist. Nachdem also dieser verdammte Bericht anfangs inexistent war, ist er schließlich unmarxistisch geworden, was eine der hinterhältigsten Kategorien der Inexistenz, zumindest der theoretischen Inexistenz ist.

Aber warum hätte der Geheimbericht von Chruschtschow marxistisch sein sollen? Was ist denn der Marxismus? Wenn ich den Texten glauben darf, die sich auf den Marxismus berufen, was immer auch die Widersprüche zwischen den verschiedenen Auslegungen der Lehre sein mögen, so scheint mir der Marxismus – der von Breschnew wie der von Linhart, der von Deng Xiaoping wie der von Althusser, der von Lecourt wie der von Marchais – eine ideologische Aktivität zu sein, deren wesentliche

Funktion darin bestehen soll, Begriffe zu schaffen, die imstande sind, die Realität zu verdunkeln, die Geschichte zu mystifizieren, den harten Zusammenprall geschichtlicher Tatsachen zu vertuschen. Der Marxismus scheint sich nur noch darauf zu beschränken, die Kunst und die Methode zu sein, den Lauf der Dinge zu rechtfertigen.

Die einzigen Länder, in denen der Marxismus noch ein Instrument der Forschung und der theoretischen Erkenntnis ist, sind die, in denen es keine kommunistische Partei, zumindest keine KP von Bedeutung gibt. So als wäre fortan die marxistische Theorie unvereinbar mit den Erfordernissen einer kommunistischen Massenpraxis, was die Negation des ursprünglichen marxischen Konzepts ist. Kurzum, es sieht ganz so aus, als existierte der Marxismus als Theorie nur dort, wo er zu keinerlei realer Anwendung auf sozialer und politischer Ebene anregt. Es gibt nur noch einen möglichen Marxismus in der Negation der Voraussetzungen des Marxismus.

Man kann daher die bereits gestellte Frage wiederaufnehmen: warum hätte der Geheimbericht von Chruschtschow, wenn der Marxismus jene akademische Kloake ist, die wir kennen, jene erbärmliche ideologische Opiumraucherei, jener Karneval der Begriffe, marxistisch sein sollen?

Genügte es nicht, daß er wahr war?

Keine Sekunde hatte ich an der Echtheit dieses Berichts gezweifelt.

Es war im Juni, die Sonne ging über Madrid auf. In der Mitte des Platzes, in einem Becken, wo Springbrunnen plätscherten, stand die Göttin Kybele auf einem von zwei Löwen gezogenen Wagen.

Es gibt Augenblicke im Leben, in denen die Wahrheit einen brutal ergreift, in einem Durcheinanderwirbeln althergebrachter Vorstellungen, eingewurzelter Empfindungen. Ein Blitz erhellt einem die innere Landschaft, die geistige Welt: alles hat sich verändert. Die Wahrheit enthüllt sich plötzlich. Es ist irgendwie ein ideologischer Donnerschlag. Aber es gibt auch Augenblicke der Fülle, in denen die Wahrheit nicht wie der Donner donnert, nicht wie der Blitz blitzt. Sie entfaltet sich wie die Morgendämmerung, die schon im Dunkel vorhanden war. Sie öffnet sich wie

eine Blüte, sie reift wie eine Frucht, die schon vorher vorhanden waren, die Blüte in der Knospe, die Frucht in der Blüte.
Die Morgendämmerung im Juni 1956 auf der Plaza de la Cibeles in Madrid war einer jener Augenblicke.
Sicherlich war der Zauber dieses Platzes dem Gefühl der Fülle nicht fremd. Ich befand mich sicherlich in einer Landschaft meiner Kindheit.
Vor zweiundzwanzig Jahren hatte ein Mann in der untergehenden Sonne eines Oktobernachmittags versucht, über diesen Platz zu rennen. Man hörte nicht das Geräusch seines Rennens, denn er trug Espadrillos. Der Mann in blauer Arbeitskleidung versuchte zu fliehen. Lag es an der Herbstsonne, die die alten Steine vergoldete? Oder an der formvollendeten, kaum verschnörkelten Kulisse dieses Platzes? Tatsache ist, daß die Szene auf den ersten Blick nichts Tragisches an sich hatte. Ein kleiner Mann in blauer Arbeitskleidung floh über die Plaza de la Cibeles mit hastigen kurzen Schritten. Harold Lloyd oder Harry Langdon wären beim abgehackten Ablauf von Stummfilmbildern genauso gerannt. Dann ist ein Einsatzwagen der Guardia Civil in der Calle Alcala an der Ecke des Palacio de Buenavista erschienen. Das Fahrzeug hatte kein Verdeck, und die Polizisten standen auf der Plattform und hielten sich an der Wagenwand fest. Sie haben auf die Silhouette des fliehenden kleinen Mannes in blauer Arbeitskleidung zu schießen begonnen. Bei den ersten Feuerstößen sind die gewöhnlich auf den Schultern, auf den Händen der Göttin Kybele, auf den Mähnen ihrer Löwen sitzenden Tauben sofort davongeflogen. Daraufhin ist der sicherlich von einer ersten Kugel getroffene Mann gestrauchelt. Er ist noch einige Meter weitergerannt, vielleicht durch seinen Schwung, aber sonderbar humpelnd und hüftlahm, denn er hatte einen seiner Espadrillos verloren, den man ein Stück weiter hatte rollen sehen. Dann ist der Mann von einer zweiten Salve niedergestreckt worden. Er war nur noch ein elendes Häufchen blauer Kleidung vor der weiten Kulisse des Platzes.
Dann hat sich wieder die Stille auf die Plaza de la Cibeles gesenkt, auf die Göttin Kybele, auf den von zwei Löwen gezogenen und von Springbrunnen umgebenen Wagen der Kybele. Mit gedämpftem Flügelflattern sind die Tauben zu ihrem üblichen Aufenthaltsort zurückgekehrt.
Und in diesem Augenblick, gleich nach dem durch das Flattern

Dutzender von Taubenflügeln verursachten Aufwirbeln der durchsichtigen Luft, hat man das Gemurmel des um die Göttin Kybele herum hervorsprudelnden Wassers hören können.
Zweiundzwanzig Jahre später, im Juni 1956, nachdem das Taxi in der Frische der Morgendämmerung verschwunden war, habe ich erneut das Plätschern der Springbrunnen gehört.
Ich befand mich im Zentrum der Stadt meiner Kindheit, in der Mitte meiner selbst. Ich stand, schien es mir, in der Mitte meines Lebens.
Seit zwei Tagen hatte *Le Monde* die Veröffentlichung der Fortsetzungen der Wahrheit über den Stalinismus, nämlich des Geheimberichts von Chruschtschow, beendet. Keine Sekunde hatte ich an dessen Echtheit gezweifelt. Endlich wurde die Geschichte wieder rational. Ich sage nicht vernünftig, denn das war sie nicht. Warum sollte die Geschichte übrigens vernünftig sein? Warum sollte sie ein langsamer, aber unwiderstehlicher Aufstieg zur Aufklärung sein? Nein, nicht einmal in den ärgsten Augenblicken der Verblendung hatte ich an diese Phantasmagorie geglaubt. Aber wenn die Geschichte nicht wieder vernünftig wurde, wenn sie weiterhin unvernünftigerweise von Getöse und Getobe erfüllt blieb, dann wurde sie doch immerhin rational. Ich meine damit: sie wurde dem Unterfangen eines weltweiten Verständnisses gegenüber aufgeschlossen, auch wenn dieses von langer Dauer, seiner Definition nach fragmentarisch, offensichtlich endlos und immer wieder erneuert sein sollte.
Stalins Verbrechen boten der Geschichte Rußlands, der Geschichte der kommunistischen Bewegung, die Möglichkeit der kohärenten Rationalisierung. Denn schließlich war das, was für die Ratio unerträglich war, nicht die Tatsache, daß Stalin ein Tyrann war, wenn auch seine Tyrannei, wenigstens teilweise, auf historisch bis dahin noch unbekannte Art ausgeübt wurde. In der Geschichte wimmelte es von Tyrannen und Despoten, deren jeder, verglichen mit seinem Vorgänger, ein paar Neuerungen vollbracht hatte, denn jeder hatte neue historische Aufgaben erfüllen, bei dem blutigen Ritt der Geschichte neue Klassen in den Sattel heben müssen. Nein, was für die Ratio unerträglich war, das war nicht die Tatsache, daß Stalin ein Tyrann war, sondern daß Trotzki im Sold der Gestapo hatte stehen, daß Bucharin der Organisator von Sabotagen und Terrorverbrechen hatte sein können: unerträglich war die Tatsache, in dem eisigen

Licht dieses schizophrenen Glaubens, in der abwegigen und tödlichen Spaltung des moralischen und theoretischen Bewußtseins gelebt zu haben.

Der Geheimbericht befreite uns, gab uns zumindest die Möglichkeit, uns von diesem Wahnsinn zu befreien, aus diesem Schlaf der Vernunft zu erwachen.

Gewiß wurde darin keinerlei Anspielung auf Trotzki oder Bucharin gemacht, die ich wegen des exemplarischen Charakters ihres Schicksals unter vielen anderen möglichen Namen anführe. Der Geheimbericht auf dem XX. Parteitag beschränkte sich darauf, obere Kader der KPdSU, einige stalinistische Führungskräfte zu rehabilitieren. Was immer auch Althusser darüber gesagt und gedacht haben mag, der Geheimbericht achtete darauf, sich von den Denunziationen des gesamten Stalinismus zu distanzieren, die, seit eh und je, die liberale Bourgeoisie und die Linksopposition geäußert und verkündet haben: er zog eine klare und scharfe *Trennungslinie* zwischen einer guten und einer schlechten Epoche des Terrors, zwischen guten und schlechten Schuldigen, zwischen den unschuldigen Opfern und denen, denen das zukam, was sie verdient hatten. Und diese Grenze wurde Mitte der dreißiger Jahre gezogen, als die Große Säuberung die stalinistische Partei, die Kader und die Eliten der Stalinschen Gesellschaft selbst zu dezimieren begann.

Diese in dem Geheimbericht enthaltene Trennungslinie läßt sich leicht erklären. Indem Chruschtschow sich an die Partei, das heißt, an den Führungskern der politischen Bürokratie wandte, der die Produktion von Gütern, Ideen und Normen der nachstalinistischen Gesellschaft regenerierte, verfolgte er einen doppelten Zweck.

Erst einmal mußte er die Opposition der alten Stalinschen Gruppen um Molotow und Kaganowitsch, die verbissenen Gegner jeglicher Reform des Systems, brechen. Dazu mußte er einen Schock hervorrufen, den Parteitag traumatisieren, indem er brutal die Ereignisse heraufbeschwor, die im Gedächtnis aller Delegierten mehr oder weniger verdrängt worden waren. Er mußte diese eitrige Wunde aufschneiden. Von diesem Standpunkt aus war der Geheimbericht ein Gewaltstreich, ein Fausthieb: praktisch ein stiller Staatsstreich. Bei dem Grad der moralischen und theoretischen Zersetzung, der dreisten Offenkundigkeit der Verhältnisse zwischen Intrige, Klüngel und Macht an der Spitze des vom Stalinismus geerbten politischen Apparats gab es gewiß keine andere Lösung. Jedenfalls keine Lösung durch den Appell an die Initiative der Volksmassen, an die demokratische Diskussion. Also keine Lösung »von der Linken«, sosehr sich auch überaus edle Geister darin gefielen, sich eine solche damals auszumalen, von denen die meisten schließlich den – sicherlich für sie – tödlichen Reizen der Dialektik des zu betrauernden Präsidenten Mao verfielen, was der Höhepunkt des Paradoxen ist: den Stalinismus »links« zu überholen, um sich an der äußersten Rechten des bürokratischen und manipulierbaren Denkens wiederzufinden!

Tatsächlich wurde nach Stalins Tod alles weiterhin durch Gewaltstreiche, Komplotte und Ermordungen an der Spitze der Macht geregelt. Die Liquidation von Berija und von höchsten Leitern der politischen Polizei illustriert deutlich diese Methode. Selbstverständlich habe ich nicht die geringste Absicht, das Schicksal von Lawrenti Berija zu beweinen. Ich habe nichts damit zu tun, daß man ihn während einer Sitzung des Präsidiums, kurz nach dem Tode Stalins, wie einen Hund abgeknallt und in einen Teppich gewickelt hat, um ihn heimlich aus dem Kreml zu tragen. Diese Episode zeigt einfach, bis zu welchem Punkt der Niedertracht, der Willkür, der nackten zügellosen Gewalt die Führungsspitze der KPdSU gelangt war, um gezwungen zu sein, so die Probleme der Nachfolge von Stalin zu lösen.

Daher leitet der Geheimbericht von Chruschtschow auf dem XX. Parteitag eine Reihe von Gewaltstreichen und willkürlichen Aktionen ein, die es paradoxerweise – aber vielleicht ist das dialektisch, man müßte das die Theologen der Heiligen Marxistischen Kirche fragen – darauf abzielen, ein, ich möchte nicht sagen, demokratisches, o nein, welcher Hohn!, sondern einfach ein geregeltes Funktionieren der Machtinstanzen in der UdSSR wiederherzustellen, legal die eingeschränkte Legalität des autoritären Systems der Einheitspartei funktionieren zu lassen, die bisher systematisch von der Parteispitze selbst vergewaltigt worden war. Mehr nicht.

Aber indem Chruschtschow den kommunistischen Kadern der herrschenden Bürokratie und den wichtigsten Führungskräften der Bruderpartei manche Verbrechen Stalins enthüllt hat, erinnert er sie, zumindest teilweise, an den blutigen, willkürlichen – kurzum illegitimen – Ursprung ihrer eigenen Macht. In der Tat sind sie alle Erben Stalins. Alle sind seine Beweihräucherer gewesen. Sie sind die »kleinen Schrauben« und die »kleinen Räder« im Getriebe des Parteistaates gewesen. Auf Grund des Terrors, den Chruschtschow gerade heraufbeschworen hat, haben sie ihre Macht aufgebaut. Nun ist es sehr gefährlich für den neuen Führer der KPdSU – der noch nicht abgesichert ist, der noch den Machenschaften der mächtigen und verbissenen Oppositionsgruppe um Molotow und Kaganowitsch ausgesetzt ist – allzu deutlich die führende Bürokratie an die blutige Illegitimität ihrer Macht zu erinnern. Er muß deshalb diese Bürokratie sogleich beruhigen: das ist der andere Aspekt der doppelten Absicht Chruschtschows. Daher die Trennungslinie, die er klar und scharf, wie der Schnitt eines Opfermessers, den dunkelsten Althusserschen Träumen würdig, zwischen den verschiedenen Perioden der Aktivität Stalins zieht. In dem Augenblick, den der Thermidor anstrebt (denn der Thermidor strebt einzig und allein das an, wenn man diese anfechtbare historische Metapher benutzen will, die die kommunistische Linke gebraucht und mißbraucht hat), muß er den Thermidorianern deutlich sagen, daß die gegen die »Volksfeinde«, die »Konterrevolutionäre, »die Oppositionellen«, die »Kulaks« und die »bürgerlichen Nationalisten« enfaltete Gewalt gerecht war, daß sie erst in dem Augenblick zum ungerechtfertigten Terror geworden ist, als sie sich massiv gegen die Partei selbst, gegen die bürokratische Klasse, die ihre Macht im Laufe der vorangegangenen Jahrzehnte gefestigt hat, gerichtet hat, in dem Augenblick, als sie sich eben gegen die Möglichkeit – ja sogar Notwendigkeit – eines russischen Thermidors gerichtet hat. Das heißt, im großen und ganzen seit 1934 und seit der Ermordung von Kirow, dem mutmaßlichen Anführer der Thermidorianer.

Man kann sich die Szene vorstellen.

Man kann sich den großen Saal im Kreml, wo der XX. Parteitag stattfindet, vorstellen. Man kann sich leicht das Durchschnittsalter der Delegierten, ihre Kleidung vorstellen. Übrigens braucht man sich das Durchschnittsalter der Delegierten nicht vorzustellen, man besitzt darüber genaue Zahlen. Man weiß genau, daß das politische System der Sowjetunion ein überalterter Despotismus ist – aber dieses Charakteristikum des Regimes rührt nicht von der Tatsache her, daß Stalin oder Breschnew sich allzu sehr in die Lektüre von Plato vertieft hätten, oh nein, keineswegs! Es beruht auf einer internen soziologischen Forderung –, was die vorliegenden Zahlen bestätigen. Nach dem von Aristow in Namen der Mandatskommission vorgelegten Bericht sind im Februar 1956 auf dem XX. Parteitag der KPdSU 79,7 % der Delegierten über vierzig gewesen, davon 55,7 % zwischen vierzig und fünfzig, und 24 % über fünfzig. Das heißt, daß die große Mehrheit der auf dem XX. Parteitag anwesenden Kommunisten 1936 mindestens zwanzig war, als sich der Terror gegen die Partei selbst zu entfalten begann, als Stalin Jeschow an die Spitze des NKWD stellte (haben Sie schon einmal ein Bild von Jeschow gesehen, sein gequältes Gesicht betrachtet, seinen wahnsinnigen Blick, den Gesichtsausdruck, als wäre er schnurstracks den *Dämonen* von Dostojewski entstiegen?), um die machtvollen Thermidorianer zu liquidieren und den vierjährigen Rückstand, den die Sicherheitsorgane, laut Stalin, im Kampf gegen die Volksfeinde hatten, aufzuholen.

Der Terror ist also nicht Prähistorie für die Männer und Frauen reiferen Alters, die sich abends zu einer geschlossenen Sondersitzung im großen Saal des Kreml versammelt haben. Sie erinnern sich gewiß daran. Er gehört zu ihrer Geschichte, zu ihrer Erwachsenenerfahrung. Um so mehr, wenn man immer noch den von Aristow vorgelegten Zahlen glaubt, denen zufolge fast 70 Prozent von ihnen nach 1931 Mitglieder der KPdSU sind. Die meisten Delegierten waren also nicht nur erwachsene Männer, als sich Stalins Terror gegen die Institutionen und Eliten der neuen Ausbeutergesellschaft selbst richtete, unter denen der Horizont des Thermidors zu dämmern begann, sondern die meisten Delegierten waren eben damals Mitglieder der KPdSU.

Sie saßen also im großen Saal dem Kreml, stumm, bald niedergeschlagen, manche verloren das Bewußtsein, andere vergossen heiße Tränen, während sie sich den »Chruschtschow zugeschriebenen« Bericht anhörten. Da saßen sie, die Männer und die Frauen, die Mitglieder der Partei Stalins waren, um dort diese von ihm mit dem glühenden Eisen der Repression ausgebrannten Löcher zu stopfen. Da saßen sie, die Männer und die Frauen, die Stalin dabei geholfen hatten, seine absolute Macht im wörtlichen Sinne des Ausdrucks aufzubauen, das heißt, absolut losgelöst von jeglicher Festlegung, sogar in letzter Instanz (oh integere Doktoren des marxistischen Glaubens!), durch die Wirtschaft, durch die Klassenstrukturen der neuen russischen Gesellschaft. Denn die persönliche Macht Stalins ist gewiß eines der Instrumente gewesen, das sich die neue herrschende Klasse gegeben hat, um ihre Herrschaft zu errichten – man möge mir diesen voreiligen Ausdruck verzeihen, der kurzerhand durch die sozialen Strukturen, in die Vielschichtigkeit der historischen Faktoren schneidet, denn es ist klar, daß »die Klasse« ein mehr oder weniger operativer Begriff ist und daß sogar die operativsten Begriffe »sich« keinerlei Instrument »geben« und keinerlei Herrschaft woanders errichten als in der von den Menschen vorgenommenen ganz und gar notwendigen theoretischen Rekonstruktion – das braucht nicht gesagt zu werden, aber da es nun einmal gesagt ist, laßt uns kurzerhand einen Schnitt machen, wohl wissend um das Risiko der Vereinfachung, das wir durch das Aufschneiden der Geschichte, als handelte es sich um eine innen noch blutige Hammelkeule, laßt uns kurzerhand einen Schnitt machen und wiederholen, daß die persönliche Macht Stalins, das Instrument der neuen herrschenden Klasse, gegen Ende der dreißiger Jahre schließlich relativ unabhängig von dieser geworden ist. Und das deutlichste Anzeichen für diese Unabhängigkeit ist die Fähigkeit dieser persönlichen, im wörtlichen Sinne des Ausdrucks absolut gewordenen Macht, gegen die Bürokratie, aus der sie hervorgegangen war und die sie während einer ganzen Geschichtsepoche repräsentiert hat, den grausamsten und verblendetsten Terror zu entfesseln, wobei das System der aufeinanderfolgenden und ununterbrochenen Terrorwellen nicht nur die scheinheilige Unterwerfung der Bürokratie, sondern auch die soziale Mobilität innerhalb dieser durch den ständigen und dysfunktionellen Wechsel zwischen einer Destruktion und einer Rekonstitution der Eliten sicherstellte. Kurzum, der Terror stellte die Zirkulation der Arbeitsplätze, der Werte und der sozialen Gratifikationen innerhalb der Bürokratie sicher. Und eben das Ende dieser Epoche, das Ende des Terrors als exogener und mörderischer Antrieb der Entwicklung der Bürokratie verkündete Chruschtschow all diesen Männern und Frauen an diesem denkwürdigen Februarabend 1956 auf einer geschlossenen Sitzung des XX. Parteitags. Von nun an, verkündete er ihnen, solle eine neue Realität, die nicht mehr die abwegige, unberechenbare der absoluten Macht, besonders der von Stalin sei, sondern die der Allgemeininteressen ihrer Klasse – das Wort wurde natürlich nicht ausgesprochen: man sprach nur von den Interessen des

Volkes, der Nation, dem russischen Staat im gesamten – bei der Verteilung der Privilegien und Pfründen, bei der Etablierung der Kräfte- und Machtverhältnisse vorherrschen. Das war die Botschaft dieses Geheimberichts, eine für die Hunderte jener den eisigen Tiefen der russischen Geschichte entstiegenen Delegierten völlig verständliche Botschaft.
Man kann sich gewiß diese Szene vorstellen.
Nikita Sergejewitsch stand auf der Rednertribüne. Er hämmerte seine Worte. Gelegentlich brüllte er, und seine Stimme überschlug sich in den Höhenlagen. Er enthüllte die ungeheuerlichen Wahrheiten Schlag auf Schlag. Aber diese schreckenerregende Stimme, die in ihrem Gedächtnis Übelkeit hervorrief, war diesmal nicht die belehrende und eintönige Stimme eines allmächtigen und fernen unnahbaren Vaters: es war ihre eigene Stimme. Nikita Sergejewitsch war einer von ihnen, und die Hunderte der dort versammelten Männer und Frauen konnten bei diesem finsteren und feierlichen Anlaß sich mit ihm identifizieren. Wie er hatten sie dazu beigetragen, jegliche Opposition zu brechen. Wie er hatten sie Loblieder auf Stalin gesungen. Viele von ihnen hatten gewiß den XVIII. Parteitag der KPdSU im März 1939 mitgemacht. Sie erinnerten sich vielleicht daran, daß Chruschtschow bereits am 13. März 1939 auf die Rednerbühne des Kongresses gestiegen war, um über die Erfolge des Kommunismus in der Ukraine zu sprechen. Vielleicht erinnerten sie sich an die Worte von Nikita Sergejewitsch an jenem fernen Tag des 13. März 1939, als der Spanische Bürgerkrieg gerade in Blut, Niederlage und Bestürzung, hauptsächlich wegen der verhängnisvollen Politik Stalins, die die Berater des Komintern und die Führungsspitze der KPS blind übernommen hatten, zu Ende gegangen war: »Diese Erfolge sind nicht spontan entstanden«, hatte Chruschtschow auf dem XVIII. Parteitag erklärt, »sondern sie sind in einem harten Kampf gegen die Feinde der Arbeiterklasse und des Bauernstands, gegen die Feinde unseres ganzen Volkes errungen worden; in einem Kampf gegen die Agenten der faschistischen Spionageorganisationen, gegen die Trotzkisten, die Bucharinisten, die bürgerlichen Nationalisten.« Sie erinnerten sich vielleicht, wenigstens manche von ihnen, an den Schluß der Rede Chruschtschows im März 1939: »Es lebe das größte Genie der Menschheit, der Herr und Gebieter, der uns siegreich zum Kommunismus geführt hat, unser lieber Stalin!«

Sie erinnerten sich sicherlich an den lieben Stalin. Sie zitterten immer noch, rückblickend, vor ehrerbietigem und furchtsamem Grauen.

Aber ich bin Prag, in der Nationalgalerie, vor einem Bild von Renoir.
Warum bin ich in Prag?
Vielleicht ganz einfach nur darum, um vor einem Bild von Renoir zu stehen. Vielleicht habe ich alle anderen Gründe und Voraussetzungen für diese Reise nach Prag eben deshalb vergessen, weil das einzig Wichtige diese Betrachtung eines Bildes von Renoir war. Natürlich nicht nur wegen Renoir. Vielleicht hätte ein Bild von Vermeer oder von Velasquez oder von El Greco genau das gleiche bewirkt. Ich meine damit, daß das Wichtige nicht nur das betrachtete Bild war, sondern auch die Tatsache der Betrachtung selbst. Vielleicht die Tat der Betrachtung selbst.
Aber ich bin in Prag, in der Nationalgalerie im Palais Sternberk. Ich bin nicht in Toledo, in der Iglesia de Santo Tomé vor dem *Begräbnis des Grafen Orgáz.* Auch nicht im Prado vor den *›Meninas‹*. Noch im Mauritshuis vor der *Ansicht von Delft:* jenen Bildern, um die herum die Rekonstruktion meines Lebens möglich sein sollte.
Denn mein Leben gleicht keinem Fluß, vor allem keinem immer anderen, niemals gleichen Fluß, in dem man nicht zweimal baden könnte: mein Leben ist die gesamte Zeit des Bereits-Gesehenen, der Bereits-Erlebten, der Wiederholung, des Gleichen bis zum Überdruß, bis es durch das Identische etwas Anderes, etwas Fremdes wird. Mein Leben ist kein zeitliches Fließen, keine fließende Dauerhaftigkeit, sondern etwas Strukturiertes oder schlimmer noch: etwas sich Strukturierendes, eine sich selbst strukturierende Struktur. Mein Leben ist unentwegt destrukturiert, ständig im Begriff, sich zu destrukturieren, sich zu verflüchtigen, in Rauch aufzugehen. Es ist eine Folge von Unbeweglichkeiten, von Momentaufnahmen, eine unzusammenhängende Aneinanderreihung vergänglicher Augenblicke, bloß vorübergehend in einer endlosen Nacht flimmernder Bilder. Nur eine übermenschliche Anstrengung, eine völlig unvernünftige Hoffnung halten diese verstreuten Kienspäne und Strohfackeln zusammen, erwecken wenigstens den Anschein, all das zusammen-

zuhalten. Das Leben als Fluß, als Fließen ist eine romanhafte Erfindung. Eine erzählerische Beschwörung, ein Trick des Ego, um an sein ewiges, zeitloses Dasein glauben zu lassen – sogar in der perversen oder pervertierten Form der Zeit, die verfließt, verlorengeht und wiedergefunden wird – und um sich selbst davon zu überzeugen, indem man sein eigener Biograph, der Romancier seiner selbst wird.

Mein Leben ist nichts anderes als dieses Bild von Renoir, mein Blick auf dieses Bild.

Aber wir sind nicht mehr im Herbst 1960, am übernächsten Tag, nachdem ich mit Fernand Barizon über den XX. Parteitag der KPdSU gesprochen hatte. Mit nichtssagender Miene, als wäre nichts vorgefallen, als wäre die Zeit nicht vergangen, nicht verflossen wie das Wasser eines Flusses, so stand ich da, erstarrt in einer anderen beschaulichen Unbeweglichkeit: der gleichen. Ein anderes Ich, das gleiche Ich. Ein anderes Bild, das gleiche Bild. Die gleiche Erinnerung an Josef Frank eines Sonntags in Buchenwald.

Wir sind im Jahre 1969, Anfang April.

Gestern hatte ich Jiri Zak wiedergetroffen.

Die Sonne streifte seitlich die Fensterscheiben des Zimmers, in dem wir uns befanden, aber sie kündigte noch keinen Frühling an. Jan Pallach hatte sich selbst verbrannt, und einige Tage danach sollte Alexander Dubček von der wenigen Macht, die er noch besaß, ausgeschlossen werden. Die Normalisierung konnte beginnen: die Wiedereinführung des Richtigen Denkens, der Zwangsarbeit, der bürokratischen Korrektur. Sicherlich wußten wir, daß es in diesem Jahr noch nicht Frühling werden sollte, trotz jener schrägen Sonne, die schöne Tage anzukündigen schien.

Ich betrachtete Jiri Zak, der inzwischen weiße Haare hatte. Ich betrachtete die Frau in den Sechzigern, die ihn begleitete und die Josef Franks Witwe war.

Ich war an diesem Frühlingsanfang 1969 mit Costa Gavras nach Prag gekommen, der immer noch die Möglichkeit ins Auge faßte, *L'Aveu* an den Orten zu drehen, an denen sich die Ereignisse abgespielt hatten. Und dann hatte ich, da ich wußte, daß ich nie mehr nach Prag zurückkehren würde, all die Lieblingsorte meiner Erinnerung an Prag ausgiebig besucht. Morgen wollte ich, kurz bevor ich wieder abflog, zur Nationalgalerie gehen, um ein

letztes Mal jenes Bild von Renoir zu betrachten, mit dem mein Leben eng verbunden war.
Aber ich betrachtete Jiri Zak und Josef Franks Witwe. Da habe ich in der Stille, die sich auf uns senkte, so wie die Nacht sich senkt, so wie man die Arme senkt, in jener Stille, nachdem wir nochmals Erinnerungen heraufbeschworen, Fotos ausgetauscht hatten, plötzlich ganz scharf jenes Bild in meinem Gedächtnis wiedergefunden: Josef Frank drehte sich im Büro der Arbeitsstatistik um, sicherlich um festzustellen, wem Jiri gerade freundschaftlich zugewinkt hatte, erblickte mich, machte mir seinerseits ein Zeichen des Einverständnisses, schenkte mir ein kurzes, gleich wieder verschwundenes Lächeln. Hinter ihm, hinter seinem mir halb zugewandten Gesicht sah ich die Dezembersonne, die die Fensterscheiben auf der anderen Seite der Baracke aufleuchten ließ.
Ich sah auch den viereckigen Schornstein des Krematoriums.
In diesem Augenblick pflanzte sich Willi Seifert mitten unter uns auf.
»Hört zu, ihr Burschen!« sagte er theatralisch. »Seid alle heute abend um sechs Uhr hier! Ich habe ein Hunderagout organisiert, es reicht für alle!«
Ein Stimmengewirr der Zustimmung und Zufriedenheit erhob sich.
Seiferts Blick fiel auf Jiri Zak.
»Du gehörst zwar nicht zu uns. Aber du kannst trotzdem kommen. Du bist eingeladen.«
Jiri schüttelte den Kopf.
»Ich mag kein Hundefleisch«, sagte er.
»Hast du es denn schon mal probiert«, fragte Seifert.
Jiri schüttelte nochmals den Kopf.
»Mir gefällt der Gedanke an Hundefleisch nicht«, sagte er schroff.
Auch Zamjatin gefiel der Gedanke an Hundefleisch nicht. Ich spreche nicht von Jewgenij Zamjatin, den im Pariser Exil verstorbenen Schriftsteller. Ich spreche von einem anderen Zamjatin, von dem nach Kolyma deportierten orthodoxen Geistlichen.
Oder genauer, Warlam Schalamow spricht in *Kolyma – Insel im Archipel* von ihm. Jedenfalls ißt der Pope Zamjatin die Reste des Hunderagouts, das die Privilegierten der Baracke »organisiert«

haben. Und als er sich daran gütlich getan hat, eröffnet Semjon der Landstreicher dem Popen, daß er kein Hammelfleisch gegessen hat, wie er geglaubt hatte, sondern Hundefleisch. Und der Pope Zamjatin kotzte in den Schnee. Ihm gefiel der Gedanke an Hundefleisch ebensowenig wie Jiri Zak. Das Hundefleisch hatte ihm gut geschmeckt. Er hatte gefunden, daß sein Geschmack dem von Hammelfleisch gleichwertig war. Der Gedanke an Hundefleisch ließ ihn kotzen.
Doch Willi Seifert lacht.
»Es ist nicht der Gedanke an Hundefleisch, den man ißt, sondern das Fleisch selbst! Und Hundefleisch schmeckt wie geschmortes Rindfleisch!«
Ich muß sagen, daß ich eher Seiferts als Semjons, des Landstreichers aus Kolyma, Meinung bin. Hundefleisch hatte, zumindest als Ragout mit Gemüse und einer dicken Sauce, wie wir es an jenem Sonntag in der Arbeitsstatistik gegessen hatten, eher den Geschmack von geschmortem Rindfleisch als den von Hammelfleisch.
»Um so schlimmer«, entgegnet Jiri Zak mit leiser Dickköpfigkeit. »Mir gefällt der Gedanke an Hundefleisch nicht!«
In diesem Augenblick, in dem Augenblick, in dem sich der Mittagsappell seinem Ende nähert, in dem die Musikanten des Lagerorchesters gleich wieder die Trompeten, Klarinetten und Tuben an den Mund setzen werden, weiß ich natürlich nicht, daß Léon Blum gerade dabei ist, einen Kommentar über die platonische Idee der Gleichheit zu schreiben. Ich weiß nicht, was Blum über den Gedanken an Hundefleisch sagen würde, ich weiß nicht, was er in diesem Augenblick über die Idee der Gleichheit sagt. Übrigens würde ich, selbst wenn ich es wüßte, mir nichts daraus machen. 1944 interessiere ich mich nicht besonders für Platos politische Ideen. Erst zehn Jahr später bin ich gezwungen worden, mich auf eine ganz eigentümliche Art für Plato zu interessieren. Plato gleicht ein wenig dem Fußball, er hat mich, wenn ich meine Erinnerungen an die Philosophie- und vorlesungen beiseite lasse, zu der politischen Praxis der Illegalität geführt. In der Mitte der fünfziger Jahre habe ich in Madrid tatsächlich die Lektüre von Plato wiederaufnehmen müssen. Ich muß gestehen, daß ich darauf nicht vorbereitet war. Ich hatte mich sorgfältig darauf vorbereitet, über die Thesen von Wetter oder Calvez oder Bocheński, über die der Jesuiten und Katholiken,

über den historischen Materialismus zu diskutieren. Ich war darauf vorbereitet, stundenlang über die süßliche Version des Thomismus zu diskutieren, den die traditionalistischen Philosophen in Spanien verbreiteten. Ich war darauf vorbereitet, Punkt für Punkt die Ansichten von Ortega y Gasset zu widerlegen, dessen Denken seinen Standpunkt an der Kreuzung der Marburger Schule und des empirischen Kritizismus hatte. Aber ich hatte nicht gedacht, daß ich mich in meinen Diskussionen mit den von der antifranquistischen Aktion angezogenen, aber – wie sehr zu Recht!, sage ich heute – gegenüber Politzer mißtrauischen Madrider Akademikern, sei es nun in seiner ursprünglichen oder der von Besse und anderen angereicherten Version, ein Handbuch, das damals für sie die Hauptinformationsquelle über den Marxismus war, daß ich mich zumindest indirekt mit Plato auseinandersetzen müßte. Tatsächlich, man wird es erraten, mußte ich mich nicht direkt mit Plato auseinandersetzen, sondern mit den Ansichten von Karl Popper über Plato. *The Open Society*, das Buch, das Popper etwa zu dem Zeitpunkt beendete, als Blum Faguet in Buchenwald las und sich für das politische Denken Platos begeisterte, den er, zumindest was die Frage der Gleichheit betrifft, als Revolutionär einstufte, *The Open Society and its Enemies* war also schon um 1954–1955 ins Spanische übersetzt worden, und der Essay Poppers löste unter den fortschrittlichen Akademikern Verheerungen aus. Ich habe mich also an das Studium von Popper und Plato machen müssen (bei Hegel und Marx war das, Gott sei Dank, schon geschehen! Ich hatte sogar einen kleinen Vorsprung, da ich die *Grundrisse* von Marx 1953 in einer Ostberliner Ausgabe gefunden hatte).
So wohnte ich mit recht sarkastischem Erstaunen, zwei Jahrzehnte nach meinen praktischen Madrider Übungen, der typisch pariserischen neuen Diskussion über die Meisterdenker bei, in deren Verlauf alle so taten, als wüßten sie nicht, daß Popper, inzwischen Sir Karl Popper, schon vor langem diesen Weg geebnet und die Rabatten dieser Neuheit ausgetreten hatte.
Aber ich bin 1944 in Buchenwald und ich weiß noch nichts von Karl Popper. Hätte ich über Blums Ansichten über die Gleichheit nach Plato diskutiert, so hätte ich mich wohl an den als *Kritik am Gothaer Programm* bekannten Text von Marx gehalten, an einen Text, den ich mit Michel Herr gelesen und durchgearbeitet habe und der mir die Elemente für eine Kritik an der utopischen

Vorstellung einer sozialen Gleichheit zu liefern schien, die das gerechte Verhältnis zwischen den natürlichen Ungleichheiten wiederherstellen sollte.

Augenblicklich denke ich jedenfalls nicht an die Vorstellung von der Gleichheit. Ich denke an die Vorstellung von Hundefleisch. Ich muß gestehen, mir gefällt die Vorstellung von Hundefleisch. Mir gefällt die Vorstellung von diesem Hunderagout, das Seifert für heute abend »organisiert« hat. Ich sage mir, einen berühmten Geistesblitz von Engels parodierend, daß der Beweis für das Hundefleisch der ist, daß man es ißt! Ich habe Lust, diese tröstliche Wahrheit herauszuschreien.

Da erschallt, als gälte es diese optimistische Schlußfolgerung der praktischen Philosophie zu unterstreichen, die Stimme des Rapportführers im Lautsprecher, um das Ende des Appells zu verkünden: »Das Ganze, Stand!« »Das Ganze« ist ein Hegelsches Wort. Vielleicht ist es die Stimme des Absoluten Geistes, die in der Leitung der Lagerlautsprecher erklingt. Die Stimme des Ganzen, die zu uns spricht, die uns in der Leichenstarre des Strammstehens, in der totalitären Starrheit des im blassen Dezemberhimmel, an dem der Rauch der Verbrennungsanlage schwebt, verlorenen Blicks totalisiert. »Das Ganze, Stand!« brüllt der Absolute Geist auf dem Appellplatz.

Aber man soll nicht allzu sehr Notiz von meinen sonntäglichen Hirngespinsten nehmen. Der Gedanke an das Hundefleisch hat mich abschweifen lassen. Ich meine damit: der Gedanke an das Hunderagout. Was für ein Tag, Kumpel! Was für ein schöner Sonntag, würde Barizon sagen! Erst der Gedanke an die Nudelsuppe, die man uns gleich austeilen wird, und dann der Gedanke an das Hunderagout um sechs Uhr. Gedanken wie diese lenken die Welt, daran ist nicht zu zweifeln.

SIEBEN

»Betrachten Sie die Landschaft?« sagte Jehova.

Oder vielmehr sein Zeuge: der Zeuge Jehovas.

Ich hatte jemanden kommen hören, Schritte über den Schnee des Wäldchens, am Rande des Kleinen Lagers, zwischen den Quarantänebaracken und den Lazarettgebäuden. Anders ausgedrückt, im Revier. Ich hatte, als ich die knirschenden Schritte über den Schnee hörte, eine Sekunde den Kopf umgedreht. Ich befürchtete nicht das ungelegene Nahen irgendeines Blockleiters der SS. Sie trauen sich am Sonntagnachmittag gewöhnlich nicht in das Lager. Die Diensthabenden halten sich in der Wärme der Wachttürme und Wachstuben auf. Diejenigen, die keinen Dienst haben, trinken in der SS-Kantine Bier, bis sie mit der Wache an der Reihe sind. Oder sie laufen den Mädchen von Weimar nach. Aber wenn es kein SS-Mann war, könnte es ein Herumlungerer sein. Irgendein junger Russe, der mir gefolgt war, um mir die Lederstiefel zu klauen, die ich trug. Daher hatte ich den Kopf umgedreht, als ich hinter mir die knirschenden Schritte über den Schnee hörte. Ich wollte mich nicht von irgendeinem mit einem Messer oder einem Knüppel bewaffneten Russen überraschen lassen.

Aber es war kein russischer Herumlungerer, es war Jehova. Ich erkannte sofort seine große Silhouette, seine weißen Haare.

Ich glaube mich zu erinnern, daß er in Wirklichkeit Johann hieß. Aber ich bin mir dessen nicht ganz sicher. Daher habe ich mich entschlossen, daß ich ihn in dieser Geschichte jedesmal, wenn ich ihn nennen muß, Jehova nenne. Erst einmal ist es ziemlich einerlei, ob ich ihn Johann oder Jehova nenne. Ich glaube sogar, daß sich Jehova leichter behalten läßt. Und dann war er zweifellos ein Mann Gottes.

»Betrachten Sie die Landschaft?« sagte Jehova.

Er hat sich in dem Wäldchen, das jenseits des Quarantänelagers, gerade vor den offenen Fläche, dem Grenzstreifen, auf den die Maschinengewehre der Wachttürme hinausragen, neben mich gestellt.

Ja, ich betrachte die Landschaft.

An jedem Sonntag in Buchenwald habe ich diese Landschaft

betrachtet. An fast jedem. Vielleicht nicht an all meinen zweiundsiebzig Sonntagen in Buchenwald. Vielleicht, sicherlich hat es manche Sonntage gegeben, an denen ein Schneegestöber oder irgendein Regenguß mich davon abgehalten hat, bis zum Rand des Kleinen Lagers zu gehen, um die Thüringer Landschaft zu betrachten. Vielleicht, ich möchte keinen Eid auf das Gegenteil leisten. Aber bis auf diese Ausnahme habe ich an allen anderen Sonntagen in Buchenwald diese Landschaft betrachtet.

Es war natürlich nachmittags, in jenen wenigen Stunden der Sonntagsnachmittagsfreizeit. Und wenn die Sonne schien, ging ich zur Zeit des Sonnenuntergangs hin, wann immer, je nach Jahreszeit, die Zeit ihres Untergangs gewesen sein mochte. Die Sonne ging beinah mir gegenüber unter, etwas links von dem Aussichtspunkt, den ich gewählt hatte. Ich betrachtete die Sonne, die prächtig über der Thüringer Ebene am westlichen Horizont hinter der blauen Linie der Thüringer Berge unterging. Im Winter war die blaue Linie der Thüringer Berge weiß und die Sonne matt und rissig wie eine abgegriffene alte Silbermünze.

Jehova steht neben mir und betrachtet auch die Winterlandschaft unter der Dezembersonne, kurz und glorreich wie die von Austerlitz, die ihre letzten Strahlen wirft.

»Betrachten Sie die Landschaft?« hatte er gesagt. Die Frage war sicherlich schlecht formuliert. Er sah genau, daß ich die Landschaft betrachtete. Ich konnte hier nichts anderes tun, als die Landschaft betrachten. Es war offensichtlich, daß ich die Thüringer Ebene, das ferne Dorf, den ruhigen und grauen Rauch, der nicht aus der Verbrennungsanlage aufstieg, betrachtete: die Welt draußen. Er wollte sicherlich sagen: »Warum betrachten Sie diese Landschaft?« Oder: »Was stellt diese Landschaft für Sie dar?« »Welches flüchtige und heftige, von der unsäglichsten Qual verursachte Glück ruft diese Landschaft in Ihnen hervor?« Also etwas Derartiges. Aber er hatte ganz banal gesagt: »Betrachten Sie die Landschaft?« Sogar Jehova kann Schwierigkeiten haben, richtige Fragen klar zu formulieren. Sogar er kann sich, was man genau weiß, in der Banalität der Alltagssprache verheddern.

Deshalb sage ich nichts, da er keine richtige Frage gestellt hat. Ich warte mit einer etwas spöttischen Neugier auf das, was er noch sagen wird.

Gewöhnlich knüpft Jehova all seine Gespräche tatsächlich mit dem Zitat einer Bibelstelle an. Das ist ein ritueller Anknüpfungspunkt geworden, seit ich ihn kenne und wir uns zusammen unterhalten. Und die Bibelworte treffen immer ins Schwarze, kommen immer gelegen. Das irritiert mich schließlich. Aber heute, vor dieser Schneelandschaft auf dem Ettersberg und der Thüringer Ebene, frage ich mich, welche Bibelstelle er zitieren wird. Anspielungen auf den Schnee müssen in der Bibel selten sein.

Ich warte also mit einer etwas spöttischen Neugier. Wie wird sich Jehova aus der Affäre ziehen?

»Gott donnert mit seinem Donner wunderbar und tut große Dinge und wird doch nicht erkannt. Er spricht zum Schnee, so ist er bald auf Erden, und zum Platzregen, so ist der Platzregen da mit Macht. Alle Menschen prägt er mit seinem Siegel, damit alle sein Werk erkennen . . .«

Er skandiert diese Worte mit lauter Stimme.

Jetzt lächelt er:

»Buch Hiob, 37,5!«

Ich nicke bewundernd und verärgert. Dann wende ich mich wieder dem Schnee zu, der die Thüringer Ebene bedeckt, einem fortan biblischen, unvergeßlichen Schnee.

Ich hatte Jehova – oder genauer seinen Zeugen: den Zeugen Jehovas – vor einigen Monaten kennengelernt.

In den Nazilagern trugen die Zeugen Jehovas, oder, wie sie offiziell genannt wurden, die *Bibelforscher*, ein violettes Erkennungsdreieck. Sie waren interniert worden, weil sie den Wehrdienst und den Eid auf die deutsche Fahne verweigerten. In Buchenwald waren die Zeugen Jehovas besonders verfolgt worden. Sie waren den Strafabteilungen zugewiesen worden. Mehrmals hatte die SS-Kommandantur versucht, sie zu zwingen, ihren Grundsätzen abzuschwören. Im September 1939 zum Beispiel, kurz nach Kriegsbeginn, wurden sie alle auf dem Appellplatz versammelt und der SS-Kommandant verkündete ihnen, daß, wenn nur ein einziger von ihnen, den Wehrdienst verweigern würde, sie alle erschossen würden. Zwei SS-Kompanien umzingelten, das Gewehr im Anschlag, die Zeugen Jehovas. Aber keiner war bereit, für Deutschland zu kämpfen. Schließlich wurden sie verprügelt und ihrer letzten persönlichen Habe beraubt, aber der SS-Kommandant machte seine Drohung nicht wahr.

1944, als ich nach Buchenwald kam, arbeiteten die noch lebenden Bibelforscher vor allem als Pfleger im Lagerlazarett oder als Diener in den Villen der SS-Offiziere. Stumm, demütig und unverwüstlich warteten sie geduldig auf das Ende der bösen Apokalypse, die Satans Sturz auf die Erde 1914 ausgelöst hatte, und auf das *Jahrtausend*, das an einem baldigen, noch unbestimmten Datum folgen sollte, die Pforten zu einer Neuen Welt öffnend, in der die Auserwählten von ihrer himmlischen Bleibe aus die Erde beherrschen würden.

Dennoch sind, sogar in der letzten Epoche der Lager, die Zeugen Jehovas noch Opfer kollektiver Schikanen gewesen. So erinnere ich mich, daß sie im Frühling 1944 auf den Appellplatz zitiert wurden, um einer Leibesvisitation unterzogen zu werden. Indessen durchsuchten SS-Abteilungen ihre Zimmer und ihre Arbeitsplätze nach sogenannten religiösen und regierungsfeindlichen Traktaten.

Ich hatte, wenn ich mich richtig erinnere, Jehova Anfang September 1944 kennengelernt.

Einige Tage zuvor, nach dem Abendappell, hatte ein Gerücht im Lager die Runde gemacht, erst nur geflüstert, dann lauter und lauter, bis es zu einem stummen Freudenausbruch wurde, zu einem Gewirr von unterdrückten Schreien und Liedern: Paris war frei, Paris war befreit worden! Wir sind von Block zu Block gerannt, um unsere Kumpel aufzusuchen und die Freude mit ihnen zu teilen. In Block 34, der genau meinem Block gegenüber lag, war die Stimmung ausgelassen. Ich habe dort Taslitzky und Leroy angetroffen. Christian Pineau hatte sich zu ihnen gesellt, und ich glaube, daß auch Roger Arnould da war. Der Blockleiter hörte den Radau, den die Franzosen machten, und diesmal brüllte er nicht. Er verließ sein Kabuff nicht, um zu brüllen, daß die Franzosen dreckig, undiszipliniert, faul, nur Scheiße seien, die nichts Besseres als das Krematorium verdienen würden.

In den Nazilagern hatten die Franzosen, das werden Ihnen alle bestätigen, keinen guten Ruf. Ich spreche natürlich nicht von SS-Männern: daß die Franzosen bei ihnen keinen guten Ruf hatten, besagt nichts. Der gute oder schlechte Ruf der Franzosen bei den SS-Männern spielt keine Rolle. Die Antifaschisten aller Nationen Europas warfen Frankreich, unter anderem, die Nichteinmischungspolitik in Hinblick auf Spanien vor. Die Polen, Antifaschisten oder nicht – und die meisten waren es zumindest nicht in dem Sinne, den das kommunistische Vokabular diesem Begriff schließlich gegeben hat – die Polen sämtlicher Richtungen warfen Frankreich vor, daß es sie im September 1939 im Stich gelassen habe. Und dann nahmen es alle, Polen und Deutsche, Tschechen und Russen, Frankreich übel, daß es sich 1940 so leicht vom Naziheer hat schlagen lassen. Im Grunde war die sehr verbreitete gehässige Verachtung Frankreich und den Franzosen gegenüber nur enttäuschte Liebe. 1940 erwartete man von Frankreich ein Wunder, daß es eine Wende des Waffenschicksals herbeiführen würde. Man erwartete in ganz Europa, das von dem Nazismus unterjocht wurde, das Wunder einer zweiten Marneschlacht. Dann hätten die Männer und Frauen vom einen Ende bis zum anderen des nicht mehr lange unterjochten Europas nachts, wie Suzanne auf ihrer Pazifikinsel, die siegreiche Litanei der Marne flüsternd heruntergeleiert!

Wie dem auch sei, die Nachricht von der Befreiung von Paris änderte radikal die Haltung, die die meisten Deportierten und vor allem die deutschen Kapos und Blockleiter, die Kader der KZ-Bürokratie den Franzosen gegenüber einnahmen.

Anderntags, nachdem wir diese Nachricht erhalten hatten, herrschte eine Art allgemeine Heiterkeit in Buchenwald. Als hätten wir alle das Gefühl, daß, was auch immer künftig geschehen mochte, nichts vergeblich gewesen sei, da wir lange genug gelebt hatten, die Befreiung von Paris zu erfahren. Im verschwommenen Licht der Sommerdämmerung, in der Stunde der Hunde und Wölfe – der zu grausamem Zupacken abgerichteten Hunde, der in Grün oder Schwarz gekleideten Wölfe –, im morgendlichen Rauschen der Buchenwälder, sind die französischen Deportierten Schulter an Schulter im Gleichschritt – die immer undisziplinierten Bummelanten! – zum Appell angetreten, an diesem Morgen freilich nicht auf Befehl der SS, sondern zur Siegesparade – wir hatten zwar nicht die Marne, aber wir hatten Paris! Sie sind geschlossen, massiv, die Augen auf die Sonne gerichtet, die hinter dem viereckigen Schornstein der Verbrennungsanlage aufging, zum Appell angetreten.

Gustav Herling schildert eine vergleichbare Episode. Es ist eine ebenfalls mit Paris verbundene Episode. Aber es ist keine heitere Episode, denn sie ist nicht mit der Befreiung von Paris verbunden, sondern mit dessen Fall, dem Fall von Paris.

Eines Tages also, an einem Junitag 1940, hat sich im Gefängnis

von Witebsk Gustav Herlings Zellentür geöffnet und ein Neuankömmling ist in den überbelegten Raum getreten. Und der Neuankömmling hat unbeweglich inmitten der Blicke der Gefangenen gemurmelt: »Paris ist gefallen . . .« Daraufhin hat sich im Juni 1940 in der Zelle dieses sowjetischen Gefängnisses von Witebsk wie ein Seufzer ein verzweifeltes Geflüster erhoben. »Paris ist gefallen. Paris, Paris . . . Es ist unglaublich, daß sogar die einfachsten Leute in dieser Zelle, Leute, die Frankreich nie gesehen hatten, den Fall von Paris wie den Tod ihrer letzten Hoffnung empfunden haben, als noch unwiderruflichere Niederlage als die Kapitulation von Warschau. Die Nacht der Knechtschaft, die sich wie eine schwarze Wolke über Europa breiten sollte, verdunkelte auch das von den Gitterstäben unserer Zelle karierte schmale Stück Himmel«, sagt Gustav Herling.
Aber vielleicht wissen Sie nicht, wer Gustav Herling ist. Ehrlich gestanden weiß ich auch nicht viel von ihm.
Josef Czapski hat mich mit dem Buch von Herling bekanntgemacht, *A World apart*. Und ich zitiere hier den Titel dieses Buches nicht aus sprachlichem Snobismus auf Englisch. Sondern einfach deshalb, weil es nicht ins Französische übersetzt worden ist. Trotzdem ist das 1951 in London erschienene Buch *A World apart* sicherlich in seiner Nüchternheit, in seinem zurückhaltenden Mitgefühl, in seiner schlichten Erzählweise eine der unglaublichsten Schilderungen, die je über ein stalinistisches Lager geschrieben worden sind. Überdies ist es auch ein Geschichtsdokument erster Ordnung, das sowohl Einzelheiten als auch einen meisterlichen Gesamtüberblick über den stalinistischen Gulag in den Jahren 1940–1942 gibt.
Aber vielleicht wird mir irgendein angesehener Marxist vorwerfen, das Wort »Gulag« immer noch allzu wenig wissenschaftlich zu gebrauchen. Da ist Alain Lipietz: er ist ein angesehener Marxist. Und zudem ein Volkswirtschaftler. Wie alle französischen Intellektuellen seiner Generation ist er im Althusserschen Serail ausgebildet worden. Aber er scheint manchen seiner Gefährten gegenüber den Vorteil zu besitzen, der theoretischen Adoleszenz entwachsen zu sein und nicht mehr vom Denken des Meisters fasziniert zu werden. Was ihm gestattet, die *Grundrisse* von Marx ohne Hegelschen Schuldkomplex zu lesen und seinen Honig daraus zu gewinnen. Man wird mir sagen, das sei Voraussetzung für einen Volkswirtschaftler, der Marxist sein

möchte. Man muß jedoch hervorheben, daß dies nicht gerade üblich ist. Mit einem Wort, Alain Lipietz läßt sich lesen. Man kann sogar hier und da richtige Vorstellungen, erhellende Ansichten herauslesen, wenigstens dann, wenn er beim Theoretisch-Konkreten der Analyse bleibt, wenn er sich nicht vom kindischen Taumel der maoistischen Dialektik mitreißen läßt.
So schreibt er in seinem letzten Essay *Crise et inflation, pourquoi?* an einer dem kapitalistischen Despotismus im Unternehmertum gewidmeten Stelle folgende Torheit: »Das Wort ›Despotismus‹ kann nur Nichtproletarier schockieren, die niemals eine Lehrzeit in einer Fabrik mitgemacht haben und die nur die Gulags in dem Auge ihres Nachbarn sehen, wenn Billancourt und Javel ihnen die Augen ausstechen.« Habe ich Torheit gesagt? Das Wort ist bestimmt noch zu schwach. Erst einmal kann man den groben Empirismus des Seitenhiebs gegen die »Nichtproletarier, die niemals eine Lehrzeit in einer Fabrik mitgemacht haben« hervorheben. Man soll wissen, daß Lenin niemals eine solche Lehrzeit mitgemacht hat. Und ich führe Lenin nicht aus persönlicher Ehrerbietung an, ich führe ihn bloß an, weil Lipietz davon so viel Aufhebens macht. Aber auch Marx hat nie eine Lehrzeit in einer Fabrik mitgemacht. Er hat vor allem recht lange Lehrzeiten in Bibliotheken mitgemacht. Das hat ihn nicht davon abgehalten, den kapitalistischen Despotismus im Unternehmertum zu entdecken und davon nicht nur eine konkrete Schilderung zu geben, sondern auch einen theoretischen Begriff. Dagegen gibt es Millionen, was sage ich, Dutzende von Millionen Arbeiter, die Lehrzeiten in Fabriken – endlose Lehrzeiten, lebenslange Lehrzeiten, für ewig zum Despotismus des Unternehmertums verdammte Lehrzeiten – mitgemacht haben und die unfähig sind, ihn zu benennen, ihn zu erkennen, ihn also wirksam zu bekämpfen. Also ein nichtssagender Satz: um zwei oder drei akademischen Kumpeln zu gefallen, um sich selbst zu gefallen, um eine unter den Pariser Intellektuellen noch recht verbreitete populistische Empfindlichkeit zu hätscheln, vor allem dann, wenn sie die halluzinogenen Wirkungen der Dialektik des zu betrauernden Präsidenten Mao würdigen.
Es gibt freilich noch Schlimmeres. Es gibt einen anderen Satz über diejenigen, die »nur die Gulags in dem Augen ihres Nachbarn sehen, wenn Billancourt und Javel ihnen die Augen ausstechen«. Billancourt hat gewiß einen breiten Rücken: wie

viele Dämlichkeiten werden in seinem Namen gesagt! Man muß Alain Lipietz daran erinnern, daß die Gulags, das heißt, die Konzentrationslager, niemals den Despotismus des Unternehmertums, den Despotismus des sozialbürokratischen Kapitals in der UdSSR abgeschafft haben? Der russische Arbeiter kennt, ein trauriges Vorrecht, die zwei Unterdrückungsmittel, die der Gulags und die eines Despotismus des Unternehmertums, neben dem der des kapitalistischen Systems ein Märchen ist. Man muß Alain Lipietz an diese strategische Banalität erinnern, daß es keinerlei Möglichkeit gibt, den Despotismus des Kapitals à la Javel und Billancourt abzuschaffen, wenn man der Arbeiterklasse die Existenz der Gulags in der UdSSR, in China und in allen Ländern, in denen die Macht ein Monopol einer Einheitspartei ist, die das Proletariat zum Schweigen bringt, um besser in ihrem Namen zu reden, verheimlicht oder sie durch Sätze wie den obenerwähnten bagatellisiert?

In Buchenwald also war ich Anfang September 1944 im Vorraum der Lagerbibliothek. Sie befand sich in derselben Baracke wie die Arbeitsstatistik und die Schreibstube. Ich war in dem winzigen Vorraum zwischen dem Barackenkorridor und der eigentlichen Bibliothek, deren bücherbeladenen Regale man hinter dem Ausgabeschalter sah. Ich wartete darauf, daß Anton, der Bibliothekar, mir das Buch brachte, das ich angefordert hatte, als sich die Korridortür geöffnet hat und Jehova eingetreten ist.

Er stellte sich, ein Buch in der Hand, neben mich.

»Mahlzeit!« hat er zur Begrüßung gesagt.

Ich habe erstaunt den Kopf zur Seite gedreht.

Man kann nicht gerade behaupten, daß Begrüßungen, Abschiedsworte oder Höflichkeitsfloskeln in Buchenwald oft benutzt wurden. Da waren zwar die Österreicher, die einen mit ihrem Singsang-Servus anredeten, um einem Guten Tag oder Auf Wiedersehn zu sagen, aber sie bildeten eine Ausnahme. Die Sprache in Buchenwald war, was Umgangsformen betraf, ziemlich begrenzt.

Ich habe also den Kopf diesem Kerl zugewandt, der mit verhaltener, aber herzlicher Stimme »Mahlzeit!« gesagt hatte.

Er trug das violette Dreieck, er hatte weiße Haare über einem noch jungen Gesicht. Ich meine damit, über einem noch lebendigen Gesicht. Nicht nur über einer Maske. Er hatte einen blauverwaschenen, durchsichtigen, fast unerträglich scharfen Blick.

»Mahlzeit!« habe ich meinerseits gesagt.

In diesem Augenblick ist der Bibliothekar zum Schalter zurückgekehrt und hat das Buch, das ich angefordert hatte, darauf gelegt. Es war ein recht dicker kartonierter Band. Jehova hat den Titel des Buches betrachtet, das man vor mich legte. Er hat den Titel laut gelesen, wobei seine Stimme etwas zitterte, vielleicht aus Überraschung. Oder vor Freude. Oder vielleicht aus freudiger Überraschung.

»Absalom! Absalom!« hat er jedenfalls ausgerufen.

Das war tatsächlich der Titel des Buchs.

Ich habe mich erstaunt Jehova zugewandt.

Jehova spricht immer noch mit klarer und gesetzter Stimme, wobei er mich ansieht.

»Absalom, der Sohn Davids, hatte eine schöne Schwester, die hieß Thamar; und Amnon, der Sohn Davids, gewann sie lieb ...«

Er unterbricht sich und hebt den Finger.

»2. Buch Samuel, 13«, sagt er.

Ich bin nicht bibelfest genug, um mich daran zu erinnern, daß die Geschichte von Absalom im 2. Buch Samuel steht. Übrigens läßt es mich kalt, ob man sie dort findet oder in den Büchern von den Königen oder sogar in den Büchern der Chronik. In der Erinnerung an meine kindliche Lektüre der Heiligen Schrift beschwört der Name Absalom in erster Linie ein sehr genaues Bild herauf: das eines Kriegers, der mit seinen Haaren an den unteren Ästen einer Eiche oder eines Olivenbaums hängengeblieben ist und den bewaffnete Feinde in dieser Lage mit Lanzen- und Schwertstichen durchbohren. Das war also mein erstes Bild von Absalom: ein aus dem Sattel gehobener Reiter, der an seinen Haaren an den Ästen eines Baums hängt. Kurzum, Absalom war für mich das gleiche wie Samson: alle beide Typen, die wegen ihres Haars Schwierigkeiten hatten.

Aber ich habe in der Lagerbibliothek *Absalom! Absalom!* nicht angefordert, um diese Kindheitserinnerungen an die Bibel aufzufrischen. Sondern wegen einer jungen Frau mit blauen Augen.

Es war im Juni 1942 an der Sorbonne.

Sie ist in den Saal gekommen, in dem wir darauf warteten, zur

mündlichen Prüfung bei Professor Guillaume für das Psychologiediplom aufgerufen zu werden. Ich wartete mit den anderen Kandidaten, von denen ich die meisten nicht kannte. Ich muß gestehen, daß ich in diesem Jahr die Vorlesungen nicht sehr regelmäßig besucht hatte.
Ich wartete zerstreut im verstaubten Mief dieses Saals der Sorbonne, als sie hereingekommen ist.
Später habe ich mich manchmal gefragt, worin die Schönheit dieser jungen Frau lag. Zum Beispiel im September 1944 in Buchenwald, während ich Jehova zuhörte, der mir eine Stelle aus dem 2. Buch Samuel zitierte, habe ich mich plötzlich mit sich zusammenkrampfendem Herzen an diese Schönheit erinnert. Erneut hat sich das strahlende Geheimnis dieser Schönheit meiner bemächtigt.
Ich stand vor dem Ausgabeschalter der Lagerbibliothek, ich hörte Jehova zu, der mir mit lauter Stimme den Anfang der biblischen Geschichte von Absalom zitierte, und ich erinnerte mich an die seltsame Schönheit dieser jungen Frau, die mir vor zwei Jahren in der verkommenen und erstickenden Umgebung eines Prüfungssaales der Sorbonne erschienen war. Ich konnte nicht umhin, an sie zu denken, gewiß. Sie, Jacqueline B., hatte mir einige Wochen nach den mündlichen Prüfungen für das Psychologiediplom, bei denen wir uns begegnet waren, *Sartoris,* meinen Lieblingsroman von Faulkner, geliehen. Ich stützte mich zwei Jahre später auf den Schalter der Bibliothek von Buchenwald, ich hatte den dicken kartonierten Band der deutschen Übersetzung von *Absalom! Absalom!* in der Hand und ich konnte nicht umhin, mich an die junge Frau zu erinnern, mit der ich im Sommer über Faulkner gesprochen hatte, völlig geblendet von dem seltsamen Glanz ihrer blauen Augen.
Am Vorabend hatte ich im Katalog der Lagerbibliothek den Titel dieses Romans von Faulkner entdeckt. Ich blätterte ohne vorgefaßte Meinung in diesem Katalog herum. Doch ich hatte irgendwie Lust, mir diesmal in der Bibliothek lieber eine Unterhaltungslektüre auszuleihen als ein Werk von Hegel, von Nietzsche oder von Lange. Plötzlich ist mein Blick auf den Namen Faulkner gefallen und auf den Titel dieses Romans, *Absalom! Absalom!*. Ich blätterte nicht zum erstenmal in dem Katalog herum, aber ich hatte diesen Roman bisher nie bemerkt. Sicherlich weil ich ihn darin nicht suchte, weil ich ihn darin nicht

erwartete. Ich habe plötzlich den Namen Faulkner erblickt und den Titel des Romans, *Absalom! Absalom!*. Mir stockte das Blut. Sicherlich nicht wegen Faulkner, wegen dieses Romans, den ich noch nicht gelesen hatte. Sondern vor allem wegen der jäh wiederaufgetauchten Erinnerung an diese junge Frau, Jacqueline B.

So befand sich dieser Roman – der wie alle anderen Bücher der Bibliothek nicht nur von dem Geld der deutschen Internierten, sondern auch entsprechend den von ihnen selbst aufgestellten Listen gekauft worden waren, wobei die SS-Kommandantur sich darauf beschränkt hatte, nur einen Teil der von den deutschen Kazettlern gesammelten Beträge abzuzweigen, um je fünfzig Exemplare von Hitlers *Mein Kampf* und Rosenbergs *Mythos des 20. Jahrhunderts*, sowie eine geringere, immerhin noch beträchtliche Anzahl von Exemplaren mancher Werke anderer Theoretiker des Tausendjährigen Reichs, besonders von Moeller van den Bruck, zu kaufen und von Amts wegen in der Bibliothek aufstellen zu lassen – dieser Roman von Faulkner war aus Zufall – wenn man eine dunkle, vielleicht sogar unergründliche Verkettung von Ursachen und Wirkungen so bezeichnen darf – in der Lagerbibliothek.

Wer hatte ihn bestellt? Welche Erinnerungen rief dieses Buch in dem deutschen Häftling hervor, der es eines Tages auf die Einkaufsliste gesetzt hatte? Warum war dieses Buch den regelmäßig von der SS-Kommandantur angeordneten Säuberungsaktionen entgangen, deren Zweck es war, alle nicht-deutschen Autoren und alle zweifelhaften und dekadenten Werke aus den Regalen der Bibliothek zu entfernen?

Ich sollte es nie erfahren. Aber wie dem auch sei, das Buch war da. Es scheint mir sogar, daß der einzige Grund, aus dem *Absalom! Absalom!* sich in der Bibliothek von Buchenwald befand – ich meine damit, der einzige triftige Grund, den man nicht einfach von der Hand weisen kann – eben die Voraussehung dieses Augenblicks war – eine übrigens vom rein logischen Standpunkt aus unvorhersehbare –, in dem mein Blick auf den Namen des Autors und auf den Titel des Romans im Katalog der Lagerbibliothek fallen sollte.

Anders ausgedrückt, es war mir vorbestimmt.

Daher berührt mich das 2. Buch Samuel nicht weiter. Ich schaue Jehova an, ich murmele ein höfliches Auf Wiedersehn und ziehe

mich mit dem Roman von Faulkner zurück, der mich an eine junge Frau mit blauen Augen erinnert.
An das Leben von früher, an das Leben draußen.

Aber einige Tage später hat Anton, der Bibliothekar, mich im Raum der Arbeitsstatistik aufgesucht. Es war abends, kurz vor dem Zapfenstreich. Ich gehörte der Nachtschicht an und hatte bereits meinen Arbeitsplatz eingenommen. Das ist übrigens nicht der treffende Ausdruck: bei der *Arbeit* arbeitete man kaum, wenn man Nachtschicht hatte. Man konnte lesen, träumen oder schlafen, ganz nach Belieben. Deshalb hatte Seifert sich die Nachtschicht ausgedacht.
Ich persönlich hatte die Absicht zu lesen. Der Roman von Faulkner lag, diskret unter einem Stapel von Berichten versteckt, an einer Ecke meines Schreibtischs.
In diesem Augenblick ist Anton, der Bibliothekar, zu mir gekommen. Er hat mir ein Päckchen gereicht, mit einem schwer zu beschreibenden Lächeln. Einem eher verschmitzten.
»Das ist für dich«, sagt Anton zu mir.
Ich muß verblüfft ausgesehen haben, denn er läßt nicht locker. Ich muß gestehen, immer verschmitzter lächelnd.
»Aber doch, doch, es ist für dich! Von deinem Zeugen Jehovas!«
Tatsächlich hat er nicht »Zeuge Jehovas« gesagt. Ich vereinfache, um die Lektüre zu erleichtern. Die Zeugen Jehovas werden, wie schon gesagt, in Buchenwald offiziell »Bibelforscher« genannt. Aber Anton hat auch nicht »Bibelforscher« gesagt. Er hat – sicherlich absichtlich, aber seine Absicht entgeht mir gegenwärtig – Bibelliebhaber gesagt. Kurzum, ein Bibliophiler. Das ist völlig logisch. Wie hätte Jehova etwas anderes sein können als ein Bücherliebhaber?
Ich nicke etwas verwundert, ich nehme das Päckchen an mich, das Anton mir hinhält.
Es hat den Anschein, als wolle dieser noch eine Bemerkung hinzufügen. Aber nein, er sagt nichts mehr. Er zuckt mit den Achseln und geht.
In diesem Augenblick schrillen die Pfeifen der Lagerschutzstreifen zum Zapfenstreich durch die Lagerwege.
Ich öffne das Päckchen und erblicke ein Exemplar der Bibel. Ein abgegriffenes seidenes Buchzeichen kennzeichnet die Seite, auf

der das 13. Kapitel des 2. Buchs Samuel steht: »Amnons Sünde«. »Da sprach Amnon zu Thamar: Bringe das Essen in die Kammer, daß ich von deiner Hand esse. Da nahm Thamar die Kuchen, die sie gemacht hatte, und brachte sie zu Amnon, ihrem Bruder, in die Kammer. Und da sie es zu ihm brachte, daß er äße, ergriff er sie und sprach zu ihr: Komm her, meine Schwester, schlaf bei mir! . . .«

Mechanisch lese ich einige Zeilen auf der von dem Buchzeichen gekennzeichneten Seite. Dann schlage ich die Bibel zu, ich verstecke sie neben dem Roman von Faulkner, unter dem Aktenstoß, den ich aufarbeiten muß. Ich fühle mich irgendwie irritiert. Oder gequält? Jedenfalls überkommt mich ein vages Unbehagen. Was will Jehova von mir? Warum verfolgt er mich? Aber vielleicht hat Jehova nichts damit zu tun? Vielleicht hängt diese undeutliche Qual mit dem Gespräch zusammen, das ich gerade mit Henri Frager geführt habe. Ehe ich zur *Arbeit* gekommen bin, um meinen Nachtschichtposten einzunehmen, bin ich tatsächlich beim Block 42 vorbeigegangen.

Ich mußte Frager unbedingt sehen.

Frager war der Chef meines Widerstandsnetzes. Ehrlich gestanden, wußte ich nicht, daß er Henri Frager hieß. Ich kannte ihn nur unter seinem Pseudonym »Paul«, das ist alles. Michel Herr hatte mich in das Netz »Jean-Marie« eingeführt und mich an einem Sommertag 1943 »Paul« vorgestellt. Es war auf dem Trottoir der Avenue Niel, den *Magasins Réunis* gegenüber. Offiziell war ich der Gruppe von Irène in der Yonne zugeteilt worden, die den Auftrag hatte, Fallschirmabwürfe in Empfang zu nehmen, die deutschen Kommunikationsleitungen zu sabotieren und die Maquis der Region auszubilden. Ich ging bei Einbruch der Dunkelheit mit Henri Frager, der sich »Paul« nannte, und Michel Herr, der sich »Jacques« nannte, über das Trottoir der Avenue Niel. Oder genauer, damals wußte ich nicht, daß Paul Henri Frager hieß. Ich wußte nur aus gutem Grund, daß Jacques Michel Herr hieß. Dieses Treffen sollte irgendwie meine Eingliederung in das Netz, die Aktionen, an denen ich schon seit einiger Zeit mit Michel und Irène teilnahm, offiziell machen.

Ich hatte Paul noch zwei- oder dreimal in Paris wiedergesehen. Und dann war ich in Irènes Haus in Joigny von der Gestapo verhaftet worden. Aber Irène ist nicht aus Bergen-Belsen zurückgekehrt.

Wie dem auch sei, ein Jahr nach meiner letzten Begegnung mit Paul war ich in Buchenwald, im Arbeitsbüro. Ich arbeitete in der Zentralkartei der Arbeitskräfte, als man mir einen Bericht zur Einordnung zugeschoben hat. Es war eine Liste der am Vortag, am 17. August 1944, eingetroffenen Neuankömmlinge. Ein Transport von vierzig Personen, nicht mehr. Sogleich erkannte man, daß es sich um einen Sondertransport handelte. Erst einmal wurden all diese Neuankömmlinge in Block 17 eingewiesen, der eine Sonderquarantänebaracke war. In Wirklichkeit ein Isolierungsblock. Dann wurden die Neuankömmlinge auf Befehl Berlins von der Gestapo in Buchenwald als D.I.K.A.L. *Darf In Kein Anderes Lager* eingestuft und der Gestapo unterstellt. Und schließlich erkannte man, wenn man sich die Namen – Dodkin, Peulevé, Hessel zum Beispiel – genauer ansah, daß es eine Mischung aus Franzosen und Engländern war.

All diese Gegebenheiten gestatteten es, daraus den Schluß zu ziehen, daß es sich um Offiziere und wichtige Leiter des Spionagenetzes und der Aktion von Buckmaster und des kämpfenden Frankreichs handelte.

Ich habe begonnen, die Karteikarten für die Neuankömmlinge auszufüllen.

Plötzlich habe ich auf dem Bericht der Schreibstube jenen Namen erblickt: Frager, Henri. Der angegebene Beruf war der eines Architekten. Ich wußte, daß »Paul« Architekt war. Das war so gut wie alles, was ich von ihm wußte. So habe ich, während ich mit einem Bleistift die Karteikarte für Frager, Henri, Architekt, ausfüllte, durch eine jähe Intuition sogleich vermutet, daß dieser gerade im Block 17 von Buchenwald angekommene Mann Paul war, der Chef meines Netzes.

Aber ich konnte nichts tun, um dieser Intuition nachzugehen. Ich konnte keinen Kontakt mit Frager aufnehmen, solange er im Block 17 war.

Einige Wochen später, in den ersten Septembertagen, ist auf einmal ein Dutzend Angehörige dieses Sondertransports zum Rapportführer gerufen worden, dessen Büro sich im Wachtturm neben dem Lagereingang befand. Anderntags informierte ein Verwaltungsbericht der Politischen Abteilung der Gestapo in Buchenwald alle zuständigen Dienststellen, daß diese Männer entlassen worden seien. Aber die Auskünfte, die die illegale deutsche Organisation erhalten hatte, besagten etwas ganz anderes. Diese Männer seien in den Keller des Krematoriums geführt und dort gehenkt worden.

Henri Frager gehörte nicht zu dieser Gruppe.

Einige Zeit danach wurden die Überlebenden des Sondertransports im August in das eigentliche Lager gebracht, um in das normale Leben von Buchenwald integriert zu werden. Henri Frager wurde in Block 42 eingewiesen.

Heute abend nach dem Appell bin ich zum Block 42 geeilt. Ich habe einen vom Stubendienst gebeten, den Deportierten Frager zu holen, dessen Eintragungsnummer ich ihm gegeben habe. Es war eine Nummer um die siebzigtausend herum, wenn ich mich richtig erinnere. Der vom Stubendienst hat unwillig, denn er war gerade dabei, in seinem Kabuff, das für ihn, abseits der lärmenden Menge im übervollen Speisesaal, reserviert war, in aller Ruhe seine Suppe zu essen, aber sicherlich von der recht zweifelhaften Autorität beeindruckt, die mir die Tatsache verlieh, der Arbeitsstatistik anzugehören, der Pole vom Stubendienst hat also Henri Frager geholt.

Jetzt standen wir uns von Angesicht zu Angesicht gegenüber. Er war es eindeutig. Ich meine damit, es war eindeutig »Paul«.

Er war es, mit seiner ruhigen Art, seinem scharfen Blick. Ja sogar seinem streng musternden, denn er mußte fragen, was ich von ihm wolle. Offensichtlich erkannte Frager mich nicht wieder.

»Fürchten Sie nichts«, sage ich zu ihm. »Ich bin ein Freund.«

Er fürchtet nichts, gewiß, aber er bleibt zugeknöpft. Unerschütterlich. Er wartet auf die Fortsetzung.

Ich lächle ihn an.

»Tatsache ist«, sage ich zu ihm, »daß ich für Sie gearbeitet habe.«

Er wird steif. Seine blauen Augen verfinstern sich.

»Gearbeitet? Wobei?« sagt er trocken.

»Sie haben sich doch gelegentlich Paul genannt, nicht wahr?«

Er zuckt zusammen, sein linkes Lid bebt.

»Ich habe alle möglichen Namen gehabt«, sagt er.

Ich nicke verständnisvoll.

»Die Kodeansage von Fallschirmabwürfen begannen immer folgendermaßen«, sage ich zu ihm: »Pauls Möbel werden an dem und dem Tag eintreffen.«

Offensichtlich fängt er an, sich dafür zu interessieren.

»Wo bin ich Ihnen denn begegnet«, fragt er. »Wenn Sie mir je begegnet sind?«

»Das erste Mal auf der Avenue Niel, den *Magasins Réunis* gegenüber.«
Er mustert mich mit zunehmender Aufmerksamkeit. Er zeigt mit dem Finger auf meine Brust.
»Sie waren in Begleitung von ›Mercier‹?« sagt er mit erregter Stimme.
Ich nicke.
»Ja«, sage ich zu ihm. »Von Jacques Mercier.«
Sein Finger zeigt nicht mehr auf meine Brust, seine rechte Hand legt sich auf meine Schulter.
»Gérard«, ruft er aus. »Nicht wahr?«
Aber ja, das ist wahr. Das ist Gérard.
»Sie sind bei Irène Chiot in Joigny verhaftet worden«, sagt er.
Chiot, das war Irènes Mädchenname. Ihr Name nach ihrer Heirat war Rossel. Natürlich amüsierte es uns, Michel und mich, mit einer so unerschrockenen Frau zusammenzuarbeiten, die außerdem Rossel hieß – denn wir leiteten es von *rosser,* verprügeln, ab. So haben wir uns wiedererkannt.
Aber Fragers Blick wird wieder mißtrauisch. Vielleicht nicht gerade mißtrauisch. Aber bestimmt nachdenklich.
»Wie ist es Ihnen gelungen, mich wiederzufinden und mich zu identifizieren«, fragt er.
Ich sage ihm einfach die Wahrheit. Ich erzähle ihm von der Gewißheit, die sich meiner auf unerklärliche Art bemächtigt hat, als ich seinen Namen auf der Liste der Schreibstube erblickt habe.
So habe ich in jenem September 1944 oft mit Henri Frager gesprochen. Rückblickend haben wir eine Reihe von Problemen geklärt, die das Funktionieren des Netzes in der Region Yonne-Côte-d'Or betrafen. Besonders das Problem »Alain«. Frager hatte mir das Ende von Alain erzählt. Ich suchte ihn nach dem Appell im Block 42 auf. Oder er holte mich am Sonntagnachmittag von der *Arbeit* ab. Wenn es nicht regnete, gingen wir auf den Wegen des Lagers spazieren. Auf einem dieser Spaziergänge hat er mich Julien Cain und Maurice Hewitt vorgestellt, die ebenfalls als Deportierte in Buchenwald waren und auf einem anderen Sektor wie ich für das Netz Jean-Marie gearbeitet hatten.
Eines Abends im Block 42 hat Frager mir von Bloch, dem Flugzeugkonstrukteur, erzählt. Er hat ihn mir aus der Ferne gezeigt. Er hat mir gesagt, man müsse etwas für ihn tun. Maurice Bloch sei ein echter Widerstandskämpfer, hat er zu mir gesagt.

Aber er sei keinem guten Arbeitskommando zugeteilt worden und laufe ständig Gefahr, unversehens abtransportiert zu werden. Mir genügte Fragers Wort als Garantie. Ich habe also den Fall Bloch – der danach Bloch-Dassault, dann kurz und bündig Dassault geworden ist – den Genossen des französischen Komitees unterbreitet. Sie haben das Notwendige getan, um Maurice Dassault in Buchenwald überleben zu lassen. Dank Frager hat Maurice Dassault daher zusätzliche Überlebenschancen gehabt. Vielleicht nur ganz kurzfristige Chancen. Das läßt sich sicherlich jetzt leicht sagen, nachdem Frager tot ist, nachdem er es selbst nicht mehr sagen kann.
Denn Henri Frager ist schließlich in Buchenwald gestorben. Er ist schließlich von der Gestapo hingerichtet worden. Schließlich haben nur drei Männer die letzten Hinrichtungen im Oktober überlebt. Nur drei von den vierzig, die den Sondertransport im August bildeten. Drei Männer, die die illegale Organisation hat retten können, indem sie ihnen, vor allem dank der Intervention des österreichischen Häftlings Eugen Kogon, die Identität dreier an Typhus gestorbener Deportierter verliehen. Diese drei waren der Franzose Stéphane Hessel und die Engländer Peulevé und Dodkin, dessen richtiger Name Yeo-Thomas war.

Gegen Mitte April 1945, einige Tage nach der Befreiung von Buchenwald, befehligte ich eine Abteilung, die um die Kasernen und Verwaltungsgebäude der SS-Division *Totenkopf* Wache hielt. Wir besetzten noch diese Zone außerhalb des Lagers Buchenwald in der Erwartung, von den Amerikanern abgelöst zu werden.
Eben in dieser Zeit bin ich beim Herumschnüffeln in einem der Gebäude auf den Raum gestoßen, in dem die SS-Verwaltung die Akten der Häftlinge aufbewahrte. Ich habe die Kartei durchgesehen, die wie alle anständigen Karteien alphabetisch geordnet war. Ich habe meine fettgedruckte »Häftlingspersonalkarte« darin gefunden. Rechts oben befand sich darauf ein Rechteck, das ein gleichschenkliges Dreieck enthielt, die Spitze nach unten. Darin stand meine Gefangenennummer: 44 904. Die Nummer war mit schwarzem Bleistift geschrieben und das zu diesem Zweck vorgesehene Dreieck mit einem Rotstift ausgefüllt worden, das außerdem noch ein schwarzes getipptes S enthielt. Ansonsten standen die üblichen Identitätsangaben darauf.

Ich betrachtete diese Personalkarte, auf der alle Daten über mich eingetragen waren, als ich ein roteingerahmtes poetisches und rätselhaftes Wort entdeckt habe. In meine damit, ein Wort, dessen genaue Bedeutung mir, trotz der Offenkundigkeit seines buchstäblichen Sinnes, auf den ersten Blick rätselhaft war: *Meerschaum.* Ich habe vermutet, daß es sich um einen Decknamen handelte. Später ist mir das bestätigt worden. Dieser Deckname diente zur Bezeichnung der Operation, die gegen Ende 1943 und Anfang 1944 im Sammellager Compiègne die Häftlinge aus den französischen Gefängnissen konzentriert hatte, die nach Deutschland deportiert werden sollten. Später habe ich erfahren, daß die Operation, die der unseren folgte, den Decknamen *Frühlingswind* hatte.

Ich betrachtete diesen poetischen Namen *Meerschaum,* als sich die Tür des Raums geöffnet hat.

Ich habe den Kopf umgedreht, es war ein britischer Offizier.

Er sieht mich mißtrauisch an.

»Was machen Sie hier?« sagt er schroff zu mir.

»Und Sie?« sage ich zu ihm im gleichen Ton.

Verblüfft zuckt er mit den Wimpern.

»Ich bin ein britischer Offizier.«

Ich unterbreche ihn jedoch mit einer Handbewegung.

»Wissen Sie, das sieht man«, sage ich zu ihm. »Es würde Ihnen schwer fallen, das Gegenteil zu beweisen. Aber ich wiederhole: was wollen Sie hier?«

Diesmal sieht er völlig verdattert aus.

»Ich muß Sie darauf hinweisen«, sage ich zu ihm, »daß ich für dieses Gebäude verantwortlich bin, bis die alliierten Autoritäten es besetzen. Haben Sie eine schriftliche Order?«

Es gibt nichts Komischeres, als Militärs in die Falle ihrer eigenen Vorschriften zu locken. Übrigens gilt das für alle Berufe. Locken Sie die Sprachwissenschaftler in die Falle der Wörter, die Maler in die Falle des Lichts, die Marxisten in die Falle der Dialektik: Sie werden sehen, daß das genauso komisch ist.

Der britische Offizier weiß noch nicht, ob er das komisch finden soll.

Etwas aus der Fassung gebracht, betrachtet er die Karte, die ich in der Hand habe. Er betrachtet die SS-Kartei.

Ich wedle mit der Karte in meiner Hand.

»Meerschaum«, sage ich zu ihm. »Ich habe gerade meine

Personalkarte gefunden. Ich erfahre nichts daraus, außer daß ich *Meerschaum* bin. Können Sie deutsch?«
Er nickt, um anzudeuten, daß er deutsch kann.
»Ich habe geglaubt, daß wir für die SS-Männer erdgebunden seien«, sage ich zu ihm. »Aber nein! Wir sind *Meerschaum.* Ist das nicht tröstlicher?«
Er ist zu mir getreten. Er betrachtet die Karte, die ich ihm hinhalte. Dann sieht er mich an.
»Wenn Sie für dieses Gebäude verantwortlich sind«, sagt er mit sanfter Stimme, »darf ich Sie dann vielleicht um Auskünfte bitten? Sogar ohne schriftliche Order?«
Er hat den unnachahmlichen Ton des britischen Humors wiedergefunden. Ich mag die Militärs, die Sinn für Humor haben. Übrigens auch die Marxisten. Aber die Marxisten, die Sinn für Humor haben, sind noch dünner gesät als die Militärs, was immer man von ihnen halten mag. Der Offizier hat zwei Finger in die Innentasche seiner Uniformjacke gesteckt. Er zieht einen kleinen Zettel hervor, den er auseinanderfaltet.
»Ich versuche, eine Reihe von Leuten wiederzufinden«, sagt er.
Ich nehme ihm den Zettel aus der Hand. Es ist eine Namensliste. Und der erste Name auf dieser Namensliste ist der von Henri Frager.
Das Leben ist beschissen. Es ist genauso beschissen wie der Tod. Mir ist überhaupt nicht mehr nach Scherzen zumute.
Ich sehe den britischen Offizier an.
»Sie kommen zu spät«, sage ich zu ihm. »Viel zu spät.«
Am letzten Septembersonntag, also vor einigen Wochen, vor dem letzten Winter dieses zu Ende gehenden Krieges hatte ich mich mit Henri Frager getroffen. Wir gingen in dem Wäldchen zwischen der Krankenstation und dem Quarantänelager spazieren, dort, wo der Hang des Ettersberges in die Thüringer Ebene überging. Ich hatte Frager eine Geschichte erzählt, die ich vor einem Jahr beim *Tabou* erlebt hatte. Noch ein Jahr früher. Oder ferner, das hängt vom Standpunkt ab. Jedenfalls im September 1943. Ich war mit Julien zum *Tabou* gegangen. Wir brachten den Maquisarden des *Tabou* Sprengstoff für irgendeinen Sabotageakt. Wir befanden uns bei Einbruch der Dunkelheit auf der Lichtung des *Tabou*. Ich saß etwas abseits, ich las nochmals ein Kapitel aus *Die Hoffnung*. Es war ein Buch, das ich immer in meinem Rucksack mitschleppte. Schließlich hatte es den widerlichen und

aufdringlichen Gestank des Sprengstoffs angenommen. An diesem Abend las ich also nochmals *Die Hoffnung*, und einige junge Maquisarden – aber es ist wahr, ich denke plötzlich daran: auch ich war jung, neunzehn, wie die meisten von ihnen; aber ich schreibe dies an der Grenze des Alters, des Alterns zumindest, und es tritt ein seltsames Phänomen auf: während alle anderen Personen in meinem Gedächtnis das Alter bewahrt haben, das sie hatten, ihre Jugendlichkeit, bin ich selbst gealtert; ich wandle in meinem Gedächtnis mit grauen Haaren, mit meinem Lebensüberdruß zwischen ihrer Jugendlichkeit herum – und einige junge Maquisarden waren gekommen, um sich nach meiner Lektüre zu erkundigen. Bald umringte mich ein gutes Dutzend, und wir sprachen über *Die Hoffnung*, über den Spanischen Bürgerkrieg. Da ist einer der Unterführer des *Tabou* eingeschritten. Er schrie, er sei damit überhaupt nicht einverstanden. Er wolle keine Politik in seinem Maquis, schrie er. Malraux, das sei Politik. Da habe ich, um ihn zu ärgern, mit lauter Stimme eine Seite aus *Die Hoffnung* vorgelesen, das Ende der Episode von Toledo, als Hernandez erschossen wird. Ich habe diese Seite vorgelesen, und danach ist eine große Stille eingetreten. Der Unterführer, der keine Politik beim *Tabou* haben wollte, sagte nichts mehr.

Aber ich habe dabei trotzdem den kürzeren gezogen. Denn ich habe mein Exemplar von *Die Hoffnung* den Maquisarden des *Tabou* lassen müssen. Sie wollten alle dieses Buch lesen, so daß ich es ihnen nicht verweigern konnte. So muß mein Exemplar von *Die Hoffnung* im *Tabou* verbrannt sein, als die SS einige Wochen nach meinem dortigen Aufenthalt den Maquis aufgerieben und die Hütten seines Lagers in Brand gesteckt hat.

Aber ich habe gerade zu dem britischen Offizier gesagt, daß er zu spät komme.

»Viel zu spät«, sage ich zu ihm.

Er sah mich beklommen an.

Wie war Henri Frager gestorben? War er mit einem Genickschuß in einer der Bunkerzellen hingerichtet worden? War er im Keller des Krematoriums gehenkt worden? Gerade vorgestern noch hatte ich das Krematorium besichtigt und es gesehen.

Ich wußte fortan, was der Keller des Krematoriums war, in dem meine Kumpel gehenkt wurden.

Aber soweit sind wir noch nicht.
Wir sind noch im September, an dem Abend, an dem Anton, der Bibliothekar, mir eine Bibel mit einem Buchzeichen aus verblaßter blauer Seide gebracht hat, das eine Seite aus dem 2. Buch Samuel kennzeichnet, die Seite mit Amnons Blutschande.
»Von deinem Bücherliebhaber«, hat er mit unerklärlich verschmitztem Lächeln zu mir gesagt.
Ich werde die Nacht damit verbringen, abwechselnd einen Roman von Faulkner und das 2. Buch Samuel zu lesen, die dunklen Zeichen des sich überkreuzenden Lebens und Todes von Absalom und Henry Sutpen, von Thamar und Judith Sutpen, von Charles Bon und Amnon zu entziffern, eine ganze Nacht lang (aber es war auch Nacht, so viele Jahre, man könnte sagen, ein *ganzes* Leben später, zwischen diesen zwei Nächten *jenes* Septembers 1944 in Buchenwald, an dem Tag, an dem die Politische Abteilung des Lagers verlangt hat, ihr die Situation einer Reihe von als D.I.K.A.L. eingestuften Häftlingen mitzuteilen. Aber die bürokratische Ordnung muß in Berlin schon etwas durcheinander geraten sein, denn auf dieser Liste der Politischen Abteilung stehen die Namen mancher Deportierter des Sondertransports im August, die bereits vor einigen Wochen hingerichtet – entlassen, laut dem zynischen Spott des offiziellen Berichts – wie es scheint, im Keller des Krematoriums gehenkt worden sind, *und* auch der Name mancher Überlebenden: zum Beispiel der von Henri Frager. Warum erkundigt sich die Gestapo nach Frager? Genau wegen der durch diese Frage erweckten Besorgnis hat Gérard Paul im Block 42 aufgesucht. Aber Paul war schon auf dem laufenden. Wäre es nicht besser, zu versuchen, das Lager mit einem Außenkommando zu verlassen, von wo aus sich vielleicht eine Fluchtmöglichkeit böte? Aber Paul hat zu verstehen gegeben, daß er keine individuelle Entscheidung treffen könne, daß sein Schicksal an das einer Gruppe gebunden sei. Er müsse sich noch gedulden, sagte Paul, er war abgeklärt. Nicht resigniert, sondern abgeklärt. »Immerhin«, sagte er lächelnd, »hätte ich auf der Stelle erschossen werden müssen, als ich der Gestapo in die Hände gefallen bin. Das sind schließlich gewonnene Monate!«
Aber es war auch Nacht, so viele Jahre später. Ein ganzes Leben war vergangen, und er hieß nicht mehr Gérard. Er hieß auch nicht mehr Salagnac oder Artigas oder Sanchez. Er hieß nichts mehr. Will sagen, er nannte sich nur bei seinem Namen, aber

manchmal antwortete er nicht sofort auf seinen Namen, als wäre dieser Name der eines anderen, dessen Identität er geliehen hätte. »Ich selbst«, dachte er mit desillusioniertem Lächeln ganz allein in einem Hotelzimmer in New York, im *Algonquin*, im Herbst des Jahres der Gnade oder der Ungnade 1970. Warum hat er sich an Absalom und an den Zeugen Jehovas und an Henri Frager sechsundzwanzig Jahre später in New York, in diesem Zimmer des *Algonquin* bei Einbruch der Dunkelheit erinnert, zu der Stunde, in der die Zeitungsseiten und Fettpapierfetzen von den Windstößen der 42. Straße herumgewirbelt wurden? Man hatte an seine Tür geklopft, eine junge Frau war hereingekommen. Um genau zu sein, ein Zimmermädchen in der üblichen Tracht von Zimmermädchen. Aber dieses war schwarz. Sie besaß die gelenkige Schönheit einer langbeinigen Gazelle, die raubtierhafte Schönheit eines Panthers mit festen Hüften. Nein, ich träume nicht, sie war nur gekommen, um das Bett herzurichten. Als sie damit fertig war, gab er ihr an der Tür ein Trinkgeld. Sie lächelte nonchalant, reserviert. *»My name is Clytie«*, sagte sie, *»if you need something, ring me, please!«* Distanziert, glatt, mit lässiger tiefer Stimme, die Silben deutlich betonend, sagte sie es. Aber die Tür hatte sich schon wieder geschlossen und er blieb allein, während der spitze Klang dieses Vornamens wie ein Dolch in seinem Herzen steckte, Clytie! Unbeweglich, zitternd stand er mitten in diesem unbekannten Hotelzimmer, Clytie! Kurz danach war alles wieder in einem übelkeiterregenden Schwindelgefühl vor ihm aufgetaucht, Clythemnestra Sutpen, die leibliche Tochter von Thomas Sutpen und einer schwarzen Sklavin. Die leibliche Schwester von Henry Sutpen, Clytie, die *Sutpen's Hundred*, das alte wurmstichtige Haus, in Brand steckte, um zu verhüten, daß man ihren weißen Halbbruder zu fassen bekam, um ihn für den Mord an Charles Bon zu verurteilen. Alles tauchte plötzlich wieder vor ihm auf. *Absalom! Absalom!* Alles bei Einbruch der Dunkelheit, zu der Stunde, in der die Fettpapierfetzen, die Zeitungsseiten von den eisigen Windstößen der 42. Straße herumgewirbelt wurden, im weißen Dunst aus den Kellerfenstern und im schrillen Klingeln der Glücksautomaten und Flipper. Alles war wieder vor ihm aufgetaucht. Er konnte den einst gelesenen Text auswendig, jedes Wort, Wort für Wort, trotz der inzwischen verstrichenen Jahre, und er hatte die Worte des einst gelesenen Textes laut aufgesagt: »Und Sie sind? Henry

Sutpen. Und Sie sind hier? Seit vier Jahren. Und Sie sind nach Hause zurückgekehrt? Um zu sterben. Um zu sterben? Ja, um zu sterben. Und Sie sind hier? Seit vier Jahren. Und Sie sind? Henry Sutpen.« Er hatte diese Worte von Faulkner laut aufgesagt und dann war er, aus einem jähen Impuls heraus, zum Nachttisch gegangen, er hatte die Schublade aufgezogen. Natürlich lag darin eine Bibel. Er hatte die Seite aus dem 2. Buch Samuel gefunden. *»And Ta-mär took the cakes which she had made, and brought them into the chamber to Amnon her brother. And when she had brought them unto him to eat, he took hold of her, and said unto her, Come lie with me, my sister ...«* Komm her, meine Schwester, schlaf bei mir! Meine Schwester, meine Gazelle, mein Täubchen. Einerlei wie du heißt, Thamar, Judith oder Clytie! Alles war wieder vor ihm aufgetaucht, die ganze Erinnerung, wie ein Taumel, in New York, so viele Jahre später)

Die junge Frau war gerade wieder gegangen.
Ich hatte die Zimmertür hinter ihr zugemacht. Etwas regte sich irgendwo fern in meinem Gedächtnis. Als wäre mein Gedächtnis ein geräumiges, baufälliges, zumindest verlassenes Haus, das man im Herbst besuchte und in dem Geräusch unserer Schritte gedämpfte Echos, dunkle Reminiszenzen hervorriefen, als drängte sich beim Rundgang durch dieses verlassene Haus allmählich der Eindruck auf, schon dort gewesen zu sein, vielleicht sogar schon dort gelebt zu haben, bis er die Kraft einer Zwangsvorstellung erlangte.
Jedenfalls regte sich etwas fern in meinem Gedächtnis.
Clytie?
Ich wußte, daß dieser Vorname Clytie mich an irgend etwas erinnern mußte. Ich wußte auch, daß es nicht gleichgültig war, daß Clytie schwarz war. Allein, unbeweglich stand ich mitten in dem Hotelzimmer. Ich steckte mir eine Zigarette an. Es gab Kavalkaden in meinem Gedächtnis. Warum? Welcher Zusammenhang bestand zwischen diesem Vornamen Clytie und Kavalkaden? Reitern? Warum? Um genau zu sein, einem Reiter in den Straßen einer Kleinstadt mit Holzhäusern: das konnte ein Bild aus einem Western sein? Dann hatte ich mich plötzlich anderen Erinnerungen zugewendet. *L'Homme à cheval* – der Reiter – war der Titel eines Romans von Drieu. Eines Tages war Anton, der

Bibliothekar von Buchenwald, mit einigen Romanen, die man im Gepäck eines Transports französischer Deportierter entdeckt hatte, zu mir gekommen. Er wollte einen davon lesen und bat mich um Rat. Ich habe ihm vorgeschlagen, *L'Homme à cheval* von Drieu zu lesen, das zu dem Stapel gehörte. Die anderen waren Schund.

Anton!

Während ich mich noch an das Ende dieser Geschichte mit dem Buch von Drieu erinnerte, wußte ich schon, daß das nicht das Wichtige war. Tatsächlich bildete diese anekdotische Erinnerung an einen Roman von Drieu nur den Hintergrund des Wesentlichen. Und das Wesentliche war Anton selbst.

Oder vielmehr, das Wesentliche war das, was ich wegen der Erinnerung an Anton wiedergefunden hatte, was mich an den Vornamen Clytie hätte erinnern müssen. Das Wesentliche war, daß dieser scheinbare Umweg über die Erinnerung an eine Begebenheit anläßlich eines Buchs von Drieu zu Clythemnestra Sutpen, zu *Absalom! Absalom!* zurückführte.

Daraufhin bin ich zum Nachttisch gegangen. Ich habe die Bibel herausgenommen, die in der Schublade lag. Meine Hand zitterte.

»2. Buch Samuel, 13!« hatte Jehova vor sechsundzwanzig Jahren im Vorraum der Bibliothek von Buchenwald gesagt.

Sechsundzwanzig Jahre danach habe ich in New York, im Hotel *Algonquin*, die Bibel herausgenommen, die in der Nachttischschublade lag. *Holy Bible* konnte man in Goldbuchstaben auf dem schwarzen Einband lesen. Eine andere Aufschrift in Goldbuchstaben bat darum, man möge so freundlich sein und das Buch sichtbar liegenlassen. *Kindly leave this book in view* lautete die Aufschrift in Goldbuchstaben.

Aber Jehova hatte an jenem Dezembersonntag in Buchenwald aus dem Buch Hiob zitiert und nicht aus dem Buch Samuel. Ich betrachtete den Schnee auf der Thüringer Ebene und fragte mich, wie Jehova sich aus der Affäre ziehen würde. Er hat sich dank dem Buch Hiob sehr gut aus der Affäre gezogen. Ich sehe ihn bewundernd und verblüfft an.

»Schließlich«, sage ich zu ihm, »gibt es für alle natürlichen und historischen Ereignisse ein passendes Bibelzitat!«

Er zuckt mit den Achseln.

»Wundert Sie das?« sagt Jehova. »Trotzdem sollten Sie das wissen: Ihnen stößt genau das gleiche zu.«

Ich schaue ihn fragend an.
»Mir?«
»Ihnen, euch Marxisten«, sagt Jehova.
Seit einiger Zeit haben wir in unseren Gesprächen allgemeine Fragen angeschnitten.
Jehova läßt nicht locker.
»Zitate«, sagt er, »gibt es für jeden Geschmack!«
Ich zucke mit den Achseln.
Ich muß gestehen, daß mir das auch Barizon vorwirft. Sicherlich ist Fernands Standpunkt nicht der gleiche wie der Jehovas. Bestimmt nicht. Ihre Standpunkte müssen sogar völlig konträr sein. Dennoch wirft auch Barizon mir meinen Hang zu durchschlagenden Zitaten vor. Er scheint nicht zu finden, daß sie die Würze einer gut geführten dialektischen Argumentation sind. Oder er mißtraut den zu gut geführten dialektischen Argumentationen. Oder er mißtraut einfach meinen Zitaten: er hat den Eindruck, daß ich sie um meiner Sache willen erfinde. Übrigens hat er darin nicht immer recht.
Wie dem auch sei, wir, Jehova und ich, sind darauf verfallen, über allgemeine Ideen zu reden. Und für Jehova ist natürlich die allgemeinste Idee Gott. Wir, Jehova und ich, sind dahin gelangt, über Gott zu reden.
Am letzten Sonntag zum Beispiel haben wir über Gott geredet. Ich kam aus Block 62, und Jehova wartete auf dem Vorplatz auf mich. Er lauerte mir offenbar auf. Seit einiger Zeit kannte er meine sonntägliche Angewohnheit, gegen Ende des Nachmittags die Thüringer Landschaft zu betrachten, er lauerte mir an den Zugängen zu dem Wäldchen auf, das unterhalb des Quarantänelagers liegt.
Jehova wurde zudringlich, das war offenbar.
Eines Abends, vor ein paar Tagen, als ich Bücher umtauschte, hatte Anton mich diesmal nicht verschmitzt, sondern besorgt angeschaut. Als machte er, Anton, sich Sorgen um mich.
»Und wie geht es deinem Bibelliebhaber?«
Anton beharrt natürlich auf dem Possessivpronomen.
Aber er läßt mir keine Zeit, ihm zu antworten:
»Ist er übrigens«, sagt er, »Bibelliebhaber oder einfach Spanierliebhaber?«
Der Bibliothekar sieht wirklich so aus, als machte er sich Sorgen um mich. Als befürchtete er, daß einer seiner besten Kunden,

dessen literarischen oder philosophischen Geschmack er oft teilte, vom rechten Weg der Tugend abkommen könnte. Es ist verrückt, daß die meisten Leute die Abweichungen vom rechten Weg, von der sogenannten normalen Sexualität fürchten.
Ich habe keine Lust, mit ihm darüber zu diskutieren. Ich beruhige ihn mit einem Wort. Er solle sich keine Sorgen machen, ich würde wegen Jehova nicht vom rechten Weg der Tugend abkommen. Ich meine damit: wegen seines Zeugen. Ich werde bei der allgemeinen und uns durch unser sexuelles Elend auferzwungenen Tugend bleiben, die kaum noch von Träumen heimgesucht wird, denn in dem Maße, wie wir in der Salzwüste der unbeweglichen Zeit und des ständigen Hungers versinken, werden sie immer vager und verwischter. Die körperliche Erschöpfung erleichtert die einsame Ausübung der Tugend, das ist bekannt. Und dann ist mein Traumbild eher Juliette als Jehova.
Ich sehe Anton an, ich beruhige ihn mit einem Wort.
Dennoch frage ich, ob er zu den Deutschen gehört, die ins Bordell gehen. Ich frage mich, ob er es normal und tugendhaft findet, eine der Nutten mit Erlaubnis und unter Aufsicht des SS-Unteroffiziers zu ficken, der der Chef und Zuhälter der Nutten ist. Ich frage mich, ob er es normal und tugendhaft findet, sowohl den Nutten, als auch dem SS-Unteroffizier kleine Geschenke mitzubringen, die unentbehrlich sind, damit alles glatt geht, und die aus Konservenbüchsen, Margarine, Parfumfläschchen bestehen, die auf dem Schwarzmarkt des Lagers erhältlich sind und die die Privilegierten von den Tagesrationen der Deportierten zugunsten ihrer Tugend, ihrer Normalität abzweigen.
Ich frage mich, ob er feste Nutten im Lagerbordell hat oder ob er irgendeine nimmt. Mit welcher vögelt er? Mit der Stahlheber, mit der Bykowski, die eine der gefragtesten ist?
Sicherlich wird man wissen wollen, ob ich erfinde oder ob ich wirklich, wenn auch nicht die Vornamen, die ich tatsächlich nicht weiß, so doch die Nachnamen der Nutten des »Sonderbaus« in Buchenwald kenne. Aber ich habe natürlich nichts erfunden. Ich nenne die richtigen Namen, manche der richtigen Namen. Ich könnte alle anderen richtigen Namen der Nutten im Bordell von Buchenwald nennen. Wenigstens die richtigen Namen der Nutten, die dort ihr normales und tugendhaftes – das heißt, die

männliche Tugend nicht verderbendes – Gewerbe im Dezember 1944 ausübten, in dem Monat, von dem in dieser Geschichte schon oft die Rede gewesen ist.
In diesem Fall erfinde ich nichts.
In dieser Geschichte habe ich gelegentlich das eine oder andere erfunden. Ohne ein bißchen Erfindung gelangt man nie zur Wahrheit, das weiß jeder. Wenn man die Wahrheit nicht ein bißchen erfindet, geht man quer durch die Geschichte hindurch, vor allem durch die, die man selbst erlebt hat, wie Fabrice durch die Schlacht von Waterloo. Die Geschichte ist eine Erfindung und sogar eine ständige Neuerfindung der Wahrheit. Übrigens ist Fabrice selbst eine Erfindung von Stendhal.
Aber in diesem Fall habe ich nichts erfunden. Ich habe nicht die Namen der Nutten Stahlheber oder Bykowski – einer der von der normalen und tugendhaften Kundschaft des Bordells gefragtesten, neben der Düsedau und der Mierau – erfunden, die im Dezember 1944 im »Sonderbau« von Buchenwald arbeiteten. Natürlich kannte ich damals diese Namen nicht. Ich kannte sie nicht, als ich eines Abends Anton ansah, als ich von ihm hörte, daß er sich wegen meiner Beziehung zu dem Bücherliebhaber, der vielleicht einfach ein Spanierliebhaber war, Sorgen um mich machte. Erst viel später habe ich diese Namen erfahren.
Viele Jahre später, im Frühling 1965, habe ich an einer Reihe von Rundfunksendungen über *Die Welt der Konzentrationslager* mitgearbeitet. Alain Trutat leitete die gesamte Serie für *France-Culture*. Ich sollte eine Sendung über *Das Wirtschaftssystem der SS* vorbereiten, und dabei bin ich, als ich die Aktenstapel der Archive durchgestöbert und wieder Kontakt mit ehemaligen Kumpeln aus Buchenwald – die ich seit zwanzig Jahren nicht mehr gesehen hatte – aufnahm, auf eine Abrechnung gestoßen, die das Bordell in Buchenwald betraf. Das Dokument war vom 17. Dezember 1944 datiert und lief unter »Einnahme im Sonderbau am 16. 12. 1944«. Am Vortag hatte demnach das Bordell 45 Reichsmark eingenommen. Da aus einer anderen Spalte dieses Dokuments hervorgeht, daß an diesem Tag 45 »Durchgänge« stattgefunden haben, kann man, ohne ein Rechengenie zu sein, daraus schließen, daß der Preis für einen »Durchgang« eine Reichsmark betrug. Und in der ersten Spalte dieses Dokuments stehen die Namen der Nutten. Es sind dreizehn an der Zahl. Aber vier von ihnen haben am 16. Dezember nicht gearbeitet.

Zwei, die Rathmann und die Dryska – das Dokument gibt nicht die Vornamen der Nutten an –, hatten sich den Folgen eines periodischen und blutigen Vorgangs zu fügen, dessen Sinn und Fatalität die Phantasie des Menschengeschlechts seit Jahrhunderten beschäftigt, ja heimgesucht haben. Wie dem auch sei, die Rathmann und die Dryska standen am 16. Dezember nicht zur Verfügung. Was die anderen beiden betrifft, die Giese und die Jubelt, so hatte erstere Aufsicht (wie in der Spalte steht, in der für die anderen die Anzahl der jeweiligen »Durchgänge« eingetragen ist, was die Schlußfolgerung gestattet, daß die Düsedau, die Bykowski und die Mierau die gefragtesten waren, denn sie haben je sechs »Durchgänge« geschafft, während die anderen Nutten es nur auf vier oder fünf gebracht haben) und letztere Dienst als Kassiererin.

Kein Anlaß zum Träumen, wie man sieht.

Es ist ein banales und trübseliges Dokument über die Einnahme an einem Arbeitstag im Bordell. Es ist vom SS-Kommandanten und vom Verwalter von Buchenwald abgezeichnet. Letzerer hat auf den Durchschlag, dessen Original wohl nach Berlin geschickt wurde, neben seiner Unterschrift auch noch den Stempel der »Gefangenengeldverwaltung« gesetzt. Denn alles wird in Buchenwald verwaltet, eingeordnet, registriert, inventarisiert und abgezeichnet: das Geld der Häftlinge, die in den Fabriken hergestellten Stücke, die Anzahl der Arbeitsstunden und der Freizeit, die Lebenden und Toten, die Betriebskosten des Krematoriums, die Homosexuellen und die Zigeuner, die Uhren und die Haare der Neuankömmlinge, die beruflichen Qualifikationen und Studien der Deportierten, die Einkäufe von Bier oder *machorka* in der Kantine, und auch die »Durchgänge« im Bordell. Die bürokratische Ordnung herrscht im SS-Reich.

»Die Bürokratie ist ein Kreis, aus dem niemand herausspringen kann. Ihre Hierarchie ist eine *Hierarchie des Wissens* ... Die Bürokratie hat das Staatswesen, das spirituelle Wesen der Gesellschaft in ihrem Besitz, es ist ihr *Privateigentum*. Der allgemeine Geist der Bürokratie ist das *Geheimnis*, das Mysterium ...«

Aber ich möchte hier nicht an die Sätze aus einem der Texte von Marx erinnern, die wir am Boulevard de Port-Royal im Haus von Lucien Herr ausführlich analysiert hatten. Jehova würde mir meinen Hang zu Zitaten vorwerfen, die wie gerufen und zweckdienlich eintreffen.

Und da ist er, Jehova.
Es war letzten Sonntag, das heißt der Sonntag vor dem, von dem ich so detailliert erzählt habe.
Jehova hält sich auf dem Vorplatz des Kleinen Lagers auf, zwischen den letzten Wohnbaracken und, wenn man es so ausdrücken darf, dem Gebäude der allgemeinen Latrinen. Das Bordell ist nicht weit, kurz hinter dem Kino (aber du hast dich an diesen Tagen in New York an das Kino von Buchenwald erinnert. Es war Herbst, die Sonne schien heiter, es herrschte trockenes und klares Wetter. Du hast dich, um ehrlich zu sein, durch die Erinnerung an Gustav Herling an das Kino von Buchenwald erinnert. Das heißt, dieser kann sich in seinem Buch *A World apart* nicht an Buchenwald erinnern, er erinnert sich an die Baracke der »selbstverwalteten schöpferischen Aktivitäten« des Lagers Jerschewo. In dieser Baracke befand sich auch die Bibliothek des stalinistischen Lagers, die Herling beschreibt. Natürlich fand man *Mein Kampf* nicht in der Bibliothek von Jerschewo. Dagegen fand man dort Dutzende von Exemplaren von Stalins *Probleme des Leninismus,* Hunderte von politischen Propagandabroschüren. Man fand dort auch einen Band, der die Reden der »Pasionaria« enthielt. Und Gustav Herling erzählt, daß er einen Satz aus einer der Reden mit Bleistift unterstrichen hatte, die Dolores Ibarruri während der Verteidigung von Madrid 1936 gehalten hatte, einem berühmt gewordenen Satz: Besser aufrecht zu sterben, als auf Knien zu leben! Nun hatte dieser unterstrichene Satz das Buch unter den Deportierten des stalinistischen Lagers Jerschewo sehr populär gemacht bis zu dem Tag, an dem eine Kommission des über diese plötzliche Popularität vermutlich beunruhigten NKWD das Buch der »Pasionaria« aus der Bibliothek entfernte. Aber du wirst nicht das Buch von Gustav Herling erzählen. Du kannst nicht an seiner Stelle reden. Du sagtest einfach, daß du *A World apart* in New York lasest, während jener Herbsttage 1970, als du mit Costa Garvas und Yves Montand in die USA gefahren warst, um *L'Aveu* vorzuführen. Du lasest das Buch von Herling und du bist zu der Stelle gekommen, an der Herling eine Kinovorführung in Jerschewo schildert, bei der ein amerikanischer Revuefilm über das Leben von Strauß *Der Große Walzer* gezeigt wurde. Und da hast du dich an das Kino von Buchenwald erinnert, an das du dich, ehrlich gestanden, nicht oft erinnertest. Übrigens erinnerst du

dich in letzter Zeit nur durch mitunter vergleichbare Erinnerungen der ehemaligen *Zeks* in den stalinistischen Lagern an Buchenwald. Auch du hattest dir einmal einen Revuefilm in Buchenwald angesehen. Es war nicht *Der Große Walzer*, sondern *Vuelan mis canciones*. Natürlich behauptest du nicht, daß der Revuefilm, den du in Buchenwald gesehen hattest, einen spanischen Titel hatte. Er hatte bestimmt einen deutschen Titel, denn es war eine deutsche Revuekomödie. Oder vielleicht eine österreichische, was sprachlich nichts an dem Titel ändert. Aber du hattest diesen Film schon in Spanien gesehen, als du noch ein Kind warst, in den dreißiger Jahren. Es war in einem Kino auf der Plaza de la Opera in Madrid, und Fräulein Grabner hat euch, deine Brüder und dich, zu dem Revuefilm begleitet, den sie ausgesucht hatte, ohne euch zu fragen. Die Hauptdarsteller waren Jan Kiepura und Martha Eggerth, und der Film hieß, wenigstens in Spanien, in den dreißiger Jahren, *Vuelan mis canciones* – Fliegt dahin, meine Lieder! Und die Lieder flogen wunderbar dahin. Tatsache ist, daß du dich nur an den spanischen Titel dieses Films erinnerst. Außerdem ist die einzige Szene, an die du eine ebenso genaue, wie langweilige Erinnerung bewahrt hast, die, in der Jan Kiepura und Martha Eggerth eine Bootsfahrt auf einem Bergsee machen, wobei sie wie toll ein Duett mit schrillen und sicherlich verliebten Trillern singen, auch eine Kindheitserinnerung. Kurzum, die einzige Erinnerung, die du an diesen Film bewahrt hast, ist die Madrider Erinnerung aus den dreißiger Jahren. Es hat dir nichts genützt, diesen Film in Buchenwald nochmals zu sehen, diese wenn auch nicht so lange zurückliegende Erinnerung wird durch die Kindheitserinnerung ausgewischt. Aber wegen Herling und der Kinovorführung in Jerschewo hast du dich an das Kino von Buchenwald erinnert) kurz hinter dem das Bordell lag, war ich im Begriff zu sagen.

Wie dem auch sei, Jehova wartet auf mich.

Sicherlich hatte er mich in den Block 62 gehen sehen. Ich war hingegangen, um ich weiß nicht mehr welches Problem mit Leo zu klären, dem Holländer vom Stubendienst, der in den Internationalen Brigaden in Spanien gekämpft hatte. Als ich herauskam, hatte ich die Absicht, zu dem Wäldchen hinunterzugehen, um von meinem gewohnten sonntäglichen Beobachtungsposten aus die Thüringer Landschaft zu betrachten.

Aber Jehova wartet auf dem Vorplatz auf mich.

Natürlich finde ich es lästig, von Jehova beschattet, verfolgt, gestellt zu werden. Aber verstehen Sie mich richtig: es ist nicht der hypothetisch sexuelle Aspekt dieser Nachstellung, den ich lästig finde. Sogar wenn Jehova sich nur für das andere Geschlecht interessiert hätte, wenn er ein draufgängerischer und unermüdlicher Frauenliebhaber gewesen wäre und seine Freizeit im Sonderbau verbracht und seine »Durchgänge« oder »Sackgassen« mit den Nutten Düsedau, Bykowski oder Mierau gehabt hätte, den gefragtesten oder aktivsten, laut der offiziellen Statistik – die jeder von ihnen sechs »Durch-« oder »Waffengänge« am 16. Dezember 1944 zuschrieb – oder sogar mit der Stahlheber, der Rafalska und der Heck, die am inventarisierten Tag je fünf »Durchgänge« hatten, oder auch mit der Ehlebracht, der Sinzig und der Plumbaum, deren jede es nur auf vier gebracht hatte, warum auch nicht? oder mit der Giese, der Aufseherin, oder mit der Jubelt, der Kassiererin, die an besagten Tagen untätig gewesen waren, wenigstens auf sexuellem Gebiet, sogar wenn Jehova nur ein Frauenliebhaber gewesen wäre, hätte ich seine Aufdringlichkeit schließlich lästig gefunden.
Jedenfalls war der einzige Hinweis auf die hypothetische Homosexualität von Jehova – das heißt, von seinem Zeugen: dem Zeugen Jehovas –, wenn man das von den Anspielungen Antons, des Bibliothekars, verbreitete öffentliche Gerücht beiseite läßt, literarischer Art. Also völlig indirekter Art. Denn Jehova hat nie eine Geste gemacht, ein Wort gestammelt, das geringste Lächeln gezeigt, die man als zweideutig oder genauer als eindeutig hätte auslegen können. Dagegen war seine Interpretation von *Absalom! Absalom!*, dem Buch von Faulkner, das ich in der Bibliothek an dem Tag auslieh, an dem wir uns kennengelernt hatten, ziemlich bezeichnend. Tatsächlich wurde das Thema der Blutschande, das den überlieferten Faden des Romans bildet, von dem der homosexuellen Liebe verstärkt. Jehova behauptete tatsächlich, daß Henry Sutpen seinen Halbbruder Charles Bon nicht nur, ja nicht einmal vor allem deswegen ermordet hatte, um zu verhindern, daß dieser mit seiner Schwester Judith schliefe. Er hatte ihn getötet, weil er, unbewußt, in ihn verliebt war. Henry wäre sicherlich bereit gewesen, die Blutschande zu begehen, auf die Gefahr hin, danach sich selbst umzubringen, aber er konnte die Vorstellung nicht ertragen, daß Charles Bon – der um so anziehender war, als schwarzes Blut in seinen Adern floß –, daß

sie beide mit ihrer Schwester schliefen: es war ein fleischlicher Akt mit einer Frau, der in sich selbst unrein, unverzeihlich, metaphysisch unheilvoll war.
Aber heute werden wir in dem Gebäude der allgemeinen Latrinen des Kleinen Lagers, in dem wir Zuflucht vor einem heftigen Schneegestöber haben suchen müssen, nicht über *Absalom! Absalom!* sprechen.
Wir, Jehova und ich, werden über Gott sprechen.

»He sealeth up the hand of every man; that all men may know his work . . .«
Ich halte diese Bibel in der Hand, Jahre später, ein ganzes Leben später, im Zimmer des Hotels *Algonquin* in New York. Ich lese nochmals die Stelle aus dem Buch Hiob – 37,5: hatte er mit klarer Stimme verkündet –, die Jehova vor der verschneiten Thüringer Ebene zitiert hatte: »Aller Menschen Hand hält er verschlossen, daß die Leute lernen, was er tun kann.«
Natürlich glaube ich das Gegenteil. Ich glaube nicht, daß Gott – nach der englischen Fassung – dem Menschen sein Siegel aufdrückt, sondern daß der Mensch allem sein Siegel aufdrückt, bei Gott angefangen oder aufgehört. Ich glaube das heute in New York, ich glaubte das schon in Buchenwald an jenem fernen Sonntag, an dem Tag, den der Mensch dem Herr eingeräumt hat und nicht der Herr dem Menschen.
Wir waren im Gebäude der allgemeinen Latrinen, und ich hatte Jehova ziemlich verwirrt mein Verhältnis zu Gott erklärt. Der Atheismus von Marx, hatte ich zu ihm gesagt, sei auf halbem Wege stehengeblieben. Sicherlich habe er die Menschlichkeit Gottes, dessen irreales und ideologisches Wesen entlarvt. Aber er habe nicht die letzten Schlüsse aus diesem Schritt gezogen. Vielleicht sei das einem Juden unmöglich – und vor allem einem Juden, der sich von seinem Judentum abgekehrt und sich dagegen aufgelehnt hat –, bis zum Ende des Atheismus, bis zum Ende Gottes zu gehen. Jedenfalls sei Gott, wenn er menschlich, wenn er Abstand des Menschen sich selbst gegenüber, wenn er eine durch alle grundlegenden Fragen – also solche ohne eindeutige Antwort – aufklaffende Kluft sei, dann sei er eben aus diesem Grund ewig. Oder zumindest unsterblich, ganz wie der Mensch. Nicht mehr, aber auch nicht weniger als dieser. Solange es einen

Menschen geben werde, der imstande sei, sich Gott vorzustellen, da dieses Phantasiegebilde für ihn ein vitales Bedürfnis sei, sogar wenn dieser Mensch nur Paul Claudel sein sollte, werde Gott sicherlich nicht sein, denn Gott sei kein Sein, da es kein Sein gibt, aber er wird existieren.

Auf Deutsch natürlich hatte ich im Gebäude der allgemeinen Latrinen des Kleinen Lagers von Buchenwald, inmitten der Hunderte von Phantomen, die aus den Krankenbaracken kamen, die dort ein bißchen Wärme, vielleicht einen Stummel *machorka* – wenigstens, das ganze Glück des Lebens!, einen einzigen Zug an einem Stummel *machorka* – suchten, die ein paar Worte mit anderen Phantomen wechselten (und sie ließen sich von den Neuankömmlingen aus den Quarantänebaracken herumschubsen, die noch einige Wochen lang kräftig und dick blieben, aber sicherlich noch beunruhigender waren, weil der Unterschied oder der Kontrast zwischen ihrem körperlichen Zustand und ihren verschlissenen Quarantäneklamotten noch grotesker wirkte; sie ließen sich auch von den jungen Russen vom Stubendienst des Kleinen Lagers herumschubsen, für die die Latrinen ein privilegierter Treffpunkt waren, eine Art Basar, wo sie Waren und Gefälligkeiten austauschten: Alkohol, Messer, pornographische Fotos, Brot, Lächeln) inmitten dieser Hunderte von Phantomen jeden Alters, die auf dem Holzbalken über dem langen Graben – dem sogenannten Abort – gemeinsam hockten, durch den die stinkenden Exkremente flossen, inmitten dieses Durcheinanders, durch das manchmal ein schriller Schrei der Verzweiflung, ja der Todesangst drang, an diesem Ort hatte ich also auf Deutsch, das sicherlich das Reden über Gott erleichterte, zu Jehova gesagt: »Gott ist kein Sein, nur ein Dasein!« Und er werde nur solange dasein, wie es Menschen, Menschliches, Soziales gebe, er werde nur in dieser scheinbar nebulösen Konstellation dasein, deren Faden sich durch die Geschichte selbst ziehe: der der Ideologie. So müßte ein konsequenter Atheismus, der über die jüdisch-hegelschen Aporien von Marx hinaus gehen möchte, damit anfangen, die Existenz Gottes, sein Dasein, seine göttliche Gegenwart zu postulieren, die nur die des seinem eigenen Abgrund der Besorgnis und Verständnislosigkeit zugekehrten Menschlichen sei.

Aber ich bin in New York, ein ganzes Leben später, und ich lege diese Bibel in die Nachttischschublade zurück.

Heute nachmittag in der *Yale University* starrte mich eine junge Frau an.
Sicherlich hätte sie genausogut Yves oder Costa anstarren können. Wir, Montand, Gavras und ich, waren zusammengekommen, um *L'Aveu* in der *Yale University* vorzuführen. Und dieses junge Mädchen hätte genausogut einen meiner Gefährten anstarren können. Oder sogar beide zugleich, warum ins Detail gehen? Als Ziel eines weiblichen Blicks sind wir keine schlechte Auswahl, wir alle drei nicht. Ein Grieche, ein Italiener, ein Spanier, drei in Frankreich unbeliebte Ausländer von überall her, drei für immer Exilierte: es herrscht ein heiteres Einverständnis zwischen uns, das zu spüren sein muß. Der Blick einer jungen Frau muß es jedenfalls spüren.
Aber diese junge Frau starrte weder Yves noch Costa in Yale während der Debatte mit den Studenten und Studentinnen über *L'Aveu* an. Ich behaupte nicht, daß keine junge Frau an jenem Herbstsamstag in Yale Yves oder Costa angestarrt hat. Das wäre absurd. Die meisten jungen Frauen in Yale müssen Costa und Yves angestarrt haben. Ich behaupte nur, daß diese mich anstarrte.
Nach der allgemeinen Debatte haben sich Kreise gebildet. Die Gespräche sind in der Unordnung der Gruppen, die entstanden und sich wieder auflösten, fortgesetzt worden.
Sie sitzt neben mir, die junge Frau mit dem eindringlichen Blick. Sie hat blaue Jeans, einen weißen Rollkragenpullover an, sie ist schlank, blond, kurzhaarig. Ich meine, daß sie slawisch aussieht. Sie werden mir sagen, daß das nichts Ungewöhnliches ist. Eine Amerikanerin, die nicht slawisch aussieht, sieht skandinavisch oder ungarisch oder neapolitanisch aus. Kurzum vertraut. Aber diese sieht nicht nur slawisch aus. Sie muß Polin sein, dafür lege ich meine Hand ins Feuer. Sie hat jene Kopfhaltung, jenen Halsansatz, jene lässige Rundung der Hüften, jenen eindringlichen und unfaßbaren Blick der Polinnen. Ich glaubte, daß jene aristokratische Heiterkeit der Polinnen, jene körperliche Anmut eine Art Auflehnung gegen den formlosen grauen Alltag der Ostblockländer war. Ich glaubte, daß jene freie Allüre der Polinnen der körperliche Ausdruck ihres geistigen Andersseins in dem grauen und trübseligen Europa des nachstalinistischen Kommunismus war. Aber ich muß feststellen, daß diese begnadete körperliche Anmut universell ist. Sie muß es ihnen sicherlich

ermöglichen, ihr Anderssein zu bewahren, ebenso im produktiven und bürokratischen Osten wie im produktiven und korporativen Fernen Westen.

Aber ist sie wirklich Polin?

Ich ergreife die Initiative, ich stelle ihr die Frage, ehe sie mich anspricht. Das ist jedenfalls keine schlechte Taktik.

»Sind Sie polnischer Abstammung?«

Ein sonniger Schatten huscht über ihr Gesicht.

Ich habe sonnig gesagt, denn ihr Gesicht erhellt sich, wie von innen heraus. Ich habe Schatten gesagt, denn ihr Blick verdunkelt sich sogleich. Als müßte die Tatsache, Polin zu sein, zwangsläufig eine Mischung aus Freude und Schmerz mit sich bringen.

»Ja!« sagt sie mit flüchtigem Lächeln. »Mein Vater ist in Buchenwald gestorben«, fügt sie mit einem ewigen Schatten in ihrem Blick hinzu.

Darauf hätte ich gefaßt sein müssen.

Die Erfahrung hätte dich freilich schon lehren sollen, daß man nur selten dich anschaut. Natürlich kommt das vor, aber es ist eine Ausnahme. Gewöhnlich schaut man in dir das Bild von irgend etwas anderem, von irgendeinem anderen, von einem mitunter rein Imaginären an. Heute schaut man in dir das Bild des Überlebenden an. Ich betrachte die junge Polin. Schätzungsweise ist sie fünfundzwanzig. Ich rechne schnell die Zeit nach, die den Herbst 1970 von jenem einstigen Frühling 1945 trennt. Sie muß nach der Verhaftung ihres Vaters geboren worden sein.

»Mit welchem Recht bin ich noch am Leben: das ist doch Ihre Frage?«

Sie schaut mich kurz an. Mir scheint, Tränen treten ihr in die Augen. Sie senkt den Kopf, verbirgt ihr Gesicht.

Sie richtet sich gleich wieder auf, stolz und aufrecht wie eine Polin.

»Mein Vater ist tot, er hat mir nie davon erzählen können«, sagt sie mit seltsam schwacher Stimme. »Mir bleibt nur Ihr Buch, *Die große Reise,* um mir vorzustellen, wie es war.«

Sie schaut mir in die Augen.

»Es kommt vor, daß ich die Überlebenden hasse«, sagt sie mit nachdenklichem Ton.

Ich nicke.

»Ich bin am 11. April 1945 geboren worden«, sagt sie, »am Tag der Befreiung von Buchenwald.«

Meine Hand berührt ihre Stirn, ihre hohen Backenknochen, ihr Ohrläppchen, ihre Schulter. Sie rührt sich nicht, sie zuckt nicht zurück. Sie muß begreifen, daß meine Geste nichts Männliches, nichts Gewagtes, nichts sogenannt Possessives oder Sexuelles an sich hat. Sie muß begreifen, daß meine Hand mit einer impulsiven, spontanen, freudigen und zugleich traurigen Geste nichts weiter gewollt hat, als dieses Fleisch, das am letzten Tag unseres Todes das Leben geschenkt bekam, zu berühren, diesen Körper leise zu streicheln, der den Abstand mißt, der uns von unserem Tod trennt: diesen Sieg des Lebens über unseren Tod.
»Ich liebe den April«, sage ich zu ihr.
Aber ich komme auf das zurück, was sie vorher gesagt hat.
»Jedenfalls müssen Sie eins wissen: man kann es nie seinen Kindern erzählen!«
Sie schaut mich fest an.
»Auch Sie nicht?« fragt sie.
Ich schüttele den Kopf.
»Nein«, sage ich. »Man kann seinem Sohn nichts erzählen, wenn man einen Sohn hat. Unbekannten kann man es am besten erzählen: denn man ist weniger betroffen, weniger feierlich. Und außerdem hätte Ihr Vater Ihnen keinesfalls seinen Tod erzählen können. Ich dagegen kann es!«
Ihr Blick weitet sich. Vielleicht zittert sie am ganzen Leib.
»Ist er in Buchenwald gestorben oder bei der Evakuation?« sage ich noch zu ihr.
Sie ist überrascht, sie fährt in die Höhe:
»Woher wissen Sie, daß er evakuiert worden ist?«
Eine Woche vor der Befreiung des Lagers durch die Truppen der 3. amerikanischen Armee hat die SS-Kommandantur alle Außenkommandos, wenigstens die in der Nähe befindlichen, in die Umzäunung des Lagers zurückgeführt. Es hat keinen Appell mehr gegeben, bald auch keine Essensausteilung, oder kaum noch. Die SS-Kommandantur hatte aus Berlin den Befehl erhalten, das Lager zu evakuieren. Sie hat versucht, das durchzuführen. Da hat eine Woche stummer Kämpfe, teilweise offener, teilweise versteckter Auseinandersetzungen zwischen der SS-Kommandantur und der illegalen Führung des Widerstands begonnen, bei denen natürlich die Deutschen eine entscheidende Rolle spielten. Das Ziel der illegalen Führung war, möglichst viele deportierte Widerstandskämpfer im Lager zu behalten,

dessen Befreiung durch die amerikanischen Truppen nur noch eine Frage von Tagen sein konnte. Sie hat also den Befehl gegeben, die Evakuationsmaßnahmen der SS zu sabotieren oder wenigstens nach Möglichkeit zu bremsen. Daraufhin sind die SS-Männer gezwungen gewesen, die Sache selbst in die Hand zu nehmen. Sie sind mit bewaffneten Abteilungen mehrmals in das Lager eingedrungen, um zu versuchen, Razzien auf Deportierte zu machen. Bei anderen Gelegenheiten sind gewisse Blocks umzingelt worden, um in Hinblick auf den Abtransport zum Appellplatz evakuiert zu werden. Aber das Ergebnis dieser Maßnahmen ist durchschlagend gewesen. Nur eine Minderheit der Deportierten ist auf die tödlichen Wege der Evakuation geschickt worden.

In diesem allgemeinen Zusammenhang haben jedoch einige nationale Gruppen beschlossen, auf die Karte der Evakuation zu setzen. So haben die russischen Kriegsgefangenen, die in von den SS-Abteilungen leicht zu umzingelnden Sonderbaracken eingesperrt waren, beschlossen, alle zusammen, als kompakter und organisierter Block, abzufahren, um Massenfluchten auf dem Weg des Exodus zu versuchen. Eine Taktik, die sich relativ bezahlt gemacht hat. Ich meine damit, auf kurze Zeit bezahlt: den sowjetischen PG ist es tatsächlich gelungen, massenweise ihren SS-Wächtern zu entfliehen, aber es ist ihnen nicht geglückt, etwas später den stalinistischen Gulags zu entrinnen.

Die Polen haben die gleiche Haltung eingenommen. Sie haben beschlossen, den Evakuationsbefehl in einem möglichen Ausweg zur Freiheit hin umzuwandeln. Bei dieser Entscheidung ist sicherlich die unter den Deportierten ziemlich verbreitete Meinung mit ins Gewicht gefallen, daß das Lager schließlich zur Rattenfalle werden, daß die SS-Männer schließlich alle Überlebenden mit Flammenwerfern ausrotten würden. Eine Meinung, die die illegale Führung nicht teilte, auf Grund einer realistischeren und raffinierteren politischen Analyse der widersprüchlichen Situation, in der sich die örtliche SS-Kommandantur befand, die zwischen ihrer Gehorsamspflicht Berlin gegenüber und ihrem Wunsch, sich auf die Zukunft einzurichten, hin und her gerissen wurde, nachdem es keinerlei Hoffnung mehr gab, das Waffenschicksal zu wenden.

Wie dem auch sei, die Polen hatten beschlossen, auf die Karte der Evakuation zu setzen. Sie hatten sich nach Aufforderung der SS-

Männer auf dem Appellplatz eingefunden, aber sich dort in organisierten Gruppen aufgestellt, die eine militärische Struktur besaßen. Zudem nahmen die Alten nicht an dieser Expedition teil: nur aus jungen Leuten oder Männern mittleren Alters setzten sich die politischen Kolonnen des Exodus aus Buchenwald zusammen. Und schließlich fuhren die Polen ohne jegliches Gepäck los, unbehindert und frei in ihren Bewegungen, bereit zur Flucht, zum Handgemenge.
Ich stand mit einer Gruppe spanischer Kameraden von der illegalen militärischen Selbstverteidigung an dem Tag, an dem die Polen abgefahren sind, am Rande des Appellplatzes. Wir haben ihre jugendlichen, disziplinierten Kohorten beobachtet. Ein merkwürdiger Eindruck fast wilder, irrationaler Freude ging von dieser Menschenmasse auf dem Marsch zum Lagertor aus. Man hatte das Gefühl, daß sie im nächsten Augenblick ein Lied anstimmen könnten.
»So habe ich Ihren Vater fortgehen sehen, einige Tage vor Ihrer Geburt«, sage ich zu der jungen Frau in Yale, fünfundzwanzig Jahr später. Ihre Augen leuchten, sie richtet sich in voller Größe auf, als sähe sie in der Ferne dahinten, am Ende des riesigen Appellplatzes, die Silhouette jenes jungen Mannes, der ihr Vater gewesen war und der in den Tod zog wie in eine Schlacht.
»So werden wir alles erfahren haben, wir Polen«, sagt sie mit traurigem, vielleicht verzweifeltem Stolz.
Und dann steckt sie, ohne Übergang, die Hand in ihrer Khakischultertasche und holt ein Buch mit rotem Einband heraus.
»Kennen Sie das Buch von Grudzinski?« sagt sie zu mir.
Aber das Buch, das sie mir hinhält, ist *A World apart,* die Geschichte von Gustav Herling, das ich gerade las. Eine kurze Verwirrung entsteht. Danach stellte sich, wenn ich ihre Erklärungen richtig verstanden habe, heraus, daß der richtige Name von Herling Grudzinski sei. Oder umgekehrt, das weiß ich nicht mehr. Jedenfalls habe er andere Texte auf Polnisch unter dem Doppelnamen Herling-Grudzinski veröffentlicht.
Aber ich kenne das Buch von Grudzinski.
Ich sage es ihr. In meinem Hotelzimmer in New York, sage ich zu ihr, liege auf meinem Nachttisch das Buch von Herling-Grudzinski. Ich sage ihr nichts von der Bibel, dazu ist es noch zu früh. Tatsächlich werde ich erst nachher, gegen Ende dieses Samstags, in der Bibel blättern, als der Vorname der jungen

Schwarzen, *My name is Clytie!*, meine Erinnerungen erweckt, mir plötzlich Jehova und *Absalom! Absalom!* wieder ins Gedächtnis rufen wird.

Du hast dich einige Jahre später an sie erinnert. Du hast dich an die junge Polin von der *Yale University* erinnert.

Es muß gesagt werden, daß es an ihrem Geburtstag war, am 11. April. Und sogar an ihrem dreißigsten Geburtstag, denn es war der 11. April 1975. Dreißig Jahre fangen an zu zählen. Für sie, die junge Frau polnischer Abstammung an der *Yale University*, deren Namen du sicherlich nie erfahren wirst, fingen sie an zu zählen. Aber auch für dich. Dreißig Jahre nach deiner Rückkehr ins Leben, wie man seinerzeit sagte. Und wenn das nicht die Rückkehr ins Leben gewesen wäre? Dreißig Jahre seit dem letzten Tag deines Todes, hattest du selbst gedacht. Und wenn das nicht der letzte Tag deines Todes gewesen wäre? Und das, im Gegenteil der erste Tag eines neuen Todes gewesen wäre? Zumindest eines anderen Traumes?

Aber du hast dich am 11. April 1975, am dreißigsten Jahrestag der Befreiung von Buchenwald, an sie erinnert.

Du sahst dir eine literarische Sendung des französischen Fernsehens an, in der sich mehrere Pariser Intellektuelle um Solschenizyn versammelten, anläßlich der Veröffentlichung seines Buchs *Die Eiche und das Kalb*.

Vor einiger Zeit hattest du dir eine andere Sendung über Solschenizyn angesehen, ohne daß er damals dabei war. Du hattest das Gesicht eines recht bekannten Literaturkritikers auf dem Bildschirm gesehen. Du hattest gesehen, wie er kein Blatt vor den Mund nahm:

»Nein, sehen Sie«, sagte er, »*Der Archipel Gulag* ist kein gelungenes Buch! Literarisch, versteht sich!«

Tatsächlich handelte es sich immer um die Strategie der Krake, die ihre Tinte verströmt und das Wasser trübt. So ist der Bericht von Chruschtschow auf dem XX. Parteitag vom marxistischen Standpunkt aus durch die Leute nicht seriös beurteilt worden, die seit Jahrzehnten den Marxismus versüßt, verdorben und verscheißert haben, ohne es je zu wagen, auch nur die geringste, sogar marxistische Kritik an Stalin zu äußern, solange er am Leben und an der Macht gewesen ist. Deshalb sei *Der Archipel*

Gulag nicht gut geschrieben, kein literarischer Erfolg, sagen dieselben oder ihresgleichen, ihre Mitbrüder. Das Wesentliche ist, im einen wie im anderen Fall, die Grundlage der Debatte, ihren Wahrheitsgehalt zu verdunkeln. Denn wenn der Bericht von Chruschtschow auch nicht marxistisch war – wie konnte er es übrigens sein, da der Marxismus nicht existiert! –, so war er wenigstens aufrichtig. Und wenn *Der Archipel Gulag* nicht gut geschrieben ist – eine Frage, über die man bis zum Ende der Zeiten diskutieren könnte, wie über das Geschlecht der Engel –, so ist er wenigstens gut durchdacht. Und gut ausgedrückt. Sogar meisterhaft. Durchdacht mit den Köpfen Tausender von anonymen und enthirnten Zeugen, geäußert durch die Stimme Tausender von für immer zum Schweigen gebrachten Zeugen.
In einem blendenden Text aus dem März 1974 hat der Italiener Franco Fortini die eingestandenen oder nicht einzugestehenden Gründe analysiert, aus denen eine gewisse intellektuelle europäische Linke, die noch nichts gelernt oder begriffen hatte, sich verschreckt nach der Veröffentlichung des *Archipel* von Solschenizyn distanzierte. In diesem Text, *Del disprezzo per Solgenitsin* – Über die Verachtung für Solschenizyn – zeigte Fortini, daß »es eine schlimme Heuchelei in den Ausführungen derjenigen gibt, die die Hände abwehrend gegen die Qualität der Werke Solschenizyns ausstrecken«, eine Haltung, die tatsächlich dazu dient, deren »historisch-politischen Inhalte auszuklammern«.
Aber am Abend jener Sendung von Bernhard Pivot am 11. April 1975 gab es keine literarische Kritik auf dem Bildschirm.
Es gab die ungeheure, die unverbrämte Wahrheit von Alexander Solschenizyn. Sicherlich eine verwirrende, unangenehme Wahrheit für die meisten Intellektuellen der Linken (die der Rechten, sogar der liberalen Rechten, interessieren dich in diesem Zusammenhang nicht, denn auch wenn sie längst vor euch – das ist selbstverständlich ein spezifisches »euch« – die Wahrheit über den Gulag, den konzentrierten Ausdruck der Realität des Kommunismus, begriffen und verkündet haben, so sind sie doch außerstande, eine konkrete Strategie auszuarbeiten, die es auf die Vernichtung besagten Gulags, also des Kommunismus in seiner despotischen Form, absieht; infolgedessen sind sie notwendige, oft sogar unentbehrliche Verbündete im Protest dagegen, sie nützen aber der Umwandlung so gut wie nichts: nun ist es die hypothetische Aufgabe eines heute undenkbaren revolutionären

Marxismus, nicht den Gulag und die Länder des bürokratischen Despotismus zu interpretieren, sondern sie umzuwandeln) die Wahrheit, die Solschenizyns, ist praktisch unannehmbar für die Intellektuellen der Linken, die, vielleicht aus Berufung, vielleicht aus dem Masochismus der Hoffnung heraus, die Quadratur des Kreises zu lösen haben: die Aufrechterhaltung einer Aussicht auf die Einheit und den Sieg der Linken – was ihnen auferlegt, sowohl das kritische und realistische Urteil über die KPF, als auch das Gesamturteil über die Gesellschaft zu neutralisieren, auszuklammern oder einzustellen, die aus der Niederlage der Oktoberrevolution und den nachfolgenden Revolutionen in den Ländern des sogenannten sozialistischen Lagers hervorgegangen ist, das das Lager der Lager ist (und du verstehst unter Niederlage den technischen und taktischen Sieg der revolutionären Minderheiten – die sich ironisch bolschewistisch nennen oder einfach deshalb, weil sie immer mehr wollen –, der die historische Niederlage der Arbeiterklasse verdunkelt, die sie lauthals zu vertreten behaupten) – und andererseits, gleichzeitig, können diese Intellektuellen der Linken nicht umhin, aus ethischen wie aus Gründen der Gruppenzugehörigkeit gewisse Wahrheiten, ja Teilwahrheiten über die KPF und die UdSSR auszusprechen, ohne dabei die schicksalhafte Schwelle des Bruchs zu überschreiten, deren Parameter sie übrigens nie kennen, denn diese ändern sich unerwartet, willkürlich, da sie von der Laune und der Taktik der UdSSR und der KPF selbst abhängen.
Aber du sahst Alexander Solschenizyn an diesem 11. April 1975, am dreißigsten Jahrestag der Befreiung von Buchenwald, am dreißigsten Geburtstag einer jungen Polin, der du in der *Yale University* flüchtig begegnet warst und die dir vorgeworfen hatte, daß du noch am Leben warst, und sich doch dazu beglückwünschte, denn so konntest du ihr von ihrem Vater, von der fernen Vergangenheit vor ihrer Geburt, die doch ihr Leben bestimmt hatte, von diesem weit zurückliegenden Tod, zu dem sie in ihrem Leben nie Abstand zu gewinnen vermochte, erzählen. Du sahst Alexander Solschenizyn, der alle taktvollen oder subtilen, jedenfalls subtil vom Stempel eines Schuldgefühls geprägten Einwände der Pariser Intellektuellen mit einer schwungvollen Geste und einem zähnefletschenden Lächeln wegfegte – vor allem die Vitalität, der Sinn für einen destruktiven Humor dieses ehemaligen *Zek* haben dich an diesem Abend

frappiert –, du sahst, wie er sowohl den einen wie auch den anderen mit seinen unangenehmen Wahrheiten einen Hieb versetzte. Du hörtest, wie er für die Schöngeister der Linken, für die tugendhaften Gewissen unannehmbare Wahrheiten aufzählte, für diejenigen unannehmbar, die sich völlig schizophren bemühen, den Gulag zu verurteilen und dabei seine Prämissen billigen – das heißt, die revolutionären Kriege, die in diesem Jahrhundert die Völker der imperialistischen Herrschaft entrissen haben, um sie dem Joch der Einheitspartei zu unterwerfen –, und du dachtest an den unwiderlegbaren Text von Franco Fortini, *Del disprezzo per Solgenitsin:* »Es ist nicht verwunderlich, daß die Intoleranz so diffus und die Verachtung für Solschenizyn so verbreitet ist. Denn es genügt nicht, ein Urteil über die heutige Sowjetunion oder über die Politik der KP gefällt zu haben. Es bleibt die Weigerung, aus Selbstschutz die Vorstellung einer historischen Katastrophe zu akzeptieren. Aus Angst, mit den Feinden des Kommunismus verwechselt zu werden, fährt man damit fort, und zwar schon seit vielen Jahren, *den Kommunismus nicht neu zu definieren und dessen Geschichte abzulehnen.* Man zieht seine eigenen Hoffnungen auf die Wahrheit vor. Wir täuschen die Jüngeren, weil wir uns weiter Illusionen machen.«

Du glaubst nicht, daß es nötig ist, mehr darüber zu sagen.

Aber niemand hat bei dieser literarischen Sendung am 11. April 1975 daran erinnert, daß man einen Geburtstag und einen Jahrestag feierte. Natürlich ging der der jungen Polin der *Yale University* nur dich etwas an. Du meinst damit: niemand konnte darüber auf dem laufenden sein. Also konnte keine Rede davon sein, Anspielungen darauf zu machen. Der andere Jahrestag jedoch, der der Befreiung von Buchenwald, ging dagegen nicht nur dich etwas an. Er ging auch zum Beispiel Senka Klewschin, den Kumpel von Iwan Denissowitsch im Sonderstraflager, etwas an, aus dem Solschenizyn einen Tag wie jeden anderen, unter anderen, beschrieben hat. Senka Klewschin, der ehemalige Häftling von Buchenwald, hat sich an diesen Jahrestag erinnern müssen, wenn er am 11. April 1975 noch am Leben war. Was immer auch sein richtiger Name sein mag, Senka Klewschin hat sich daran erinnern müssen. Später vielleicht, wenn er noch lebt, hat er erfahren, daß sein Deportationskumpel, der *Zek* Solschenizyn, an einer literarischen Sendung des französischen Fernsehens am 11. April 1975 teilgenommen hat. Der Zufall hat ihm sicherlich ein Lächeln abgerungen. Sieh an! hat er sich sagen müssen, heute ist der Jahrestag der Befreiung von Buchenwald. Er hat denken müssen, daß es ein bezeichnender Zufall war.

Da erinnerst du dich an Senka Klewschin, du beginnst diese ganz pariserische literarische Sendung mit den Augen von Senka Klewschin zu sehen. Vielleicht hattest du ihn sogar gekannt, den russischen *Zek*, der sich hinter diesem Namen in einem Buch von Alexander Solschenizyn verbirgt und der vor mehreren Jahren ein Kazettler in Buchenwald, dein Kumpel, gewesen war. Vielleicht hast du ihn gekannt. Du hast viele Russen in Buchenwald gekannt. Jedenfalls hast du dich an ihrer Seite befinden müssen, auf dem Weg nach Weimar, als die bewaffneten Widerstandsgruppen nach der Befreiung des Lagers auf diese Stadt zumarschierten. Die Russen waren rechts von der Straße in den Wald ausgeschwärmt. Aber du kannst nicht wissen, ob Senka Klewschin dabei war. Das einzige, was du mit Sicherheit von ihm weißt, ist, daß Solschenizyn in *Ein Tag im Leben des Iwan Denissowitsch* über ihn sagt: »Senka (was hat der nicht alles durchgemacht) spricht fast nie. Er ist taub und nimmt nicht an den Gesprächen teil. So daß man nicht viel von ihm weiß, es sei denn, daß er in Buchenwald gewesen ist, daß er der Untergrundorganisation angehört hat, daß er zum Aufstand Waffen in das Lager geschmuggelt hat.«

Aber das stimmt, sagst du dir heute – nicht am 11. April 1975, nein, heute, in dem Augenblick, in dem du diese Zeilen schreibst –, daß es Leute gibt, die diesen Aufstand in Buchenwald bestreiten, die Senka Klewschin und, im gleichen Zuge, Solschenizyn, der so naiv gewesen sei, diese Legende zu glauben, und auch dir letztlich das Recht abstreiten, über diesen Aufstand zu reden, da er nicht stattgefunden habe, wie sie behaupten. Aber streiten sie uns auch das Recht auf unsere Erinnerungen ab? Daß Senka die Erinnerung an die Stück für Stück von den Kumpeln der *Gustloff* in das Lager geschmuggelten Maschinenpistolen bewahrt haben kann? Daß er sich an die von den SS-Männern an jenem Augusttag 1944, an dem die Amerikaner das Lager bombardiert haben, zurückgelassenen und von den Kumpeln der Gruppen zur illegalen Selbstverteidigung »organisierten« – diesmal trifft dieses Wort ins Schwarze! – Waffen erinnern kann? Und daß du das Recht hast, dich zu erinnern? Nachher, in einigen Minuten, in dem Augenblick, in dem dieser Dezember-

sonntag, von dem du hier erzählst – aber vielleicht bist es nicht du, vielleicht kannst du dich nicht völlig mit dem Erzähler identifizieren – zu Ende geht, wirst du von deinem Gruppenführer aufgerufen: es findet heute nacht eine militärische Alarmbereitschaftsübung, eine Art Mobilisierung aller Abteilungen – natürlich ohne Waffen – statt, die im Lager, in der Nacht des Lagers, indem sie die Wachtposten der SS auf den Wachttürmen täuschen, ihre hypothetischen Kampfstellungen einnehmen sollen. Aber hast du das Recht, von dieser Erinnerung zu sprechen? Hast du, da jetzt manche – und in allerletzter Zeit scheint es der anerkannte Psychiater Bruno Bettelheim zu sein – die Realität dieses bewaffneten Aufstands in Buchenwald bestreiten, hast du das Recht, dich an jenen Frühnachmittag am 11. April zu erinnern, an dem Palazon – sein richtiger Name war Lacalle –, der Befehlshaber des spanischen Stoßtrupps, vor Block 40, die Arme voller Gewehre, erschienen ist und geschrien hat: »*Grupos, a formar!*«, woraufhin aus allen Fenstern des Blocks, wie in einem Film von Harold Lloyd, alle schon seit Stunden versammelten Spanier des Stoßtrupps gesprungen sind, um die Gewehre zu ergreifen und die ihnen vorher zugewiesenen Stellungen einzunehmen?
Sicherlich stellst du nicht in Abrede, daß der bewaffnete Aufstand in Buchenwald keine militärische Heldentat gewesen ist, er hat den Verlauf des Krieges nicht geändert. Aber hätte der Verlauf des Krieges sich geändert, hätte der Krieg einen Tag weniger, einen einzigen Tag weniger gedauert, wenn Paris nicht aufgestanden wäre? Du weißt es genau, und Bruno Bettelheim sollte es genausogut wissen wie du, daß alle bewaffneten Aufstände dieser Art vor allem eine politische und moralische Bedeutung haben. Deshalb hätte sich, wenn der Verlauf des Krieges durch einen Aufstand von Paris geändert worden wäre, der politische und moralische Verlauf der Geschichte von Frankreich grundlegend geändert. Das gleiche gilt für Buchenwald, sagst du. Das Wichtige war nicht so sehr, daß einige Dutzende von Gefangenen das Gebiet in dem Augenblick besetzten, in dem die SS-Männer überstürzt die Wachttürme und Kasernen zu räumen begannen – das heißt, in dem Augenblick, in dem das Blutvergießen der Deportierten, zum Ruhme der Unterführer, minimal, ja gleich null war, in dem von der illegalen militärischen Führung genau berechneten Augenblick – das Wichtige war, wenn auch nur für

wenige Stunden, aus der Fatalität der Knechtschaft und der Unterwerfung auszubrechen. An diesem Tag in Buchenwald lag nicht die Macht vor den Mündungen eurer Gewehre, das weißt du genau: es war die Würde, die vor den Mündungen eurer Gewehre lag. Wegen dieser Würde, wegen dieser Vorstellungen vom Menschen hattet ihr überlebt.

Es ist seltsam, denkst du, daß Bruno Bettelheim, der bekannte Psychiater, der Jude und ehemalige Häftling in Dachau, eben das in seinem *Überleben* nicht begriffen zu haben scheint. Denn Bettelheim (Bruno) gehört nicht zu denen, die aus dunklen politischen Gründen die Realität des Aufstands in Buchenwald bestreiten. Oder vielmehr aus sehr klaren Gründen: aus klipp und klarem Antikommunismus. Er gehört auch nicht zu den Zeugen, die nichts gesehen haben, weil sie nicht dort waren, von wo aus man etwas sehen konnte, und die die Realität dessen bestreiten, was nicht in ihrem Blickfeld gelegen hat.

Aber Bruno Bettelheim gehört nicht zu diesen. Sein Problem, scheint es dir, und die Spuren davon sind in seinem ganzen Essay *Überleben* sichtbar, besteht darin, daß er sich nicht verzeiht, überlebt zu haben. Er verzeiht sich nicht, wenn auch nicht der einzige, so doch einer der wenigen Juden – hätte man mehr als eine Hand, als die fünf Finger an einer Hand nötig, um sie zu zählen? – gewesen und aus einem nazistischen Konzentrationslager befreit worden zu sein. Und du verstehst dieses Gefühl. Tatsächlich hat die Politische Abteilung in Buchenwald im Frühling 1945 Auskünfte über den Deportierten mit der Gefangenennummer 44904 bei der Arbeitsstatistik angefordert. Nun hattest du diese Gefangenennummer. Kurz danach hat die Politische Abteilung dir einen Brief der Botschaft von Franco in Berlin zugestellt, in dem es hieß, daß Señor de Lequerica sich mit deinem Schicksal befasse und hoffe, eine positive Lösung mit den deutschen Behörden zu finden. Sicherlich hatte jemand von deiner Familie sich an de Lequerica gewandt. Es gab viele wichtige und vom Franco-Regime geschätzte Mitglieder deiner Familie. Aber das willst du nicht schildern. Du willst die Qual schildern, die dich bei der Vorstellung ergriffen hat, daß diese Demarchen tatsächlich positiv sein, daß sie zu deiner Befreiung führen und damit enden könnten. Eine schmachvolle, entsetzliche Qual hat dich bei der Vorstellung ergriffen, daß du deine Kumpel im Stich lassen, sie irgendwie verraten, daß du das Leben vor dir, das Leben draußen ohne sie, vielleicht gegen sie, wiederfinden könntest. Aber zum Gück haben diese Demarchen der spanischen Behörden keine Fortsetzung gehabt.

Wie dem auch sei, diese Erinnerung gestattet es dir, das Schuldgefühl völlig zu verstehen, das den Geist von Bruno Bettelheim, dem jüdischen Psychiater aus Wien, der den Mord an den Wiener Juden überlebt hat, heimgesucht haben muß, wenn er die Probleme des Überlebens in den Konzentrationslagern schildert. Das verstehst du sehr gut, aber du entschuldigst deshalb nicht die Dummheiten, die er über die Befreiung von Buchenwald verbreitet.

Aber am 11. April 1975 dachtest du nicht an Bruno Bettelheim, du dachtest an Senka Klewschin. Du dachtest, daß du Jahre deines Lebens dafür geben würdest, um Senka Klewschin kennenzulernen. Mit ihm, mit deinem ehemaligen Kumpel aus Buchenwald, könntest du endgültig die Fragen klären, die durch das Verhalten der Russen in Buchenwald in deinem Geist aufgetaucht waren. Du hättest ihm deine Idee erläutern, seinen Anmerkungen dazu zuhören können. Du hattest schließlich begriffen, und die Lektüre des *Archipel Gulag* hatte dich in dieser Idee nur bestärkt, daß die Russen sich in der Welt von Buchenwald ganz heimisch fühlten, weil die Gesellschaft, aus der sie stammten, sie völlig darauf vorbereitet hatte. Sie hatte sie durch ihre Willkür, durch ihren Despotismus, durch die strenge Hierarchie der Privilegien, durch die Gewohnheit, am Rande der Gesetze zu überleben, durch die gewohnte Ungerechtigkeit darauf vorbereitet. Die Russen in Buchenwald waren nicht auf einem fremden Planeten: sie fühlten sich wie zuhause. Denn – und diese Schlußfolgerung hatte dich viel gekostet, trotz der Freiheit von ideologischen Vorurteilen, die du erreicht zu haben glaubtest – denn die KZ-Gesellschaft der Nazis war nicht, wie du lange Zeit geglaubt hattest, der konzentrierte und dadurch zwangsläufig deformierte Ausdruck der sozialen Verhältnisse im Kapitalismus. Diese Idee war im Wesentlichen falsch. Die Eigenheit der gesellschaftlichen Verhältnisse im Kapitalismus ist tatsächlich die Trennung, der Kampf, der Antagonismus der Klassen in einem System, das sich auf seine Dynamik stützt: nun supprimierte, zumindest suspendierte in seinem inneren Rahmen das Konzentrationslager jegliche Dynamik dieser Art. Und sicherlich gab es Klassenunterschiede, zumindest Ranguntérschiede, Unterschiede bei dem lebenswichtigen Konsum, sicherlich gab es all das in Buchenwald. Aber diese Abstufung beruhte nicht auf dem Kampf, dem Austausch und dem Eigentum, wie in der kapitalistischen Gesellschaft: sie beruhte auf der Funktion, auf der Rolle, die jeder in einer bürokratischen, pyramidalen Struktur hatte, aus der eine unterschiedliche Anpassung hervorging, wie in der sowjetischen Gesellschaft.

Tatsächlich waren die Nazilager kein Zerrspiegel der kapitalistischen Gesellschaft – sogar wenn sie das Produkt des Klassenkampfes oder vielmehr das Ergebnis der gewalttätigen Unterdrückung dieses Kampfes durch die faschistische Willkür waren –, sie waren ein recht getreuer Spiegel der stalinistischen Gesellschaft. Und in einem Lager wie Buchenwald, in dem die Politiker, besonders die Kommunisten, eine große Rolle spielten, wirkte die Echtheit dieses Bildes schrecklich.

Du sahst am 11. April 1975 Alexander Solschenizyn auf dem Bildschirm des französischen Fernsehns, und Bilder tauchten aus allen Richtungen auf. Das imaginäre Bild von Senka Klewschin, das Bild der jungen Polin, die vor dreißig Jahren am gleichen Tag geboren wurde, das Bild von Herling-Grudzinski im Lager Jerschewo, der die *Aufzeichnungen aus einem Totenhaus* von Dostojewski las, das Bild von Nikolai, dem Russen vom Stubendienst im Block 56, in dem Halbwachs und Maspéro lebten und starben, von Nikolai, dem schweren Jungen, mit seinen blitzblanken Stiefeln und seiner NKWD-Mütze – und du begriffst jetzt, warum die jungen russischen Strolche diese Kopfbedekkung mit blauen Litzen so schätzten: sie symbolisierte die tatsächliche und dunkle Macht ihrer Gesellschaft, die Macht, nach der sie selbst im Dschungel des Kleinen Lagers von Buchenwald strebten –, das Bild von Ladislaw Holdos, das Bild von Daniel A. mit seinem unerschütterlichen Lächeln und das Bild von Fernand Barizon in der Nacht jenes Dezembersonntags.

Fernand wartete beim Ausgang der *Mutualité* auf mich.

Vorhin, am Ende der Versammlung, war er aus der Menge aufgetaucht.

»Gérard!« hatte er gesagt.

Seine Haare waren ergraut, seine Brauen auch, aber sie waren immer noch buschig, struppig.

Er hatte lächelnd den Kopf geschüttelt.
»Ich kann mich nie an deinen richtigen Namen erinnern«, sagt er.
»Aber ich heiße wirklich Gérard«, sage ich zu ihm.
Er lacht, wir lachen.
Leute kommen und gehen am Fuß der Rednerbühne der *Mutualité* rings um uns herum. Man bittet mich, ich weiß nicht welches Gläschen mit den Kumpeln der *Clarté* und den Schriftstellern, die an der Debatte teilgenommen haben, zu trinken.
»Du Gérard, reiß dir meinetwegen kein Bein aus«, sagt Barizon.
Ich reiße mir seinetwegen kein Bein aus, ich reiße mir unserer beider wegen kein Bein aus. Ich meine damit: unserer Freundschaft wegen. Vor zwanzig Jahren hatten wir eine Reise angetreten. Wir müssen sie gemeinsam beenden.
»Hast du es eilig?« sage ich zu ihm.
Er schüttelt den Kopf.
»Nichts ist mehr eilig, Gérard«, sagt er zu mir.
Da verabrede ich mich mit ihm etwas später in einem Bistro in der Rue Saint-Victor. Ich lasse ihn stehen, um mich zu Pierre Kahn, Yves Buin, Bernard Kouchner, meinen Kumpeln von der *Clarté* zu gesellen, aber Barizon kommt zu mir zurück:
»Du bist nicht mehr in der Partei, nicht wahr?«
Ich mache eine ausweichende Bewegung.
»Eigentlich«, sage ich zu ihm, »bin ich immer noch Mitglied des ZK. Tatsächlich glaube ich, daß ich nicht mehr in der Partei bin. Sicherlich werde ich das heute oder morgen erfahren.«
Ich schaue ihn an, er zuckt nicht mit der Wimper.
»Wurmt es dich, daß ich nicht mehr oben schwimme?« sage ich zu ihm, wobei ich mich an diesen Ausdruck erinnerte, den er vor vier Jahren auf jener Fahrt von Paris nach Zürich mit dem entscheidenden Aufenthalt in Nantua benutzt hatte.
Er bricht in sein schallendes Gelächter aus:
»Ich pfeife darauf, ob du oben schwimmst oder nicht!«
Er zeigt mit dem Finger auf mich.
»Ich wollte nur, daß du es weißt, ehe wir weiterreden, Gérard«, sagt er ernst. »Im letzten Frühling sind diese Kerle von dir, nun ja, von der spanischen Partei, zu mir gekommen. Sie haben mir gesagt, daß du ein Schuft bist, ein unsicherer Typ, dem man die Tür vor der Nase zuschlagen müßte, was immer das heißen mag, wenn du mich fragst. Ich habe sie zum Teufel geschickt! Das ist alles. Wir werden nachher darauf zurückkommen.«

Er kehrt mir den Rücken, verschwindet wieder in der Menge.
Warum empört es mich, daß sie das mit Fernand gemacht haben? Ich wußte doch genau, daß die KPS kurz nach dem Ende der Sitzung im Schloß der böhmischen Könige, kurz nachdem ich im April 1964 vom Exekutivkomitee ausgeschlossen worden war, Kontakt mit allen französischen Genossen aufgenommen hatte, mit denen ich in der Untergrundsarbeit zusammengearbeitet hatte, um sie vor mir zu warnen. Das ist sicherlich das, was man Wachsamkeit nennt. Aber warum schockierte es mich besonders, daß sie das mit Fernand gemacht hatten? Wegen Buchenwald? Wegen unserer Sonntage von einst, mit Juliette und Zarah Leander?
Aber nichts könnte mich davon abhalten, diese Sonntage mit Fernand verlebt zu haben. Ich hatte sie erlebt, nicht Carrillo. Sie würden mir nie mein Gedächtnis enteignen. Sie würden nie meine Erinnerung an Buchenwald auslöschen. Nicht Carrillo hörte die Stimme von Zarah Leander, die uns von dem unendlichen Glück unglücklicher Liebe sang, ich hörte Zarah Leander. Nicht Carrillo träumte in Buchenwald von Juliette, Fernand und ich träumten von ihr.
Ich schaue Barizon nach, der in der Menge verschwindet.
»Warum sind wir immer noch Kommunisten?«
Diese Frage hatte mir Barizon 1960 in Zürich gestellt.
Er hatte sie mir geradeheraus, aber in einem ungünstigen Augenblick gestellt. In der letzten Minute, bevor wir uns trennten. Als ich keine Zeit mehr hatte, ihm darauf zu antworten, wie immer auch meine Antwort ausgefallen wäre. Wir hatten nicht einmal die Zeit, diese Frage wirklich zu stellen, dieses Verhör sich entfalten zu lassen. Aber vielleicht hatte Barizon mir diese Frage deshalb in diesem derartig ungünstigen Augenblick gestellt. Vielleicht wünschte er im Grunde gar keine Antwort auf diese mir ungelegene Frage. Vielleicht wollte er nur, daß sie auf Gutglück gestellt wurde.
Wie dem auch sei, wir waren in der Abflughalle des Züricher Flughafens. Eine weibliche Stimme hatte im Lautsprecher gerade den sofortigen Abflug der *Swissair* nach Prag angesagt. Ich habe Fernand Barizon die Hand gereicht. Ich ging zu dem nächsten Schalter der Paßkontrolle. Ich wußte noch nicht, daß meine einzige Erinnerung an diese Reise nach Prag die Betrachtung eines Bildes von Renoir sein sollte.

»Warum sind wir immer noch Kommunisten, Gérard?«
Barizon hat mir diese Frage in dem Augenblick gestellt, als ich ihn verließ. Ich bin wie angewurzelt stehengeblieben. Ich habe nicht einmal im Traum daran gedacht, Barizon anzuschnauzen, weil er mich Gérard genannte hatte, laut und vernehmlich, während ich Ramon Barreto sein mußte, während ich offensichtlich kein anderer als Ramon Barreto, ein unbekannter Uruguayer war, den ich auf dem letzten Abschnitt meiner Reise verkörpern sollte.
»Aber hör mal zu!« habe ich blöde, wie auf der Stelle angewurzelt, gesagt.
Natürlich war es zu spät. Zu spät für diese Frage und für irgendeine Antwort.
Am Vormittag hatten wir die Rundfahrt auf dem Zürichsee gemacht und dabei über den Geheimbericht von Chruschtschow gesprochen. In Wädenswil, das heißt mit Blick auf Wädenswil, hatte Fernand mir seine erste Frage nach der Echtheit dieses Berichts gestellt. Oder vielmehr nach der Realität von dessen Existenz und der Wahrhaftigkeit von dessen Inhalt. Später, vor Küsnacht, in dem Augenblick, in dem das Schiff den Anlegesteg von Küsnacht verließ, hatte ich Barizon erzählt, wie Chruschtschow und die anderen Berija liquidiert hatten. Ich hatte ihm die Schilderung dieses Ereignisses ungefähr so gegeben, wie ich sie von Carrillo hatte. »Scheiße!« hatte Barizon gemurmelt. Das war die einzige Bemerkung, die er an diesem Vormittag fallen ließ. Ansonsten hatte er sich darauf beschränkt, mir kurze Fragen zu stellen, meine Erzählung anzukurbeln, mich alles sagen zu lassen, was ich im Gedächtnis, auf dem Herzen, im Magen hatte, und was ich mir übrigens nicht immer mir selber sagte.
Und dann, ganz plötzlich, am Ende unserer Reise, in dem Augenblick, in dem wir uns trennen sollten, wer weiß für wie lange, hatte Barizon diese mir ungelegene Frage gestellt. Ich meine damit: die zu diesem Zeitpunkt, an diesem Ort mir ungelegene Frage. Übrigens die mir ungelegenste überhaupt. Ja, die einzige mir ungelegene Frage.
»Warum sind wir noch Kommunisten, Gérard?«
An jenem Abend in der *Mutalité*, während der von der kommunistischen Studentenzeitschrift *Clarté* organisierten Debatte über das Thema *Was vermag die Literatur?*, hatte ich versucht, die Frage von Fernand Barizon zu beantworten.

»Was ist, meiner Meinung nach, die gültigste marxistische Haltung der Vergangenheit der Arbeiterbewegung gegenüber, die ich, um die Dinge etwas zu vereinfachen, um mich verständlicher zu machen, Stalinismus nennen möchte?«
Ich hatte an Barizon gedacht, während ich laut vor der Menge in der *Mutualité* an jenem Herbstabend 1964 diese Frage stellte. Ich saß links neben Yves Buin, dem Diskussionsleiter im Namen der *Clarté*. Neben mir saßen Simone de Beauvoir und Jean Ricardou. Auf der anderen Seite von Yves Buin, rechts von ihm, saßen Jean-Pierre Faye, Yves Berger und Jean-Paul Sartre.
»Mir scheint es«, hatte ich auf meine eigene Frage geantwortet, »mir scheint es, daß es eine prinzipielle Komponente zu dieser Haltung gibt. Das ist das Bewußtsein unserer Verantwortlichkeit oder, wenn Sie das lieber haben, unserer Mitverantwortlichkeit. Hier nützt unsere tatsächliche oder angebliche Unwissenheit nichts, rechtfertigt nichts. Es gibt immer Mittel, Erfahrung zu sammeln, oder wenigstens *etwas in Frage zu stellen.* Wir haben allzu sehr die Einstellungen unseres guten Gewissens, der Unehrlichkeit zum Beispiel hinsichtlich der Ausrottung der Juden denunziert, um zu unserem eigenen Nutzen Anspruch auf die Entschuldigungen dieser trügerischen Mechanismen zu erheben.
Übrigens sind wir selbst als Unwissende, tatsächlich Unwissende, mitverantwortlich, denn die Vergangenheit ist unsere, und daran wird sich nichts ändern. Wir können also diese Vergangenheit nicht verleugnen. Wir können sie nicht verneinen, das heißt, sie nicht bis zum letzten Ende begreifen, um damit die Überlebenden zu vernichten und eine Zukunft in Angriff zu nehmen, die grundlegend anders ist.
Also bedarf es eines aktiven und nicht unglücklichen Bewußtseins unserer Verantwortlichkeit. Wir sind verantwortlich für diese Vergangenheit, weil wir die Verantwortlichkeit für die Zukunft, für die Revolution weltweit akzeptiert haben.«
Beim Lesen dieser Worte ist es leicht verständlich, auf welchem Standpunkt ich im Herbst 1964, besessen von einer wankelmütigen Illusion, noch stand. Von der Illusion, die Werte des Kommunismus trotz der kommunistischen Partei oder sogar gegen sie aufrechtzuerhalten und weiterzuentwickeln. Von der Illusion, die Konsequenzen des Stalinismus auf dem Wege der Revolution und, was schlimmer ist, »weltweit« zu beseitigen!

Sicherlich wußte ich schon, was in der kommunistischen Partei nicht von Dauer sein konnte, nämlich die kommunistische Partei selbst, aber ich wußte noch nicht oder noch nicht in vollem Umfang, daß eine andere revolutionäre Kraft, eine andere Avantgarde diese Partei, diesen Typ der Partei zu ersetzen vermochte: daß die Geschichte, von diesem Standpunkt aus, für eine unbegrenzte, vielleicht sogar unendliche Periode, das heißt eine, deren Ende nicht vorauszusehen war, blockiert war. Ich wußte schon – und es war kein großes Verdienst, es zu wissen! –, daß der Stalinismus eine der Konsequenzen der Niederlage der Revolution war, aber ich wußte noch nicht oder wollte es noch nicht wissen – vielleicht aus Angst, die Bindungen abzubrechen, als »Abtrünniger« bezeichnet zu werden –, daß der Stalinismus auch die historische Unmöglichkeit einer Wiederaufnahme der Revolution bedeutete, daß auch der entstaubte, oberflächlich entstalinisierte Stalinismus in sich die Unmöglichkeit der Revolution auf weltweiter Ebene barg.
Kurzum, ich wußte noch nicht – aber es sollte bald kommen –, daß die weltweite Revolution eine historische Legende vom selben Kaliber war wie die der weltweiten Klasse. Beide übrigens genauso unwirksam und falsch wie die andere, wobei die eine die andere stützt wie der Blinde den Lahmen.

»Sag mal, alter Freund«, sagt Barizon zu mir etwas später, »du hast schließlich doch nicht das Buch geschrieben, von dem du mir vor vier Jahren in Nantua erzählt hast!«
War es wirklich in Nantua? War es nicht vielmehr in Genf, im Bahnhofsrestaurant Cornavin? Ich sehe Barizon an, in dem Bistro in der Rue Saint-Victor, wo wir uns wiedergetroffen haben.
Wie dem auch sei, es stimmt, daß ich nicht dieses Buch geschrieben habe, von dem ich mit ihm in Genf oder Nantua sprach.
»An dem Tag, an dem ich dein Foto gesehen habe«, fährt Barizon fort, »voriges Jahr, mit einem Artikel über dein Buch, was war das für ein Schock, alter Freund! Erst einmal erfuhr ich endlich deinen richtigen Namen.«
»Aber mein richtiger Name ist Gérard«, unterbreche ich ihn. »Mein richtiger Name ist Sanchez, Artigas, Salagnac, Bustamonte, Larrea!«

Er sieht mich an, schüttelt den Kopf.
»Na schön, alter Freund«, sagt er nachdenklich zu mir. »Dein richtiger Name ist ein falscher Name. Der Maquis, der Untergrund, der Kampf: ein falscher Name dafür! Aber versuch es zu vergessen, wenn du von nun an nicht allzu unglücklich sein willst.«
Sicherlich hat er recht.
»Jedenfalls hattest du mir gesagt, daß du deinen Sonntag in Buchenwald schildern und mich in deiner Geschichte vorkommen lassen würdest, unter dem Namen Barizon. Ich stürze mich auf dein Buch, ich lese es, aber nichts, einfach gar nichts! Kein Sonntag, kein Barizon!« sagt Barizon.
Wir lachen beide.
»Jedenfalls«, sage ich zu ihm, »muß ich das Buch umschreiben!«
Er sieht mich mit gerunzelter Stirn an, er kapiert nicht, was ich damit meine. Zumindest noch nicht.
Ein Jahr davor, etwas mehr als ein Jahr davor, im April 1963, wirbelte der Schnee an der Gare de Lyon im Licht der Scheinwerfer herum. In dieser ekelerregenden Beleuchtung hatte ich mich an *Ein Tag im Leben des Iwan Denissowitsch* erinnert.
Auf den ersten Blick schienen die Veröffentlichung der Erzählung von Solschenizyn und der Rummel, der von den offiziellen sowjetischen Instanzen nach den Arbeiten auf dem XXII. Parteitag, bei dem die Kritik an Stalin nicht nur fortgesetzt, sondern auch öffentlich gemacht worden war, veranstaltet wurde, auf den ersten Blick schienen all diese Vorkommnisse den endgültigen Sieg der Chruschtschowschen Thesen zu beweisen. Es schien, daß man daraus die Möglichkeit ableiten konnte, vom Gipfel aus das politische sowjetische System allmählich zu reformieren. Später, in *Die Eiche und das Kalb*, wird Alexander Solschenizyn mit eindringlicheren Worten über diese Epoche sprechen: »Nach dem farblosen XXI. Parteitag, der wortlos die auf dem XX. Parteitag erschlossenen Perspektiven begrub, war es unmöglich, die plötzliche, donnernde und ungestüme Attacke vorauszusehen, die Chruschtschow noch gegen Stalin für den XXII. Parteitag auf Lager hielt ...! Aber schließlich fand sie, keineswegs heimlich wie beim XX. Parteitag, sondern in aller Öffentlichkeit statt! Ich erinnere mich nicht, in den letzten Jahren so etwas Interessantes gelesen zu haben wie die Reden auf diesem XXII. Parteitag.«

Dieser Schein erwies sich jedoch als trügerisch.
Wenn man sich nicht von den genauen Umständen des Machtkampfs in der UdSSR und in den Instanzen der internationalen kommunistischen Bewegung verblenden ließ, die Chruschtschow dazu getrieben hatte, zu einem neuen Schlag gegen seine inneren und äußeren Feinde auszuholen, indem er sich pragmatisch der Erzählung von Solschenizyn bediente, deren Lektüre verschleiernd bewies, daß das nachstalinistische politische System nicht reformierbar war. Das Land des Gulag sollte niemals das des Sozialismus werden: das war der Schluß, den ich einfach aus der Lektüre von *Ein Tag im Leben des Iwan Denissowitsch* ziehen mußte. Und einer Nacht, diesen paar Dutzend Seiten war es gelungen, mich das erkennen zu lassen, was seit 1956 Jahre der Erfahrung, Dutzenden von Diskussions- und Lektürestunden mir nicht definitiv zu erhellen vermochten. Sicherlich war es mein Blickwinkel als Kazettler auf diese Erfahrung des *Zek*, der mitgeholfen hatte, mich begreifen zu lassen, daß man sich keinerlei Illusion mehr machen sollte. Die Vision der Lager enthüllte plötzlich eine innere Landschaft der ideologischen Heuchlereien, des Ungefähren, des mehr oder weniger historischen Kompromisses, der verschwommenen Ideen, die nur verschwommen sein konnten und durch die ich seit 1956 wegen meiner Verantwortlichkeiten in der KPS, wegen der Solidarität mit denen, die im spanischen Untergrund kämpften, mit all denen, die ich kannte und die ich oft mochte, die ich häufig respektierte, meine Winkelzüge machte. Nein, ich teilte nicht die Meinung, die Pierre Daix in seinem Vorwort zu der Erzählung von Solschenizyn äußerte, ich glaubte nicht, daß »*Ein Tag im Leben des Iwan Denissowitsch* der gegenwärtigen Bemühung dient, die Revolution von den Verbrechen reinzuwaschen, die sie besudeln, aber sicherlich handelt es sich, wenn man tiefer geht, um ein Buch, das darauf abzielt, der Revolution ihre ganze Bedeutung wiederzugeben.« Ich glaubte, daß Solschenizyn einer ganz anderen Perspektive diente und daß er der russischen Revolution ihre Bedeutung als historische Katastrophe wiedergab.
Ich hatte daraus meine eigenen Schlüsse in der Debatte gezogen, die, mehr oder weniger konfus, im Exekutivkomitee der KPS seit dem Frühling 1962 eröffnet worden war. Ich hatte daraus so radikale Schlüsse gezogen, daß ich aus der Partei ausgeschlossen

wurde – zumindest mit einem Bein, meinem guten Bein, meinem guten Auge, in der Erwartung, bald offiziell mit beiden Beinen ausgestoßen zu werden – im Herbst 1964, in dem Augenblick, in dem ich an der Diskussion der *Clarté* über die Macht der Literatur teilnehme.

Natürlich hatte ich auf dieser Versammlung in der *Mutualité* von Solschenizyn gesprochen. »Solschenizyn«, hatte ich gesagt, »zerstört erst einmal die Unschuld, in der wir uns gefielen. Wir kehrten in die Nazilager zurück, wir waren die Guten, die Schlechten waren bestraft worden, Gerechtigkeit und Vernunft begleiteten unsere Schritte. Aber im gleichen Augenblick fuhren manche unserer Kumpel ab (und vielleicht hatten wir sie gekannt, vielleicht hatten wir mit ihnen fünfzehn Gramm Schwarzbrot geteilt?), um sich irgendwo im Hohen Norden zu Iwan Denissowitsch zu gesellen, um dort lächerlicherweise eine sich unter dem Schnee ausdehnende sozialistische Stadt mit ihren unbewohnten Betonskeletten zu erbauen. Nach dieser Erzählung ist für jemanden, der zu leben – wirklich zu leben – versucht, innerhalb einer marxistischen Auffassung von der Welt keine Unschuld mehr möglich.«

Abgesehen davon, daß ich heute diese letzten Worte streichen würde, denn keiner weiß, was eine »marxistische Auffassung von der Welt« ist, abgesehen davon habe ich dieser Aussage von 1964 nichts hinzuzufügen.

Aber ein Jahr zuvor hatte ich mich auf der Gare de Lyon in einem Schneegestöber, dessen leichte Flocken im Licht der Scheinwerfer herumwirbelten, an Fernand Barizon erinnert. Schließlich hatte ich seinetwegen *Die große Reise* geschrieben. Seinetwegen und wegen Manuel Azaustre, dem Spanier in Mauthausen, den ich in Madrid, in der Calle Concepción-Bahamonde gekannt hatte und der 1962, zur gleichen Zeit wie Julian Grimau, verhaftet worden war. Ich hatte irgendwie stellvertretend für sie erzählt. Aber ich hatte nicht das Buch geschrieben, über das ich mit Barizon in Nantua oder Genf gesprochen hatte. Ich hatte keinen Sonntag in Buchenwald geschildert. Was hätte ich übrigens darüber erzählen können? Mir schien an jenem Tag auf der Gare de Lyon, daß ich überhaupt noch nichts erzählt hatte. Daß ich zumindest das Wesentliche nicht erzählt hatte. Mein Buch war im Druck, als ich *Ein Tag im Leben des Iwan Denissowitsch* gelesen hatte. Daher wußte ich schon vor dem Erscheinen meines Buches, daß ich es eines Tages umschreiben müßte. Ich wußte schon, daß ich diese Unschuld des Gedächtnisses zerstören müßte. Ich wußte, daß ich meine Erfahrungen in Buchenwald, Stunde für Stunde, mit der verzweifelten Gewißheit, daß es gleichzeitig russische Straflager, das Gulag von Stalin gab, wiederaufleben lassen müßte. Ich wußte auch, daß die einzige Art und Weise, diese Erfahrungen wiederaufleben zu lassen, darin bestand, sie, diesmal mit Kenntnis der Ursachen, umzuschreiben. Im blendenden Licht der Scheinwerfer des Lagers von Kolyma, das meine Erinnerungen an Buchenwald erhellte.

Kurzum, ich hatte noch nichts geschrieben.

Nichts Wesentliches zumindest. Sicherlich hatte ich die Wahrheit geschrieben, nichts als die Wahrheit. Wenn ich nicht Kommunist gewesen wäre, hätte diese Wahrheit genügt. Wenn ich Christ, Sozialdemokrat, Nationalist gewesen wäre – oder einfach Patriot, wie die Bauern aus Othe sagten –, hätte die Wahrheit meiner Zeugenaussage genügt. Aber ich war weder Christ, noch Sozialdemokrat, ich war Kommunist. Meine ganze Schilderung in *Die große Reise* äußerte sich still, ohne Aufhebens zu machen, ohne den Gaumen zu kitzeln, um eine kommunistische Auffassung von der Welt zu geben. Die ganze Wahrheit meiner Zeugenaussage bezog sich implizit, aber zwingend auf den Horizont einer nicht mehr entfremdeten Gesellschaft, auf eine klassenlose Gesellschaft, in der Lager unvorstellbar waren. Die ganze Wahrheit meiner Zeugenaussage badete sich in dem heiligen Öl des latenten guten Gewissens. Aber der Horizont des Kommunismus war nicht der der klassenlosen Gesellschaft, ich meine damit: sein realer historischer Horizont. Der unumreißbare Horizont des Kommunismus war der des Gulag. Auf einmal wurde die Wahrheit meines Buches verlogen. Ich meine damit: für mich. Ich konnte zugeben, daß sich ein nichtkommunistischer Leser nicht diese Frage stellte, daß er gegebenenfalls weiter vertraut in der Wahrheit meiner Zeugenaussage weiterlebte. Aber weder ich noch irgendein kommunistischer Leser – zumindest kein Leser, der den Kommunismus wie ein geistiges Universum leben möchte, nicht einfach wie ein Vogel auf einem Ast sitzt – kein kommunistischer Leser, sogar wenn nur ein einziger übrigbliebe, und auch ich nicht, keiner konnte mehr die Wahrheit meines Buches über die Nazilager einfach zugeben.

Viele Jahre später, in der *Yale University*, wollte sie mir das begreiflich machen, wollte sie es selbst begreifen, diese junge Polin, die am 11. April 1945 geboren wurde und mir das Buch von Herling-Grudzinski, *A World apart*, zeigte, nachdem sie mit mir über *Die große Reise* gesprochen hatte.
Aber ich spreche im Herbst 1964 nicht mit Fernand Barizon in einem Bistro in der Rue Saint-Victor über diese junge Polin, und zwar aus dem einfachen Grund, daß ich ihr noch nicht begegnet bin. Ich sage einfach zu ihm – nun ja, ich versuche mich möglichst einfach auszudrücken –, warum ich dieses Buch umschreiben muß.
Barizon hat mir sehr aufmerksam zugehört.
»Na schön«, sagt er kopfnickend, »schreibe dieses Buch neu. Aber vergiß nicht, mich diesmal darin aufzunehmen! Vergiß nicht, daß wir so zusammen bleiben, was auch immer kommen möge!«
Wir trinken einen Schluck Bier – oder Weißwein, oder Cognac, ich weiß es wirklich nicht mehr –, und es beginnt eine lange Pause des Schweigens zwischen uns.
»Du Gérard«, sagt Barizon nach diesem langen Schweigen, »der Kommunismus ist nichts mehr für die heutige Jugend, das steht jetzt fest. Aber er war immerhin etwas für unsere Jugend!«
Wir stoßen auf unsere Jugend an.
»Ein Sonntag, Stunde für Stunde, ist keine schlechte Idee«, murmelt Barizon in seinen Bart, etwas später, als spräche er zu sich selbst.
Ich schaue ihn an, und da ist die Nacht jenes Dezembersonntags 1944 in Buchenwald, vor zwanzig Jahren. Ich schaue ihn an und habe plötzlich eine Idee.
»Sag mal, an was hast du an diesem Morgen, als du losmarschiert bist und dabei geschrieen hast: ›Kumpel, was für ein schöner Sonntag!‹ gedacht?«
Wir sitzen an einem Tisch im Speisesaal des Blocks 40. Gleich erklingt der Zapfenstreich. Ich bin vor einigen Minuten von den militärischen Führern der illegalen KPS unterrichtet worden: es werde eine Alarmübung stattfinden, man teile uns kurz vor dem Zapfenstreich näheres mit. Fernand Barizon hat seinerseits die gleichen Informationen erhalten. Aber das weiß ich nicht. Wir sprechen über andere Dinge. Wir wissen noch nicht, daß wir uns nach der Übung der Einsatzgruppen wiedersehen werden.

Wir sitzen an dem Tisch im Speisesaal und ziehen abwechselnd an einer Zigarette *machorka.*

»Heute morgen?« sagt Barizon, »daran kann ich mich nicht erinnern.«

»Du bist losmarschiert und hast geschrieen: ›Kumpel, was für ein schöner Sonntag!‹ An was hast du gedacht?«

»An diesen Scheißsonntag, nehme ich an«, sagt Barizon und zuckt mit den Achseln. »An was soll man schon bei diesem verdammten Schneegestöber denken?«

»Hast du nicht zufällig an die Marne gedacht?«

Barizon reißt die Augen auf.

»An welche Marne?« sagt er. »An die Marneschlacht?«

Alles wird klar, ich breche in Lachen aus, ich schlage mir zur großen Überraschung von Barizon, der seinen eigenen Scherz gar nicht so komisch findet, auf die Schenkel.

Aber ich weiß, woher diese Marne kommt, die mich an diesem Morgen heimgesucht hat, die ich mir in der Erinnerung von Barizon vorgestellt habe. Natürlich kommt sie von Giraudoux. Ich höre zu lachen auf und sage laut den Text von Giraudoux auf. Barizon verschlägt es die Sprache, und die wenigen Deportierten, die noch im Speisesaal herumhängen, drehen den Kopf nach uns um.

»Ich hätte alles vom Krieg ohne einen unlösbaren Satz begriffen, der in jedem Artikel den Namen desselben Flusses enthielt, ohne daß man ihn mit diesem Thema in Zusammenhang bringen konnte. Die Deutschen sind bei uns, sagte der erste Journalist, aber was sagen sie über die Marne? Wenig Weintrauben dieses Jahr in Frankreich, sagte der zweite, die Marne reicht den Franzosen. Auf der Literaturseite tröstete man sich über die Frevel der Kubisten mit dem gleichen Gegengift hinweg: Wir haben die Unabhängigen besichtigt, sagte Monsieur Clapier, der Kritiker, aber zum Glück gibt es die Marne ...«

Doch Barizon unterbricht mich.

»Bist du auf den Kopf gefallen oder was ist mit dir los?« ruft er keineswegs zufrieden aus.

Nein, ich war nicht auf den Kopf gefallen, ich war kopfüber in die Welt von einst, in das Leben draußen gefallen, wo es die Marne gab, wo es das Theater *L'Athénée* gab, in dem wir *Ondine* sahen, wo es Juliette gab, die Juliette von Barizon und die von Giraudoux, wo es, kurzum, das Leben gab.

Aber gehörte der Baum von heute morgen, die hinreißende Buche, zu dem Leben draußen?
Vorhin, als ich am Ende des Kleinen Lagers den Sonnenuntergang in der verschneiten Thüringer Ebene betrachtete, hatte Jehova mich gefragt, ob ich einen schönen Sonntag verbracht hätte. Ich hatte an diesen Baum von fast irrealer Schönheit gedacht. Ich war von der Straße abgewichen, ich hatte den Baum betrachtet. Ich hatte den flüchtigen Eindruck gehabt, eine essentielle Wahrheit zu entdecken: die Wahrheit dieses Baumes, aller Bäume ringsherum, des ganzen Waldes, aller Wälder, der Welt, die überhaupt nicht mehr meines Blickes bedurfte. Ich hatte mit aller Macht meines schnell zirkulierenden Blutes gespürt, daß mein Tod diesen Baum nicht seiner strahlenden Schönheit berauben würde, daß sie die Welt nur meines Blicks berauben würde. Einen kurzen Moment der Ewigkeit hatte ich diesen Baum mit dem Blick von jenseits des Todes, mit dem Blick meines eigenen Todes betrachtet. Und der Baum war immer noch genauso schön. Mein Tod entstellte nicht die Schönheit dieses Baumes. Später sollte ich einen Aphorismus von Kafka lesen, der vollendet genau das ausdrückte, was ich undeutlich, aber intensiv an jenem Morgen beim Ablick dieser Buche in Buchenwald empfunden hatte: »In dem Kampf zwischen dir und der Welt hilf der Welt.«
»Ja«, sage ich zu Jehova, »ein sehr schöner Sonntag.«
Aber die Sonne ist gerade da drüben hinter der Bergkette des Thüringischen Waldes untergegangen. Die Dunkelheit senkt sich plötzlich wie eine Haube aus Blei oder Eis darauf. In Lekeitio, in meiner Kindheit, sah man zu, wie die Sonne im Ozean unterging. Man stand am Rand der Felsen, am Fuß des Leuchtturms von Lekeitio. Man betrachtete mit leidenschaftlicher Aufmerksamkeit, wie die rötliche Scheibe der Sonne im Ozean versank. Oder wie der Ozean mit seiner steigenden Flut die Sonnenscheibe verschlang. Wie dem auch sei, im Bruchteil einer Sekunde, nachdem die Sonne am Horizont verschwunden war, sah man einen grünen Strahl flimmern. Einen kurzen, fast blendenden grünen Lichtstrahl.
Aber in der Thüringer Ebene tritt nichts Ähnliches ein, wenn die Sonne untergeht. Es kommt nur die schwarze Dunkelheit, die Kälte.
Plötzlich kommt mir etwas in den Sinn, und ich renne los.

»Aber wohin gehen Sie denn?« fragt Jehova besorgt.
Ich gehe nirgendwohin, ich gehe einfach. Mir ist in den Sinn gekommen, daß Jehova ein passendes Bibelzitat vortragen könnte. Es muß viele schöne passende Bibelzitate über die Dunkelheit geben. Aber ich habe keine Lust gehabt, mir von Jehovas Stimme etwas über die Dunkelheit vortragen zu lassen.
Mir ist Giraudoux eben lieber. Er, Giraudoux, redet genausogut über den Einbruch der Dunkelheit bei Bellac. Mit ihm habe ich Lust, diesen Sonntag zu beschließen.

Inhalt